Military History of Korea

한국군사사 14

성곽

기획 · 주간

육군군사연구소
ARMY MILITARY HISTORY INSTITUTE

육군본부

"역사를 깨닫지 못하는 자에게
비극의 역사는 필연적으로 되풀이 된다"

인류의 역사에서 전쟁은 한 국가의 명운을 좌우해 왔습니다. 그렇기 때문에 모든 나라들은 전쟁을 대비하는 데 전 국가역량을 집중해 왔습니다. 한 나라의 역사를 이해하기 위해 군사사 분야의 체계적인 연구가 필요한 이유가 여기에 있습니다.

육군에서는 이러한 군사사 연구의 중요성을 인식하고 1960년대부터 지금까지 '한국고전사', '한국의병사', '한국군제사', '한국고대무기체계' 등을 편찬하였습니다. 이는 우리의 군사사 연구 기반 조성에 큰 도움을 주었지만, 단편적인 연구에 국한된 아쉬움이 늘 남아 있었습니다.

이에 육군은 그간의 연구 성과를 바탕으로 군사사 분야를 보다 체계적으로 연구·집대성한 '한국군사사(韓國軍事史)'를 발간하였습니다. 본서는 2008년부터 3년 6개월 동안 비록 짧은 기간이지만, 많은 학계 전문가들이 참여하여 군사, 정치, 외교 등 폭넓은 분야에 걸쳐 역사적 사실을 새롭게 재조명하였습니다. 특히 고대로부터 근·현대에 이르기까지 전쟁사, 군사제도, 강역, 군사사상, 통신, 무기, 성곽 등 군사사 전반이 망라되어 있습니다.

"역사를 깨닫지 못하는 자에게 비극의 역사는 필연적으로 되풀이 된다"라는 말이 있습니다. 미래에 대한 변화와 발전도 과거에 대한 깊은 이해와 성찰을 통해서 이루어 질 수 있습니다. 이러한 의미에서 우리나라 최초로 군사사 분야를 집대성한 '한국 군사사'가 군과 학계 연구를 촉진시키는 기폭제가 되고, 군사사 발전을 위한 길잡이가 되길 기대합니다.

그동안 어려운 여건속에서도 연구의 성취와 집필을 위해 열과 성을 다해 준 집필진과 관계관 여러분의 노고를 치하합니다.

2012년 10월
육군참모총장 대장 김상기

1. 이 책의 집필 원칙은 국난극복사, 민족주의적 서술에서 벗어나 국가와 민족의 생존의 역사로서 군사사(전쟁을 포함한 군사 관련 모든 영역의 역사)를 객관적으로 서술하는데 있다.

2. 한글 맞춤법과 표준어 등은 국립국어원이 정한 어문규정을 따르되, 일부 사항은 학계의 관례를 따랐다.

3. 이 책의 목차는 다음의 순서로 구분, 표기했다.
   : 제1장 - 제1절 - 1. - 1) - (1)

4. 이 책에서 사용한 전쟁 명칭은 다음과 같은 원칙에 따라서 표기했다.
   (1) '전쟁'의 명칭은 다음 기준에 부합되는 경우에 사용했다.
   ① 국가 대 국가 간의 무력 충돌에만 부여한다.
   ② 일정 규모 이상의 대규모 군사활동에만 부여한다.
   ③ 무력충돌 외에 외교활동이 수반되었는지를 함께 고려한다. 외교활동이 수반되지 않은 경우는 군사충돌의 상대편을 국가체로 볼 수 있는지를 검토한다.
   (2) 세계적 보편성, 여러 나라가 공유할 수 있는 명칭 등을 고려하여 전쟁 명칭은 국명 조합방식을 기본적으로 채택했다.
   (3) 국명이 변경된 나라의 경우, 전쟁 당시의 국명을 사용하는 것을 원칙으로 했다.
   (예) 고려-요 전쟁 조선-후금 전쟁
   (4) 동일한 주체가 여러 차례 전쟁을 한 경우는 차수를 부여했다.
   (예) 제1차~제7차 고려-몽골 전쟁
   (5) 일반적으로 널리 알려진 전쟁 명칭은 ( ) 안에 일반적인 명칭을 병기했다.
   (예) 제1차 조선-일본 전쟁(임진왜란) 조선-청 전쟁(병자호란)

5. 연대 표기는 다음과 같은 원칙에 따라서 표기했다.
   (1) 주요 전쟁·전투·역사적 사건과 본문 서술에 일자가 드러난 경우는 서기력(양력)과 음력을 병기했다.
   ① 전근대 : '음력(양력)' 형식으로 병기하는 것을 원칙으로 했다.
   ② 근·현대: 정부 차원의 양력 사용 공식 일자를 기준으로 구분하여, 1895년까지는 '음력(양력)' 형식으로, 1896년 이후는 양력(음력) 형식으로 병기했다.
   (2) 병기한 연대는 ( ) 안에 양력, 음력 여부를 (양), (음)으로 표기했다.
   (예) 1555년(명종 10) 5월 11일(양 5월 30일)
   (3) 「연도」, 「연도 월」처럼 일자가 드러나지 않은 경우는 음력(1895년까지) 혹은 양력(1896년 이후)으로만 단독 표기했다.
   (4) 연도 표기는 '서기력(왕력)' 형태를 기본으로 하되, 필자가 필요하다고 판단한 경우에는 왕력(서기력) 형태의 표기도 허용했다.

6. 외국 인명은 다음과 같은 원칙에 따라서 표기했다.
   (1) 외국 인명은 최대한 원어 발음을 기준으로 표기하는 것을 원칙으로 했다. 단, 적절한 원어 발음으로 표기하지 못한 경우에는 한자음으로 표기했다.

(2) 전근대의 외국 인명은 다음과 같은 원칙에 따라서 표기했다.
　① 중국을 제외한 여타 외국 인명은 원어 발음을 기준으로 표기하고 한자를 병기했다.
　　(예) 누르하치[努爾哈赤]　　도요토미 히데요시[豊臣秀吉]
　② 중국 인명은 학계의 관행에 따라서 한자음으로 표기했다.
　　(예) 명나라 장수 척계광戚繼光
(3) 근·현대의 외국 인명은 중국 인명을 포함하여 모든 인명을 원어 발음 기준으로 표기하는 것을 원칙으로 했다.
　　(예) 위안스카이[袁世凱]　　쑨원[孫文]
7. 지명은 다음과 같은 원칙에 따라서 표기했다.
(1) 옛 지명과 현재의 지명이 다른 경우에는 '옛 지명(현재의 지명)' 형식으로 표기했다. 외국 지명도 이 원칙에 따라서 표기했다.
(2) 현재 외국 영토에 있는 지명은 가능한 원어 발음으로 표기했다.
　　(예) 대마도 정벌 → 쓰시마 정벌
(3) 전근대의 외국 지명은 '한자음(현재의 지명)' 형식으로 표기했다.
　　(예) 대도大都(현재의 베이징[北京])
(4) 근·현대의 외국 지명은 원어 발음으로 표기하는 것을 원칙으로 하되, 학계에서 일반화되어 고유명사처럼 쓰이는 경우에는 한자음으로 표기했다.
　　(예) 상하이[上海]　　상해임시정부上海臨時政府

본문에 사용된 지도와 사진

- 본문에 사용된 지도는 한국미래문제연구원(김준교 중앙대 교수)에서 제작한 것을 기본으로 하여 필자의 의견을 반영해서 재 작성했습니다.
- 사진은 필자와 한국미래문제연구원에서 제공한 것을 1차로 사용했으며, 추가로 장득진 선생이 많은 사진을 제공했습니다. 필자와 한국미래문제연구원, 장득진 제공사진은 ⓒ표시를 하지 않았습니다.
- 이 외에 개인작가와 경기도박물관, 경희대박물관, 고려대박물관, 국립중앙박물관, 국사편찬위원회, 규장각한국학연구원, 독립기념관, 문화재청, 서울대박물관, 연세대박물관, 영집궁시박물관, 육군박물관, 이화여대박물관, 전쟁기념관, 한국학중앙연구원, 해군사관학교박물관, 화성박물관 외 여러 기관에서 소장자료를 제공했습니다. 이 경우 개인은 ⓒ표시, 소장기관은 기관명을 표시했습니다. 사진을 제공해 주신 분들께 감사드립니다.
- 이 책에 실린 사진 중에서 소장처를 파악하지 못해 사용허가를 받지 못한 사진이 있습니다. 이 사진에 대해서는 저작권자가 확인되는 대로 게재 허락을 받고 통상의 기준에 따라 사용허가 및 사용료를 지불하도록 하겠습니다.

목 차

제3장 고려시대 성곽의 변화

제4장 조선전기의 축성

제5장 조선 후기의 축성

제1장

개 설

Khorsabad는 한 변이 약 1,600m인 네모꼴 성곽도시였다. 내성이 한쪽 구석에 있고, 성벽의 두께는 약 28m나 되었다. 이런 성곽도시의 형태는 이후에도 계속 서아시아 지역에서 이어져 내려왔다. 대체로 고대 서아시아 지역에서 발달한 성벽은 햇볕에 말린 벽돌 또는 구워 만든 벽돌로 쌓은 것이 많았다.

고대 그리스 지역에서는 미케네시대(B.C. 1600~1150년)에 석축으로 축조된 성채城砦들이 등장하였다. 이는 대체로 최고 통치자의 저택이자 미케네 왕국의 행정, 경제, 종교의 중심지였다. 현재 미케네, 티린스, 테베, 글라, 아테네 등지에 다수의 유적이 남아 있다. 미케네의 성채는 고대 그리스 도시의 성채에 영향을 미쳤다. 그리스의 폴리스는 서양 고전기의 대표적인 성곽도시이다. 아테네의 수호신의 신전이 있는 아크로폴리스Acropolis는 '높은 곳에 있는 도시'라는 의미로 구릉 정상부를 둘러싼 성벽 위치하였다. 구릉 정상부의 절벽 가장자리를 따라서 성벽을 축조하고 그 안에 아크로폴리스가 있으며 그 아래에는 광장인 아고라Agora를 중심으로 시가지가 펼쳐졌다. 다시 도시 외곽에는 도시를 방어하기 위한 성벽이 둘러싸고 있는 경우가 많다.

영국에서도 철기시대에 구릉 정상부를 중심으로 토루를 시설한 토성이 등장하였다. 영국 도체스터Dorchester에 있는 메이든 성Maiden Castle이 대표적이다. 토성 내부에서 신석기시대부터 사람이 살기 시작한 흔적이 발굴되었다.

로마시대에는 다양한 형태의 성곽이 등장했다. 도시를 둘러싼 성벽을 비롯하여 군사적 목적으로 축조한 장성이 등장하였다. 현재 북방에 대한 방어선으로 구축된 아그리콜라Agricola 국경선(1세기)과 하드리아누스Hadrianus 성벽(2세기)이 남아 있다. 로마인들은 게르만 민족에 대한 방벽으로 쓰려고 라인강과 다뉴브강 사이의 지대에 장성 리메스Limes를 구축하기도 하였다.

이 같이 유럽에서는 선사시대부터 성곽이 축조되기 시작하였는데 10세기 무렵까지의 성곽은 지역 주민 전체의 보호를 목적으로 한 것이었다. 이러한 성곽을 중세에는 카스트룸castrum이라 했다. 반면에 방어설비를 갖춘 개인 가옥 또는 소규모 보루는 카스텔룸castellum이라 했다. 카스텔룸에서 영어의 성을 뜻하는 '캐슬castle'이나 로망스어 계통에서 성을 뜻하는 '샤토château'란 말이 파생되었다. 따라서 유럽에서는 10세기 무렵까지의 성곽은 일반적으로 성, 성곽이란 의미로 사용되는 캐슬이나 샤토

반파유적 모형도

에 해당하는 것이 아니다.

중국에서는 앙소문화기仰韶文化期에 해당되는 섬서성陝西省 서안시西安市 반파유적 半坡遺蹟에서 마을 주변을 둘러싼 방어시설이 나타나고 있다. 외적이나 짐승의 습격으로부터 마을을 보호하기 위하여 마을 주변에 구덩이를 파고 목책을 시설하였던 것으로 추정된다. 이보다 발전된 형태의 성벽은 신석기 후반에 해당되는 용산문화기에 등장하였다. 산동성 제남시의 성자안城子岸유적에서 도시를 둘러싼 토성벽이 발견되었다.

은나라 시기에는 각지에 도시의 외곽을 토성으로 두른 성곽이 축조되었다. 성벽은 나무판을 이용해서 틀을 짠 후 흙을 겹겹이 다져 올리는 판축법版築法을 사용하여 축조하였다. 주나라의 낙양성洛陽城은 한 변이 약 4km나 되는 사각형의 성벽 안에 시가지가 조성되었고 그 안에 다시 사방 약 400m의 궁성(왕궁)을 만들어 놓았다. 춘추전국시대부터는 성의 수가 크게 늘어났으며 그 규모도 커졌다.

반파유적의 방어호

예를 들어 제齊나라 수도였던 임치臨淄는 성벽의 둘레가 20km에 달했으며, 그 약 7만 호를 수용했다고 한다. 진秦·한漢나라 때에는 군현제도에 의해 전국토에 성립한 1500개 이상의 현치縣治가 모두 성벽으로 방비되었다. 한나라 수도인 장안長安은 주위 약 25km, 후한의 수도인 뤄양은 주위 약 13km의 규모였다. 이와 함께 전국시대부터는 전쟁이 격화됨에 따라 군사적인 목적의 성곽도 변경 지역에 축조되기 시작하였다. 대표적인 것이 진나라의 시황제가 북방민족의 침입을 막기 위하여 쌓은 만리장성이다. 이는 전국시대의 여러 나라들이 쌓은 장성을 서로 연결하였던 것으로 알려져 있다. 하지만 이후 중국의 성곽은 도시의 외곽을 둘러싼 평지성을 중심으로 발전하였다.

한국에서도 청동기시대부터 마을 주변에 방어시설을 설치하였던 흔적이 발견되고 있다. 부여 송국리유적에서는 마을의 주변에 단면이 V자 형태인 도랑을 파서 돌린 방어시설이 발견되었다. 영남지역의 청동기시대 취락유적에서도 구릉지 정상부의 마을을 중심으로 주위에 도랑을 파서 돌린 흔적이 발견되었다. 창원 남산유적, 진주 대평리유적, 울산 검단리유적 등에서도 취락 유적의 외부를 둘러싼 방어시설인 환호가 출토되었다. 이들은 평지에 위치한 대평리유적을 제외하고는 구릉 정상부나 경사면에 군집된 취락을 중심으로 설치되어 있었다. 모두 취락지를 보호하기 위한 시설이라는 점에서 일종의 방어시설이고 성곽의 의미를 가지고 있다고 할 수 있다.

초기철기시대 유적으로 추정되는 양산패총, 성산패총, 김해패총, 운천패총 등에서도 방어시설의 흔적이 노출되었다. 마산 양산패총에서는 목책을 설치한 흔적이 남아 있고, 웅천패총, 성산패총, 김해패총에서도 성책의 시설로 추정되는 유구가 확인되었다.[2] 대개가 낮은 야산의 정상 부분에 위치하며 주위에는 평탄한 경작지를 가지고 있다.

선사시대 방어시설이 보다 발전된 형태는 경상남도 양산 평산리 유적에서 나타나고 있다. 평산리 유적은 구릉지의 정상부를 중심으로 형성되어 있는 마을유적이다. 마을 주위에 단면 V자형의 호를 파서 방어시설을 설치하였다. 하지만 이전에 비하여 더 발전된 것은 호의 안쪽으로 목책을 설치하고 호의 바깥으로는 굴토 과정에서 나온

---

2 馬山의 양산 패총에는 방어시설로 추정되는 2중의 유구가 있으며, 양산패총의 목책은 방사선탄소 연대측정결과 2세기로 나타났고, 김해 회현리패총에서도 성책의 흔적이 발견되었다.

흙을 쌓아 올리는 등 3중의 방어
시설을 설치하였다. 또한 어긋문
형태의 문지 및 문지 주변에서
출입을 통제하는 목적으로 축조
되었던 것으로 보이는 구조물도
출토되었다.[3] 이러한 모습은 토
성의 초기적인 모습과 연결되고
있어서 본격적인 토성 축조 단계
이전의 방어시설의 형태로 주목
된다. 이 유적 내부의 주거지는

김해 패총 발굴 모습

출토 유물로 보아 대체로 2세기경 원삼국시대로 편년되고 있다. 평산리유적은 선사시
대의 방어시설에 목책과 토루가 추가되면서 점차 토성으로 발전되어 가는 과정을 보
여주고 있었다.

　이상과 같이 한국의 선사시대 방어시설은 취락 주변에 환호를 설치한 형태로 다른
나라와 유사한 형태로서, 아직 방어시설로 본격적인 성곽으로 보기 어렵다. 그러나
원삼국시대를 지나면서 점차 초기 성곽의 형태를 갖추기 시작하였다. 이후 삼국시대
에 들어서면서 본격적으로 성곽이 축조되었고 다양한 형태로 발전도 이루어졌다. 그
런데 삼국시대 이후 한국에서 축조되었던 성곽은 그 대부분은 산성이었다. 한국은 전
국토의 70%가 산지를 이루고 있어서 자연히 산성이 발달하게 되었지만 그 외에도 산
성을 축조하였던 이유가 있었다. 산성은 평지의 성에 비하여 방어력이 높다. 더구나
험준한 지형을 활용하여 성벽을 축조하면 노동력도 절감하면서 방어력이 강한 산성
을 축조할 수 있다. 하천, 협곡, 계곡 등을 성벽이나 해자로 이용하여 성벽을 쌓는 수
고를 가능한 한 줄일 수 있었다. 산성은 적은 비용과 노동력으로 평지성에 비하여 방
어력이 우수한 성곽을 축조하는데 유리하였다.

　그렇다고 험준하기만 한 지형에 산성을 축조한 것은 아니었다. 산성은 생활 근거지

---

3 동아대학교 박물관, 『양산 평산리 유적』, 1998.

에서 멀리 떨어진 높은 지대에 위치하고 있어서 불편한 점이 많았다. 일단 평상시 성곽의 유지 및 관리가 힘들었다. 유사시 물자 보급과 병력 지원도 고려해야 하였다. 따라서 산성의 입지를 선정할 때 평시 생활 근거지에서 가깝고 유사시에 입보가 쉬우며 역습에도 유리한 지형이 고려되었다. 장기전을 펼치기 위해서는 성 외부의 아군과의 통신과 교통이 편리하여야 한다. 따라서 산성으로부터 사방으로 통하는 교통로가 잘 조망되고 주변의 다른 산성과 연결이 용이한 지점이 대상지로 선정되었다.

전술적으로도 산성은 적은 숫자의 병사로도 많은 수의 적을 방어할 수 있다는 이점이 있다. 산성의 지리적 이점을 이용하면 훈련이 부족한 군대나 심지어 노약자나 여자라 하더라도 적과 대등하게 싸울 수가 있었다. 인구가 적고 물자가 부족한 형편에서 강한 적과 장기간 싸울 때 유리하였다.

이러한 이유에서 고대 산성은 주로 평야 지대가 배후에 있어서 인구가 밀집되어 있고, 사방이 조망되어 방어와 역습에 유리하며, 교통이 발달한 곳에 위치했던 것으로 파악된다. 우리나라처럼 산악지대가 많고 그 사이에 하천에 의한 침식분지가 발달한 곳에서는 이 같은 입지조건을 만족하는 곳으로 우선 각 분지의 중심지역을 들 수 있다. 이러한 지역은 분지 내부는 물론 외부로 통하는 모든 교통로의 분기점이 된다. 실제로 산성은 평상시에는 행정적인 목적으로도 활용될 수 있었다. 실제로 삼국시대지방지배 산성을 중심으로 주변 지역을 군사적으로 통할하는 거점지배 방식이 사용되었다. 이러한 용도의 산성을 일반적으로 거점산성이라 부른다. 거점 산성은 4세기 경부터 발전하여 고대 지방제도를 발전시키는 근간이 되었다. 고구려의 경우 대성大城을 중심으로 주변의 여러 소성小城을 연결하여 하나의 광역방어체계를 설정하고 이를 통해 지방 지배도 실현하였다. 신라나 백제의 경우에도 산성을 활용하여 군사와 행정지배를 실시하였다. 특히 신라의 경우 서라벌에서 변경지역까지 약 30km 내외의 거리를 두고 산성이 서로 이어져 있어서 교통로를 따라 종심방어체계를 구성하였던 것으로 보인다.

하지만 변방지역이나 고갯길이나 주요 도강처에는 오로지 군사적 목적으로 축조된 산성도 있었다. 이들은 각각 규모는 다르지만 서로 지근거리에 위치하여 횡적인 방어선을 이루기도 하였다. 역시 이러한 산성도 수로나 육로에 상관없이 교통로와 밀접한 관련을 가지고 축조되었다. 따라서 산성은 대부분 교통로와 떼어놓고 생각하기 어렵다. 산성의 축조와 고대 교통로의 발달에는 불가분의 관계가 있다.

한국은 '성곽의 나라'라고 불릴 정도로 많은 성곽이 남아 있다. 현재 남아 있는 성곽의 수는 남한의 것만 2천여 개가 넘고 있다. 여기에 북한 지역과 만주 지역을 합치면 그 수를 헤아리기도 어려울 정도이다. 이중 대부분은 산성이고 대체로 삼국이 각축하던

축성하는 모습(부여 역사문화관)

4세기 말부터 7세기 후반 사이에 축조되어 고려와 조선시대를 거치면서 중복 사용된 것들이 많다. 성곽이 축조된 양이나 질적인 면에서 삼국시대는 산성의 전성기라 할 수 있다. 삼국간의 생사를 건 치열한 항쟁은 성곽의 축조술을 비약적으로 발전시켰다. 한국 성곽 축조기술의 원형은 7세기경에 이르면 거의 완성되었다.

신라가 삼국을 통일한 후 삼국의 축성술은 신라에 의해서 통합되어 우리 민족의 전통적인 축성술과 이를 활용한 군사 전략과 전술을 발전시키는 기반이 되었다. 통일신라시대 이후에는 농업사회가 안정되면서 노동력과 비용의 문제로 성곽의 축조는 삼국시대에 비하여 덜 활발하였고 삼국시대에 축조된 성곽을 보수하거나 증축하여 재활용하는 경향이 나타나게 되었다. 이미 전국의 요충지에 삼국시대의 산성이 축조되어 있었기 때문에 새로 신축하는 것보다 기존의 산성을 재활용하는 것이 합리적이었다.

북방 유목 민족이나 중국 역대 왕조의 위협 속에서도 우리 민족이 끈질기게 살아남아 현재에 이를 수 있었던 것은 삼국시대 이후 우리 민족이 축조하였던 수많은 성곽 때문이었다고 해도 과언이 아니다. 우리말의 잣, 재 등 성곽을 표현하는 고유한 말이 있었던 것을 보아도 우리 민족의 축성술은 삼국시대 이후 우리 민족만의 특징적인 발전을 이루었던 사정을 반영하고 있다고 하겠다.

제2절

성곽의 구분과 종류

성곽을 구분하는 방법은 여러 가지가 있다. 대체로 축성재료, 거주주체, 입지, 평면 형태, 설치목적 등 다양한 요소를 기준으로 구분할 수 있다. 성곽을 구분하는 것은 그 성격과 특징을 이해하기 편리하도록 하기 위한 수단이다. 때문에 필요에 따라 다양한 형태의 구분 방법이 존재할 수 있다. 하지만 이럴 경우 용어나 개념이 혼란을 일으켜 오히려 성곽의 성격을 이해하는데 장애가 될 수 있다. 따라서 최소한 통일된 구분 방법과 용어가 정리되어야 할 필요가 있다. 여기에서는 일반적으로 성곽을 이해하는데 필요한 성곽의 종류와 구분 방식을 살펴보고자 한다.

1. 축성 재료에 따른 분류

축성 재료로 가장 흔히 사용되었던 것이 흙과 돌이었다. 주변에서 쉽게 구할 수 있으며 방어력을 높일 수 있었기 때문이다. 목재를 활용한 목책과 같은 방어시설도 많이 사용하였을 것으로 추정된다. 하지만 이것들은 쉽게 썩는 재료로 축조된 것이라, 지금까지 잔존하는 실물이 없어 그 실상을 파악하기가 어렵다. 대체로 축성재료에 따라서 분류하면 목책성木柵城, 토축성土築城, 석축성石築城, 전축성塼築城 등으로 구분할 수 있다.

성곽 축조는 많은 노동력과 물자를 필요로 하기 때문에 사전에 치밀한 계획 수립이 필요하다. 특히 축성 재료는 가능하면 가까운 곳에서 조달할 수 있어야 했다. 주변의 지형적인 여건이 축성재료를 선택하는데 중요한 변수로 작용하였다고 할 수 있다. 즉, 석재가 풍부한 곳에서는 석축성이, 토사가 풍부한 곳에서는 토성을 축조하는 것이 합리적이었다. 재료의 운반에 드는 인력과 물자를 최소화시켜 성벽의 축조에 더 많은 노동력을 투입할 수 있기 때문이다.

한국의 성곽의 대부분 산성이 많고 축조 재료 역시 석재가 많다. 석재를 활용한 석축산성이 한국 성곽의 특징이기도 하다. 중국의 경우에는 벽돌을 활용한 전축성이 주류를 이루고 있으나 한국에서는 조선시대 수원 화성이나 일부 변방의 지역의 성곽 등에 일부 전축 성벽이 있었을 뿐 다른 시대에는 전축성의 흔적을 찾기가 어렵다.

1) 목책성

목재를 엮거나 세워서 울타리와 같은 방어시설을 만든 것이다. 목책성도 성곽의 한 종류로 군사적 방어시설을 만들기 위하여 축조한 것이나 이를 본격적인 성곽으로 분류하기 어려운 점도 있다. 목책을 사용한 흔적은 청동기시대부터 출현하고 있다. 부여 송국리 유적에서는 마을 주변에 목책으로 방어시설을 구축한 흔적이 약 430m 정도 출토되었다. 이후 패총 유적과 마을 유적 등에서 환호와 함께 목책이 시설되었던 흔적이 발굴되고 있다.

『삼국지』 동이전 부여조에는 "성책을 둥글게 만들어 마치 감옥과 같다"는 기록이 있어 목책을 취락지 주변에 시설하여 방어시설로 삼았던 사정을 짐작하게 한다. 『삼국사기』에는 3세기 이전의 역사를 전하는 기록에 '성책城柵', '책성柵城', '오책五柵' 등 성곽의 고유

연천 호로고루성 목책

명이나 일반적인 성책을 표현하는 용어들이 자주 보이고 있다. 여기에 보이는 '책柵'은 목책으로 추정되며 '성책'은 목책을 중심으로 구성된 성곽일 가능성이 있다. 따라서 목책은 한국의 성곽 발달 초기단계에서는 독립적인 방어시설로 활용되었던 것이 아닌가 한다. 이후의 기록에도 '□ □ 책'이라는 지명이나 성곽의 명칭이 등장하는 것으로 미루어 보아 후대에도 드물지만 꾸준히 활용되었던 것으로 추정된다.

목책성의 장점은 단기간에 설치할 수 있다는 점이다. 하지만 화공에 약하고 내구성도 떨어져 임시적인 방어시설의 역할에 그치기 쉽다. 그래서 독립적인 방어시설로 사용되기 보다는 점차 토축성이나 석축성의 보조적인 방어시설로 사용되었다고 추정된다. 목재는 청동기시대부터 목책이 등장하였던 것으로 보아 가장 오래된 축성재료였다. 철기시대까지 주로 목책과 같은 방어시설이 주로 활용되었다. 취락지를 보호하고 주로 고갯길이나 하천의 도강처 등을 차단하기 위한 목적으로 설치되었다.

삼국시대에 접어들면서 목책성은 점차 토성이나 석성으로 대치되었던 것으로 보인다. 『삼국사기』 백제본기에는 낙랑이나 말갈의 침입을 방어하기 위하여 축조하였던 '독산책禿山柵'이 4세기 후반에는 '독산성禿山城'으로 바뀌었던 예가 있어 이러한 추정을 가능하게 한다.

목책이나 목성은 조선시대에도 비교적 빈번히 활용되었던 것으로 보인다. 목성의 축조 방법을 설명하는 「관방집록목성지법關防集錄木城之法」에는 느티나무, 버드나무, 탱자나무, 가시나무 등을 빽빽이 심고 엮어서 목책을 설치하는 방법이 설명되어 있다.[4] 유성룡의 「설책지법設柵之法」에도 석성과 토성을 대신하여 목책성을 축조하는 방법을 기록하고 있다.

이러한 기록들에 의하면 목책성은 단순히 나무기둥이나 나뭇가지로 축조한 것 이외에도 나뭇가지에 흙을 발라 화공에 대비한 '목책도니성木柵塗泥城' 호를 파고 그 안에 나뭇가지를 꽂아 장애물을 만든 '목익木杙' 바깥에 양쪽에 목재로 틀을 만들어 세우고 내부에 흙과 초본류를 넣어서 다진 '벽성' 등 다양한 형태와 용도의 방어시설로 변형이 이루어졌다.

---

4 『만기요람』, 군정편 권 제4 관방총론.

2) 토축성

토축성은 흙을 사용하여 축조한 성벽을 가지고 있는 성이다. 흙을 이용한 성곽의 축조는 다른 나라에서도 흔히 볼 수 있을 정도로 보편화된 것이다. 일반적으로 토축성을 축조하는 방식으로는 삭토법, 성토법, 판축법 등이 있다(이에 대한 자세한 설명은 토축성의 축조법에서 서술한다). 한국은 산지가 국토의 70%로 대부분의 성곽이 평지보다는 산지나 구릉지에 위치하는 것이 일반적이다. 자연히 자연적인 지형을 활용하기가 편리하고 성곽의 입지를 선정할 당시부터 이를 고려하였던 것으로 보인다. 평지에 축조된 토성이라면 대부분 성토법이나 판축과 같이 흙을 쌓아 올리는 방식을 채택할 수밖에 없다. 하지만 산성의 경우 구릉지나 산지에 위치하여 성토보다 구릉이나 산지의 사면을 삭토하는 것이 노동력도 절감되고 빠른 시간에 성벽을 구축할 수 있는 방법이었다. 삭토할 때에는 토사만 깎아내는 것이 아니라 때로는 암반도 잘라내어 인공적인 절벽을 만들었던 경우도 있다. 따라서 토축성은 성벽이 모두 토축으로만 구성된 것이 아니다. 토축과 함께 삭토된 암반이나 풍화암반도 성벽에 속하고 자연적인 절벽도 성벽을 구성하는 일부가 되기도 한다.

한편, 토축성과 관련하여 토석혼축성土石混築城이란 용어도 사용되고 있다. 이는 돌과 흙을 모두 활용하여 축조한 성벽이다. 지표조사 결과 무너진 성벽에 토석이 혼합되어 있으면 이를 토석 혼축으로 분류하였다. 하지만 이러한 경우 발굴조사를 실시하여보면 원래 석축을 후대에 토축으로 개축하였거나 석축부가 무너지면서 토사와 함께 교란된 것이다. 사실 석축성벽이라 하더라도 오로지 석재로만 축조되는 것이 아니고 토축성벽이라 하더라도 기단 부분은 석축으로 축조하거나 성벽 내부에 석심을 두어 보강하는 경우가 많다. 또한 토축

풍납토성

성벽의 외피가 쓸려나가는 것을 방지하기 위하여 겉에 잔돌이나 자연석으로 토벽을 덮어씌운 경우 등도 있다. 이 경우 석재가 일부 사용되었지만 주 축조재료는 토사이며, 축조 공법상 토축 방식으로 축조한 것이다. 따라서 일반적으로 말하는 토석혼축은 토축성에 속한다고 볼 수 있다.

3) 석축성

석축성은 돌을 잘라내거나 가공하여 외벽을 축조한 성이다. 석축성은 축조하기가 어렵고 축조기간도 오래 걸리는 것이 단점이다. 특히 석재의 조달이 어렵고 이를 가공할 수 있는 숙련된 석공이 필요하여 대규모의 인력동원체제와 석재 가공 기술의 발전 없이 축조하기 어렵다. 한국에서는 고대국가가 등장한 이후 이러한 조건들이 갖추어 지면서 석축산성의 축조가 활발히 이루어지기 시작하였다. 삼국 중 고구려는 초기부터 석축산성을 축조하였던 것으로 알려져 왔다. 요령성 환인의 오녀산성이나 길림성 집안의 환도산성 등이 초기의 석축산성으로 추정되고 있다. 하지만 일반적으로 백제와 신라는 이 보다 늦은 시기에 석축성이 등장하였던 것으로 추정된다. 3세기경에 축조된 포천 고모리산성에서 초기 석축성이 존재하기도 하지만 백제나 신라에서 본격적인 석축성이 축조되기 시작하는 것은 5세기를 전후한 시기로 추정된다. 이후 산성을 중심으로 석축성이 확대됨으로써 우리나라 성곽의 특징이 바로 석축산성에서 나타나게 되었다.

석축성은 한국과 같은 기후에서는 토성에 비하여 내구성이 크고 관리도 쉽다. 한국의 기후는 여름에 호우가 집중되어 성벽이 유실될 확률이 높고 겨울에는 동결로 역시 성벽 탈락되기 쉽다. 토성벽에 비하여 석축 성벽이 이러한 급격한 기후변화에 유리하며 훨씬 안정적이다. 따라서 5세기 이후 산성은 대체로 석축성이 중심이 되고 석재를 구하기 어려운 도성이나 평지성 및 해안성의 경우는 토축과 석축을 병행하는 축조법도 활용되었다.

석축 성벽에 사용되는 석재는 용도에 따라 외면에 노출되는 면석과 내부에 사용되는 뒤채움석으로 구분할 수 있다. 또한 가공정도에 따라서 크게 할석과 가공석으로 나눌 수 있다. 가공석은 치석한 정도에 따라 다시 여러 가지 형태로 분류할 수 있다. 면석은 주로 가공석이 사용되고 뒤채움석은 주로 할석을 사용하였다. 면석은 대체로 대석大石, 중석中石, 소석小石 등으로 분류되는데 『화성성역의궤華城城役儀軌』에 의하면 '대석은 전면이 2척 길이가 3척 이상, 중석은 전면이 일척 길이가 2척 오촌 이상, 소석은 전면이 일척 길이가 2척 이상' 등이다. 하지만 이는 조선시대의 사정을 반영한 것으로 고려시대 이전과는 차이가 있다.뒤채움돌은 대체로 마름모꼴의 할석이 대표적인 것들이다. 면석과 같이 대석, 중석, 소석 등 크게 3종류로 나누어지는데 각각 크기가 다른 돌을 혼합하여 빈틈이 생기지 않도록 하였다.

석축에 사용되는 석재의 질은 화강암이나 편마암이 많이 사용되었지만 점판암, 사암 등도 사용되었다. 전술한 바와 같이 석축성의 축조에는 석재의 운반이 가장 어려운 작업이어서 석재의 조달은 가장 가까운 곳에서 이루어졌다. 때문에 축조 시 주변에서 쉽게 구할 수 있는 암질을 활용하여 축조하는 경우가 대부분이었다. 다만 도성과 같이 중요한 성곽의 경우에는 양질의 화강암을 운반하여 정교하게 치석한 후 사용하기도 하였다.

석재의 가공과 치석 방법은 석질에 따라 차이가 있다. 하지만 화강암과 같이 규격화하기 쉬운 석재의 경우에는 시대에 따라 석재의 가공 및 치석 방법에도 차이가 있었다. 그중에서도 특히 면석의 크기와 가공 정도는 성벽의 축조시기를 가늠할 수 있는 단서가 되기도 한다. 일반적으로 고대의 성곽이 면석의 높이가 낮고 치석도 정연하다. 이후 대체로 시대가 내려올수록 면석의 크기와 높이가 커지며 자연석을 사용하는 비율이 높다.

4) 전축성

전축성은 벽돌로 축조한 성이다. 벽돌은 규격품으로 만들어지기 때문에 성벽 축조를 계획적으로 할 수 있고 다양한 방어시설의 축조가 쉽다. 내구성도 강하여 한번 축조하면 장기간 사용할 수 있을 뿐만 아니라 보수도 쉽다. 중국에서는 당나라 이후 전축성의 축조가 본격적으로 이루어져 대부분의 성들이 전축으로 이루어졌다. 벽돌을 건축재료로 주로 활용하였던 중국 문화의 특징이 잘 반영되었던 것이다.

한국에서도 벽돌은 삼국시대부터 건축 재료로 사용되어왔다. 하지만 성벽에 벽돌을 사용한 사례는 찾기 어렵다. 벽돌의 제작에는 상당한 비용이 소비되었다. 따라서 중국과 같이 광범위한 용도로 사용되지 못하고 주로 궁성, 관청, 사찰 등 지배층과 관련된 건조물에서 제한적으로 활용되었다. 중국에서 유행한 전탑이 한국에서는 유행하지 못했던 것도 벽돌의 제작과 사용이 제한적으로 이루어졌던 사정과 관련이 있다. 한국에서 성곽을 벽돌을 사용하여 축조하려면 너무 많은 경제적 부담이 가중될 수 있어서 적극적으로 활용되지 못했던 것으로 추청된다.

그렇다고 벽돌을 성벽에 사용한 예가 전혀 없는 것은 아니다. 한국에서는 강화 외성에서 일부 성벽에 벽돌은 사용한 예가 있다. 수원 화성에서도 중요 시설물에 벽돌을 사용하여 축조한 예가 있다. 기록에 의하면 조선 초부터 성곽에 벽돌을 사용한 예가 보이고 있다. 『세종실록지리지』에 의하면 무창, 우예, 종성, 은성, 부령 등 함경도 지역의 읍성을 벽돌을 사용하여 축조하였다고 한다. 종성, 은성, 부령 등의 읍성은 전부 전축한 읍성이고 무창, 우예 등은 돌과 벽돌을 혼축한 것으로 기록되어 있다. 『신증동국여지승람』에도 8곳의 전축성이 기록되어 있다. 대체로 세종대 북방지역의 읍

중국의 전축성(평요고성)

성을 벽돌로 축조하였다는 기록이 보이고 있는 것이다. 하지만 실물이 존재하지 않아서 정확한 사정을 파악하기는 어렵다. 이후에는 중국에 다녀온 사신들에 의하여 전축성의 장점이 전해지고 이에 대한 수용이 논의되기도 하였지만 실제 축성에 응용되지는 못하였다. 다만 현재 남아 있는 자료를 보면 성벽 전체를 벽돌로 축조하기 보다는 여장과 같이 성벽 상부의 시설에 부분적으로 전축을 한 흔적이 나타나고 있다. 남한산성, 서울 성곽, 강화산성, 화성 등이 대표적인 것들이다.

2. 거주 주체나 목적에 따른 분류

성 내부에 누가 어떠한 목적으로 거주하는가에 따라서 구분할 수 있다. 성곽은 처음에는 군사적 목적으로 축조되기 시작하였지만 고대국가가 형성된 이후 다양한 목적으로 활용하기 위한 성곽들이 등장하였다. 국왕이 거처하기 위한 왕성王城, 수도를 보위하기 위한 도성都城, 도시를 둘러싼 나성羅城, 지방도시를 보호하기 위한 읍성邑城 등이다.

1) 도성

도성이라고 하면 수도를 방어하기 위한 성곽을 말한다. 또는 넓은 의미에서는 수도 자체를 도성이라고 한다. 삼국시대에는 고구려 국내성과 평양성, 백제의 풍납토성, 몽촌토성, 부여 사비성, 고려의 개성, 조선의 한양 성곽이 한국의 대표적인 도성이라고 할 수 있다. 이밖에도 고려시대 강화성이나 수원 화성도 도성 경영을 염두에 두고 축조된 성곽들이다. 도성은 국가의 상징적인 성곽으로서 의미가 크다. 따라서 다른 성곽에 비하여 다양하고 장엄한 시설들이 축조되었다. 하지만 방어력에 있어서는 그다지 우수하지 못했다.[5] 따라서 도성 주변 산지에 산성을 두어서 이를 보완하기도 하였다.[6]

---

5 고구려의 평양성은 예외였다. 외성, 중성, 내성의 삼중성으로 방어력이 아주 우수하였다.
6 고구려에서는 국내성에 환도산성, 평양에는 대성산성 등을 축조하여 유사시에 대비하였다. 조선시

도성은 궁성과 혼동되는 경우도 있다. 예를 들어 경주의 월성은 왕궁을 둘러싼 성곽으로 왕성이나 궁성이라고 해야지 이를 도성이라고 할 수 없다. 신라의 경우에는 도시 주변을 둘러싼 나성의 존재를 확인하기 어렵다. 도시 주변에 유사시 입보할 수 있는 대규모 산성은 있지만 도시 전체를 감싸는 나성과 같은 시설물은 축조하지 않았던 것으로 보인다. 백제와 고구려를 통합한 후 문무왕이 서라벌 주변에 성곽을 축조하려 하자 의상대사가 반대하여 멈추었다는 기록도 있다.[7] 신라인들이 나성 축조에 적극적이지 않았던 사정을 짐작하게 한다. 반면에 백제와 고구려에는 나성이 존재하여 신라와 차이를 보이고 있다.

2) 읍성

지방도시인 군현郡縣의 치소治所에 축조한 성곽이다. 중국에서는 일찍부터 읍성이 발달하여 왔지만 우리나라에서는 본격적으로 읍성이라고 부를 수 있는 성곽이 등장하기 시작한 것이 고려시대부터였다. 삼국시대에는 지방제도에서 군사와 행정이 뚜렷이 분리되지 않아서 군사 중심지였던 산성이 행정중심지로서 읍성의 역할도 대신하였다.

고려시대 이후 지방제도가 정비되고 지방관이 파견되면서 지방행정의 중심지에 읍성이 축조되기 시작하였다. 고려 초기에는 주로 지방행정 중심지의 배후에 위치한 산성을 평지 쪽으로 확대하거나 삼국시대 산성을 확대하기 어려운 경우 그 주변의 평지에 새로운 성곽을 축조하여 읍성의 역할을 하게 하기도 하였다. 경기도 지역의 안성 죽주산성(죽주), 안성 비봉산성(안성군), 안성 무양산성(양성현), 이천 설성산성(음죽현) 등은 삼국시대 산성 바깥으로 외성을 덧붙여 축조하여 읍성의 역할을 할 수 있도록 한 것들이다. 반면에 평택 비파산성(거성현성)은 삼국시대 축조된 자미산성의 주변에 새로운 성곽을 축조한 것이다.[8]

대에 북한산성과 남한산성도 마찬가지이다. 신라는 도성이 없는 대신에 명활산성, 남산성 등을 축조하여 활용하였다.

7 『삼국사기』 권 7 신라본기 7 문무왕 하 21년조.

한국에서 읍성이 전국적으로 확대되기 시작한 것은 고려 후기이다. 왜구의 침입이 빈번해지면서 연해지역의 인구가 감소하자 연해지역의 백성을 안정시키고 해안 지역의 방어를 강화하기 위한 목적으로 읍성을 축조하기 시작하였다. 이것이 점차 내륙으로 확장되면서 정치, 군사, 경제, 사회 등의 중심지가 되었다. 조선시대부터는 일정

해미읍성 진남문(충남 서산)

한 부, 목, 군, 현 등 도道 산하에 있는 행정단위를 통칭하여 고을이라 하였는데 고을을 둘러싸서 축조한 성을 일반적으로 읍성이라 부르게 되었다. 『세종실록』 지리지에서 읍석성邑石城, 읍토성邑土城 등 축성재료를 병기하여 기록하기도 하였지만 이후 조선시대 문헌에서는 모두 읍성이라는 표현을 사용하였다.

조선 전기 『신증동국여지승람』에 의하면 읍성이 있는 현수는 약 160여개 소에 이르고 있다. 당시 330개의 행정구역이 있었던 것에 비교하면 평균 1/2의 행정구역에 읍성이 축조되었던 것을 알 수 있다. 하지만 조선후기에는 조선-일본 전쟁(임진왜란)과 조선-청 전쟁(병자호란) 등을 거치면서 읍성이 많이 줄어들고 청나라 및 일본과의 관계가 안정되면서 수리도 이루어지지 않아 점차 감소하였다. 『여지도서輿地圖書』에 의하면 영조대를 기준으로 약 107개소가 있었다는 기록으로 보아 조선 전기에 비하여 약 1/3 정도가 감소하였던 것을 알 수 있다.

8 비파산성에서는 「車城」이란 명문기와가 출토되어 이곳이 거성현의 현성임이 확인되었다.

3) 궁성

국왕이 거주하는 성곽을 일반적으로 궁성이라고 한다. 대부분 도성 내에 위치하며 궁궐을 에워싸고 있는데 성벽과 유사하게 높은 담장을 두르고 있다. 국왕이 거처하는 장소이며 정치의 중심에 해당되어 방어적인 능력보다 권력을 상징하는 의미가 큰 성곽이다. 궁성은 '재성在城'이라고도 부르는데 이는 '국왕이 있는 성'이라는 의미이다.

삼국시대의 궁성으로는 고구려의 안악궁터, 신라의 월성터 등이 있다. 백제의 풍납토성이나 몽촌토성, 부여 나성 등에도 궁성이 있었던 것으로 보이나 궁궐터가 아직 발견되지 않아 정확한 현상을 알 수 없다.

경주의 월성은 도성이 아니라 일종의 궁성에 해당된다. 월성에 대한 발굴조사에서 '재성'이란 글자가 새겨진 기와편이[9] 출토되어 월성이 궁성임을 알 수 있었다.[10] 고려시대에는 개성의 만월대가 궁성이었다. 만월대는 평지가 아니라 송악산 남사면의 고지대에 조성되어 있다는 것이 특징이다. 산사면을 따라 계단식으로 축대를 쌓고 궁궐을 조성하였다. 궁성과 궁궐은 조선시대에 들어와서 발전하였다. 정궁인 경복궁을 비롯하여 창덕궁, 창경궁, 경희궁, 덕수궁 등이 있었다.

만월대(개성)

이밖에 국왕의 임시 거처에 축조된 행재성行在城, 또는 행성行城도 있다. 행재성은 '재성'에 대비되어 국왕이 '임시로 행차하여 머무는 궁성'이라는 의미를 가지고 있다. 행재성은 궁성과 구분하기도 하지만 그 여기에서는 궁성의 범위에 포함하여 기술하였다.

이밖에 산성도 거주 주체에 따른 분류

---

9 현재 국립경주박물관에 소장되어 있다.
10 『삼국사기』 신라본기에는 "파사왕 22년(101CE)에 금성 동남쪽에 성을 쌓아 月城 혹은 在城이라고 불렀는데 둘레가 1,023보이다"라는 기록이 있다.

에 포함하여 구분하는 연구자도 있다. 하지만 산성은 평지성에 대비되는 개념으로 입지에 따른 분류에 속하며 산성이 읍성으로 사용되거나 고구려의 환도산성과 같이 도성이나 궁성으로 사용된 예도 있다. 따라서 여기에서는 거주 주체에 따른 분류에 포함하지 않았다.

3. 입지에 따른 분류

성곽이 어떠한 지형에 입지하고 있는가에 따라서 분류하는 것이다. 입지에 의한 구분은 먼저 산지와 평지를 기준으로 구분하는 방식과 지형적 요소를 고려하여 구분하는 경우로 나눌 수 있다. 전자의 경우에는 산성山城, 평산성平山城, 평지성平地城 등으로 분류하는데 산성의 경우 구릉성丘陵城을 따로 떼어서 분류하기도 한다. 하지만 구릉과 산지를 구분하는 뚜렷한 기준이 없고 평산성과 구릉성도 일부 중복되어 따로 구분하기가 모호하다. 후자의 경우에는 해안, 산, 강 등 지형적 요소를 고려하여 나누는 방법이다. 하지만 후자의 요소는 전자의 구분에 모두 포함되어 실질적으로 구분하는 의미가 크지 않다. 따라서 여기에서는 산성, 평지성, 평산성 등으로 구분하여 기술하겠다.

1) 산성

산성은 산이나 구릉 위에 축조된 성곽이다. 한국은 '산성의 나라'라 할 정도로 많은 산성이 있어서 한국 성곽의 특징을 이루고 있다. 산성이 유독 많은 것은 전국토의 70%가 산지라는 지형적인 특성과 관련이 되어 있다. 하지만 이것만으로 산성이 유행하였던 원인을 설명하기는 모자르다.

산성은 평지성에 비하여 방어에 유리하다. 성곽의 축조에 있어서도 평지에 비하여 축조재료를 조달하기 편하고 자연지형을 활용하기 편리하다는 이점이 있다. 따라서 삼국시대부터 산성이 주로 발달하기 시작하였다. 반면에 산성은 비교적 높은 지역에 위치하여 생활의 중심지가 되는 평지에서 출입하는데 불편이 따르고 평상시 거주하기도 어렵다. 따라서 평화시에는 활용하는데 불편이 따르기도 한다. 하지만 외적의 침입이 빈번한 시기에는 사정이 달라진다. 평지성보다는 산성이 방어에 유리하며 장기간의 항전을 펼칠 수도 있다. 한국의 산성은 지배자의 권위를 보여주기 위한 것이 아니라 지배자와 일반 백성이 모두 활용하기 위하여 축조하는 입보성의 개념을 가지고 있다.

특히 유목 민족의 기동력에 대항하기 위해서는 변경에서 왕경에 이르기까지 중첩되는 선형 방어체계 보다는 주요 교통로를 따라 종심방어체계를 구축하고 각 지역 단위로 독립적인 방어체계를 형성하여 적의 보급로를 차단하면서 장기전을 펼치는 것이 유리하다. 산성은 이러한 목적에 가장 적합한 것이다. 한국에서는 삼국시대 이후 산성 수축과 증축을 지속적으로 실시하여 왔다. 대부분의 산성에서 삼국시대에서 조선시대에 이르기까지 전시대에 걸쳐서 유물이 출토되는 것이 이러한 사정을 잘 보여주고 있다.

산성의 형식은 생김새에 따라 세분하기도 한다. 정약용과 신관호[11]에 의하면 산성을 축조하기 유리한 지형으로 4가지를 지목하고 각각의 장단점을 설명하고 있다.

첫째는 고로봉형拷栳峰形이다. 사방이 높고 중앙부가 낮은 분지형태의 지형에 적합하게 축조할 수 있는 산성이다. 이러한 형태의 산성으로는 남한산성이 대표적이다. 산 능선을 따라 성벽을 쌓을 수 있고 내부에는 넓은 평지가 있어서 수원의 확보와 용이하며 많은 사람을 수용할 수 있다. 외부에서 성 내부를 관측할 수 없어서 방어 전략을 수립하는데 이점이 크다.

둘째는 산봉형蒜峯形이다. 정상부가 평평하고 넓으며 사방은 잘라낸 것처럼 급경사를 이루는 지형이다. 사방이 급경사를 이루고 있어서 성벽의 축조에 유리하고 내부에 비교적 넓은 평탄지를 확보할 수 있다. 단점은 정상부에 위치하고 있어서 수원이 부족하다는 것이다. 삼국시대 산성에 산봉형이 많다.

셋째는 사모봉형紗帽峯形이다. 산정상부가 계단식을 이루는 지형으로 마치 생김새

---

11 고종 4년(1867) 훈련대장을 역임한 사람이다. 정약용의 주장을 이어 받아 『민보집설』이란 책에서 산성 축조에 유리한 조건을 갖춘 지형을 4가지 형태로 나누어 설명하였다.

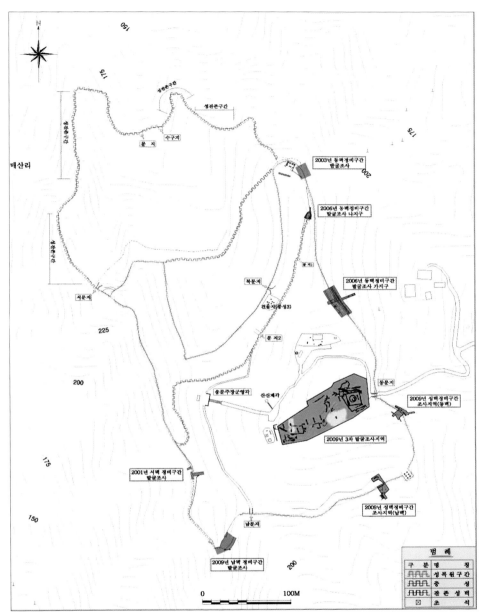

매산리

2003년 동벽정비구간
발굴조사

2006년 동벽정비구간
발굴조사 나지구

2006년 동벽정비구간
발굴조사 가지구

2009년 성벽정비구간
조사지역(동벽)

2009년 3차 발굴조사지역

2001년 서벽 정비구간
발굴조사

2009년 성벽정비구간
조사지역(남벽)

2009년 남벽 정비구간
발굴조사

0   100M

범 례		
구 분	명 칭	
	성복원구간	
	중 성	
	잔 존 성 벽	
⊠	초 석	

〈그림 1-4〉 죽주산성 평면도(복합식산성)

서 입보농성전이 기본 전술로 채택되면서 유행하기 시작한 것으로 볼 수 있다.

2) 평지성

한국에서 평지성은 그리 많지 않고 그 규모도 크지 않다. 평지는 방어에 유리한 지형적 이점을 확보하기기가 어려워 성곽의 입지로는 그리 적합하지 못하다. 다만 도성이나 해안성, 하안성 등 특수한 목적과 관련하여 축조되었던 경우가 있다. 그런데 평지성이라고 방어력이 약한 것만은 아니다. 어떠한 시설이 갖추어지느냐에 따라서 평지성도 장기간의 전투를 치를 수 있다. 고구려의 요동성은 평지성이지만 수의 대군에 침입에 맞서서 장기간의 항전을 펼쳤던 적이 있다. 평지성은 외부와의 연락, 수원의 확보, 공간 활용, 관측 등 전투를 수행할 때 산성에 비하여 유리한 측면을 가지고 있다. 적절한 방어책과 전술이 있다면 산성 못지 않게 전투력을 발휘할 수 있다. 사실 산성은 방어력을 강화하는 것도 있지만 적에게 공격의 어려움을 깨닫게 하여 전투를 회피하기 위한 측면도 있다.

평지성은 삼국시대 초기부터 축조되기 시작하였다. 현재까지 가장 초기에 해당되는 평지성은 서울 풍납토성이다. 이 성은 한강의 남쪽 충적대지에 축조된 일종의 강안성에 해당된다. 파주의 육계토성도 백제 초기의 평지성으로 임진강 남안의 충적대지에 위치하고 있다. 고구려의 경우 중 환인의 하고성자도 역시 강안 충적지에 축조된 평지성이다. 고구려의 수도 집안集安의 국내성도 역시 평지성이다. 신라의 왕성이었던 경주 월성도 강안 구릉지에 위치하지만 크게 평지성의 범위에 속한다. 낙랑의 토성으로 추정되는 평양 토성리성도 평지성

육계토성(경기 파주)
흔적을 찾을 수 없이 교란되어 있다.

에 속한다.

　중국의 경우 평지성이 대세를 이루고 있다. 대개 중국의 평지성은 방형, 장방형의 형태를 이루고 있다. 반면에 한국의 초기 평지성은 대부분 강안에 위치하며 대체로 주변 지형을 활용하여 축조되었다. 따라서 그 형태도 일정하지 않고 강안 충적지나 구릉지의 형태에 의하여 좌우되었다.

　평지성에는 일반적으로 방어력을 높이기 위하여 성벽 주위에 해자가 조성되게 된다. 다른 나라의 경우 해자는 자연 수로를 활용하기도 하지만 대체로 인공적으로 굴착하여 만들었다. 반면에 한국의 평지성들은 사면에 모두 인공적인 해자를 파는 것이 아니라 강안에 위치하여 강을 자연 해자로 활용하는 예가 많다. 여기에 인공적인 해자를 일부 축조하여 결합시키기도 하였다. 월성이나 풍납리토성 등은 모두 방형이 아니라 자연 지형을 그대로 강을 해자로 활용하였다는 것이 특징이다.

　평지성은 자연지형을 활용한다고 하더라도 축조에 엄청난 공력이 소요된다. 산성에 비하여 몇 배의 비용이 투입되게 마련이다. 따라서 한국에서는 삼국시대 이후 도성 이외의 지역에서는 평지성의 축조가 활발하지 못하였다. 평지성이 비교적 활발하게 축조되기 시작하였던 것은 고려시대 읍성이 축조되기 시작하면서부터다. 현재 남아 있는 평지성은 도성이나 읍성들이 대부분이다.

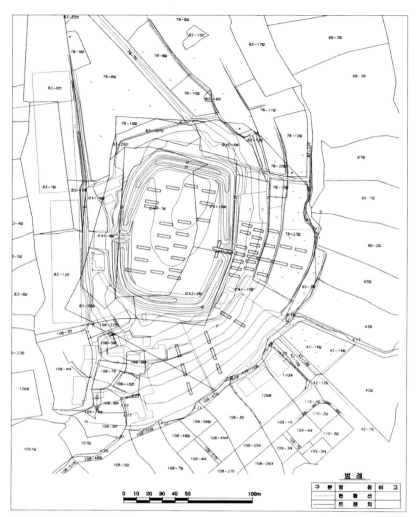

〈그림 1-5〉 평택 농성(평지성)

3) 평산성

평산성은 평지성과 산성이 결합된 형태의 성곽을 말한다. 이 역시 읍성에서 많이 보이고 있다. 한국의 도시는 대부분 배후(북쪽)에 산을 두고 전면(남쪽)에 강이나 하천을 두고 발달되어 있다. 이러한 지형에서 읍성을 축조할 경우 배후의 산지의 산성과 읍치로서의 평지성의 장점을 결합시켜 축조한 것이 평산성의 형태이다. 평산성의 평면형태도 일정한 형식이 없이 자연적인 조건을 따라서 축성하는 것이 일반적이다. 대체로 원형이나 타원형의 형태가 많지만 산지(구릉지) 부근의 지형에 따라 부정형도 나타나게 된다.

4. 평면 형태에 따른 분류

성곽의 평면 형태의 생김새를 기준으로 성곽의 특징을 구분하는 것이다. 성곽은 일정한 공간을 방어하기 위하여 축조하는 것이다. 따라서 대부분의 성곽은 원형, 방형, 부정형, 반월형 등 다양한 평면 형태를 가지게 된다. 한국의 성곽은 자연적인 지세를 활용하여 축조하기 때문에 평면 형태에서도 일정한 형식이 없고 지형적인 조건에 따라 다양한 평면형태가 나타나고 있다. 이러한 성곽을 폐합성이라 부르기도 한다.

반면에 성곽이 선형을 이루는 경우도 있다. 대체적으로 차단성, 장성, 행성 등으로 불리는 것들이다. 차단성은 고갯길과 같이 중요한 교통로를 차단하기 위하여 주로 계곡부나 고갯길을 가로질러 성벽을 축조한 것이다. 경주의 관문성이 대표적인데 울산에서 경주로 들어오는 계곡부를 가로질러 축조한 것이다. 조선시대 문경 새재에 축조된 관문성도 차단성의 형태에 속하는 것이다.

장성은 중국의 만리장성과 같이 국경지대를 따라서 선형으로 길게 축조한 것이다. 한국에서는 고구려 영류왕대에 천리장성을 축조하였다는 기록이 있다. 통일신라에서도 성덕왕대에 대동강에서 덕원에 이르는 장성을 축조하였다는 기록이 있다. 고려시대에도 1033(덕종 2)년에서 1044(정종 10)년까지 압록강하구에서 동해안 정평에 이르기까지 천리장성을 축조하였다는 기록이 있다. 그러나 당시에 축조한 장성의 실물이 현재 남아 있지 않아 구체적인 형태를 짐작할 수 없다. 다만 중국의 예와 같이 국경선을 따라서 전 구간에 성벽을 축조한 것으로 보기는 어려울 것 같다. 아마도 외적의 침입통로가 되는 중요 고갯길과 하천 지대를 차단하거나 국경지대를 따라서 요충지에 여러 개의 성곽을 쌓아 선형 방어체계를 구축하는 것을 의미하는 것이 아닌가 한다. 즉, 자연적으로 험준한 지형에는 성을 축조하지 않고 방어상 필요한 계곡이나 고갯길을 중심으로 축성이 이루어졌던 것으로 보아야 할 것이다. 조선시대에도 세종 22(1440)년부터 11년간 행성行城이라 부르는 장성이 축조되었다는 기록이 있다. 대체로 15개소에 행성이 설치되었고 이후에도 축성에 대한 논의가 있었으나 실제 행해지지는 못했다.

따라서 한국의 장성은 차단성과 같은 역할을 하였을 것으로 보인다. 다만 차단성에 비하여 장성은 단위 규모가 컸던 것으로 여겨진다. 장성이나 행성 등은 국경지대에 축조되어 피아를 구별하기 위한 것인데 정치·군사적 의미와 더불어 문화적 의미가 컸다. 즉 장성의 내부와 장성의 외부는 문화적으로 구분되는 공간으로 인식되었다.

이와는 다른 측면에서 평면 형태를 통해서 성곽을 구분하기도 한다. 바로 성벽의 중복 상태를 기준으로 구분하는 방식이다. 이에 의한 구분은 단곽성과 복곽성으로 나눌 수 있다.

단곽성은 평면에서 보아 한 줄의 성벽으로 성곽이 구성된 것이다. 반면에 복곽성은 이중 삼중의 성벽이 서로 중층을 이루면서 방어선을 형성한 것이다. 흔히 내성, 중성, 외성 등으로 구분되는 여러 줄의 성벽이 나타나게 된다.(〈그림 1-4〉 죽주산성 평면도 참조) 복곽성은 평양성과 같이 처음부터 복곽성으로 축조되는 경우도 있다. 하지만 처음에는 단곽성이었다가 증축되면서 복곽성의 형태를 띠게 되는 경우도 있다. 복합식 산성이 대표적이다. 원래 단곽식 성곽에 나중에 중성이나 외성을 쌓아 복곽식을 이루는 경우이다. 이와 반대로 이전 시기에 축조한 성곽을 줄여서 사용하기 위해서 내부에 새로운 성벽을 축조하면서 복곽성으로 되는 경우도 있다.

복곽성의 형태도 일정하지 않다. 크게 세 가지 형태로 대별되는데 먼저 동심원형태로 이중 삼중으로 중복되는 형태가 있다. 반면에 본성의 주변에 자성(부성)이 붙어서 마치 해바라기와 같은 형태를 이루는 것도 있다. 마지막으로 차단성이 몇 개가 중복되면서 겹성의 형태를 이루는 것이 있는데 문경 제1관문, 제2관문, 제3관문이 서로 중첩되어 3중 방어선을 이루는 것이 대표적인 예이다.

이상에서 여러 가지 형태의 성곽의 종류와 구분 방법에 대해서 살펴보았다. 이 밖에도 성벽을 구분하는 방법과 종류는 많이 있다. 여기에서는 주로 많이 사용하는 방식을 중심으로 설명하였다. 성곽의 종류를 구분하는 것은 아직 연구자들에 따라 다양한 의견이 존재하며 통일된 견해가 확립되지 않았다. 이는 아직 한국의 성곽에 대한 연구는 성숙 단계에 도달한 것이 아니고 전국적인 현황도 분명하게 파악되지 않았기 때문이다. 또한 지금까지 조사가 이루어졌다고 하더라도 이를 포괄할 수 있는 구분 방식도 논란이 많기 때문이다. 그만큼 한국의 성곽은 다양한 형식과 기능을 가진 것들이 공존하고 있다.

무엇보다도 성곽의 특징을 이해하기 위해서는 우리는 필수적으로 이를 구분하고 나누어 정리할 필요가 있다. 따라서 여기에서는 지금까지 논의되는 여러 분류안과 이 책의 내용을 이해하는데 필요한 기본적인 개념을 중심으로 정리하여 보았다. 여기에서 설명하지 못한 내용에 대해서는 앞으로 기술하는 과정에서 부가하여 설명하고자 한다.

제3절

성곽의 축조 방식

1. 석축 성벽

일반적으로 석축 성벽은 내외부가 모두 석재로 축조된 것으로 오해되는 경우가 많다. 외벽은 석재를 사용하지만 내부는 석축과 토축을 병행한 경우가 대부분이고 순수하게 석축으로 이루어진 것은 드물다. 석축성벽은 크게 석축부와 토축부가 구분되며 두 가지 이질적인 요소가 결합되어 축조되었던 것이다.

또한 석축 성벽은 무거운 석재가 성벽으로 사용되면서 하중을 지탱할 수 있는 튼튼한 기초 시설이 필요하다. 따라서 토축 성벽에 비하여 기초부가 단단하게 조성된다. 평지성의 경우 충적대지 위에 축조되어 기초부 조성 방식도 전 구간에 걸쳐서 유사한 방식이 사용되는 편이다. 반면에 산성에서는 능선, 계곡, 산정부 등 다양한 지형에 따라서 다양한 방식의 기초부 조성 방식이 등장하는데 이는 일반적으로 기반암의 상태와 관련되어 있다.

성벽의 구조와 축조 방법을 파악하는 가장 좋은 방법은 성벽을 절개하여 단면 및 구조 조사를 실시하는 것이다. 성벽은 처음 축조된 후 후대에 반복적으로 수축하면서 사용되기에 외부 모습만 가지고는 축조방법과 축조시기를 파악하기 어렵기 때문이다. 하지만 실제 석축 성벽의 발굴 조사 과정에서 성벽의 단면 절개 조사가 실시된 예는 그리 많지 않다. 그 이유는 성벽 단면을 절개하여 조사하는 것이 현실적으로 어렵기

‘협축식’ 성벽이 축조된다. 따라서 수직삭토법은 협축식 성벽의 대표적인 기초부 조성 방식이라 할 수 있다. 하지만 반드시 협축식 성벽에서만 수직삭토법이 활용된 것은 아니다. 편축식 성벽에서도 사용된 실례가 있다.

죽주산성 동벽에서는 편축식 성벽이지만 수직삭토법으로 축조된 성벽이 확인되었다. 이곳은 성벽이 능선에서 주계곡으로 내려가는 급경사 부분이었다. 성 외벽 방향은 물론이고 성벽 진행 방향으로도 급경사를 이루고 있었다. 대체로 이러한 지형에는 계곡 시작부에서부터 협축식 성벽을 축조한다. 하지만 이곳은 특이하게도 편축식 성벽을 기반암에 내탁하여 축조하다가 계곡부분에만 협축식 성벽을 축조하였다. 아마도 성벽진행 방향은 물론이고 성내부에서 외부로 흐르는 경사가 모두 급하기 때문에 협축보다는 기반암에 성벽이 의지하도록 내탁하는 편축식을 채택한 것이 아닌가 한다.

죽주산성의 기반암은 편마암 계열로 가로방향으로 잘 부서지는데 이를 사선으로 절개하게 되면 단면은 매끄럽지가 않고 쉽게 부서지는 암질이다. 여기에서는 기초부를 조성하기 위해서 암반을 거의 수직으로 잘라내어 단면이 L자를 이루도록 하였다. 가장 아래쪽의 폭은 약 6m 내외였다. 역시 성벽의 높이도 6m 내외였다. 삭토면은 정지하지 않고 울퉁불퉁한 상태로 두어 뒤채움돌과 엇물리게 하였다.

죽주산성의 남벽에서도 같은 수직삭토법이 확인되었다. 이곳 역시 능선 정상부에서 남문지 방향의 계곡으로 성벽이 급경사를 이루면서 내려가는 곳이다. 그런데 이곳은 앞의 동벽과는 달리 협축식 성벽이 축조되어 있었다. 협축성벽의 내벽과 삭토된 기반암 사이의 공간에는 특이하게도 마사토를 채워 넣었다. 마사토의 용도는 일단 토압에 의하여 성벽이 외벽 방향으로 밀리는 것을 방지하고 자연스럽게 우수를 배수하기 위한 것으로 파악된다. 또한 적이 성벽의 외부에 공성무기로 충격을 가하여 무너뜨리려고 할 경우 그 압력을 완충시키기 위한 용도도 있었던 것이 아닌가 한다.

③ 경사삭토법은 상단부는 단면이 사선을 이루도록 삭토하다가 하단부에 이르러 수직으로 삭토하는 방식이다. 이러한 방식의 기초부 위에 축조되는 성벽은 대체로 수직으로 삭토된 부분에 석축이 이루어지고 나머지 부분은 토축이 이루어지는 경우가 대부분이다. 수직삭토법에 비하여 최대 약 50% 이상 뒤채움하는 석재의 양을 줄일 수 있다. 사실 단면상으로는 계산하면 계단삭토법 보다도 뒤채움재가 적게 들어갈 것

죽주산성 남벽(수직삭토법)

같다. 하지만 일반적으로 같은 높이를 축조할 경우 경사삭토법이 계단삭토법 보다 성벽의 폭이 더 넓어서 실제 소용되는 뒤채움 석재의 양은 더 많다. 전반적으로 경사삭토법도 성벽을 축조하는데 드는 시간과 노동력을 크게 절감할 수 있는 방식이다. 반면에 성벽의 견고성은 다른 방식에 비하여 떨어진다. 석축부에 비하여 토축부의 규모가 크기 때문이다. 토축부가 크면 클수록 성벽 상단부에서는 내부에서 외부로 집중되어지는 압력도 동시에 커지게 된다. 상단부가 토압에 의하여 앞으로 밀려서 붕괴될 위험도 커지게 된다. 따라서 급경사 지역에서는 활용하기가 어려운 방식이고 비교적 완경사 지역에 편축성벽을 축조할 경우 주로 활용되는 방식이다.

하지만 급경사 지역에서도 석재를 조달하기 어려울 경우 이러한 방식으로 기초부를 조성한 예가 있다. 죽주산성 동벽은 발굴조사 결과 급경사 지역임에도 경사삭토법을 활용하였는데 상단은 약 40° 정도로 경사지게 삭토하였고 하단에 가서는 수직으로 삭토하였다. 자연 경사면은 경사각이 약 30° 정도로 비교적 급한 지형이다. 사선으로 삭토한 면은 정리하지 않고 울퉁불퉁한 상태로 놓아두었는데 오히려 토축이나 뒤채움돌이 바닥에 물려서 성벽이 슬라이딩되는 것을 최대한 방지하고자 하는 의도로 보인다. 외벽을 보강하기 위하여 외벽 하단부에는 상당한 높이의 보축성벽을 축조하였다. 이는 토압에 의하여 하단부까지 무너지는 것을 방지하기 위한 것으로 보이는데 보축성벽이 처음 축조 당시부터 있었던 것인지 나중에 보강된 것인지 분명하지 않았다.

설봉산성의 북벽과 서벽이 만나는 능선부에서도 이와 유사한 기초부 조성 방식이 있었다. 이곳은 완만하게 경사를 이루며 낮아지는 능선부를 가로질러 성벽이 축조되었다. 먼저 성벽을 축조하기 위하여 기반암층을 삭토하였는데 상단은 암반의 생김새를 따라 경사지게 정리하였으나 기단석과 뒤채움이 놓이는 하단은 역시 수직으로 삭토하여 전체적으로는 단면은 '활'의 형태를 이루고 있었다. 이와 유사한 형태의 방식이

죽주산성 서벽(경사삭토법)

자미산성의 성벽 회절부에서도 확인되었다.

대체로 경사삭토법은 앞의 두 방식에 비하여 비교적 평균 경사도가 완만한 지역에서 활용되었던 것으로 정리할 수 있다. 경사도가 완만한 지역에 성벽을 축조하기 위해서는 많은 석재가 필요한데 이를 효과적으로 줄이기 위한 방법이라고 할 수 있다. 하지만 성벽이 슬라이딩될 위험이 높기 때문에 외벽 기단부에 이를 보강하기 위한 보축성벽을 설치하였던 예가 많다.

(2) 보강기초법

보강기초법은 주로 지반이 약한 곳을 석재나 토사로 보강하여 기초부를 조성한 것이다. 주로 계곡부에 성벽을 축조하는 경우 활용되었다. 기초부를 조성하기 위하여 먼저 지표를 굴착하여 단단한 암반이나 생토층이 드러나게 하고 그 위로 할석, 점토, 모

반월산성 동벽(보강기초법)

래 등을 서로 섞어서 다져 올려 기초부를 조성하였다. 하지만 구체적인 공법은 지형적인 요인에 따라서 각각 차이가 있다. 각각 조성한 사례를 살펴보면서 보편성과 특수성을 살펴보겠다.

먼저 포천 반월산성의 경우 동문지 부근 성벽 하부에 점토와 모래를 다져서 기초부를 조성한 성벽이 노출되었다. 성벽 축조시 표토를 생토층까지 걷어낸 후 그 위로 회갈색 모래와 점토를 섞어서 겹겹이 다져 올렸다. 다짐토의 토층 흐름은 경사 단면을 따라서 사선을 이루고 있다. 기초부의 높이는 약 2m, 폭은 약 8m 이상이었다. 석축 성벽의 하단은 폭이 2m 정도이고 상단 폭은 6m 이상이다. 석축부 뒤로는 기초부와 연결된 토축부가 이어져 단면은 마치 석축부를 토축부가 깜싸고 있는 것과 같았다. 점토로 기초부를 다져 올린 것은 유수가 유입되는 것을 막고 석축 전체를 토축부로 보강하고자 한 것이다. 토성의 축조 방식과 석성 축조 방식을 혼합하여 축조한 것이다.

석재를 활용한 보강기초식은 이천 설봉산성에서 조사되었다. 모두 계곡부에 축조된 성벽이었다. 하나는 설봉산성 서문지 부근의 성벽인데 주변에는 화강암 암반이 곳곳에 돌출되어 있었다. 이곳의 성벽 기초부는 주변 암반에서 떼어낸 석재들과 점토로 조성되었다. 원지표로부터 약 1m 이상을 굴착하여 비교적 단단한 생토층을 노출한 다음 그 위로 주변 암반에서 잘라낸 할석재를 점토와 함께 다져 올려서 기초부를 조성하였다. 성벽의 외벽 하단부는 축조 후 일정한 높이까지 대형석재와 점토를 사용하여 매몰하였다. 유수로 성벽이 밀려나지 않도록 보강한 것이다. 다른 한 곳은 북벽으로 설봉산성의 모든 유수가 집중되는 곳이다. 이곳은 원래 큰 계곡부였는데 이를 가로 지르며 성벽을 축조하였다. 성벽을 축조하기 전에 계곡에 퇴적된 토사를 암반층이 노출될 때까지 걷어내고 그 위로 점토와 할석재를 섞어서 단단히 다져 올려서 기초부를 구축하였다.

　기와를 사용하여 성벽 기초부를 조성한 예도 있다. 이러한 방식은 현재까지 근사사례에 의하면 주로 보축성벽이나 후대의 성벽을 보수한 곳에서 보이고 있다. 포천 반월산성의 보축 성벽은 표토를 제거한 후 그 위로 점토와 기와를 함께 다져서 기초부를 조성하였다. 반월산성의 보축성벽은 표면을 둥글게 가공하여 체성벽의 1/3지점까지 들여쌓기를 한 것으로 이는 7세기 이후 한강 유역 일대에서 보이는 전형적인 신라 보축성벽이다. 따라서 기와를 사용한 보강기초식은 신라식의 기초부 조성 방식 중 하나로 볼 수 있다. 그런데 평택 무봉리산성 등 고려시대의 토성에서도 기초부를 폐기와로 조성한 예가 있어서 고려시대에도 이러한 방식이 활용되었음을 알 수 있다.

　이상에서 현재까지 조사된 성벽의 기초부 조성에는 전체적으로 활용할 수 있는 석재의 양, 축조 지점의 지형적 요건, 성벽 하부의 기반암의 강도 등이 중요한 고려 대상이었던 것으로 파악된다. 동일한 산성에서도 각 구간별 지형적 여건에 따라 다양한 방식이 활용되었음을 알 수 있다. 삼국시대 이후 기초부 조성 방식은 조선시대까지 그대로 이어지고 있다. 다만 후대로 갈수록 삭토기초법 보다 보강기초법이 많이 활용되었다. 조선시대에는 이보다 더 간략화되어 심지어 지표만 걷어내고 성벽을 축조하는 경우도 볼 수 있다. 이는 성벽의 축조가 단기간에 급하게 이루어졌으며 인력과 비용을 절감하기 위한 것으로 추정된다. 고려시대 이후 농업사회가 정착되면서 삼국시대와 같이 국가적 차원에서 대규모의 인력 동원을 하기 어려웠던 사정을 반영한 것이다. 기초부의 조성 방식의 차이를 살펴보는 것으로도 산성의 시대별 축조 방식의 특징을 살펴볼 수 있다.

　한편, 석축 산성의 기초부 조성 방식은 기와 건물지 기단부 축조 방식, 고분의 기초부 축조 방식, 저수지나 제방의 기초부 등과도 기술적으로 유사하다. 이는 성곽 축조 기술이 독자적으로 발전한 것이 아니라 다른 건축 및 토목 기술과 서로 영향을 주고받으며 발전했던 사정을 보여주고 있다.

2) 체성벽

일반적으로 체성벽의 축조 공법과 관련하여 주로 언급되는 것들을 면석의 치석방법과 형태, 면석의 크기, 면석의 짜임새, 뒤채움 방식 등 특히 최근까지 성곽 연구자들은 면석의 형태와 치석 방법을 석축 성벽의 발전과 연관하여 설명하려는 경향이 강하였다. 면석의 가공 방식과 형태의 변화가 성벽 축조술의 기술적 진화 문제를 설명하는 근거가 될 수 있다고 보았기 때문이다. 이러한 견해를 주장하는 연구자들은 면석의 종류를 가공(치석)정도에 따라 자연석, 할석, 가공석(이는 다시 판석형, 장방형, 정방형, 모전석형 등이나 조잡한 가공석, 절석가공석 등으로도 나누기도 한다.) 등으로 분류하고 가공이 잘 될수록 좀 더 후대의 발달된 양식으로 보았다. 또한 판석형 면석은 신라의 전형적인 양식으로 장방형으로 치석된 면석은 백제의 양식으로 모전석형으로 치석된 것은 신라의 양식 등으로 분류하여 축조국이나 축조집단을 유추하기도 하였다. 일부에서는 고구려의 특징적인 면석 가공 방법을 강조하기 위하여 견치석(평면이 오각형)을 고구려의 가장 특징적인 면석 가공 형태로 주목하기도 하였다.

사실 면석의 가공 방식이 기술적 발전과 축조 집단을 구별하는 기준이 된다는 견해가 나오게 된 배경은 성곽에 대한 발굴조사가 활발하지 못했던 2000년대 이전의 연구 풍토와 관련되어 있다. 즉 성벽에 대한 지표조사 결과를 바탕으로 외형적인 분류를 하고 이를 통해서 축조시기 및 축조국가를 규명하려고 하였기 때문이다. 또한 진화론적인 입장에서 시대가 내려갈수록 기술이 발전하고 면석의 치석 방식도 점차 발전하게 되었다는 전제가 깔려 있었다. 일반적인 면에 있어서는 타당한 추론이라고 할 수 있지만 성벽 축조의 특수한 면을 간과하였다는 점을 부인하기 어렵다.

우선 이러한 견해를 비판하기 위해서는 면석을 가공하는 이유와 그 절차에 대해서 주목해야 할 것이다. 산성을 축조할 때 석재의 조달은 대부분 성벽 축조 지점 주변에서 이루어진다. 석재를 운반하는 것은 고되고 어려운 일이어서 인력만으로 다량의 석재를 원거리까지 운송하기는 거의 불가능에 가깝다. 이 문제가 성곽을 설계하고 축조를 지휘하고 감독하는 사람들에게 가장 큰 고민거리였을 것이다. 석성을 축조하기 위해 가장 유리한 조건을 따져보면 축조 지점에 풍부한 석재가 매장되어 있는 것이다.

이와 더불어 석재의 질도 중요한 변수가 된다.

왜냐하면 석재는 종류에 따라서 가공 방법이 차이가 있기 때문이다. 화강암계열은 대체로 어떠한 형태로든 치석이 가능하다. 하지만 편마암계열처럼 한 쪽 방향으로 떨어지거나 가공이 어려운 암질도 있다. 또 다른 암질은 쉽게 부서져 가공이 어려운 것도 있다. 성곽의 설계자들은 축조 이전 단계에서 주변에서 조달할 수 있는 석재의 종류에 대하여 기초적인 조사를 철저히 할 수밖에 없다. 사실 일반 건축물에서 사용되는 석재들은 선별의 폭이 넓다. 먼저 석재의 양이 성벽 축조 보다 훨씬 적게 들어가고 용도와 기능에 따라 선별적으로 사용할 수 있다. 건축물에서 필요한 석재를 조달하여 가공하는 것은 성벽의 축조와 비교할 수 없을 정도로 간단한 것이다.

하지만 석축 성벽의 축조에는 다량의 석재가 사용되기 때문에 가공에 편리한 암질을 선택하여 사용하기가 어렵다. 석축 성벽 축조에는 워낙 많은 양의 석재가 필요하여 석재가 부족하면 당연히 어떠한 암질의 석재도 성벽 축조 시 유용하게 사용될 수 있다. 석재의 운반과 치석 과정 및 소요량을 고려하면 성벽 축조시 설계자들에게는 사용 가능한 석재를 어떠한 형태로 가공할 수 있는가 하는 문제가 중요하였을 것이다. 즉 축성하려는 성벽 주변의 암질이 어떤 것이고 석재의 양은 어느 정도냐 하는 것이 가공 형태를 결정하는 가장 큰 변수였다고 할 수 있다. 따라서 면석의 가공 방식을 가지고 축조 집단을 구별하거나 축조시기를 판단하는 기준으로 사용하는 것은 적절한 방법이기 어렵다.

면석의 가공 및 치석 정도와 관련하여 면석의 짜임새 역시 시기별 국가별 특징적인 축조 방식의 분석 대상이 되어왔다. 하지만 면석의 짜임새는 면석의 가공정도와 형태에 따라서 차이가 있을 수밖에 없다. 이 역시 축조집단의 성격을 구분하는데 그리 유용한 자료로 보기 어렵다.

그렇다고 이런 측면을 모두 무시할 수는 없다. 석재의 가공은 장인의 기술적 성숙도를 보여주는 것으로 일정 부분 시대 및 기술 집단의 특징을 반영하고 있다는 것은 분명하다. 다만 주변 환경적 요인이나 암질에 대한 분석 없이 면석의 형태만 가지고 축조 시기나 축조 집단을 구별하고자 하는 것은 무리가 있다는 것이다. 각 시기별 성벽의 특징을 파악하기 위해서는 면석의 치석 방식과 석축의 짜임새 등 외형적인 양상에 더하여 전체적인 성벽의 내부 구조와 형태를 파악하고 이를 바탕으로 각각의 축조 방법의 공통점과 차이점을 파악하는 것이 필요하다.

한편, 앞에서 설명하였듯이 석축 성벽이라 하더라도 순수하게 석축으로 축조된 경우는 거의 없다. 순수하게 석축으로 축조할 경우 석재의 양을 감당하기도 어렵지만 성벽으로 투수되는 빗물을 막지 못하여 성벽이 유실될 위험이 있다. 또한 공성무기로 성벽을 공격할 경우 내부에 완충작용을 할 수 있는 구조가 없어서 오히려 성벽이 붕괴될 우려가 높아진다. 따라서 석축 성벽의 대부분은 성벽 안쪽에 점토와 모래를 다져 쌓아 올린 토축부를 두어 이러한 문제점을 보완하였다. 석축 성벽이라고 하더라도 구조는 크게 석축부와 토축부로 구분할 수 있는 것이다. 그동안 석축 성벽의 공법은 주로 석축부에 대해서 주목해 왔다. 반면에 엄연히 석축 성벽의 일부라고 할 수 있는 토축부에 대해서는 최근에 와서야 그게 주목되기 시작하였다.[16] 하지만 토축부도 성벽의 일부로서 고대 산성 축조 공법의 특징을 보여주고 있어서 주의 깊게 살펴보아야 할 부분이다.

(1) 석축부

우선 석축부의 단면 형태는 기초부의 형태에 따라서 결정된다. 협축식은 수직삭토법을 사용하기 때문에 대체로 장방형이나 사다리꼴을 이루는 것으로 추정되지만 협축 성벽의 기초부가 완벽하게 조사된 예가 없어서 정확하지 않다. 편축식은 대부분 계단식삭토법을 사용하여 단면 형태도 내부는 계단식을 이루고 있다. 협축성벽은 먼저 내벽을 축조하고 나중에 토축부를 덧대기 때문에 내벽도 비교적 정연하고 토축부와 명확히 구분된다. 반면에 편축은 석축과 동시에 토축이 이루어지기 때문에 지상에 노출되는 상단부를 제외하고는 내벽의 외면이 정연하지 못하고 토축부와 엇물려 연결되어 토축부와 석축부의 구분선이 울퉁불퉁하다.

석축 성벽에서 가장 구조적으로 튼튼하게 축조되어야 할 부분이 기초부 바로 상면에 놓아지는 석재들이다. 이를 성벽에서는 보통 기단석이라 부르는데 기초부 위에 기

---

16 토축부는 토루로 오해되는 경우가 많고 다른 용어로 '土約'이라 부르기도 한다. 토루를 석축으로 개축하였을 가능성이 제시되면서 주목되기 시작하였다.

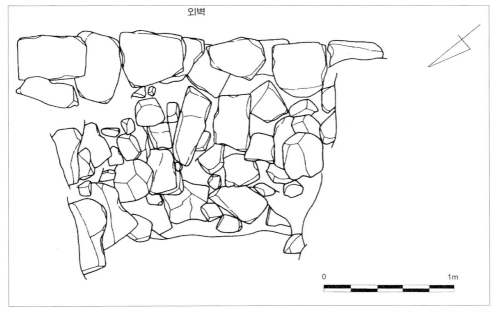

외벽

0   1m

〈그림 1-9〉 면석과 뒤채움돌의 짜임새(설봉산성)

수 있다. 큰 돌은 면석의 크기와 비슷하거나 좀 더 큰 돌로 면석과 열을 이루며 가장 먼저 놓는 것이다. 중간 크기의 돌은 큰 돌 사이의 공간을 메우는 용도이다. 작은 돌은 중간 크기의 돌로 메워지지 않은 틈에 집어넣어 일종의 쐐기 역할을 하는 것이다. 큰 돌은 대부분 양 쪽 끝이 뾰쪽하여 평면 마름모꼴 형태를 이루고 있다. 마름모꼴의 할석재를 엇갈려 놓고 그 사이에 다시 작은 돌로 메워 놓음으로써 뒤채움 전체가 하나의 석재처럼 서로 얽히게 된다. 따라서 면석과 뒤채움돌이 서로 당기는 힘을 높여주어 성벽이 붕괴되는 것을 막는 것이다. 성곽에서의 석축 방법은 일반 건물지의 기단부나 축대에도 그대로 활용되고 있다. 또한 적석총, 석실분, 석곽묘 등의 고분 축조 공법과도 거의 차이가 없다. 축조 방식의 기술적인 요소공통점을 고려하면 석축을 활용한 다양한 유적들이 상호 관련성을 가지고 발전하였음을 짐작할 수 있다.

(2) 토축부

토축부는 석축 성벽 축조 과정에서 성벽(내벽 쪽) 뒤에 생긴 공간을 흙으로 채우고 다짐한 부분이다. 그 축조 방식이 마치 토성과 같아서 원래 토성벽의 전면을 삭토하고 석축을 덧붙인 것으로 보기도 한다.[17] 그러나 이는 엄연히 석축 성벽을 축조하는데 꼭 필요한 공법으로 모든 석축성벽의 후면에서 발견되고 있다. 여기에서는 지금까지 조사된 자료를 바탕으로 토축부의 현상과 기능을 살펴보겠다.

토축부를 조성하는 방식은 성벽 기초부부터 시작되어 성벽 상면까지 전면 토축 방식과 석축부 뒤에 성벽 중단부터 상면까지 토축하는 부분 토축 방식으로 나누어진다. 전자는 대체로 기초부 조성방식이 보강기초법인 경우에 많은데 토축부가 석축부의 하부와 후면을 감싸듯 축조된다. 앞서 설명하였듯이 포천 반월산성에서 이러한 형태의 성벽이 출토되었는데 배수로와 수구는 토축부에 위치하고 있다. 후자는 삭토기초법의 양식에 따라 다양한 형태로 나누어진다. 계단식삭토법인 경우 토축되는 부분이 가장 적다. 반면에 협축성벽인 경우가 편축성벽에 비하여 토축부가 넓고 그 높이도 높다. 협축성벽의 경우에는 성벽을 축조하는 과정에서 내벽 쪽에 넓은 공간이 필요하기 때문에 성벽 축조 후 그 공간을 메우기 위해서는 편축성벽에 비하여 토축부의 너비와 높이가 높을 수밖에 없다.

토축 양상은 주변 환경과 토질에 따라 차이가 있다. 토축에 사용되는 재료는 점토, 모래, 뻘흙 등이 대부분 드물게 석재 가공시 생겨난 파쇄석이나 할석 및 기와편이 혼재된 경우도 있다. 대체로 기초부 조성시 삭토된 토사를 적극적으로 활용하는 것이 일반적이다. 하지만 지형적인 여건에 따라 같은 산성에서도 토축부을 축조하는 재료는 차이가 있다. 안성 죽주산성의 경우 남문지 부근 협축 성벽의 내벽에 형성된 토축부는 기초부 조성시 삭토된 마사토를 활용하여 조성하였다. 반면에 동벽의 능선부에서는 편축성벽이지만 점토와 모래를 다져서 토축부를 축조하였다. 설봉산성에서도 계곡부는 점토나 뻘흙을 이용하여 치밀하게 다짐하였지만 능선부는 점토와 마사토를

---

17 심광주, 「서울경기지역의 삼국시대연구현황과 과제」『고고학』1, 2002, 96쪽.

섞어서 축조하였던 예가 있다. 이 밖에 반월산성, 설성산성, 자미산성, 망이산성, 장미 산성 등에서도 유사한 사례가 있다. 각각 주변에서 쉽게 구할 수 있는 재료를 활용하 고 지형적 여건도 고려되었던 것이다.

따라서 하나의 산성에서도 성벽이 위치하는 지역과 주변에서 구할 수 있는 토사의 종류에 따라 토축부를 축조하는 토사의 재료에 차이가 있는 것이다. 역시 각각 산성마 다 지형적 여건과 구할 수 있는 재료에 따라 토축부 구축에 사용하는 흙의 종류는 차 이가 있을 수밖에 없다. 이를 이해하기 편하게 몇 가지 사례로 정리하면 다음과 같이

① 판축에 가까울 정도로 점토와 모래를 교대로 다진 경우(유사판축)
② 점토에 모래를 섞어 성토하면서 다짐봉이나 석재로 두드려 다짐을 한 경우(성토 다짐)
③ 기초부 조성 과정에서 나온 마사토나 사질 토양을 다짐하지 않고 그대로 성토한 경 우(성토)

등으로 나누어진다.

① 유사판축은 지형이 급경사를 이루어 성벽의 유실 위험이 높은 지역이나 계곡부 와 같이 우수가 집중되는 곳에서 사용되었던 방식이다. 가장 견고하지만 노동력과 시 간이 많이 투여된다는 것이 단점이다. 따라서 흔히 사용되는 방식은 아니었다. 성벽 의 토축부를 견고하게 축조할 필요가 있는 곳에 제한적으로 사용되었다. 특히 지하수 나 우수가 집중되어 성벽이 붕괴되기 쉬운 곳에서 볼 수 있다. 판축을 위해서는 영정 주, 종장목, 횡장목 등 가구를 설치하였기 때문에 발굴조사에서 그 흔적이 노출되는 경우가 있다.

② 성토다짐은 일반적으로 가장 많이 사용되는 수법이다. 대부분의 편축성벽이 이 러한 방식으로 조성되었고 계곡부의 협축성벽에도 많이 활용되었다. 가장 다양한 형 태의 재료들이 사용되었고 지형과 축조 재료에 따라 다양한 축조 방식도 나타난다. 점토질과 사질토를 적절히 혼합하여 매 층을 단단하게 다져 올렸다. 할석이나 잔돌을 혼합하여 축조한 경우도 있다. 각각의 토층은 사질토양의 혼합정도에 따라서 토색이

차이가 있다. ①의 방법과 보다는 한 번에 다짐질하는 토사의 양도 많고 두께도 두텁다. 강도는 ①의 방식만 못하지만 매우 단단하여 우수나 지하수의 침투를 방지하는데 모자라지 않다.

③ 성토방식은 기초부 조성시 기반토를 삭토하면서 나온 토사나 성벽 주변의 토사를 그대로 성토하여 토축부를 구축한 것이다. ②의 방식보다 사질토의 혼합량이 많아 단단하지는 못하여 우수의 침투를 방비하는데 한계가 있다. 따라서 성벽의 붕괴 위험이 크지 않고 성벽기초부 보다 주변 지역이 낮아서 우수나 지하수가 침투할 염려가 적은 지역에서 나타나고 있다. 오히려 배수에 유리한 사질토양이나 마사토를 충진하였던 것이 아닌가 한다. 이 방식은 중세 이후 수개축한 성벽에서 많이 나타나고 있어서 고대 산성에서는 잘 활용되지 않았던 것으로 추정된다.

이상과 같이 석축 성벽 후면의 토축부 축조 방식은 일반적으로 토루나 토성벽의 축조 공법에서 사용되는 것과 차이가 거의 없다. 그런데 흙을 성토하여 토루를 조성하는 것은 성벽 축조에서만 사용되는 것은 아니다. 제방이나 도로 등 토목공사에서 광범위하게 활용되었다. 반대로 제방이나 도로 공사에서 활용되는 공법을 산성 축조에 응용하기도 하였다. 그 중 대표적신 것이 소위 부엽공법[18]이라 부르는 성토 방식이다. 부엽공법의 채용은 성곽 축조 기술이 다른 유적의 축조 공법과 깊은 관련을 가지고 발전하여 왔다는 사실을 잘 설명해준다.

부엽공법은 한국에서는 압밀침하배수공법壓密沈下排水工法이라고도 한다.[19] 중국에서는 '산초법山草法' 일본에서는 '부조타공법敷粗朶工法', 혹은 '부엽(공)법敷葉(工)法' 등으로도 불리고 있다. 성토시 갈대와 같은 풀, 잎이 달린 나뭇가지, 식물섬유를 엮어서 만든 편물, 삼나무 껍질 등을 일종의 보강재로 사용하는 공법이다. 이것들을 연약 지반과 성토부의 경계 부분에 깔거나 성토 중간 중간에 깔아서 성토부의 강도를 높이고 성토된 흙이 흘러내리거나 쓸려나가는 것을 방지하기 위한 공법이다.

---

18 한국에서 '부엽공법'이란 용어는 아직 학술적으로 개념이 명확하게 정립된 용어는 아니다. 그 방식과 형태는 아주 다양하게 나타나고 있다. 따라서 이를 산성 토축부의 축조방식을 설명하는 용어로 사용하는데 문제가 없는 것은 아니다. 여기에서는 토축시 풀, 나뭇가지 등을 깔고 그 위에 성토하는 축조법이란 의미로 임시적으로 사용한다.
19 성주탁, 「사비도성의 구조」 『사비도성과 백제의 성곽』, 서경문화사, 2000, 36쪽.

등에 부엽공법이 활용되었던 것으로 볼 수 있다. 이와 유사한 방식이 주로 교량과 같이 연역한 지반 축조되는 시설물의 기초부에 사용된 흔적은 후대의 유적에서도 보이고 있다.

하지만 부엽공법이 연약지반 뿐만 아니라 산성의 토축부 축조에 광범위하게 사용되었던 근거 자료는 더 있다. 설봉산성에서는 계곡부 뿐만 아니라 능선부에서도 부엽공법을 사용하였던 흔적이 있다. 2차 발굴조사시 동벽 중 능선의 중앙부에 위치할 것으로 추정된 동문지를 확인하는 과정에서 성벽조사가 이루어졌다. 그 과정에서 토축부가 노출되었다. 토축부 상면에는 백제시대 주거지가 있었는데 토축부를 걷어내자 내벽에서 약 1m 정도 떨어져 성벽과 평행을 이루는 기둥구멍이 출토되었다. 성토다짐층 하부에서는 암반층 상면에 접하여 얇은 목탄층이 띠를 이루고 있는 것을 볼 수 있었다. 이 목탄띠는 부엽층이 완전히 탄화된 것으로 볼 수 있다. 당시에는 이를 해석하기 어려웠지만 4차 발굴조사에서 부엽공법이 밝혀지면서 이것도 부엽공법의 흔적임을 확인할 수 있었다.

설봉산성 외에도 다른 지역에서 역시 부엽공법을 사용한 예가 확인되었다. 죽주산성 서벽 토축부에서도 종이가 탄 것과 같은 목탄흔이 기저암반 상면에서 약 1cm 정도의 층을 이루며 출토되었다. 산성의 정상부에 위치한 남쪽 치성 주변의 성벽 토축부에서도 광범위한 부분에서 목탄층이 노출되었다. 반월산성 동문지 부근의 성벽 절개조사시에도 석축성벽 기초부 보강토부터 토축부 상면에 이르기까지 약 90cm 내외의 간격으로 얇은 목탄띠가 확인되었다. 설성산성 서벽 조사과정에서도 절개트렌치에서 토축부 하단 암반과 접합면에 얇은 목탄층이 띠를 형성하며 노출되었다. 석축부에서 약 1m 정도 떨어진 지점에서는 기둥구멍도 확인되었다. 그 양상은 전반적으로 설봉산성과 유사하였다.

이상의 예를 고려하면 토축부의 축조에 일반적으로 부엽공법이나 그와 유사한 성토법이 사용되었음을 짐작할 수 있다. 다만 석축부 뒤에 통나무를 세운 것과 세우지 않은 것으로 구분되는데 통나무 기둥의 용도는 축조공법에 필요한 것일 수도 있지만 토사의 이동을 막기 위한 용도일 가능성이 크다. 일단 통나무 기둥을 세운 설봉산성이나 설성산성의 토축부는 그 상면에 있었던 백제 주거지로 보아 백제시대에 축조한

설봉산성 토축부 기둥구멍

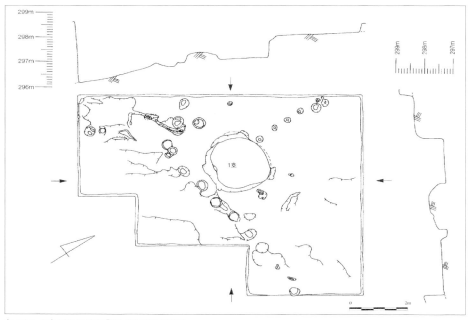

〈그림 1-11〉 설봉산성 토축부 기둥구멍 배열도

것으로 추정할 수 있다. 몽촌토성에서 사용되었던 부엽공법이 산성의 축조에도 확대되어 사용되었던 것으로 판단된다. 반면에 통나무를 시설하지 않은 죽주산성과 반월산성은 시기를 파악하기 어렵다. 하지만 통나무가 백제식 부엽공법의 특수성을 보여주는 것으로 보기는 어렵다. 왜냐하면 경사가 급하거나 유수가 집중되는 곳에는 통나무가 시설되었지만 죽주산성이나 반월산성처럼 완경사 지역에는 없었기 때문이다. 이 문제는 앞으로 발굴 사례를 통하여 검토할 문제이다.

그렇다면 석축성벽에서 토축부의 기능과 역할은 무엇일까? 석축성벽을 토축으로 보강하는 방법은 중국이나 고구려 성곽에서 흔히 보이고 있다. 중국에서는 한대漢代의 전축성에서 성벽의 안팎은 벽돌로 쌓고 중간의 적심은 흙을 다짐하는 쌓는 방식으로 축조하기도 하였다. 한국에서 석축산성에 토축부는 고구려 초기부터 있었던 것으로 보인다. 사실 고구려산성 중 석축성은 전체 구간을 석축으로만 축조하는 경우는 극히 드물다. 문지, 치성 등 중요시설과 적의 공격에 취약한 지역 등이 완전한 석축이다.

이 외에는 토축을 뒤채움으로 활용하는 경우가 많다. 오녀산성, 환도산성, 패왕조산성 등 고구려 초기의 산성에서는 석재로 외벽을 쌓고 뒤채움은 점토와 자갈을 넣고 다졌다. 협축성벽으로 축조된 나통산성, 국내성, 안학궁 성벽 등은 내외벽을 축조하고 그 사이에 흙을 채워 넣었다.[29] 평양성 외성은 전면에 석축성벽을 쌓고 그 뒤로 성벽의 높이까지 진흙을 다져서 내탁하였다. 고구려 철옹성도 석축 뒤에 석비레와 진흙을 다져 내탁을 만들었다고 한다.[30] 파주 호로고루는 중앙부에 판축토루를 두고 이에 내탁하여 양쪽으로 석축성벽을 축조하였다.[31] 이는 평양 대성산성 남문지 부근의 토석혼축부와 유사한 형식이다. 모두 내부를 토축으로 축조하고 외면만 석축으로 덧대어 쌓은 것이다.

평지에서 석축 성벽의 축조 방식은 먼저 기초부를 다져서 조성하고 그 위로 토루를 축조하고 그 외면을 정리하여 석축하는 방식으로 축조하였던 것이 아닌가 한다. 이는 풍납토성 동벽에서 중심 토루를 먼저 축조하고 거기에 덧대어 내외로 토루를 덧붙이

29 이전복, 「高句麗考古的回顧與展望」『遼海文物學刊』 1992-2, 1999-2.
30 남일룡, 『중세 우리나라 서북지방의 성 방어체제』, 김일성종합대학출판사, 1995.
31 한국토지공사 토지박물관, 『연천 호로고루』, 1999.

면서 전체 성벽을 완성하는 방법과 통한다. 석축성이나 토성이나 축조하는 방식과 순서는 차이가 거의 없고 외면이 석축이냐 토축이냐 하는 점이 차이가 있다. 반면에 산성의 경우에는 고저의 차이가 있어서 외면에 석축이 이루어지고 그 안쪽으로 거의 동시에 토축이 병행되는 것으로 보인다.

그렇다면 석축성에서 토축부가 존재하는 이유로는 일단 축성에 필요한 양질의 석재가 부족하거나 석재의 가공이 쉽지 않다는 점을 제기할 수 있다. 토축부가 차지하는 만큼 석재의 사용량이 줄어들기 때문이다. 그런데 토축부의 용도를 짐작할 수 있는 조사 결과가 있다. 즉 토축부를 시설하지 않거나 부실하게 시설하였을 경우 어떤 결과가 초래되는지를 살펴 볼 수 있다.

반월산성에서는 2007년에 복원된 북벽 일부 구간이 붕괴되어 그 원인을 파악하고자 다시 절개하여 단면 조사를 실시한 적이 있었다.[32] 이전에 복원 시 성벽 조사를 실시하지 않았기 때문이다. 이 부분은 급경사지대로 성벽 내부에는 암반이 돌출하여 있었다. 암반을 계단식으로 삭토하고 여기에 내탁하여 성벽을 축조하였다. 복원된 성벽은 원래 있던 성벽의 전면을 헐어내고 외벽 전면에만 약간의 석축을 하고 후면에는 돌과 석재로 뒤채움하였다. 복원된 성벽을 모두 제거하고 원 성벽의 축조상태를 살펴 본 바 원성벽의 석축부 후면 상단부에는 적갈색점토로 단단히 다짐하여 축조한 토축부가 있었다. 이 점토다짐층의 역할은 복원성벽의 붕괴되는 과정을 통해서 짐작할 수 있었다. 복원성벽이 붕괴된 것은 상부에서 유수가 스며들어 발생한 것이었다. 즉, 원성벽과 복원성벽 사이에 뒤채움이 부실하여 이곳으로 유수가 스며들었고 성벽이 아래로 미끌어져 붕괴된 것이었다. 토축부가 유수의 침투를 막았던 원성벽은 무너지지 않고 그대로 남아 있었다.

유사한 경우가 죽주산성에서도 확인되었다. 죽주산성 성벽도 성벽 기초조사 없이 임의적으로 복원이 이루어졌다. 복원 후 얼마 지나지 않아서 성벽은 대부분 붕괴되었다. 붕괴과정이 진행중인 곳은 성벽 상면이 가라 않고 성벽 중하단부가 앞으로 튀어 나오는 배부름 현상이 발생하였다. 그 원인을 파악하기 위하여 붕괴된 부분을 절개하

---

32 한백문화재연구원, 「포천 반월산성 북벽 보수구간 발굴조사 지도위원 회의자료」, 2007.

여 조사를 실시하였다. 그 결과 복원된 성벽은 편축식인데 외벽 일부만 석축이고 나머지 뒤채움은 사질토와 할석재를 다지지 않고 채워 넣었다. 석축부 뒤쪽으로 유수가 스며드는 것을 방지할 수 있는 장치가 없었다. 이러한 상태에서 상면으로부터 유수가 스며들면서 성벽 상면이 주저 않고 외벽은 뒤채움과 함께 미끄러져 내려가면서 성벽이 일시에 붕괴되었던 것이었다.

반월산성과 죽주산성 등에서 최근에 복원된 성벽이 붕괴된 것을 보면 고대산성에서 토축부 기능과 역할을 짐작할 수 있는 단서를 얻을 수 있다. 석축 성벽이 붕괴되는 가장 큰 원인은 우수나 지하수가 성벽 내부로 스며들어 가는데 있다. 이러한 유수가 기반암과 성벽 사이를 흐르면서 유동성이 생겨 성벽이 아래로 미끄러져 내리면 일시에 붕괴되는 것이다. 이를 방지하는 장치로 일단 성벽 외벽 하단부에 기단보축을 한다. 하지만 성벽 내부로 스며드는 유수를 먼저 차단할 수 있는 조치가 필요하다. 토축부가 존재하는 곳은 바로 우수나 지하수가 성벽으로 스며드는 부분이다. 유수를 성벽 내부로 유입되지 않도록 하고 성벽 상면으로 배수를 유도하는 기능을 가지고 있었다고 하겠다. 설봉산성 북벽에서는 설봉산성 내에서 발생된 우수와 지하수를 모두 성벽 상면으로 해서 성외부로 유출시켰던 것으로 보인다.[33] 만일 위의 두 성을 복원할 때 유수가 스며드는 것을 방지하는 토축부를 시설하였다면 성벽이 슬라이딩되는 사태는 일어나지 않았을 것이다. 특히 편축 성벽은 석축만으로는 성벽의 견고성을 유지하기 어렵다는 것을 보여준다. 협축성벽은 성벽 자체의 힘으로 버틸 수 있어서 편축성벽에 비하여 유수에 강하지만 상면에서 스며드는 유수에 의하여 중앙부가 팽창되어 붕괴될 위험은 여전하다. 따라서 고구려 산성 중에는 협축성벽에 점토와 자갈 등으로 단단한 다짐층을 만들어 성벽 내부를 보강하였던 것도 유수에 의하여 석축부가 붕괴되는 것을 방지하는 조치로 이해된다.

이 밖에도 토축부는 여러 가지 기능을 겸하였던 것으로 보인다. 설성산성에서는 토축부 상면에 주거지가 위치하고 있었고 반월산성 동벽에서도 대규모 건물지가 토축부 상면에 존재하였다. 따라서 경우에 따라서는 성벽 상면에 시설물을 설치할 수 있는 공간을 확보하기 위해서 시설하기도 하였던 것으로 보인다. 또한 성내부에서 이동로를 확보하기 위해서도 토축부를 시설하였던 것으로 추정할 수 있다. 하지만 이것들은 부수적인 효과였을 뿐이다.

이상과 같이 석축산성의 토축부는 다양한 기능을 생각할 수 있지만 가장 중심이 되었던 기능은 석축 내부로 유수가 유입되지 못하도록 막는 것이다. 일단 이 같은 공법이 출연하게 된 시기는 일단 현재까지 조사 결과에 의하면 설봉산성, 설성산성, 반월산성 등이 가장 빠른데 모두 한성백제시대로 추정된다. 출토 유물로 보아 빠르면 4세기 후반이지만 중심 연대는 대체로 5세기이다. 이 이전에 백제는 풍납토성, 몽촌토성과 같은 대규모의 토성을 축조하였던 경험이 있다. 고모리산성, 월롱산성 등 초기의 석축 산성에 대한 축조 경험도 있었다.

풍납토성에서도 석축으로 내벽 기단부를 축조하였던 것이 확인되었다. 고구려나 백제의 석축성 발전 단계를 살펴보면 석축산성은 석축 기술의 발전만으로 축조되었

---

33 원래 이 부분에는 대형 수구가 존재할 것으로 추정되었으나 발굴조사 결과 지하수를 배출하기 위한 배수로와 소형수구가 하나 출토되었을 뿐 우수를 배수하는 기능을 가진 수구는 없었다. 대신에 외벽 하단부에 대형 석재와 박석 등으로 넓게 깔아서 상부에서 떨어지는 우수로 외벽의 뿌리가 파이지 않도록 하였다. 이로 미루어 보아 우수를 성벽 상면을 통해서 외부로 배출하였던 것으로 추정하였다.

던 것은 아니었다. 백제의 경우 4세기 후반에는 대형기단식 적석총을 축조하였고 내부를 점토를 다져서 만든 소위 백제식적석총도 축조하였다. 석축과 토축을 자유자재로 활용하는 기술적 단계에 도달하여 있었던 것이다. 따라서 여러 축조물에서 활용되었던 건축과 토목 기술을 적용하여 석축산성을 축조하였던 것으로 보인다.

3) 보축성벽

보축성벽은 일반적으로 외벽 하단부를 보강하기 위하여 체성벽에 덧대어 설치한 구조물을 말한다. 외벽 기단부에 덧대어 쌓았기 때문에 대부분 '기단보축'이라고 통칭하기도 한다. 처음에는 보은 삼년산성, 경주 명활성 등 주로 신라의 영역이었던 곳에서 처음 확인되어 신라 산성의 특징으로 알려져 왔다.[34] 이후 영남지방의 신라 산성 여러 곳에서 기단보축이 확인된 바 있고 한강 유역 및 금강 상류의 산성들에서도 조사되었다. 따라서 6세기 중반 이후 신라가 소백산맥 이북으로 영역을 확장하면서 동시에 기단보축도 같이 확산되었던 것으로 알려져 왔다.[35]

하지만 보축성벽은 고구려의 대성산성이나 태자성에서도 확인되었고,[36] 백제 산성에도 존재하였기 때문에 신라의 고유한 양식으로 보기 어려운 점도[37] 있다. 이러한 견해

삼년 삼성(충북 보은)

34 박종익, 『삼국시대 산성에 대한 일고찰-신라 산성의 기단보축을 중심으로-』, 동의대학교 석사학위 논문, 1993.

35 박종익, 「성곽유적을 통해 본 신라의 한강유역 진출」 『기전고고』 5, 2005.
심광주, 「경기도의 성곽-신라 성곽-」 『기전문화예술총서』 12, 경기문화재단, 2003.

36 심정보, 「고구려산성과 백제산성의 비교검토」 『고구려산성과 방어체계-제5회 고구려 국제학술대회』, 1999, 453~454쪽.

37 심정보, 『백제 산성의 이해』, 주류성, 2004, 17쪽.

의 차이는 우선 경기도 지역에서 기단보축이 시설된 한성기 백제의 산성이 존재하는가 하는 문제와 관련되어 있다. 고구려 산성에도 기단보축이 존재하는 것은 사실이지만 그 형태는 단면이 계단식으로 들여쌓기 한 것으로 단면이 삼각형을 이루는 신라식의 기단보축과는 차이가 있다. 기단보축이 시설된 영남지역의 고대산성은 신라가 축조하였다는데 이의가 없다. 하지만 한강 유역의 고대 석축산성은 초축한 국가가 어디냐에 대하여 다양한 견해가 있어서 이를 백제로 보느냐 신라로 보느냐에 따라 여기에 시설된 기단보축도 어느 나라가 처음 축조하였는지 분명하지 않은 것이다. 한강 유역의 고대 석축산성의 초축 문제에 대한 합의가 도출되기 전까지 학계의 논란은 지속될 가능성이 높다.

그런데 이러한 논란에 앞서 성벽을 보강하는 구조물로서 외벽 하단부에 설치하는 보축이나 보강시설이 대부분의 고대 산성에서 발견되고 있다는 점을 주목해야 할 것이다. 또한 어느 산성이라도 전체 구간에 걸쳐서 기단보축이 시설되지 않았으며 지형상 성벽이 유실될 위험이 큰 지역이나 방어상 취약지구에 시설되었다. 따라서 기단보축을 신라 산성의 특성으로 단정하기에 앞서서 기단보축이 왜 필요하며 다양한 형태가 존재하는 이유는 무엇인가 하는 점을 규명해야 할 것이다.

지금까지 기단보축에 대한 논의는 기단보축의 외형적 형태나 체성벽과의 선후관계 용도 문제 등에 초점이 맞추어 논의가 진행되어 왔다. 반면에 기단보축을 성벽과 관련된 구조물로서 전체 성벽의 구조나 공법과 관련하여 살피려는 시도는 상대적으로 미약하였다. 물론 외형적 형태를 중심으로 연구가 진행되어도 기단보축 자체의 구조나 기능을 규명하는 데는 별다른 문제가 없을 수 있다. 하지만 성벽과의 관련성을 포함하여 기단보축의 기능을 살펴볼 필요가 있다. 이는 기단보축의 발생 배경, 공법상의 특징 등을 살피는데도 유용한 측면이 있다.

지금까지 연구된 결과를 살펴보면, 기단보축은 크게 두 가지 형태로 구분하는 것이 일반적이다.[38] 하나는 외벽 기단부를 보강하기 위한 시설로 외벽기단(부)보축이라고 할 수 있는 것이다. 대체로 높이가 100cm 내외 인데 최대 150cm 이상은 드물다.

---

38 안성현, 「경남지역 고대 석축산성 축조기법에 관한 연구-기단보축을 중심으로」 『한국성곽학보』 11, 한국성곽학회, 2007, 136쪽.

에는 점토와 석재를 다져서 기단부를 매몰한 것이 확인되었다. 할석을 세로로 기단석에 잇대어 놓고 점토를 다져서 기단부를 약 60~80cm 정도 매몰하였다. 죽주산성 남벽에서도 기단보축의 내부에서 이전에 시설되었던 보강시설도 설성산성의 것과 유사하였다. 다만 설성산성에 비하여 높이가 높아 마치 단면 장방형의 보축과 같았다. 이러한 시설도 기능적인 면에서는 기단보축과 유사하다.

기단부의 보강시설은 이천 설봉산성에서 또 다양한 형태가 발견되었다. 설봉산성은 기단보축이 거의 없다. 대신에 이를 보완하는 다양한 형태의 외벽기단부 보강시설이 존재한다. 먼저 자연암반을 활용한 보강시설이 있다. 기초부에 돌출된 자연암반을 그대로 두고 그 안쪽으로 성벽을 쌓아 암반이 성벽의 호석과 같은 역할을 하도록 한 것이 있다. 서문지 계곡부의 1차 성벽은 2m에 가까운 대형암반으로 외벽 기단부을 보호하였다. 북쪽 주 계곡부에서는 약 2m 이상의 높이로 석재, 점토를 다져서 성벽 하단부를 완전히 매몰하였다. 보강토는 단면이 삼각형을 이루며 성벽으로부터 최소 3m~4m에서 최대 약 10m 정도까지 이어지고 있다. 보강토 상면에는 대형 석재를 올려놓은 것도 확인되었다. 능선부에서도 기단부를 석재나 보강토로 매몰하여 빗물이 스며드는 것을 방지하였다.

기단부 보강시설들은 실제적으로 외벽 기단부가 밀려나가는 것을 방지하는 기능을 가지고 있다는 점에서 보축성벽과 용도가 같다고 하겠다. 이와 관련하여 기단보축이 신라처럼 일반화되지 않은 고구려 산성에서 기단석(지대석)으로 대형석재를 사용하는 것도 주목된다. 특히 문지 주변이나 치성은 다른 구간보다도 더 큰 대형 가공석재를 사용하고 있다. 기단석으로 대형석재를 사용하는 것은 성벽 상부에서 내리누르는 압력에 강하고 적의 공격시 기단석을 빼내기 어렵게 하기 위한 것도 있지만 유수에 의한 횡압력에 견디는 힘이 크다는 점도 고려되었던 것이 아닌가 한다. 특히 문지나 치성은 방어상 취약지이기도 하고 다른 구간 성벽에 비하여 유수에 의한 기단부의 압력이 큰 지역이기 때문에 대형석재를 사용하였던 것이 아닌가 한다.

이상과 같이 기단보축이 시설되지 않은 성벽이라도 기단부에 대한 보강시설이나 보호대책은 있었다. 기단부의 보강시설은 기단보축 보다 원형적인 형태로 이해할 수 있을 것이다. 기단보축은 이를 정형화된 구조물로 발전시킨 것이 아닌가 한다. 따라

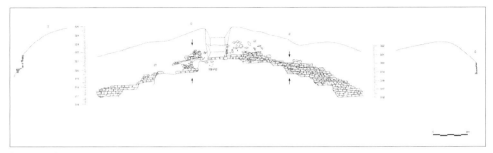

〈그림 1-16〉 설봉산성 성벽 입면도

서 외벽 보축은 기단부 보강시설→외벽기단부보축→외벽보축 순으로 변화해 나갔던 것이 아닌가 한다. 이 문제는 기단보축이 확인된 산성에서 기단보축과 체성벽 사이의 선후관계를 검토하면 해결될 수 있다. 다만 대부분의 산성에서 그 둘 사이의 선후관계를 파악하는 것이 어렵다는 것이 문제가 된다. 기단보축을 절개하여 조사한다고 해도 마찬가지이다. 기단보축 뿐만 아니라 체성벽 역시 동시에 절개조사를 실시해야 하는데 아직 그런 자료는 많지 않다.

그런데 기단보축이 체성벽과 동시에 축조되었다면 체성의 기단부는 어차피 기단보축에 가려질 부분이 된다. 그 위에 노출되는 부분과 같이 외면을 정교하게 다듬은 석재로 축조할 필요가 없을 것이다. 이렇게 가정할 때 기단보축 내부에 위치한 성벽이 기단보축 위로 노출된 상부의 성벽과 같은 방식으로 축조되었다면 기단보축이 나중에 축조되었을 가능성이 높을 것이다. 하지만 기단보축이 없이 보강시설만 시설될 경우, 보강시설 내부의 성벽은 축조와 동시에 매몰되었지만 대부분 상부에 노출된 외벽과 동일한 면석과 축조법을 사용하였다. 설봉산성 북벽 계곡부 성벽도 보강시설에 의해 매몰된 부분의 기단석은 다른 성벽의 다듬은 면석과 구분되는 할석을 사용하였지만 매몰된 부분 중 2/3 이상은 면석이나 축조법이 노출된 성벽과 차이가 없었다.

따라서 기단보축 내부의 성벽과 노출된 체성벽의 축조 수법상 차이를 기준으로 체성벽과 기단보축과 선후 관계를 파악할 경우에는 이 이외에도 다른 근거를 찾아 조심스럽게 검토해야 할 것이다. 이와 관련하여 기초부의 축조 상태를 비교해 보는 것도 한 가지 방법이다. 반월산성, 설봉산성, 죽주산성 등에서는 체성벽의 기초부의 조성방식과 기단보축의 기초부 조성 방식이 서로 차이가 나는 것이 확인되었다. 특히 반월

활용할 수 있는 방식으로 일반적으로 로 테뫼식 산성이나 평지성을 축조할 때 활용되는 방식이다. 성토법에 의하여 축조된 성벽도 성토방식이나 성토 재료에 따라 분류하면 아주 다양한 방식이 있다. 성토하는 흙의 특성(점토, 모래, 뻘흙 등)과 이것들을 어떠한 비율로 섞어서 성토하는가, 또한 흙 이외에 석재나 기와편 등 보조적인 재료를 얼마나 섞어서 어떠한 방식으로 쌓아 올리

성토법(설봉산성)

는가 등에 따라서 다양한 방식이 나타난다.

성토법으로 성벽을 축조할 때 성벽의 뿌리가 되는 기초부의 안과 밖을 U자형으로 파서 축조하게 된다. 여기에서 나온 흙을 쌓아 올리면서 성벽의 하단부를 형성하고 나머지 필요한 흙은 가까운 지역에서 운반하기도 하였다. 외벽은 급경사를 이루도록 축조하지만 내벽은 완만한 경사를 이루도록 하거나 계단식으로 축조하여 군사들이 오르내리기 편하도록 하였다. 성벽의 내외부는 U자형으로 굴착되어 외벽은 외호(외항이라고도 함)이 형성되고 안쪽에도 내호(내항이라고도 한다)가 형성된다. 외호의 규모가 크고 여기에 물을 담으면 해자가 된다. 내호는 보통 배수로로 활용되었다.

성벽 상면은 평평하게 통로가 형성되는데 역시 목책과 같은 방어시설을 설치하여 군사들이 몸을 숨기고 적으로부터 은폐되도록 하였다. 성토법으로 축조한 성벽은 성토하는 방식에 따라서 성벽의 견고성이 천차만별이다. 외벽은 경사가 급하여 유실될 위험이 높기 때문에 전투시뿐만 아니라 평시에도 자주 보수가 이루어졌던 것으로 보인다. 특히 전투시에 성벽이 허물어지면 목재나 석재로 응급 복구하였던 것으로 보인다.

(3) 판축법

판축법은 성벽의 강도를 높이기 위하여 채택된 것으로 넓은 의미에서는 성토법에

양산순지리 토성 판축상태(『양산순지리 토성』, 동아대학교 박물관, 1983)

속한다고 할 수 있다. 판축법은 흙을 단단하게 다져 쌓아 올리는 방식으로 다른 방식에 비하여 공력과 시간이 많이 소비된다. 판축법은 성벽 축조뿐만 아니라 동양 고대 건축사에서 특이하게 발달된 토목기술로 특히 중국에서 발달하여 주변 지역으로 확산되었던 것으로 추정된다. 중국에서는 신석기시대 용산문화에서부터 판축 기법이 등장하였는데, 은나라 중기 시대의 유적에서 그 흔적이 확인되고 있다. 중국에서 판축기술이 발달한 것은 황토대지가 발달되어 풍부한 점토를 활용하는 것이 편리한 반면 석재를 구하기 어려운 자연적인 조건과 관련이 깊은 것으로 알려져 있다. 중국에서 판축술은 성벽뿐만 아니라 건축의 기단부, 분묘 축조 등 다양한 부분에서 활용되었다. 현대에도 판축을 사용하는 예는 흔히 볼 수 있다.

『시경』에는 문왕이 풍경豊京 건설에 대해서 노래하는 내용 중에 판축에 대한 부분이 있다. 즉

삼태기에 흙을 많이 담아다 축판築板 안에 빨리 빨리 쏟아 넣고 다 같이 다져서 올리고 담이 중복된 곳은 깎아내고 단단하게 하여 모든 담벽을 금방 세우니 역사力士를 권하는 큰 북이 당하지를 못하더라..

판축성벽(중국 연하도)

라는 내용이다. 고고학 자료로는 중국 하남성 정주시 백가장에서 상대 초기(B.C. 1600년경)에 해당되는 성벽에서 판축기법으로 축조한 성벽이 발굴되었다. 이후 판축법은 중국에서 보편적인 토성축조의 방법으로 활용되었고, 현대에도 중국 농촌에서는 담장의 축조에 활용되고 있다.

기록에 의하면 판축법으로 성벽을 구축하는 방식은 다음과 같다.

성벽이 지나가는 부분을 정지하고 일정한 간격마다 협판을 세우고 기둥에 묶어 고정한 후 일정한 두께로 점토와 모래를 교대로 쌓아서 수평으로 다져 올라가면서 성벽을 수직에 가깝게 축조한다. 점토와 모래를 다질 때는 내부에 공기를 빼기 위하여 먼저 흙을 일정한 두께로 고르게 편 후 목봉이나 석봉 등으로 두드려 다진다.

점질토와 사질토를 교대로 다져 올리는 것은 흙의 마찰 계수를 높이고 배수를 위한 것으로 보이는데 특히 동절기와 하절기의 기온 변화에 따라 신축 현상으로 균열이 가는 것을 방지하는 효과도 있었다. 중국 송나라 때 이명중李明仲이 편찬한 건축기술서인 『영조법식營造法式』(1103)에 의하면 판축 기법에 대하여 성체의 길이 7자 5촌 마다 영정주永定柱(협판을 지지 하는 나무기둥)와 야차목夜叉木을 2개씩 사용하며 성벽의 높이를 5자씩 축조하고 그 때마다 횡목橫木 1개를 사용한다고 하였다. 협판火板은 매

양산순지리 토성 영정주열(『양산순지리 토성』, 동아대학교 박물관, 1983)

3자마다 새끼로 묶어서 그 새끼의 한쪽 끝을 판축 성체 내부에 박은 쐐기에 고정한다고 하였다.

한국에 판축기법이 도입되었던 시기는 분명하지 않다. 다만 현재 남아 있는 토성을 기준으로 판단하면 삼국시대로 추정되고 있다. 바로 백제의 풍납토성이 판축법으로 축조되었는데 이후 삼국 중 백제에서 크게 유행을 하였다. 신라에서도 판축법으로 축조된 양산 순지리토성 등이 있지만 지금까지 발굴 조사된 사례를 살펴보면 백제의 도성과 산성에서 많이 활용되었던 것으로 나타나고 있다. 판축법이 어떠한 경로를 통해서 백제로 유입되었는지 알 수 없으나 『삼국지』 위지 동이전에 "마한에 성이 없다"고 한 것으로 보아 일단은 3세기를 전후로 축조된 풍납토성에서부터 시작되었다고 할 수 있다.

판축에는 상당한 노동력이 투입되었다. 중국 당나라의 두우杜佑가 편찬한 『통전』에는 성체의 규모와 공력에 소요되는 인원에 대한 기록이 보이고 있다. 판축 성벽의 축조는 2(성벽 하부 폭): 4(성벽 높이) : 1(성벽 상부 폭)의 비율로 기준을 삼아 높이가 5장, 기저부 폭 2장, 상면 폭 1장 2척 5촌이 된다고 하였다. 척도는 시대에 따라 일

(2) 체성벽 – 토루

풍납토성의 토루는 폭 43m, 높이 11m에 이르는 엄청난 규모이다. 한강변에 축조된 평지토성으로 전 구간을 인위적으로 판축하여 성벽을 조성한 것이다. 이러한 규모의 성벽을 한번에 축조하기는 어렵다. 중심부를 먼저 축조한 후 내외로 덧대어 쌓으면서 높이 올라가는 것이다. 이를 좀더 구체적으로 설명하면 다음과 같다.

토성에는 흔히 가장 먼저 쌓은 중심토루가 있다. 대부분 단면은 사다리꼴을 이루는데 여기에 내외벽을 덧대어 성벽이 완성되는 것이다. 보통 중심토루 내부에 한번, 외부에 한번 정도 덧대어 판축하여 성벽을 구성하고 있는 것이 많다.

풍납토성은 내벽으로는 5개의 토루가 외벽으로는 2개 또는 3개의 토루가 덧대어지면서 최종적으로 성벽이 완성되었다. 중심토루의 경사면을 유지한 채 점질토와 사질토를 교대로 사용하여 토루를 축조하였다. 그런데 풍납토성의 판축법은 그리 정교하지 못하다. 엄밀한 의미에서 판축법으로 축조되었다고 보기 어렵다. 판축법과 성토법의 중간에 해당된다. 그 결과 폭이 43m에 달하는 성벽이 등장하게 된 것이 아닐까 한다. 중국의 경우 성벽의 폭에 비하여 높이가 높은 고도의 판축기술을 보여주고 있다. 따라서 풍납토성의 판축법은 중국과 비교할 경우 아주 초보적인 방식이다.

하지만 풍납토성이 한강변에 위치하고 있고 매년 장마철에 홍수나 빗물에 의하여 붕괴되는 사정도 고려해야 한다. 그 만큼 성벽에 대한 보수나 수축이 빈번히 이루어질 수밖에 없다. 성벽의 폭이 시대가 지나면서 계속 두터워졌을 가능성이 높은 것이다. 기후 여건 등을 고려할 때 풍납토성의 판축술을 중국의 것과 단순 비교하기는 어렵다.

토루에서는 판축시 가설하였던 목조 가구의 흔적이 보이고 있다. 판축에 사용된 흙은 각 성곽에 따라 차이가 있는데 이는 주변에서 구하기 쉬운 재료를 활용하였기 때문이다.

망이산성의 판축층은 점토, 굵은 모래, 목탄(나무) 등이 혼재된 상태로 뒤섞여 있었다. 성벽의 너비는 560cm, 잔존부의 높이는 370cm이다. 성벽 안쪽으로는 판목(두께

---

44 부엽공법에 대해서는 석축성 토축부를 참조.

6cm)을 댔던 흔적이 확인되었다. 특이한 점은 토루 내부에 석재가 들어 있는 경우도 있었다. 영정주는 성벽 바깥부분에서만 확인되고 있었다. 영주주간 거리는 160cm인데 영정주에서 160cm 떨어진 곳에서 보조목이 확인되었다.

백석동 토성의 판축토는 주변에서 조달한 흙을 사용하였는데 점토를 많이 사용하지 않았다. 영정주는 외벽을 따라서 130~150cm 간격으로 1열이 출토되었다. 서벽의 중간과 동북벽의 북쪽 및 남쪽의 말단부에서는 영정주 바깥 70~90cm 거리에 병렬로 5개씩의 보조목을 추가로 배치한 흔적이 출토되었다. 성벽은 축성이 완료된 후 불을 놓아 견고하게 다지고 성벽 외부는 성벽 보호를 위하여 피복하였던 것으로 확인되었다. 성벽에서 바깥으로 5m 정도 떨어진 곳에는 너비 1.3~2m, 깊이 1m 정도의 외호를 조성하였다.

회진토성의 성벽은 풍화암반토와 점토를 교대로 사용하여 가장 전형적인 형태의 판축기법을 보여주고 있다. 각 판축토의 두께는 8~20cm이다. 판축은 각 구간별로 나누어 동시에 이루어졌던 것으로 판단된다. 인접된 구간은 서로 엇물리도록 되어 있어 양쪽에서 동시에 판축이 이루어졌던 것을 알 수 있다. 내벽에는 후대에 보수된 흔적이 보이고 있다. 사용된 흙의 재질과 성토기법이 판축성벽과 크게 달라 보축된 것으로 추정되는 것이다. 회진토성에서는 영정주의 흔적이 1개 밖에 출토되지 않았다. 조사 구간이 한정적이어서 영정주 사이의 간격은 알 수 없다. 다만 영정주로 추정되는 흔적을 고려하면 330~380cm 정도로 추정되고 있다.

목천토성의 판축토루는 구간에 따라 다양한 양상을 보여주고 있다. 그 원인이 무엇인지 분명하지 않다. 비교적 정교한 판축구간에서는 적갈색 점질토와 황갈색 사질토를 교차하여 축조하였다. 각 층의 간격은 2~3cm로 얇은 것도 있지만 평균적으로는 8~10cm로 다져진 부분이 많다. 영정주의 간격은 380cm로 아주 정연한 간격을 유지하고 있다.

부소산성은 황갈색사질점토, 황갈색사질도, 회백색사질토 등을 대부분 3~5cm 두께로 다져 올렸다. 판축된 토루의 넓이는 지역에 따라 차이가 있는데 580~640cm 내외이다. 판축된 토루는 일시에 이루어진 것이 아니고 최소 2회에 걸쳐서 판축이 이루어진 것으로 판단되고 있다. 성내축의 판축을 먼저하고 나중에 성 외부쪽의 판축

목천토성
(『목천토성발굴조사보고서』,
충남대학교 박물관, 1984)

을 덧댄 것으로 파악되었다. 판축토루가 완성된 후 내부에는 배수나 회곽도로 기능한 것으로 추정되는 부석시설이 마련되고 내벽을 보강하기 위한 다짐층도 시설되었다. 외벽으로도 성벽이 밀려나가지 않도록 보축 기능을 가진 다짐층을 조성하고 일부 지역은 간단한 석축으로 보강하였다. 부소산성의 영정주 간격은 120cm 내외이나 130cm, 135cm, 140cm 등 다양하게 나타나기도 한다.

신금성은 백제시대의 것으로 추정되는 외성 남벽에서 특이한 형태의 판축토루가 확인되었다. 즉 판축토로 패각이 많이 섞인 흙을 사용하였던 것이다. 단면상으로는 조개껍질이 섞여진 층과 조개껍질이 없이 점토만으로 축조된 층이 앞 뒤로 서로 분리되어 나누어져 있다. 영정주는 내벽보다 외벽이 더 촘촘하다.

영정주는 대부분 원형의 기둥이 많이 사용되었다. 지름은 대체로 20cm 내외의 것들이 많지만 부소산성의 중심토루의 영정주는 지름 50~60cm, 공산성의 영정주는 지름 40cm 정도로 다른 곳 보다 굵은 기둥을 사용하였다. 이는 성벽의 높이나 규모와 관련된 것으로 보이는데 규모가 클수록 영정주의 지름도 컸던 것으로 보인다. 반면에 공산성 일부와 회진토성의 영정주는 방형이나 각목을 사용하였다. 영정주는 대체로 성벽 방향으로 약간 기울어져 설치되었던 것으로 추정된다.

신금성 토루와 기단열(『신금성 종합발굴보고서』, 충남대학교 박물관, 1994)

(3) 기단 석렬

판축토성의 기단부에는 석렬이 없이 그대로 기초부 위에 판축된 것과 기단 석렬을 놓고 판축한 2가지 형태가 나타나고 있다. 현재 조사 결과에 의하면 일반적으로 기단 석렬이 없는 것이 더 오래된 방식으로 추정되고 있다. 석렬의 축조에 사용되는 석재는 잡석에서 잘 치석된 석재에 이르기까지 다양하다.

목천토성은 30~50cm 정도의 잡석을 1단~2단 정도 쌓았다. 석렬의 높이는 30cm 미만이다. 회진토성은 2단의 석렬로 높이는 30cm 내외이다. 1단석은 석재의 장축을 성벽과 직교하도록 하고 2단은 석재의 장축을 성벽 방향과 일치시켜 1단과 2단을 서로 엇갈리도록 하였다. 2단 석렬은 판축토와 일치하나 1단 석렬은 판축토로부터 약 30cm 정도 돌출되어 있었다. 공산성은 할석으로 생토면 위에 약 5단 정도 축조하여 높이가 60~70cm에 이른다.

(4) 고구려의 토성 축조법 – 연천 은대리성

고구려는 토성 보다 석축성이 발달하였지만 요동지방으로 진출한 이후 토성도 발

이와 비슷한 방식은 아직 남한 지역에서 확인되지 않았다. 붕괴가 심하여 정확한 원형을 추정하기 어렵지만 절개된 단면을 통해서 미진하나마 원형의 일부는 짐작할 수 있다. 외벽은 2단의 기단열을 놓고 그 위로 폭 50cm 정도로 1m 이상 축조하였던 것으로 보인다. 내벽도 외벽과 유사한 규모로 축조하였던 것으로 보인다. 내·외벽의 석축부는 외면이 가지런하게 정리되지 않았고 적갈색점토나 암갈색점토로 쌓여져 있는 것으로 석축부가 지표에 드러나지 않았던 것으로 추정된다. 즉 석축부는 축조 후 전면에 점토와 모래를 섞어 다져서 외부로 노출되지 않도록 하였던 것으로 추정된다. 동벽 1의 1차 수축부가 바로 내벽 석축을 보강하기 위하여 시설된 것으로 보인다. 그런데 석축부가 중심토루의 어느 높이까지 축조되었는지 분명하지 않다. 동벽 2의 경우 외벽 전면으로 무너져 내린 석재로 보아 외벽은 기단열에서부터 거의 상부까지 석축부가 올라갔을 가능성도 있지만 상단부가 유실되어 분명하지 않다. 동벽 1의 경우에도 외벽 기단부는 성벽의 1/3지점까지 할석으로 덮여 있었고 외벽에 2~3단 정도 석축한 것이 보이지만 그 위로는 성벽이 붕괴되어 알 수 없다. 내벽 쪽은 높이 약 1.5m 정도의 석축이 잔존하고 있지만 역시 그 상부로는 무너진 토루의 흔적만 보인다. 남벽 역시 현재 남아 있는 토루의 높이와 석축의 높이가 거의 유사하다.

이상과 같이 은대리성 성벽의 중심부는 토축이고 석축은 토축을 보호하기 위한 목적으로 보아 토성 또는 토석혼축성이라고 할 수 있다. 토성(토석혼축성)은 보통 판축법, 성토법, 삭토법 등으로 축조되고 은대리성과 같이 평지 위에서는 주로 판축이나 성토법을 사용하여 축조하고 있다. 이 경우 모두 기단부는 석재로 형성하고 그 위로는 성토다짐이나 판축으로 축조한다. 대체로 판축 토성의 경우에는 기단석열이나 영정주열이 확인되고 있다. 은대리성에서는 기단열이 확인되거나 영정주를 설치한 흔적도 확인되고 있다. 이런 점은 판축 토성의 축조기법과 유사하다.

따라서 석축부는 일단 토사가 흘러내리는 것을 방지하고 토루를 보호하는 기능을 가지고 있었던 것으로 보인다. 일반적으로 판축 토성의 기단석열의 역할과 유사하다고 할 수 있다. 다만 은대리성 석축은 판축토성의 기단석열 보다는 더 높게 축조되어 내벽은 전체 성벽 높이의 1/3지점까지 석축부가 감싸고 있었던 것으로 보인다.

이와 유사한 성벽의 형태는 풍납토성 동벽에서 출토되었던 적이 있다. A지점과 B

지점 모두에서 내벽과 외벽에 강돌을 깔아 성벽을 보강한 유구가 출토되었다. 외벽에는 2.7m 정도의 폭으로 작은 강돌을 점토와 섞어 도로 포장하듯이 다졌다. 내벽에서도 가장 바깥 토루의 하단부에 경사면을 따라서 계단식 형태를 이루며 3단을 강돌을 점토와 섞어서 한 겹 다졌다. 4단째에는 폭 4m~5m, 높이 1.5m 정도의 석축을 축조하여 내벽 기단부를 보강하였다.[47] 이 석렬과 석축은 토사의 흘러내림과 밀리는 것으로 방지하기 위한 것으로 배수의 기능을 겸한 것으로 파악하고 있다.[48] 이러한 시설들은 은대리성에서 외벽에 할석으로 기단부를 덮은 것과 내벽에 석축을 하고 4m 정도 할석으로 포장한 것과 구조적으로 친연성을 가지고 있다.

고구려에 의해서 축조된 은대리성과 백제의 풍납토성은 축조재료나 외면적인 구조는 차이가 있지만 근본적으로 유사한 기술체계를 가지고 있다고 할 수 있다. 또한 은대리성과 풍납토성의 석축은 고대 석축산성에서 기단부를 보호하기 위하여 축조하는 기단보축과 기능적인 면에서 서로 통한다고 할 수 있다. 토성의 기단부가 유실되면 성벽 붕괴 위험이 커지게 된다. 따라서 기단부를 보호하기 위하여 외벽와 내벽의 표층에 할석이나 강돌을 포장하듯이 깔고 기단석축을 시설하였던 것으로 판단된다. 따라서 은대리성의 석축부는 성벽의 표층과 기단부가 유실되는 것을 방지하고 배수를 원활히 하기 위한 것으로 판단된다. 석축성의 적용되었던 기술이 토성에 응용된 모습을 살필 수 있는 것이다.

이상과 같이 은대리성은 석축부가 토축부의 보조적인 수단으로 활용되었기에 토성으로 분류할 수 있다. 하지만 동시기의 백제의 토성과 비교하면 토루의 조성 방식이 조잡하고 공력도 적게 들었다. 고구려에서 토성이나 토석혼축성이 활발히 축조되기 시작한 것은 요동으로 진출하여 산성을 축조하게 되는 5세기 이후로 알려져 있다.[49] 이는 요동의 환경이 평원지대로 석축성을 축조하기에 필요한 석재가 풍부하지 못하다는 것과 관련된 것으로 보인다. 이러한 견해를 수용하면 은대리성도 요동 진출 이후 고구려에서 발전시킨 토성의 축조 수법이 적용되었다고 할 수 있다. 하지만 은대

---

47 국립문화재연구소, 『풍납토성Ⅱ-동벽 발굴조사 보고서-』, 2002.
48 신희권, 「풍납토성의 발굴성과와 의의」『풍납토성』, 서울역사박물관, 2002, 148쪽.
49 이전복, 『중국내의 고구려유적』(차용걸외 역), 학연문화사, 1994, 14쪽.

리성의 특징적인 축조 수법은 고구려의 토성 축조 공법이 대동강 유역의 전통적인 방식이나 백제 초기의 토성 축조법과 유사함을 알 수 있다. 따라서 고구려가 요동진출 이전부터도 토성에 대한 다양한 축조술을 발전시켜왔던 것으로 보인다.

3) 고려시대 판축법의 변화

고려시대의 토성으로 지금까지 발굴조사가 이루진 것은 그리 많지 않고 그나마 전면적인 조사가 이루어진 것도 드물다. 고려시대에도 대부분의 성곽들은 삼국시대 이후 내려오는 전통적인 축조방식에서 크게 벗어나지 않았다. 하지만 축조시기, 축조목적, 시대적 상황, 기술적 발전 등에 따라 고려시대 나름대로의 독특한 양식도 보이고 있다. 여기에서는 전시대와 다른 점을 중심으로 고려시대 축성법의 특징을 살펴보겠다.

고려시대의 토성은 대부분 판축법으로 축조한 예가 대부분이다. 순수하게 고려시대에 축조되는 성은 낮은 구릉지나 평지에 위치하는 예가 다수이다. 해안지대나 하천 유역의 100m 내외의 낮은 구릉이나 강안에 위치하는 경우가 증가하고 있다. 이에 따라서 석재를 구하기 용이하지 않아 판축법을 사용한 토축성이 증가하였던 것으로 추정된다. 고려시대 성곽의 특징을 가장 잘 보여주는 것이 영정주의 간격이 넓어지고 성벽의 폭이 좁아지며 기단 석렬이 보편화되어서 활용되었던 것이다.

판축토성은 축조기술이 발달하면서 한번에 축조하는 구간의 길이는 길어지지만 너비는 오히려 줄어드는 경향을 보이고 있다. 따라서 판축하는 협판을 지지하는 영정주의 간격은 더 멀어지게 된다. 영정주의 간격이 좁을수록 축조시기가 빠르고 넓을수록 축조 시기는 내려간다고 할 수 있다. 삼국시대에는 1.5m 이상을 넘는 것이 거의 없지만 7세기 이후에는 3m 정도로 넓어지고 있다. 고려시대에 들어오면 영정주 간격은 더 넓어져서 4~5m에 달하게 된다. 평지에 위치하는 것일수록 영정주의 간격은 넓고 해발고도가 높을수록 영정주의 간격이 좁아지는 경향을 보이고 있다. 이는 고도가 높은 곳일수록 경사가 급해지면서 한번에 축조할 수 있는 구간이 줄어들기 때문이라고 판단된다. 아직 자료가 충분한 것은 아니라서 조심스럽지만 산지와 평지의 영정주의 간격 차이는 약 100cm 정도인 것으로 알려져 있다.

평택 덕목리성 기단열

평택 비파산성 판축상태

　기단 석렬은 대체로 삼국시대 말기부터 등장하여 통일신라시대에 토성 축조에 활용되었다. 통일신라시대의 기단석렬은 내벽이나 외벽 중 한쪽에만 배치되는 양상이 나타난다. 그러나 9세기 초반 이후에는 내외벽 모두에 기단 석렬이 시설되는 판축법이 등장하기 시작하였다 이후 고려시대의 판축토성은 대부분 기단 석렬이 외벽과 내

그대로 이용하기 때문에 외부의 수원을 끌어들이거나 내부의 우물을 통하여 수원을 확보하는데 무리가 없다. 하지만 산성의 경우에는 사정이 다르다. 고지대에 위치하여 수원을 확보하기가 용이하지 않기 때문에 처음부터 수원을 확보할 수 있는 장소를 택하여 산성을 축조할 수밖에 없다. 따라서 저수시설도 확보할 수 있는 수원의 양과 질에 따라서 다양한 형태의 저수시설이 만들어지게 된다. 따라서 여기에는 주로 산성의 저수시설을 중심으로 살펴보고자 한다.

1) 입지 및 형태와 규모

현재까지 산성을 중심으로 출토된 저수시설의 입지는 크게 세 지역으로 분류할 수 있다. 산 정상부, 성벽과 문지부근, 성내부의 평탄지 등이다.

산 정상부에 축조된 저수시설의 대표적인 형태는 고구려보루에서 보이고 있다. 하지만 백제나 신라 산성에서도 드물지만 발견되고 있다. 고구려보루는 산 정상부를 중심으로 테를 두르듯이 축조되어 있어서 식수를 확보할 수 없다. 따라서 외부에서 식수나 생활용수를 들여와서 저장하기 위한 시설이 필요하다. 대부분 주거지나 평탄지에 조성되는데 그 규모는 크지 않아 이 경우 '저수조'에 해당된다고 할 수 있다. 보루는 규모가 작고 그 입지도 산정상부에 위치하기 때문에 저수조의 입지도 당연히 그에 따라 조성되어 저수시설을 구분할 때도 큰 의미를 부여하기 어렵다. 하지만 보루가 아닌 백제나 신라의 테뫼식이나 포곡식 산성의 경우 수원을 확보할 수 있는 지역이 있음에도 불구하고 수원이 없는 정상부에 상당한 규모의 저수시설이 존재하고 있는 예도 있다. 대표적인 것이 이천 설봉산성 저수조이다.

설봉산성의 저수조는 산성에서 가장 높은 봉우리에 위치한 남장대지 남쪽에 접하여 출토되었다. 발굴조사 전에는 지하에 묻혀 있었기 때문에 지표에서 흔적을 찾기 어려웠다. 그러나 남장대지를 조사하는 과정에서 남장대지 유구의 하부에서 저수시설이 출토되었다. 구조와 축조수법을 살펴보면 먼저 풍화된 정상부의 암반층을 정사각형(9m×8.8m)의 형태로 2.6m를 파낸 후, 바닥과 네 벽에 약 1.3m 두께로 진흙을 발랐다. 그 뒤 다시 네 벽에 돌을 돌려 쌓아올려서 마무리하였다. 저수조의 크기는

5.8m×5.7m이고, 깊이는 0.8m 이상으로 추정된다. 발굴조사 시 네 벽이 거의 무너진 채로 노출되었지만, 동벽과 남벽 일부에 석축이 남아 있어서 크기와 형태를 추정할 수 있었다. 이 저수조는 언제 만들어졌는지 모르지만 남장대지가 그 위에 세워졌으므로 남장대지가 세워지면서 폐기되었던 것으로 추정된다. 남장대지의 초석 하부에 있는 다짐토에서 865년에 해당되는 '함통'이란 명문이 새겨진 벼루가 출토되었던 것으로 보아 865년 이후 폐기된 것으로 추정된다.

설봉산성에서는 이 외에도 우물과 저수시설이 여러 곳에서 발견되어 이 저수조가 정상부에 위치할 이유가 분명하지 않다. 상부에 시설이 없는 것으로 보아 식수로 사용하기 위한 것으로 보기 어렵다. 한 가지 그 용도를 짐작하여 본다면 저수조 주변에서 발견된 건물지나 성벽과 연관된 것으로 추정할 수 있다. 즉 화공에 의하여 건물지나 성벽 상면에 중요 시설에 화재가 발생하였을 경우 이를 진압하기 위한 용도가 아닐까 한다. 또한 성벽을 기어오르는 적을 공격하기 위하여 물을 끓여 붓기 위해서 시설하였을 가능성도 있다.

성벽이나 문지 주변에도 저수시설이 위치하고 있다. 대체로 소규모의 저수시설이 여러 개가 분산되어 배치되어 있는 형태이거나 규모가 큰 저수지를 문지 안쪽에 축조하는 경우이다. 지금까지 발굴조사가 실시된 산성 중 대부분의 산성에서 이러한 저수시설이 발견되고 있다. 문지는 적의 공격이 집중되는 곳이며 성곽에서 가장 취약한 지역이기도 하다. 특히 성문은 목재로 만들어진 경우가 많아 화재에 취약하다. 적의 화공이 집중됨으로 이에 대한 대비책으로 가까운 곳에 저수시설을 만들어 유사시 활용하기 위한 것으로 볼 수 있다. 또한 문지 주변의 저수지에 대해서는 다른 해석도 가능하다. 규모가 큰 저수지의 경우 문지로 진입하는 적을 수공으로 격파하기 위한 목적이 있었을 가능성이다. 문지가 점령당해서 적이 이를 통하여 성 내부로 진입하려고 할 때 상부에 있는 저수지를 터트려서 적에게 타격을 가하려는 의도도 짐작할 수 있다.

보은 삼년산성, 문경 고모산성, 함안 성산산성, 충주 남산성(충주산성) 등의 저수지는 문지를 통하여 성으로 진입하는 적이 건너야 하는 위치에 축조되어 방어적인 기능을 짐작할 수 있다. 이들은 여러 차례에 걸쳐서 수축이 이루어진 것으로 아주 견고하고 정교한 호안 석축으로 둘러싸여 있다. 또한 성벽에 붙어서 만들어진 저수시설 중

암반을 원통형으로 깊게 구덩이를 파서 물을 저장하였던 형태도 있다. 포천 반월산성 동벽 문지 주변에서 이러한 구덩이가 성벽에 인접하여 일정한 간격을 두고 배치되어 있었다. 마치 저장용 구덩이와 큰 차이가 없는데 내부에서는 어떤 시설도 발견되지 않는다. 그 용도에 대해서는 성벽을 공격하는 적을 끓인 물로 퇴치하기 위하여 물을 저장하였을 가능성이 짐작된다. 문제는 주변에 물을 끓인 흔적이 발견되지 않았다는 점이다. 따라서 이에 대해서는 함정으로 보는 견해도 있다. 즉 성벽을 돌파한 적이 빠지도록 하였다는 것

충주 남산성(충주산성) 저주지

남해 대국산성 연지
(『남해 대국산성』, 경남문화재연구원, 2005)

이다. 하지만 이 경우 아군의 활동에도 지장이 있다는 점이 의문시 된다.

성내부의 평탄지에서도 저수시설이 발견되는데 이 경우 주변에는 산성에서 가장 중심적인 건물지나 주거지들이 밀집되어 분포된 경우가 많다. 저수시설의 종류도 다양한데 지하수가 용출하는 우물부터 이를 모으는 집수시설, 빗물을 저장하기 위한 집수시설, 대규모의 저수지까지 수원의 양과 질에 따라서 다양한 형태의 저수시설이 있다. 이러한 시설들은 식수 및 생활용수를 확보하기 위한 것이 일차적인 것이지만 대형 저수지의 경우에는 조경과 관련된 것도 있다.

남해 대국산성의 저수지는 건물지 바로 아래에 위치하고 축조수법도 정교하여 조

여수 고락산성 저수시설

사자는 이를 '연지蓮池'라고 칭하고 있다. 이는 단순히 생활용수를 확보하는 용도 외에 일종의 관상용으로 시설한 것을 염두에 두고 이름을 붙인 것으로 보인다. 공주 공산성의 저수지도 북쪽, 동쪽에 건물지를 두고 있고 남쪽으로 성의 내호와 성벽이 지나가고 있는 등 인접 건물이나 시설과 조화를 이루도록 설계되어 있어서 조경을 고려하여 축조되었던 것으로 판단되고 있다. 하남 이성산성의 C지구 저수지도 정상부에서 흘러내린 우수가 모이는 평탄지에 축조되었다. 특히 주변에 장방형의 대형 건물지와 8각, 9각 건물지, 12각 건물지 등이 둘러싸고 있다. 이 저수지는 정상부에서 흘러내린 우수가 저수지를 거쳐서 내려가도록 설계되어 있다. 일시에 많은 물이 아래에 위치한 성벽으로 몰리지 않도록 완충하는 작용을 짐작할 수 있다. 또한 주변에 특수형태의 건물이 있는 것으로 보아 조경을 고려하여 시설한 것으로 추정되고 있다.

저수시설의 형태는 크게 방형계, 원형계, 다각형계 등으로 구분된다. 현재까지 조사된 산성중 방형계의 저수시설이 원형계의 저수시설보다 우세한 편이고 다각형은 많지 않다. 대체로 고구려와 신라의 저수시설에서는 방형계가 주류를 이루고 있다. 원형계는 다시 원형과 타원형으로 세분할 수 있다. 원형의 저수시설은 모두 석축을 한 것이 특징인데 비교적 소규모의 시설이다. 대부분 백제 산성에서 원형계의 소규모 저

로 폐기된 것이다. 후자는 어떤 이유인지 모르나 인위적으로 토기를 모아 폐기한 것으로 추정된다. 폐기된 토기들은 여러 개체의 토기 파편들이 서로 뒤엉켜진 채 출토되었다. 그 사이에는 할석들도 있어서 토기를 던져 넣고 할석으로 내리친 듯하다. 일부 복원되는 것이 있지만 복원되지 않는 것들이 많아 폐기되기 이전에 파손된 상태였던 것 같다. 이러한 저장구덩이는 원래의 저장구덩이를 토기를 폐기하기 위한 용도로 사용하였거나 토기 폐기를 위하여 새로 굴착한 것일 수 있다.

반월산성에서는 성내부의 평탄지 전반에 걸쳐서 저장구덩이가 발견되었다. 저장구덩이는 후대에 기와건물지가 들어서면서 대부분 파괴되었으나 후대 건물지가 들어서지 않은 지역이나 그 건물지 하부에서 출토되었다. 평면 형태는 장방형, 원형, 타원형 등이고 단면형태는 원통형과 원뿔형이 있다. 상면이 삭토되어 정확하지 않은데 최대 2m가 넘는 것도 있다. 바닥은 암반을 그대로 활용한 것과 점토를 다져서 사용한 것이 있다. 각종 토기. 철제도구, 토제품 등이 출토되었다.

설봉산성에서 조사된 저장구덩이는 대부분 원형의 형태를 띠고 있으나 방형의 것도 조사되었다. 저장구덩이에서 출토된 유물은 대체로 토기편들이지만 그것도 없는 것이 많았다. 특이한 것은 일부 저장구덩이에서 철제류나 청동제품이 주로 출토되었던 것이다. 특히 설봉산성 2차 발굴조사시 칼바위 주변 2지구 9호 저장구덩이에서는 다량의 철제류가 출토되었다. 철제나 금속류의 경우 습기로 인하여 저장구덩이에 보관하는 것이 어렵다는 점이 의문시되고 있어 어떤 특별한 목적으로 이것들을 저장구덩이에 넣어두었을 가능성도 배제하기 어렵다. 그러나 다른 반월산성, 설봉산성 등에서도 저장구덩이에서 철제류가 출토되었던 적이 있다. 이를 고려하면 저장구덩이의 용도는 음식물뿐만 아니라 다양한 물건을 저장하기 위한 용도라 할 수 있다.

이 밖에도 여러 고대 산성에서는 가장 기초적인 저장시설로 저장구덩이가 많이 확인되고 있다. 일단 저장구덩이가 고대 산성에서부터 나타나서 일반적인 저장시설도 활용되었던 것으로 보이는데 특히 5세기 이전의 백제성곽에서 많이 출토되었다.

저장구덩이의 용도는 저장시설로 보는 것이 일반적이지만 그 속에 저장하였던 물건의 종류에 대해서는 합의된 견해는 없다. 일단 수혈식 구조라는 특징을 고려하여 어느 정도 습도 유지가 필요한 구근작물을 저장했던 시설로 파악하려는 견해가 있다.

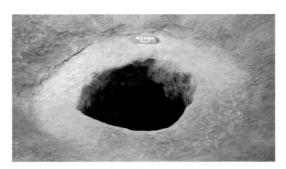

몽촌 토성(서울 송파) 저장구덩이.

그러나 실제 발굴조사에서 저장구덩이 내에서 철솥과 같이 곡류의 저장에 필요한 철제류가 출토되었을 뿐만 아니라 철제 무기류와 농기구류, 석전용石戰用 석재 등이 출토되고 있다. 이것을 보면 곡류뿐만 아니라 농기구류와 같은 주요 물자를 비치하는 것으로 그 개념을 조금은 더 확대해야 할 것이다. 즉, 어느 정도 저장의 대상물을 분류하여 저장한 것으로 추론할 수 있다.

한편 수혈식 저장구덩이를 저장시설로서의 기능뿐만 아니라 홍수시, 범람으로 인한 효과적인 배수를 위해 도랑의 한쪽 끝이나 중간지점에 설치한 것으로 추정하는 견해 및 폐기용 구덩이로 규정하는 견해도 있다. 실생활에 사용되던 토기나 생활용품이 재사용이 불가능할 정도로 파손된 것들을 폐기하는 장소로 이용될 가능성이 제시되었다. 그 가능성이 전혀 없는 것은 아니지만 이 경우에도 기존에 활용하던 저장구덩이를 폐기용으로 활용했을 가능성이 높아 모든 수혈식구덩이를 폐기용 구덩이로 보기는 어렵다.

수혈식구덩이를 저장시설로 명확하게 판단할 수 있는 것은 구덩이의 바닥과 벽체에 점토를 바른 흔적이다. 즉 점토를 바르면 수분을 차단하여 상하기 쉽거나 일정기간 보관을 요하는 곡류의 저장에 효과가 있을 것이다. 이런 저장방법이 선사시대부터 전해 내려오는 전통적인 곡물저장 방식이라는 점이 주목된다. 반면에 수혈식구덩이 중 유물이 겹겹이 쌓여진 채로 출토되었다는 것은 저장구덩이의 기능이 다하거나 혹은 다른 이유로 인위적 폐기가 이루어진 결과로도 해석이 가능하다. 전쟁이나 산성의 수축 과정에서 이전 시기에 사용된 유물들이 저장구덩이 속에 한꺼번에 폐기되었을 가능성을 생각해 볼 수 있다.

수혈식 저장구덩이가 저장시설로 역할을 했다면 상부에 덮개시설을 마련하여 강우에 대비하였을 것으로 짐작된다. 그러나 저장구덩이의 주위에 기둥 구멍의 흔적이 있는 것도 있지만 아무 흔적도 없는 것도 많다. 또한 토광 내부의 부식토를 제토하는 과정에서 목탄층이 나타나는 것도 있는데 이는 저장구덩이 상부에 초본류를 엮어 만든 기초적인 덮개시설이 있었을 가능성을 보여주고 있다.

2) 저장고(수혈식)

저장구덩이와 함께 산성에서 발견되는 저장시설로는 저장고가 있다. 암반을 방형으로 굴착한 후 지하에 수혈식 저장고를 만든 것인데 축조 재료에 따라서 석곽고와 목곽고로 나누어진다.

(1) 목곽고

목곽고는 풍화암반이나 암반층을 방형이나 장방형의 구덩이를 파고 그 안에 목조로 만든 고를 설치한 것이다. 이와 같은 형태의 목곽고는 이천 설성산성을 비롯하여 금산 백령산성, 공주 공산성, 대전 월평동 유적 등에서 출토되었다. 현재까지 조사된 목곽고는 모두 백제시대에 축조된 것들로 알려져 있다. 하지만 연대를 추정하기 위한 근거 자료가 충분하지 않아서 모두 백제에서만 만들었다고 단정하기는 어려운 점도 있다.

설성산성의 목곽고는 풍화암반을 동서 690m, 남부 810m, 깊이 200~240m 규모로 수직으로 파내려간 후 바닥에 80cm 두께로 점토를 다지고 그 위에 목재로 창고를 지은 지하식 저장시설이다. 목재구조물의 크기는 동서 510m, 남북 410m 등이고 높이는 알 수 없다. 현재는 바닥부분만 잘 남아 있고 상부구조는 모두 붕괴

설성산성 목곽고

되어 사라졌다. 바닥의 잔존 구조물로 추정하면 네 모퉁이에 각각 중심 기둥을 세우고 각 중심 기둥 사이에도 4개씩 총 20개의 기둥을 세운 후 그 사이에 횡으로 나무를 쌓아 올려서 귀틀집의 형태로 벽체를 만들었다. 출입시설이나 지붕시설은 발견되지 않아서 형태나 구조를 짐작할 수 없다. 다만 바닥에 지붕 구조물로 추정되는 목재가 주저앉은 것으로 보아 목재로 만든 지붕시설이 있었던 것으로 추정된다. 목곽고 축조에 사용된 목재는 조사 결과 상수리나무와 밤나무를 가공한 것으로 밝혀졌다. 목곽의 바깥쪽 점토와 목곽 사이에는 석축이 일부 붕괴된 채로 있었다. 석축은 북벽과 동벽의 것이 비교적 잘 남아 있었고 남벽은 거의 붕괴되었다. 석축은 목곽 바닥으로부터 80cm 위쪽부터 축조되었다. 목곽고보다 석축이 나중에 축조되었을 가능성이 높지만 붕괴가 심하게 되어 근거를 찾기가 어려웠다.

월평동 유적의 목곽고는 능선 사면에 위치한다. 풍화암반을 한변이 약 7.2m 정도의 방형으로 2m 깊이까지 굴착하고 그 안에 한변이 약 5.2m 정도의 방형 목곽을 설치하였다. 목곽과 암반 사이에는 점토를 채웠으며 목곽고 바닥에는 나무 판재를 깔아서 마무리하였다. 벽체는 기둥을 세우고 기둥사이에 나무 판재를 가로로 막아 축조하였다. 지붕시설은 확인되지 않았지만 목곽 내부에서 사다리가 발견되어 출입은 사다리를 걸치고 하였던 것으로 추정되었다.

공산성 목곽고는 풍화암반을 동서 6.4m, 남북 4.2m, 깊이 2.9m 이상을 굴착하여 만들었다. 목곽고의 규모는 동서 3.1m, 남북 1.45m 이다. 높이는 상부가 잔존하지 않아 정확하지 않으나 조사 결과 노출된 높이는 0.6m이나 그 이상이었을 것으로 추정된다. 목곽의 외부는 점토를 둘렀다. 목곽은 4개의 모퉁이와 장변 중앙부에 각각 기둥을 세워 총 6개의 기둥을 세우고 기둥 바깥으로 두께 3~5cm, 너비 13~15cm의 판재를 붙여 벽체를 만들었다. 판재는 기둥에 결구하지 않고 기대어져 있었으며 지붕에는 기와를 설치하였다.

백령산성의 목곽고는 수혈이 동서 480cm, 남북 450cm이며 잔존깊이는 120cm였다. 점토 벽체의 두께는 약 120cm이다. 바닥은 판재로 마무리하고 十자형으로 구획하여 4등분하였다. 기둥은 20~24cm 정도의 각재를 네모퉁이와 각변에 2개씩 총 12개를 설치하였다.

얼굴은 굵은 눈썹, 불거져 나온 부릅뜬 눈, 오뚝 선 코, 두툼한 입술 등 매우 이국적인 모습을 하고 있다. 민머리에 육계가 솟아 있으며 대체로 선이 매우 굵고 강한 인상을 주고 있다.

토제마土製馬는 모두 2개로 몸통과 사지가 분리되어 출토되었는데, 처음 몸통만 수습된 후, 잘린 머리가 따로 수습되어 복원된 것이다. 안장을 비롯한 마구 장식을 일일이 따로 만들어 붙인 후 인화문을 촘촘히 찍어서 표현하고, 머리는 눈과 입, 말의 갈퀴를 얕은 음각선으로 나타내어 뛰어난 미적 감각을 보여주고 있다. 이들은 제의와 관련된 출토품으로 추정된다. 토제마뿐만 아니라 철제마鐵製馬가 출토되었다. 일부 결실과 부식이 심하나 전체적인 원형을 파악할 수 있다. 이 유물은 고려시대로 편년된다.

이상 제사와 관련된 유물들은 모두 칼바위 주변에서 출토되고 있다. 8각제단지와 더불어 고대부터 이 일대를 중심으로 제사 의식이 행해졌던 것을 알 수 있다. 이중 철제말을 제외하고는 토제말, 신장상, 철제말, 청자편 등은 모두 고려시대의 유물로 추정되고 있다. 따라서 고려시대에 제사와 관련된 건물이 들어섰다는 것을 알 수 있다. 이 건물은 분청사기와 백자편으로 보아 조선시대에도 중창되어 조선 후기까지 사용되었다는 것을 알 수 있다.

반월산성 애기당지

포천 반월산성에서는 일명 애기당지라 부르는 민간신앙터에서 제사와 관련된 유적이 출토되었다. 애기당지는 지역수호신인 '당금아기'를 모신 사당으로 6.25때 소실되었다는 마을 사람들의 증언이 있다. 애기당터는 산성의 정상부인 북장대지에서 동치성쪽으로 약 50여m 거리에 위치하고 있다. 이곳에는 동서 12m, 남북 10m의 평탄대지가 조성되어 있으며, 주변보다 약 1m 정도 지형이 높아 인위적으로 성토한 것으로 보인다.

애기당지의 하부를 조사한 결과 계단식으로 단이 조성된 유구가 출토되었다. 이 석단을 노출하면서 조선시대에 조성된 것으로 보이는 파상문 평기와와 후대에 제작된 시멘트 암막새가 수습되었다. 이 석단 하부에서는 계단을 이루며 또 하나의 석단이 노출되었다. 확인된 규모는 남북 5.6m동서 6.4m로 남쪽열 전면과 동서쪽의 일부만이 확인되었다. 아울러 제단이 있는 평탄지 주변에서는 담장으로 추정되는 폭은 1.9m의 기단열이 북서쪽에서 확인되었다. 석단을 조성하기 위하여 북에서 남으로 떨어지는 지형을 평탄하게 하기 위하여 인위적으로 성토한 흔적이 노출되었다. 이 기단열 바깥으로 또 다른 기단열이 돌아가고 있었다. 동쪽 석렬은 방형으로 이루지 않고, 45° 정도 예각을 이루며 약 4.3m 정도 이어지고 있다.

이 유구를 제사유적으로 추정하는 이유로는 하부구조에 대한 조사 도중 철제로 조성된 소형 말이 출토되어 더욱 그 가능성을 뒷받침하고 있기 때문이다. 삼국시대의 유물과 함께 많은 량의 제의에 사용되었을 자기편과 함께 도제 및 철제 동물상이 4점 출토되어 원래는 산성과 관련된 제사유적이 후대에 민간신앙화 되었을 가능성을 추정할 수 있었다.

2) 다각형 건물지 – 천단과 사직단 –

다각형의 건물지는 하남 이성산성과 안성 망이산성에서 출토되었다. 이성산성에서는 11차례에 걸치 조사가 이루어졌는데 그 가운데 10동의 건물지가 출토되었다. 이중 제사와 관련하여 주목되는 것은 9각 건물지 2동, 8각 건물지 1동, 12각 건물지 1동 등 다각형의 건물지이다. 다각형의 건물지중 9각과 12각의 건물지는 이성산성 이

이성산성 9각 건물지 복원도
(김동현, 「이성산성 발굴보고서」)(좌)
하남 이성산성 9각 건물지터(우)

외에서는 아직 알려지지 않은 것으로 독특한 건물지이다. 다각형 건물지의 면적은 대체로 18~32평 내외이다. 9각 건물지는 가운데 중심 초석을 중심으로 두 개의 9각형의 초석열이 중복되어 있는 형태이다. 밖의 것은 1층 안의 것이 2층의 기둥을 올렸던 초석으로 추정되어 이러한 구조로 보아 2층의 9각 건물이 있었던 것으로 추정된다. 1층 초석 사이에는 벽을 세웠던 흔적이 발견되어 1층부터 벽이 있었던 것으로 판단된다. 반면에 출입구나 난방시설이 발견되지 않았다. 8각 건물지도 가운데 중심초석을 중심으로 이중의 8각을 이루는 석렬이 돌아가고 있다. 그러나 안쪽의 석렬은 초석으로 보기에 너무 약하고 윗면이 둥글기 때문에 건물의 구조와 관계없이 의식적인 의미가 있을 것으로 추정되었다. 12각 건물지는 70~120m 정도의 큰 돌들이 2m 간격으로 지름 12m의 원을 그리며 배치되어 있다. 또 그 안쪽으로도 20여개의 돌들이 무질서하게 흩어져 있는 형태이다.

　이들 건물지는 난방시설이 없고 다각형이라는 특수한 형태로 만들어 진 것으로 보아 제사와 관련된 건물로 추정되었다. 집안에 있는 고구려의 환도산성에서도 8각형의 건물지가 출토되어 제사와 관련된 유구로 추정된 바 있다. 경주 나정에서도 조사 결과 8각형의 건물지가 출토되었는데 이 역시 시조와 관련된 제사유적으로 추정되고

하남 이성산성 8각 건물지

있다.

이같이 다각형의 건물지는 실생활에 사용하는 것 보다 신앙적인 목적에서 건축되는 것이 일반적이다. 따라서 이성산성에서도 9각건물지는 천단으로 추정되고 8각건물지는 사직단으로 추정되고 있다. 주변에도 건물이 무너진 후 주초석 위에 큰 돌을 세워 만든 신앙유적이 4곳이 발견되었다. 여기에서는 모두 44개체의 흙이나 철로 만든 말이 부러뜨려진 채 발견되었다. 조사자는 이를 근거로 이성산성 정상부에서 사람이나 동물에 대한 장례의식 및 또는 국가적 차원의 신앙적인 또는 기념비적인 의례행위가 이루어졌을 가능성을 제시하였다. 이성산성의 다각형 건물지는 출토유물을 근거로 신라시대에 것으로 추정되고 있다. 하지만 고려시대에도 다각형 건물지가 산성에서 출토된 예가 있다.

안성 망이산성에서도 지름이 약 10m에 이르는 팔각형의 대형건물지가 출토되었다. 외성의 시작부분에 해당되는데 세방향은 막혀있지만 북쪽으로 훤히 트인 평탄한 지형이다. 이곳에 중앙에 대형(180cm×135cm× 40cm)의 중심초석을 중심으로 8개의 주초석과 적심이 배열되어 있다. 내부에는 중심초석에서 바깥 방향으로 암거와 같은 시설이 4방향으로 뻗어나간 흔적이 있다. 내부에는 물이 흐른 흔적을 발견할 수 없고 암갈색 점토와 숯이 채워져 있는 것으로 보아 배수를 위한 용도로 사용된 것이 아니라 다른 용도가 있었을 가능성이 크다. 외곽 초석과 중심 초석 사이의 내부 공간에는 대형석재와 잡석이 채워져 있었다. 전반적인 형태는 팔각형단처럼 잔존하지만 초석이 있고 기단열도 일부 잔존하고 있는 것으로 보아 팔각형 건물지로 추정할 수 있다. 이 건물지는 팔각이라는 특수한 형식을 하고 있고 내부에서 난방과 같은 생활에 필요한 구조가 없는 것으로 미루어 보아 의식이나 제사와 관련된 건물지로 추정된다. 내부에서 출토된 기와편으로 미루어 보아 고려시대에 축조되었던 것으로 추정된다. 정확한 시기는 짐작할 수 없지만 이 건물지가 위치한 지역은 고려 광종대에 성벽

대한 고대인들의 생각은 현재와는 많은 차이가 있고 그 자체가 신앙의 대상인 경우가 많았다. 최근의 발굴조사 결과에 의하면 신라시조 박혁거세의 탄강지로 전해오던 나정에서도 제의행위로 판단되는 유구와 그 내부에서는 많은 토기가 출토되었다. 나정은 박혁거세의 탄생지로 알려져 있어서 우물이나 저수지 등이 신성한 장소로 존중되었음을 알 수 있다. 이는 조선시대에도 마찬가지였다. 연못에 제사를 지냈다는 기사는『조선왕조실록』에 빈번하게 남아 있다.

이상과 같은 점을 감안하면 화왕산성 연지를 비롯하여 고대 산성의 저수지 중에는 제사유적과 관련된 것들이 존재하고 있다고 추정된다. 이러한 산성의 저수조나 저수지에서 발견된 유물들은 제사의 결과로 수장된 것이라 하겠다. 화왕산성의 연지는 산성의 저수지가 통일신라시대 이래 조선시대까지 제사를 지내던 장소로 숭배되어져 왔음을 보여주고 있는 것이다.『삼국사기』에 의하면 신라는 삼산오악三山五嶽, 명산대천名山大川에 대·중·소사大·中·小祀로 나누어 제사를 지냈다고 하였다. 이 이외에도 신라에는 별제別制와 수량水量을 조절하기 위한 제사로 사성문제와 부정제, 사천상제, 사대도제, 압구제, 벽기제 등이 있었다.

이러한 제사는 민속적인 제사로 일정한 시기가 없이 때에 따라 행하는 것이다. 지방에서 어떤 제사를 지냈는지 알 수 없으나 국가제사와 비슷한 체제를 갖추고 산천에 제사를 지냈을 가능성이 있다.『삼국사기』에 의하면 대사는 경주를 중심으로 하는 사로국 및 신라의 핵심 지역의 지신地神들로 이들은 신라의 호국신이었다. 중사는 통일신라의 영토개념을 상징하고 있는데 중요한 국방거점에 위치한 지신으로 구성되었다. 소사는 통일신라 이전의 지방 세력의 조상신이 거의 그대로 편입되었고 소사가 치러졌던 산은 거의 모두 그 지역의 진산으로 되어 있어 소사는 각 지역의 방어를 목적으로 배치한 것으로 볼 수 있다.[52] 제사와 방어체계간의 관련성으로 보아 산성이 그러한

---

52 대사의 삼산은 경주를 방호하는 역할을 하고 있는 산에 해당하므로 경주지역을 중심으로 하는 신라의 전통적인 제사집단의 정치적인 안배를 기본으로 하여 신앙적인 의미와 전략적인 의미를 함께 가지고 있는 것이다. 그리고 中祀의 오악은 대성군에 있는 토함산(동쪽), 청주(진주)에 있는 지리산(남쪽), 웅천주(공주)의 계룡산(서쪽), 날이군(삼척)의 태백산(북쪽), 중앙에는 압독군(대구)의 부악(공산)이라고 하였다. 오악은 신라의 삼국통일 이후 신라영토의 사방과 중앙을 상징하는 것일 뿐만 아니라 신라가 통일한 이후 확장된 영토를 둘러가며 국경을 이루고 있는 것으로 볼 수

역할을 수행하는 가장 적절한 곳이 된다. 따라서 산성에서 호국과 관련된 제사의례가 행해졌던 것으로 추정된다.

4. 주거시설(수혈주거지) - 군사용 막사 -

성곽에 생활하는 군사들이 생활하는 주거지는 각 시대별 취락의 주거지와 그 형태나 구조가 유사한 면이 많다. 하지만 군사시설로서 특수성 때문에 출토되는 유물이나 일부 구조가 다른 형태의 주거시설도 있다. 아차산 고구려보루나 구의동보루의 주거시설이 그러한 예이다. 그러나 이들은 장기적인 농성을 목적으로 축조된 것이 아니어서 전반적인 산성 내부의 주거지를 대표한다고 보기 어렵다. 한국 산성의 군사용 주거시설은 대부분 6세기 후반 이후 지상식 건물지와 기와 건물지가 주류를 이루고 있다. 산성에서 많은 양의 기와가 출토되고 있는 것만 보아도 짐작할 수 있다. 그러나 산성에서 출토되는 기와 건물지는 많지만 그 속에서 군사들이 거주하던 막사를 찾기는 어렵다. 대부분 후대의 건물이 같은 지역에 반복적으로 축조되면서 선대의 유구가 훼손되어 그 구조와 형태를 짐작할 수 어렵기 때문이다. 일부 비교적 양호한 상태로 출토되는 건물지는 지휘소나 특수한 용도로 사용되었던 건물이다. 군사들이 사용하던 막사가 비교적 잘 출토되는 것은 수혈식주거지이다. 원형이나 타원형으로 암반을 굴착하여 조성한 반지하식 주거지를 말한다. 이것도 후대의 기와건물을 축조하는 과정에 대부분 훼손되어 찾기 어려운데 일부 후대 건물지가 들어서지 않은 곳에서 소수가 출토되는 경우가 있다.

지금까지 가장 대규모의 수혈주거지가 출토된 곳이 이천 설성산성이다. 설성산성에서는 13기 정도의 수혈식 주거지가 한 장소에서 집중적으로 출토되었고 이 밖에

있다. 小祀는 모두 24개소에 이르며 이 가운데 산의 명칭으로 보이는 것은 상악, 설악, 호악, 감악, 부아악, 월내악, 무진악, 서다산, 월형산, 동노악, 가아악, 파지곡원악, 비약악, 가량악 등 14개소, 성을 나타낸 것은 도서성과 가림성 등 2개소 등이다. 그러므로 소사는 대부분 산에서 이루어졌음을 보여주고 있다.

도 유사한 수혈주거지가 성벽 상면의 평탄지에서 여러 기 출토된 바 있다. 출토 유물
로 보아 모두 백제의 주거지였다. 주거지는 대부분 저장구덩이와 짝을 이루며 배치되
어 있었는데 각 주거지의 크기는 차이가 있었다. 이는 군사의 위계관계에 따른 차이
로 여겨진다. 여기에서는 설성산성의 주거지를 중심으로 고대 산성의 군사용 막사와
주거 인원 및 편제에 대해서 살펴보겠다.

설성산성에서는 2차 발굴조사에서 6동의 건물지가 출토되었고 3차 발굴조사에서 모
두 9동의 건물지가 출토되었다. 이 중 3차 발굴조사에서 출토된 2동은 통일신라시대
이후의 것이지만 나머지 13동은 모두 백제시대 수혈주거지로 추정된다. 이것들은 모두
암반층이나 풍화암반층을 굴착하고 굴립주를 시설한 것이다. 평면 형태는 토층의 교란
이 심하고 여러 개의 기둥 구멍이 중복되었던 관계로 분명하지 않은 것들도 있다. 그러
나 대부분은 주변에는 둘러져 있는 기둥구멍이나 암반을 굴토한 굴광선의 형태로 미루
어 원형으로 짐작된다. 이 밖에도 타원형, 육각형 등의 형태도 있다.

건물지 내부 토층은 대체로 풍화암반 위에 적갈색 점토를 다져서 만든 바닥 위로

황갈색 점토+굵은 모래층, 흑갈색점토+모래, 부토층 순으로 퇴적되어 있었다. 건물지에 다라 수혈의 깊이와 퇴적상태는 다소 차이가 있는데, 깊은 것은 지표에서 최대 80cm 이상 굴착한 것도 있다. 바닥은 깊이에 상관없이 적갈색 점토와 모래를 섞어 다져서 축조하였다. 굴광선 바깥으로는 풍화암반을 원통형으로 굴착하여 기둥구멍을 만들거나, 암반 상면을 가지런하게 다듬어 그 위에 그대로 기둥을 세우고 벽체와 지붕을 만들었던 것으로 추정된다. 지붕에는 주변에서 기와가 출토되지 않는 것으로 미루어 보아 풀을 사용하여 덮었을 것으로 추정된다.

그런데 나A확-1·2 트렌치 건물지 주변에는 다량의 불에 탄 평기와편이 산포되어 있었다. 이중 백제기와로 볼 수 있는 것들도 다수가 있었다. 이 기와들은 두께가 얇아서 초석을 사용하지 않은 건물에 충분히 올릴 수 있을 것으로 생각된다. 우선, 이것들이 나A확-1·2 트렌치의 수혈주거지에 사용되었던 것이 아닌가 한다. 나-A확-1 트렌치 건물지 2의 경우에는 다른 건물지에 비하여 높은 위치에 있고 규모도 크며, 온돌시설이 다른 것에 비하여 크다. 더구나 수혈의 흔적이 거의 없고 건물을 축조하기 위하여 다진 흔적이 있으며 적심으로 추정되는 유구도 출토되었다. 따라서 이 건물지는 수혈주거지가 아니라 지상 건물지였을 가능성도 있다. 또한 다른 것과는 차별적인 성격을 가진 건물지였을 가능성이 있다. 지휘관의 숙소와 같은 특수한 성격의 건물지였던 것이 아닌가 한다. 그러나 이 외의 건물지에서는 기와가 전혀 노출되지 않고 있어서 다른 건물지에 기와를 사용하였다고 보기 어렵다.

각 주거지에서는 난방이나 취사에 사용되었던 것으로 보이는 온돌시설이 노출되었다. 가장 형태가 잘 남아 있는 것은 건물지 2의 것이다. 전체 형태는 'ㄴ'자형이다. 2002년 조사시에는 'ㅡ'형으로 파악되었지만 3차 조사에서 다시 주변을 정밀조사한 결과 'ㄴ'자형으로 확인되었다. 남북으로 이어진 석렬의 중앙부에 동쪽으로 아궁이가 열려있고 남단 끝에서 서쪽으로 온돌의 흔적이 길게 이어지다가 서단부에 굴뚝이 있었다. 양 측벽은 할석을 세워서 만들고 그 위에 판석형의 석재로 덮었다. 유구를 이루는 석재는 대부분 불 먹은 흔적이 뚜렷하게 나타나고 있다.

내부 폭은 27cm, 깊이는 14cm이다. 그 주변에서는 백제토기편이 출토되었다. 주변의 토층으로 보아 건물지 중앙에서 서쪽으로 약간 치우친 위치에 온돌시설이 자리

제5절

한국 성곽의 특징

오늘날 한국에 남아 있는 성곽들은 과거 우리 민족의 역사를 고스란히 간직하고 있는 보물창고와 같다. 한국의 성곽은 대부분 산성으로 다른 유적에 비하여 비교적 잔존 상태가 좋은 편이다. 오랫동안 인적이 끊어지고 관리도 되지 않아서 지상의 흔적은 대부분 사라졌지만 지하에는 삼국시대부터 조선시대에 이르기까지 투쟁의 흔적이 남아 있는 경우가 대부분이다. 삼국시대 이후 역사를 고스란히 간직한 중요 유적인 것이다. 따라서 한민족의 삶의 발자취가 그대로 들어있다고 해도 과언이 아니다.

그렇다고 한국의 성곽이 민족의 영광을 보여주고 역사의 흔적을 알려주는 낭만적인 보물창고만은 아니다. 이 성곽을 축조하기 위하여 흘린 조상들의 땀과 눈물이 배어 있는 고된 노동의 현장이기도 하였다. 또한 외적의 침입 시에 가족의 생명과 국가를 지키기 위하여 헌신했던 조상들의 피가 뿌려진 곳이다. 때로는 성곽이 적에게 점령되어 비극적인 최후를 맞기도 했던 영욕의 장소이기도 하다. 한국의 성곽을 통해서 역사 속에서 한 시대를 살아갔던 조상들의 삶과 정신을 체험할 수 있다는 점에서 현재를 사는 우리에게 더 없이 중요한 유적인 것이다.

한편, 성곽은 우리나라에만 있는 것이 아니라 세계의 모든 나라에서 찾아볼 수 있다. 군사적 방어시설로 통치를 위한 지배자의 권위를 상징하는 조형물로 성곽은 모든 나라와 민족에 공통적인 건축물이다. 한국의 성곽도 기술적으로나 구조적으로 다른 나라의 성곽과 차이가 없는 보편적인 특징을 가지고 있다. 인류의 문화는 상호교류를 통하여 발전되고 심화되어 왔으므로 성곽의 구조와 기능이 서로 닮게 되었던 것은 당연하다. 전쟁을 통해서 또는 집단적인 이주를 통해서 서로 타국의 성곽시설의 장점을 받아들이고 전해주기도 하였다. 이 과정에서 성곽의 보편적인 특징이 나타나게 되었던 것이다. 그렇다고 다른 나라의 성곽과 구분되는 한국 성곽의 특징이 없는 것은 아니다.

또한 성곽은 토목과 건축이 결합된 구조물이다. 각 나라나 민족들은 기후나 환경 등 자연조건은 물론 이념과 사회조직 등에 따라 다양한 형태와 기능을 가진 성곽이 발전하였다. 한국도 한국의 역사에 맞는 나름대로의 독특한 형태의 성곽을 발달시켰다. 이것이 한국 성곽의 특수성을 나타내는 원인이 되었고 오늘날의 우리가 이 땅에서 하나의 민족으로 국가를 이루며 살 수 있었던 원동력이었다. 여기에서는 타국과 성곽과 비교하여 특징적인 요소라 할 수 있는 한국 성곽의 특수성을 살펴보고자 한다.

1. 산성 중심의 성곽축조

한국의 성곽이 등장한 것은 청동기시대이다. 청동기시대부터 마을 외곽을 둘러싼 환호라 부르는 방어시설이 처음 등장하였다. 환호 안쪽으로 '울짱'이라 부르는 목책이 시설되기 시작하면서 기본적인 형태의 방어시설이 갖추어 지게 되었다. 여기에 흙을 돋워서 토루를 만들고 다시 그 위에 목책을 시설하면 토성이 되는데 이것이 역사시대에 들어서면서 본격적인 성곽의 형태로 발전하였던 것이다. 초기의 토성은 자연적인 지형을 최대한 활용하면서 최소한의 방어시설을 갖추었던 것으로 보인다. 하지만 전쟁의 양상이 치열해지고 다양한 공성무기가 발달함에 따라서 다양한 형태의 성곽이 출현하게 되었다.

한국에서는 크게 토성과 석축성이라는 두 가지의 형태로 발전되었다. 토성은 성토와 삭토로 축조하는 방식에서 판축이라는 새로운 기술이 도입되었다. 석축석은 초기 토석혼축이나 막쌓기 형태의 간단한 석축에서 점차 치석된 돌을 쌓아 축조하는 석축성으로 발전하였다. 성곽의 종류와 기능도 점차 다양해지면서 군사와 행정의 필수적인 시설로 자리 잡게 되었다. 이같은 한국 성곽의 발전은 7세기 후반에 이르면 거의 완성되었다고 할 수 있다. 특히 6세기 이후 삼국이 정립하여 서로 항쟁하고 중국의 통일제국 수·당과 맞서 싸우면서 한국의 성곽은 비약적인 발전을 이루게 되었다. 이후 남북국시대(통일신라와 발해시대)부터는 주로 북방 및 중국의 침입에 대비하여 종심방어전략과 입보농성전이 주전략 및 전술로 채택되면서 이를 수행할 수 있는 성곽이 발전하기 시작하였다. 고려시대 후기 이후에는 왜구의 침입과 북방민족의 침입에 대비하여 민생을 안정시키고 통치의 편의를 도모하기 위한 읍성이 전국적으로 축조되기 시작하였다.

그런데 한국의 성곽은 그 입지를 놓고 구분하면 크게 평지성(평산성)과 산성으로 구분된다. 평지성은 대체로 하천에 의하여 생겨난 충적평야지대에 위치하고 있는데 대부분 생활공간을 보호하기 위하여 둘러친 방어시설이다. 또는 서해안이나 남해안 지역에서 왜구의 침입에 대비하여 큰 마을의 외곽을 에워쌓아 만든 읍성의 형태이다. 그러나 이 보다 훨씬 많은 것이 구릉과 산의 정상부를 중심으로 축조한 산성이다. 산성은 대체로 충적평야지대 배후에 위치한 구릉지에 축조되어 있다. 생활 공간인 평지를 굽어 볼 수 있는 위치로 유사시 재빨리 입보할 수 있는 위치이다. 이들은 평상시에도 사용할 수 있지만 역시 주목적은 대체로 외적이 침입할 경우에 대비한 것이다. 평상시에 사용하기도 하였지만 유사시에 대비하여 군량과 병기를 비축하였던 곳이었다.

산성이 처음 등장한 시기는 분명하지 않다. 기록에 의하면 『사기』 열전에 등장하는 고조선의 왕검성이 바로 산성이었을 것으로 추정되고 있다. 한나라의 대군에 맞서 1년 이상을 항전하면서도 적에게 함락되지 않았던 것으로 미루어 보아 평지성 보다는 산성이었던 것으로 추정되는 것이다. 고조선 이후의 역사적 경험이 산성을 발전시키는 계기로 작용했는지 알 수 없다.

하지만 현재 남아 있는 한국의 대부분 성곽이 바로 산성이라는 점은 분명 타국에 비하여 특징적인 현상이라고 할 수 있다. 일단 산성이 많이 남아 있는 것은 산정상부에 위치하여 개발에 의한 훼손의 가능성이 적었던 것도 원인이라고 할 수 있다. 하지만 원래부터 한국의 성곽 축조는 산성을 중심으로 이루어졌기 때문이라고 보는 것이 합리적이다. 지형적인 여건을 고려하면 산성을 많이 축조하였던 것은 산지가 전 국토의 70%를 차지하고 있다는 것을 원인으로 들 수 있다. 또한 비교적 도시의 발달이 늦었다는 역사적 배경도 있다. 이 점은 중국의 경우와 대비하면 명확해 진다.

중국에도 산성이 있지만 이에 비하여 평지성이 압도적이다. 중국은 평원지대가 많고 도시의 발달이 일찍부터 이루어지면서 도시를 둘러싸고 축조되는 평지성이 주류를 이루게 되었다. 주변 지역에 외적의 침입시 대비할 수 있는 산성을 축조하는 것은 변경지대나 산악지대에서 제한적으로 이루어졌다. 이러한 지역은 인구밀도가 낮고 장시도 발달하지 않아서 성곽 축조의 필요성이 크지 않았다. 따라서 인구가 밀집되고 장시가 발달된 도시를 방어하기 위한 평지성과 이를 중심으로 한 방어시설이 발달하게 되었다. 자연적인 지형을 이용하기 보다는 인공적인 방어벽을 튼튼하게 축조하기 위한 기술적인 발전이 일어났다.

한국의 경우에는 인구밀집 지역이 배산임수의 지형을 이루는 분지가 많아 배후의 산지가 유사시 적을 방어할 수 있는 천혜의 방수처가 될 수 있었다. 여기에 자연지형을 고려하여 산성을 축조하게 되면 평지에서 외적을 방어하기 위한 성곽을 축조하기 보다 훨씬 쉽고 튼튼한 방어시설을 구축할 수 있다. 결국 산이 많고 산을 배후로 삼아 형성된 마을이나 도시가 발달하게된 환경적인 요인이 산성이 발달하게 된 일차적인 원인이라 할 수 있다.

하지만 이것은 필요조건은 되어도 이것만으로 산성이 발달하게된 원인을 충분히 설명할 수 없다. 한국과 같이 산지가 많은 일본의 경우에는 산성이 발달되지 않았다. 일본에서도 성곽의 기원은 고지성집락高地性集落에서 찾고 있다. 야요이 시대[彌生時代] 후기에 세토나이카이[瀨戸內海] 해안 및 연안지역, 긴키[近畿] 지역의 산정상부와 구릉에 마을이 형성되었는데 이러한 마을들은 군사적 성격이 강한 것으로 해석되고 있다. 당시 농업생산력의 발달과 인구의 증가 같은 요인으로 점차 군사적 긴장 관계가 형성되면서 이에 따라 방어시설이 등장하기 시작하였던 것으로 보고 있다. 이후 본격적인 성곽이 등장하게 되는데 최초의 성곽 형태는 고고이시[神籠石]로 아직까지 그 축성연대나 성격은 분명하지 않다.

한편, 고고이시의 등장과 관련해서 일본학계의 일부는 한반도계 주민들의 거주지

배자를 가르는 공간으로서의 심리적 상징성은 비교적 약한 편이다.

　반면에 한국의 산성에는 다른 나라에서는 찾기 어려운 소중한 의미가 있다. 한국의 산성은 지배자의 전유물이 아니었다. 외란에 대비하여 지배자와 피지배자 모두가 공동으로 준비한 생명의 보루라는 의미가 강하다. 평상시에 사용하기 위한 것이라기보다 유사시에 모든 계층의 사람들이 대피하여 공동으로 방어하는 공동체의 공간으로써 의미가 뚜렷하다. 여기에서는 신분과 계층의 구분은 무의미하고 문명과 야만의 구분도 없다. 일반적으로 성곽이 권력자의 통치를 상징하는 기념물로 지배자와 피지배자를 구분하는 심리적 경계선이었다 하더라도 한국의 산성에서는 그것이 그리 큰 의미를 갖지 못한다는 것이다.

　전술한 바와 같이 한국에서는 지배자의 권력을 상징하는 도성이나 성곽 내부의 화려한 시설들은 축조가 제한되었다. 예를 들어 신라가 삼국을 통일한 후 문무왕은 서라벌에 나성을 신축하려 하자 의상대사는 이것이 백성을 통치하는데 불필요한 것이라 반대하였다. 전쟁이 끝나고 백성들이 휴식해야 하는데 국왕의 권위와 최후의 승리자인 경주의 귀족세력을 상징하는 성곽을 새로 신축하는 것은 삼국의 피지배층을 모두 포용해야하는 통치자가 해야 할 일이 아니라는 것이 반대의 이유였을 것이다. 문무왕은 의상의 의견을 받아들여 서라벌에 나성을 신축하려는 계획을 포기하였다. 죽으면서는 국가를 위하여 자신의 몸을 불사르고 동해의 용이 되겠다고 서원하였다.

　이 고사는 단편적인 것이지만 성곽에 대한 한국의 통치자들의 의식의 일면을 엿볼 수 있는 사례가 아닐까 한다. 지배자의 권위와 통치자로서의 위엄은 높고 화려한 성곽이 상징하는 것이 아니라는 것이다. 성곽은 과시를 위한 것이 아니라 지배자와 피지배자 공동의 보루로 축조되어야 한다는 의식이 삼국시대부터 있었던 것을 짐작할 수 있는 것이다. 성곽의 축조에는 피지배층의 희생이 필요하기 때문에 피지배층도 수긍할 수 있는 뚜렷한 목적이 있어야 하였다. 피지배층의 동의가 없는 성곽의 수축은 결국 백성들의 생활 안정을 해치고 이는 곧 지배자의 위엄과 권위가 손상된다는 의미이다. 위의 의상대사의 말은 이 점을 분명히 하고 있다. 따라서 한국의 역대 왕조에서 성곽 축조 문제는 대부분 상당한 논란을 야기시키게 되고 그 목적과 필요성에 대한 토론도 활발하게 이루어졌다. 성곽을 축조할 때에도 때와 사정을 살펴서 조심스럽게 진행하였고 그것은 지배자의 덕목으로 인식되었다.

현재 한반도와 만주 일대에는 우리 조상들이 축조한 수 천개의 성곽이 있다. 앞에서 살펴본 바와 같이 이 대부분이 산성이다. 물론 산성의 축조 목적은 외적의 침입에 대비하는 것인데 이는 다른 나라의 성곽과 같이 통지자의 안위만을 위한 것이 아니었다. 산성은 왕, 관리, 일반 백성들이 모두 입보하여 적의 침입에 총력전을 펼치는 공간이었다. 산성의 축조 목적은 권력자들의 안위는 물론 백성의 생명도 지키려는 통치자의 의지와 이를 수용한 백성들의 의지가 결합된 것이다. 한국의 역사 속에는 민관군이 합세해 농성전을 펼쳤던 기록과 그 결과 농성에 참여한 일반 백성까지 성이 함락되면서 모두 운명을 같이 한 기록들이 많이 있다.

이러한 전통은 이미 고조선시대부터 있었다. 고조선 사람들은 왕검성을 무대로 한나라 대군의 강한 공격을 1년가량 버티면서 총력전을 펼쳤다. 결국 왕검성이 함락되면서 항전을 펼쳤던 모든 사람들이 공동의 운명을 맞이하였다. 고구려의 산성들도 수 · 당군의 침입시에 백성들과 관리, 군인 모두가 함께 싸우며 운명을 같이 하던 공간이었다. 안시성은 당군의 총 공격에도 일반 백성까지 합세하여 기어이 승리를 이끌었던 곳이다. 비록 당군에 함락되기도 하였지만 많은 고구려의 산성에서는 관리, 군인, 일반 백성이 끝까지 항전함으로써 궁극적으로는 승리를 이끌고 국가도 보존할 수 있

왕흥사지에서 본 공산성(충남 공주)

었다.

　고려시대에도 이러한 전통은 그대로 이어져왔다. 고려 정부는 거란의 침입에 대비하여 백성들과 힘을 합쳐 전국 요지에 산성을 수축하였다. 몽골 침략기에는 해도와 내륙의 험준한 산지로 백성들을 대피시키고 산성방호별감을 파견하여 백성들과 공동으로 전투에 대비하였다. 용인 처인성과 충주산성에서는 일반 백성은 물론 천민까지도 합세해 몽골군의 정예기병과 싸워서 승전하였다. 죽주산성도 압도적인 몽골군에 대항하여 일반 백성들의 힘으로 승리하였다. 정규군이 아닌 지방민이 외력에 대항하여 항전했던 예는 다른 나라에서는 찾기 어려운 것이다. 몽골의 침략에 60년을 버티면서 결국 정복되지 않고 강화를 이끌어 내었던 것도 산성을 중심으로 민군이 힘을 합쳐 항전했던 노력의 산물이었다.

　조선 초기에는 도시들은 해안에 인접한 도시와 내륙의 큰 중심 도시들에 읍성을 축조하고, 국경지역에도 진보를 축조하였다. 압록강과 두만강 유역의 국경에는 행성行城을 지었다. 남쪽의 해안지대에도 역시 진보와 읍성들이 축조되었다. 이러한 것들은 왜구와 여진족의 침입으로부터 백성들의 생활터전을 보호하고자 하는 노력이었다. 조선-일본 전쟁 때에도 진주성, 평양성, 행주산성 등 수 많은 전투에서 성곽에 입보한 백성, 관리, 군인들이 총력전을 펼치며 운명을 같이 하였다.

진주성(경남 진주)

충주산성(충북 충주)

한국의 성곽이 외형적으로는 비록 다른 나라의 성곽에 비하여 작고 화려하지 못하다고 해도 폄하거나 실망할 필요가 없다. 웅장한 건축물도 없고 하늘을 찌를 듯이 높은 성벽도 없이 지형에 따라 꾸불거리는 성벽이 있지만 그 속에는 다른 나라에서 찾기 어려운 의미가 담겨있기 때문이다. 지배자의 권위와 위엄을 과시하는 대신에 백성들의 안위와 생활의 안정을 우선시하던 지배층의 의식이 담겨있다. 유사시에는 그 속에서 모두가 힘을 합쳐 공동체의 안전을 위해서 신분을 뛰어 넘어 역할을 나누고 마지막까지 적과 싸우고 생사고락을 함께하였다. 한국의 성곽은 국가의 모든 구성원이 함께 살고자 노력하였던 공동 운명 시설이고 선조들의 얼이 담긴 공간이다. 이것이 다른 나라의 성곽에서 찾아보기 힘든 한국의 성곽이 지니고 있는 특징 중 하나라고 할 수 있는 것이다.

3. 자연과의 조화미

한국의 성곽은 자연적인 아름다움을 간직하고 있다. 자연지세를 활용하여 축조하였기 때문이다. 성벽은 인공 건조물이다. 일반적으로 방어를 위해서 높은 성벽을 축조하고 여기에 통치자의 권위를 상징하는 화려한 건조물 등을 세우면서 상대적으로 자연적인 미는 떨어진다. 하지만 한국의 산성은 이와는 차별성이 있다. 한국의 산성들은 대부분 성벽의 높이가 높지 않다. 험준한 지형을 따라서 축조하기 때문에 성벽을 높이 쌓지 않아도 방어력이 뛰어나다. 자연 경사면이 성벽의 역할을 하며 적들은 산비탈을 오르느라 힘을 다 소비하여 성벽에 도달할 때에는 이미 지치게 된다. 이 상태가 되면 성벽이 높지 않아도 기어오를 힘은 떨어진다. 산성 주변의 지형이 험하여 다양한 공성무기를 사용하기도 편안하지 않다. 적군이 압도적인 병력과 공성무기를 동원하고도 성을 함락시키지 못했던 예는 많다. 오히려 전투에 패배해서가 아니라 성 내부의 식량과 식수가 바닥나거나 내부의 분란이 발생하여 함락된 경우가 더 많다.

한국의 산성은 천연적인 지세를 활용하여 축조하기 때문에 일정한 형태가 없다. 중국의 성곽은 대부분 네모꼴의 평면구조를 가지고 있다. 통일되고 획일적인 구조로 정형적이지만 자연적인 미는 떨어진다. 일본의 성곽도 일정한 구조와 법식에 의하여 축조되어 뛰어난 인공미를 자랑하고 있다. 하지만 자연과의 조화미는 반감된다. 이것들과는 다르게 한국의 산성은 능선과 계곡을 따라 축조하기 때문에 획일적이지 않다. 일정한 구조나 정형성은 떨어질 수 밖에 없다. 반면에 성벽이나 시설물이 주변의 자연적인 지형과 조화를 이루게 된다. 따라서 각 산성마다 각각 다른 형태이고 독특한 개성도 있다. 이 개성미는 자연적인 조화와 더불어 생긴 것이다.

이러한 기법은 도성에도 적용되었다. 중국이나 일본의 도성은 직선과 각으로 구성되어 있다. 일정한 구간 마다 일정한 공간에 유사한 구조의 시설물이 반복적으로 설치되어 정형성과 균형미가 있다. 하지만 한국의 도성은 대체로 부정형을 이루고 곡선으로 이루어져 있다. 조선시대 축조된 서울 성곽은 시가지 주변을 둘러싼 산능선을 따라서 축조되어 있다. 산능선 위에 축조되기 때문에 성벽도 높지 않으며 자연 능선을 따라서 축조되어 곡선미가 뛰어나다. 성벽은 땅의 생김새를 따라서 이어지면서 주변의 자연경관과 자연스럽게 조화를 이루게 된다. 비록 웅장하고 장중한 맛은 없지만 소박하고 아늑한 느낌이 나는 것이 특징이다.

주변 경관을 압박하듯이 누르는 인공미는 찾기 어렵다. 이는 자연과의 조화미를 유난히 강조하는 한국 건축미와 서로 통한다. 이것이 다른 나라의 성곽과 구별되는 한국 성곽의 미라고 할 수 있다. 미는 상대적인 것이다. 시대에 따라 사람에 따라 제각기 다른 기준도 있다. 따라서 어느 것이 더 좋다고 할 수 없지만 자연과의 조화가 한국 성곽만의 고유미를 대표한다고 할 수는 있는 것이다. 이는 비단 조선시대의 성곽뿐만 아니다. 백제의 부소산성이나 고구려의 평양성, 고려의 개경성도 모두 마찬가지이다. 따라서 이를 한국 성곽의 특징이라고 할 수 있을 것이다.

한국 성곽의 자연미는 산성에서 더욱 확연하게 나타난다. 산성에서 자연미는 성벽과 부대시설의 배치에 있어서도 잘 나타나고 있다. 성벽은 산의 능선을 따라 구불거리며 이어져 있다. 멀리서 보면 위압적인 성벽이 아니라 작고 가느다란 담장이 산의 능선을 따라 선을 그리고 있는 것 같아 성벽이 있는지 없는지도 구분되지 않아 보인다. 멀리서 바라보면 자연 속에 안겨있는 형상이다. 구불거리는 성벽이어서 치성, 적대 등과 같은 별도의 방어시설이 많이 필요 없다.

직선으로 구성된 성벽에는 치성이 많이 필요하다. 성벽에 붙은 적을 공격하기 위해서는 성벽에서 삐죽 돌출된 치성이 필요하다. 하지만 한국의 산성은 성벽이 곡선을 이루고 있어서 치성은 많지 않다. 치성이 설치되는 곳은 능선을 따라 직선으로 뻗은 성벽이나 능선을 가로지르는 부분이다. 일반적으로 사각형의 형태로 축조되기도 하지만 신라의 치성은 반원을 그리는 곡성의 형태로 축조되기도 하였다. 곡성은 자연 지세를 활용하여 축조하기에 편리하고 주변 환경과 조화도 잘 된다. 수문과 성문도 계곡부를 활용하여 축조되어 자연과 조화가 이루어지도록 하였다. 자연적으로 배수가 이루어지는 부분이고 통행에도 편리하여 간단한 시설만 하여도 큰 문제가 없다. 성문의 형태도 지형을 고려하여 설치됨으로 다양한 형태가 나타나고 있다. 성문은 방어력이 취약한 곳이어서 옹성, 적대와 같은 방어시설이 필요하다. 하지만 자연 능선을 활용하여 곡선을 이루기 때문에 문지 주변에 이 같은 방어시설을 설치할 필요성이 감소하게 되며 그 때문에 주변 경관과 조화를 해치는 것이 드물다.

성문을 드나드는 길도 직선이 아니라 자연적으로 형성된 계곡을 활용하여 S자형으로 굽이치고 있다. 암문은 산등성이로 통하는 능선부의 바로 아래 비탈진 부분을 이용하여 설치되었다. 저수와 급수 시설은 성내부에서 가장 낮은 지역을 중심으로 설치되었다. 저수시설은 크게 하나를 설치하는 경우도 있지만 상류부터 하류까지 계단식으로 이루며 작은 것에서부터 시작하여 점차 큰 것으로 확대되어 조경시설로서도 기능하게 하면서 주변 환경과 조화가 이루어지도록 설치되기도 한다.

삼년산성 성벽(충북 보은)

한편, 한국의 성곽들이 자연적인 조건을 잘 활용하였다고 해서 기술적으로 뒤지는 것은 아니다. 발굴된 성벽의 구조를 살펴보면 기술적으로도 아주 뛰어난 점을 발견할 수 있다. 성벽의 하부가 채 1m도 안되는 곳에서 6m 이상의 높이를 가진 성벽을 축조한 것을 볼 수 있다. 단단한 경사면을 계단식으로 삭토하여 성벽을 축조하기 때문에 하중이 골고루 분산되어 높은 성벽을 유지할 수 있는 것이다.

하나의 산성을 축조하기 위하여 다수의 작업 집단이 동원되어 축조하였지만 하나의 집단이 축조한 것처럼 일정하다. 이는 당시의 기술적 수준을 보여주는 것으로 뛰어난 장인과 토목기술이 있었던 것으로 짐작할 수 있다. 성벽의 기단석을 기초부의 지형에 맞추어 치석하여 축조하는 그랭이법을 활용한 것을 보면 축성 기술자의 뛰어난 심미안과 기술을 짐작할 수 있다. 무엇보다 관리가 이루어지지 않았음에도 천년 이상을 버티고 서 있는 석축 성벽을 보면 한국 고대의 성곽축조 기술의 수준이 결코 낮지 않았다는 것을 알 수 있다. 결국 기술이 부족하여 장대하고 웅장한 성벽을 축조하지 않은 것이 아니다.

보은 삼년산성은 높이가 20m에 육박하는 거대한 성벽이다. 그것도 급경사 지역에 그렇게 높은 성벽을 5세기에 축조하였다는 것은 의미심장하다. 현재 남아 있는 대부분의 성벽이 삼년산성에 미치지는 못하지만 그 정도의 성벽을 석축으로 축조할 수 있는 토목기술이 분명히 있었다는 것을 확인할 수 있다. 이 정도는 오늘날의 기술 수준으로도 감당하기 어려운 것이다. 대부분의 성곽이 복원 후 얼마 지나지 않아 무너지는 것은 이 점을 잘 보여준다. 한국의 성곽 축조는 필요한 만큼의 노동력과 물자를 활용하고 주변 자연을 활용하여 방어력도 높이고 자연미를 살리는 여러 요소를 고려하여 이루어졌다고 할 수 있다. 인공적인 웅장한 미가 아니라 소박하고 자연적인 미를 간직하고 있다는 점도 한국 성곽의 특징이라 할 수 있다.

성곽은 끝임 없는 외침의 역사가 스며있는 치욕의 장소로 치부될 수 없다. 고조선 이래 우리 민족이 당당히 살아남을 수 있었던 영광의 장소이다. 비록 많은 성곽들이 대부분 허물어지고 보잘 것 없이 남아 있지만 그 곳은 한국의 역사를 고스란히 간직하고 있는 소중한 기록물이다. 성곽은 한 시대의 역사적 상황이 그대로 묻혀 있는 소중한 타임캡슐인 것이다. 허물어지고 쇠락해진 한국의 성벽은 젊은 시절을 영욕을 거쳐 이제 인생의 황혼기에 접어든 초로의 신사를 보는 듯하다. 그 속에는 한국의 역사와 조상들의 정신이 깃들어 있다. 요란하지 않았지만 은근과 끈기로 버티어 온 과거의 기억 속에서 소박하고 자연스러운 아름다움을 찾고 그 의미를 후손에게 물려주는 것이 현재를 살아가는 우리의 임무가 아닐까 한다.

조되었던 것으로 믿을 수 있는 성곽에 대한 고고학 조사도 역시 아직은 충분하지 못하다. 결과적으로 3세기 이전 한반도 중남부 지역에 성곽이 존재하였을 가능성은 아직 확신하기 어렵다고 할 수 있다. 앞으로 조사 자료가 더 확보될 때까지 이 문제를 유보해야 할 것이다.

하지만 성곽이 어느 시기에 갑자기 출현하지는 않았을 것이다. 한국에서도 이미 선사시대부터 환호라 불리는 방어시설이 등장하였다. 이러한 방어시설이 점차 진화하여 토성, 석성과 같은 성곽으로 발전하였을 것이다. 이러한 가설을 세우고 한국에서 성곽의 등장 문제를 추적한다면 좀 더 초기의 성곽 출현에 대한 다양한 정보를 얻을 수 있을 것이다.

한편, 고구려가 성장하였던 만주 지역에서는 한반도에 비하여 이른 시기에 성곽이 출현하여 발전하였을 것으로 추정되고 있다. 하지만 고구려의 성곽의 경우에는 그 대략적인 현황과 분포상황은 파악이 되고 있으나 개별 성곽의 축조 시기나 성격에 대한 연구는 어려운 형편이다. 고구려 성곽에 대해서는 중국학자들과 일부 국내학자들에 의하여 기본적인 분류가 이루어지고 각 시기별 축성 방식에 대한 연구도 진행된 바 있다. 하지만 대부분 지표조사를 근거로 이루어진 것이어서 문제가 있다. 고구려의 성곽은 요·금遼金 시대에도 지속적으로 활용된 것이 대부분이고 그 과정에서 변형도 발생하였다.

따라서 지표에서 관찰되는 결과만으로 얻을 수 있는 내용은 한계가 있다. 성곽의 연구는 기본적으로 발굴조사가 이루어져야 한다. 정확한 축조시기 및 변천 과정을 살필 수 있기 때문이다. 하지만 고구려 성곽의 경우 현황 파악도 쉽지 않다는 한계가 있다.

제2절

고구려 성곽과 방어체계의 변천

    고구려는 흔히 '성의 나라'라고 불려진다. 현재 만주 일대에만 고구려 성이 200여 개 이상 남아 있고, 북한지역에서도 많은 고구려 성이 확인되었다. 최근 남한지역에서도 고구려 성이 속속 발견되고 있는데, 임진강 유역에는 강가의 수직 절벽을 천연 성벽으로 삼은 성곽이 일정 간격으로 늘어서 있고, 서울 북방의 양주와 동쪽의 용마산-아차산 일대에도 산마루를 따라 소형 보루가 촘촘이 늘어서 있다. 금강변의 청원 남성골에서도 상당히 큰 고구려 산성이 발견되었다.

    고구려인이 닿은 곳이라면 어디나 성이 버티고 서 있는 셈이다. 그도 그럴 것이 고구려라는 국호가 '성城'에서 유래했다. 기원전 2세기경 고구려인들은 '구려句麗 사람'으로 불렸는데, '구려'는 바로 성이나 고을을 뜻하는 '구루溝婁'나 '홀忽'이라는 고구려 말을 한자로 옮긴 것이다. 여기에 '고高'라는 미칭이 첨가되어 '고구려'라는 국호가 생겨났다. 또한 〈광개토왕릉비〉에는 "시조 추모왕이 비류수沸流水 골짜기의 홀본忽本 서쪽 산 위에 성을 쌓고 도읍을 세웠다"라고 건국과정을 묘사했다. 홀본 서쪽의 산성은 고구려 건국을 알리는 상징물이었던 것이다.

    이처럼 고구려는 성을 축조하는 것으로부터 잉태되었고, 그 이후 영역을 확장하는 곳마다 성을 쌓은 그야말로 '성의 나라'였다. 고구려는 이러한 성을 중심으로 지방통치조직을 정비하는 한편 입체적 방어체계를 구축했다. 성은 고구려 국가체제의 근간이자 생존의 필수시설이었던 것이다.

여기서는 그토록 정성을 다해 축조한 고구려 성의 특징과 함께 이를 근간으로 구축했을 방어체계를 살펴보고자 한다.[2]

1. 고구려 성곽의 유형과 제반 시설

1) 성곽의 입지와 유형

성은 흔히 입지에 따라 평지성과 산성으로 대별된다.[3] 평양성처럼 평지성과 산성의 특징을 동시에 지닌 경우 평산성으로 분류하며,[4] 산기슭이나 구릉지대에 위치한 성을 별도로 구릉성으로 분류하기도 한다.[5] 또한 교통로상의 협곡을 막은 성벽은 관애關隘(차단성), 교통로 부근의 소형 요망시설이나 성보는 초소나 보루,[6] 천리장성처럼 국경선을 따라 기다랗게 쌓은 성벽은 장성 등으로 분류한다.

일반적으로 평지성은 거주공간이 넓고 수원水源 확보와 병참兵站 보급에 유리한 반면, 군사방어에는 취약하다. 이에 비해 산성은 방어에는 유리하지만, 수원 확보나 병참 보급에는 불리하다. 일찍부터 방어를 위해 성곽을 축조한 고구려인들은 주로 험준한 자연지세를 이용해 산성을 축조했다. 물론 평지성도 축조했지만 그 수는 그리 많지 않다. 더욱이 처음에는 주로 중국계 평지성을 재사용하다가,[7] 많은 인원이 거주하는 도성都城이나 부도副都 등에 한해 거대한 평지성을 축조했다. 다만 이 경우에도 인근에 산성을 축조하여 방어상의 취약점을 보완했다.

2 이 글은 『고구려의 문화와 사상』(동북아역사재단, 2007)에 게재되었던 「고구려의 성과 방어체계」를 수정 보완한 것임을 밝혀둔다.
3 그밖에 축성재료, 거주주체, 기능, 평면형태, 지리위치, 성곽 수 등을 기준으로 분류하기도 한다(반영환, 『한국의 성곽』, 세종대왕기념사업회, 1978 ; 손영식, 『한국 성곽의 연구』, 문화재관리국, 1987).
4 李殿福, 『高句麗·渤海の考古と歷史』(西川宏 역), 學生社, 1991, 81쪽; 李殿福, 『東北考古研究(二)』中州古籍出版社, 1994, 220쪽.
5 孔錫龜, 「高句麗 城郭의 類型에 대한 研究」 『韓國上古史學報』 29, 1998, 169~171쪽.
6 력사과학연구소, 『고구려문화』, 사회과학출판사, 1975(논장 복각판, 1988), 62~65쪽.
7 尹龍九, 「고구려의 平地城과 郡縣城 운용」 『高句麗研究』 8, 1999.

환인 오녀산성 전경

고구려인들은 지형을 충분히 고려해 산성의 위치를 선정했는데, 대체로 하천 연안을 따라 형성된 교통로의 요충지 가운데 방어와 공격을 동시에 수행할 수 있는 곳이 많다. 산성의 유형은 전통적으로 산 정상부에 위치한 산정식山頂式 (산봉식山峰式), 골짜기를 감싼 포곡식包谷式(고로봉식栲栳峰式), 산기슭에 위치한 산복식山腹式(사모봉식紗帽峰式), 말안장처럼 생긴 마안봉식馬鞍峰式 등으로 분류한다.[8] 고구려 산성에서도 이러한 형식이 모두 확인되는데, 시기와 지역에 따라 차이가 있다.

가령 고구려 발상지인 압록강 중류일대에는 험준한 산 정상부에 위치한 산정식산성이 많다.[9] 환인 오녀산성五女山城과 신빈 흑구산성黑溝山城이 대표적인데, 깎아지른 절벽이나 하늘로 우뚝 솟은 초벽峭壁을 천연성벽으로 삼은 모습이 이채롭다.[10] 이러한 산정식산성은 방어에는 유리하지만 거주하기에는 불편했다. 일상적 거주보다는 군사적 목적에서 축조했던 것이다. 이는 고구려 성의 기원과도 연관된다. 오녀산은 신석기-청동기시대부터 활용되었고, 이웃한 혼하渾河 상류에서는 신석기-청동기시대의 산상山上 방어취락이 상당수 발견되었다. 이러한 방어취락은 2~3면이 절벽으로 둘러싸여 있는 등 고구려 초기 산성의 입지와 유사하다. 고구려인들은 신석기-청동기시대 방어취락을 계승해 산정식산성을 축조했을 가능성이 높은 것이다.[11]

압록강 중류일대를 벗어나 요동방면으로 나아가면 포곡식산성이 점차 많아진다. 특

8 丁若鏞, 『民堡議』(柳在浩 번역, 전사편찬위원회 출간), 14~15쪽.

9 余昊奎, 『高句麗 城 I(鴨綠江 中上流篇)』, 國防軍史硏究所, 1998, 16~19쪽 ; 林起煥, 「고구려 전기 산성 연구(1)」 『國史館論叢』 82, 1998, 67~68쪽.

10 撫順博物館·新賓縣文化局, 「遼寧省新賓縣黑溝高句麗早期山城」 『文物』 1985-2, 1985 ; 遼寧省文物考古硏究所 編著, 『五女山城, 1996-1999, 2003年 桓仁五女山城調査發掘報告』, 2004, 文物出版社.

11 陳大爲, 「遼寧境內的高句麗遺迹」 『遼海文物學刊』 1989-1, 1989.

우 산등성이의 능선과 자연스럽게 이어질 정도로 거대하다.[25]

고구려 평양성 축성 기록 글자(이화여대 박물관)

토석혼축성上石混築城은 고구려 성 가운데 가장 큰 비중을 차지한다. 축조 방식으로는 흙과 돌을 섞어서 쌓은 순수한 토석혼축성, 하단부에 석벽을 쌓고 상단부에 토벽을 결합한 방식 등이 있다. 또한 목책성도 있는데 두만강 하류에 위치했다는 책성柵城은 명칭으로 보아 목책성으로 추정된다. 최근 아차산 홍련봉 1보루와 호로고루에서는 석벽을 축조하기 전에 구축한 것으로 보이는 목책이 확인되었고,[26] 청원 남성골산성에서는 판축토벽과 결합된 목책이 발견되었다.[27]

이처럼 고구려 성은 여러 방식으로 축조되었다. 더욱이 같은 성이라도 지형조건에 따라 다양한 축성법을 채용해 석벽, 토벽, 토석혼축석벽 등이 어우러져 하나의 성곽을 구성한 경우가 많다. 이는 동시기에 다양한 축성법이 사용되었음을 반영한다. 이러한 점에서 초기에는 주로 석성만 축조하다가 중기 이후 토성을 축조했다는 단선적인 견해는 재고할 필요가 있다. 결국 축성방식은 시기보다는 축성재료, 입지조건, 방어상의 기능 등 여러 요소를 고려해 결정했다고 생각된다.[28]

상기와 같은 성벽은 15세 이상의 성인 남녀를 동원해 주로 농한기인 2월과 7월에 축조했다. 평양성에서 발견된 각자성석刻字城石에 따르면 11~12리를 한 구간으로 설정한 다음 지방관의 감독 아래 축조했다고 한다. 지방제도를 통해 축성 인력을 동원했음을 알 수 있다. 또한 17세기에는 장정 1명이 30일간 일해야 겨우 성벽 1자를 축조했다고 하는데, 이를 기준으로 추산하면 대성산성과 평양성 축조에는 각각 70만 명과 640만 명의 노동력이 소요되었다고 한다. 백성을 체계적으로 동원하는 지방제도를 정

25 余昊奎,「개주 고려성산성」『고구려 성 Ⅱ(요하유역편)』, 1999, 국방군사연구소.
26 최종택 외,『홍련봉 제1보루 발굴조사종합보고서』, 2007, 고려대학교 고고환경연구소 등 ; 심광주 외,『연천 호로고루 Ⅲ-제2차 발굴조사보고서』, 2007, 한국토지공사 토지박물관 등.
27 차용걸 외,『청원 남성곡 고구려유적』, 2004, 충북대학교 박물관.
28 余昊奎,『고구려 성 Ⅱ(요하유역편)』, 국방군사연구소, 1999, 32~41쪽.

비해야 비로소 도성을 비롯해 각지에 대규모 성곽을 축조할 수 있었던 것이다.

3) 성곽시설과 건축물

성곽에는 방어 및 거주와 관련된 다양한 시설이 구축되어 있다. 이 가운데 가장 중요한 시설은 성 안팎을 연결하는 성문이다. 평지성의 성문은 대체로 도로와 교차하는 성벽 중앙 부근에 위치한 경우가 많다. 산성의 성문은 골짜기 입구에 위치할 수밖에 없으므로 수구水口와 결합된 형태가 많지만, 이 경우 성문이 무너지기 쉽고 방어상으로도 취약하므로 가능하면 별도의 위치에 축조하려고 했다. 해성 영성자산성의 경우 수구는 골짜기 입구의 가장 낮은 곳에 위치해 있지만, 성문은 이보다 높은 산기슭에 있다. 그리고 비상시 통로로 사용하거나 적군을 기습 공격하기 위해 은밀한 곳에 암문暗門(간문間門)을 설치한 경우가 많다.

성문은 성 안팎을 드나드는 사람이 반드시 거치는 곳이면서 방어상 가장 취약한 곳이다. 성곽의 얼굴이자 생명선인 셈이다. 이에 고구려인들은 성곽의 위용을 과시하며 적군 침입시 지휘소로 활용하기 위해 성문 위에 거대한 문루를 설치했다. 집안 산성자산성이나 평양 대성산성 등 거의 모든 성곽의 문지에서 기와편이 출토되는데, 문루의 흔적이다. 요동성총 성곽도를 통해 성문의 기능과 위상에 맞게 단층이나 2층 등문루를 다양하게 조영했음을 알 수 있다.[29]

또한 방어의 취약점을 보완하기 위해 옹성을 설치한 경우가 많다. 옹성의 유형은 어긋문식, 지그재그식, 장방형, 반원형 등으로 분류된다. 흔히 성벽을 어긋나게 쌓은 어긋문식을 초기 형태, 사각이 가장 적은 반원형을 가장 발전된 형태로 분류한다.[30]

옹성이 없는 경우 성문 좌우에 치雉의 일종인 적대敵臺를 구축했는데, 최근 국내성 북문 좌우에서 적대가 확인되었다.[31] 한편 포곡식산성의 성문은 대체로 골짜기 입구에

---

29 고고학 및 민속학 연구소, 「평안남도 순천군 룡봉리 요동성총조사보고」『고고학자료집』1, 1958.
30 력사과학연구소, 앞의 책, 1975, 52~53쪽. 溫秀榮·張波, 「關于撫順地區的高句麗山城」『博物館研究』1996-1, 1996, 53~54쪽이나 林起煥, 앞의 논문, 1998, 67쪽에서도 장방형(長方形) 옹성이 'U'자형 옹성 또는 방원형 옹성으로 변화하였다고 추정했다.
31 吉林省文物考古研究所·集安市博物館, 『國內城』, 文物出版社, 2004.

위치하는데, 입구 안쪽에 성문을 설치해 바깥쪽 좌우의 산등성이에 의해 감싸이도록 했다. 좌우 산등성이에서 적군을 방어할 수 있도록 설계한 'U'자형 천연옹성으로 자연지세를 활용한 고구려 축성술을 잘 보여준다.[32]

국내성지 서문의 어긋문식 옹성

성문 다음으로 중요한 방어시설로는 치雉(마면馬面)와 성가퀴[女墻]가 있다. 치는 성벽에 접근한 적을 측면에서 공격하기 위한 돌출시설이다. 굴곡이 심한 산성에는 필요성이 적지만, 국내성처럼 평지성이거나 산성이라도 굴곡이 없는 경우 웅장한 치를 축조했다. 평양 대성산성에서는 무려 65개의 치가 확인되었는데, 사각死角을 최대한 줄이기 위해 모서리를 둥글게 처리한 것이 고구려 치의 중요한 특징이다. 치의 간격은 지세와 함께 활의 사거리와 연관되어 있다. 성벽이 거의 일직선인 백암성 북벽 치의 간격은 약 70m,[33]

백암성 북벽의 치성

완만한 곡선을 이루는 석대자산성 치의 간격은 48~74m인데,[34] 이를 통해 당시 활의 사거리가 40m 전후였음을 알 수 있다. 적군이 능선을 따라 성벽으로 접근하기 쉬운 곳에는 성벽 본체에서 기다랗게 뻗어나온 익성翼城을 축조하기도 하는데, 북한의 농오리산성이나 휴류산성에서 이러한 사례가 확인되었다.[35]

---

32 余昊奎, 앞의 책, 1999, 44~46쪽.

33 陳大爲,「遼陽岩州城山城」『遼海文物學刊』1995-1, 1995.

34 李曉鍾·劉長江·佡俊岩,「瀋陽石臺子高句麗山城試掘報告」『遼海文物學刊』1993-1, 1993 ; 遼寧省文物考古研究所·瀋陽市文物考古工作隊,「遼寧瀋陽市石臺子高句麗山城第一次發掘簡報」『考古』1998-10, 1998.

집안 산성자산성 동벽의 성가퀴와 기둥구멍

성벽 위의 성가퀴는 아군의 몸을 은폐하고, 적을 향해 활을 쏘거나 공격하던 시설이다. 온전하게 남은 경우가 거의 없지만, 645년 당군과의 격전지였던 요동성, 백암성, 안시성 등에 성가퀴가 있었다고 전한다. 집안 산성자산성이나 패왕조산성 등에 성가퀴가 일부 남아 있고, 백암성 북벽에는 성가퀴를 받치던 미석眉石이 잔존해 있다. 요동성총 성곽도에서 보듯이 성가퀴 형태도 다양했고,[36] 사혈射穴도 확인된다. 성가퀴와 관련해 주목되는 시설이 성가퀴 안쪽의 방형 기둥구멍이다. 집안 산성자산성과 신빈 흑구산성 등 여러 석성에서 확인되는데, 임진강변의 당포성에서는 수직홈 하단에서 기둥을 받쳤던 돌확이 발견되었다. 이에 운동성을 지닌 쇠뇌나 투석기를 설치했던 시설로 추정하는데, 목책 시설로 보기도 한다.[37]

35 김례환 외, 「롱오리 산성에서 발견된 고구려 석각문」 『문화유산』 1958-6, 1958.
36 여호규, 앞의 책, 1999, 50쪽.
37 방형구멍의 성격에 대해 중국학계에서는 곤목퇴석을 설치하였던 기둥구멍, 북한학계에서는 쇠뇌 시설, 일본학계에서는 목책 시설 등으로 파악하고 있다. 최근 중국학계에서도 쇠뇌(楊永芳, 遲勇)나 목책(周向永)을 설치하였던 시설로 파악하는 견해가 제기되었다(撫順博物館 · 新賓縣文化局, 「遼寧省新賓縣黑溝高句麗早期山城」 『文物』 1985-2, 1985 ; 력사과학연구소, 앞의 책, 1975, 56쪽; 채희국,

평지성은 방어상의 취약점을 보완하기 위해 바깥에 해자垓字를 두른 경우가 많다. 국내성의 경우 20세기 전반까지만 하더라도 북벽 바깥에 해자가 잘 남아 있었다.[38] 요동성도 645년 당군과 격전을 치를 당시 해자가 있었다고 하는데,[39] 요동성총 성곽도에도 서벽 바깥에 해자가 표시되어 있다.[40] 하천을 천연해자로 삼기도 하는데, 대동강과 보통강으로 둘러싸인 평양성이 대표적이다.[41] 산성은 지형상 해자가 거의 필요 없는데, 간혹 물을 채우지 않은 황隍(건호乾濠)을 설치한 경우가 있다. 일찍이 평양성 내성 서북벽에서 내황과 외황 시설이 확인된 바 있다.[42]

평지성과 달리 산성은 수원 확보가 가장 중요하다. 해발 820m인 환인 오녀산성 정상에도 천연샘이 있을 정도이다. 포곡식산성은 계곡을 끼고 있어서 물을 쉽게 확보할 수 있는데, 골짜기에 둑을 쌓아 저수지를 만들거나 샘이 있는 곳에 연못을 조성했다. 평양 대성산성의 경우 170여 개의 저수지와 연못을 조성했을 정도이다.[43] 자연적인 수원이 없으면 우물을 파거나 저수탱크를 설치했는데, 해성 영성자산성에서는 우물만 4개 확인되었고,[44] 아차산 일대의 보루에서는 대부분 저수탱크가 확인되었다.[45] 백암성처럼 암반에 위치해 수원이 풍부하지 않지만 바깥에 강(태자하)을 끼고 있는 경우, 절벽에 계단 길[棧道]을 마련해 강물을 길어오기도 했다.[46]

상기 시설 외에도 갖가지 건축물이 조영되었다. 군사시설로는 지휘소인 장대將臺,

「고구려의 성곽」『고구려력사연구』김일성종합대학 출판사, 1985, 170쪽 ; 東潮·田中俊明,『高句麗の歷史と遺跡』, 中央公論社, 1996, 89쪽 ; 楊永芳·楊光, 「岫岩境內五座高句麗山城調査簡報」『遼海文物學刊』1994-2, 1994, 24쪽 ; 遲勇, 「高句麗都城的戰略防御系統」『高句麗研究文集』, 연변대학출판사, 1993, 183쪽 ; 周向永·趙守利·邢杰, 「西豊城子山山城」『遼海文物學刊』1993-2, 1993, 24쪽).

38 池內宏·梅原末治,『通溝(上)』, 日滿文化協會, 1938.

39 『삼국사기』권21, 고구려본기9, 보장왕 4년.

40 고고학 및 민속학 연구소, 「평안남도 순천군 룡봉리 요동성총조사보고」『고고학자료집 1』, 1958.

41 최희림, 『고구려 평양성』, 과학백과사전출판사, 1978.

42 小泉顯夫, 1986「平壤の遺跡調査」『朝鮮古代遺跡の遍歷』, 六興出版.

43 전제헌, 「자료; 대성산성 못 발굴중간보고」『고고민속』64-3, 1964 ; 김일성종합대학 고고학 및 민속학 강좌, 『대성산성의 고구려 유적』, 김일성종합대학 출판사, 1973.

44 富品瑩·吳洪寬, 「海城英城子高句麗山城調査記」『遼海文物學刊』1994-2, 1994 ; 王禹浪·王宏北, 『高句麗·渤海古城址研究匯編』(上) 哈爾濱出版社, 1994, 205~206쪽.

45 임효재 외,『아차산제4보루 발굴조사종합보고서』, 서울대 박물관 등, 2000.

46 陳大爲, 「遼陽岩州城山城」『遼海文物學刊』1995-1, 1995.

감시 초소인 망대望臺(망루望樓), 병사주둔지 등이 있다. 장대는 높은 고지나 정문 부근에 설치된 경우가 많으며, 망대는 주변을 잘 조망할 수 있는 지점에 있다. 성벽 모서리나 돌출 지점에 설치한 각대角臺(각루角樓)도 망대의 일종이다. 장대는 최고 지휘관이 머무는 지휘소인 만큼 웅장한 기와 건물로 조영한 경우가 많은데, 장대터 부근에서 기와편이 많이 발견되는 것은 이 때문이다. 이에 비해 망대는 비교적 간단한 편이며 돌출한 지형을 활용해 평대를 구축하거나 암반을 그대로 활용한 경우도 많다. 산성에서 확인되는 반지하식 원형구덩이는 병사 거주지나 창고시설로 추정된다.

한편 4세기 이후 지방제도 정비와 더불어 거점성의 기능이 강화되면서 각지의 성곽에도 관아를 비롯해 사원, 창고, 민가 등 다양한 건물이 들어섰을 것이다. 요동성총

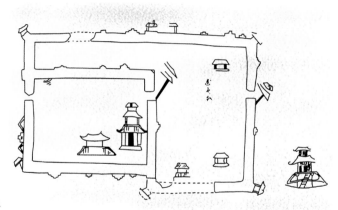

〈그림 2-1〉 요동성총 성곽도

환인 오녀산성의 주거지

성곽도를 보면 기와로 지은 누각이나 민가, 사원 등이 확인되며, 문헌자료상 주몽을 모신 사당도 있었다고 한다. 요동성은 요동평원의 중심지에 위치한 대성大城인 만큼 평상시에도 상당히 많은 사람이 거주했을 것이다. 이러한 점에서 산성 내부의 경사지에 계단상 대지를 촘촘히 조성한 사실이 주목된다.

무순 고이산성의 경우 경사지를 따라 계단상 대지를 수십층 조성했는데, 이곳에서 기와편과 더불어 건물터가 많이 발견되었다.[47] 계단상 대지는 거주지를 최대한 확보하려고 조성한 시설인 것이다. 이러한 계단상 대지는 심양 탑산산성을 비롯해 백암성, 영성자산성 등 중대형 산성에서 거의 대부분 확인된다. 지방 거점성의 기능을 수행한 산성 내부에는 관아를 비롯한 갖가지 건축물이 조영되었고, 평상시에도 상당히 많은 사람이 거주했던 것이다. 그밖에 제련터와 같은 수공업장 등도 확인되고 있다.

2. 국내성기 성곽방어체계의 구축과정[48]

1) 평지성·산성의 도성방어체계 구축

고구려는 압록강 중류일대에서 흥기해 현도군 등 중국세력을 요동방면으로 쫓아내면서 국가적 성장을 이룩했다. 첫 번째 도성은 압록강 지류인 혼강 유역의 졸본(환인분지桓仁盆地)이며, 서기 1세기 중후반에 압록강 본류에 위치한 국내지역(집안분지集安盆地)으로 천도했다. 국내 천도는 압록강 수로망을 장악해 국가체제를 정비함과 더불어 북쪽의 험준한 노령산맥을 자연 방어벽으로 삼아 군사방어력을 강화하려는 목적에서 단행되었다.[49] 고구려는 건국 초부터 현도군 등의 침공에 대비해 군사방어체계를

---

47 撫順市文物工作隊, 「遼寧撫順高爾山古城址調査簡報」 『考古』 1964-12, 1964 ; 鄭辰, 「撫順市高爾山山城在調査發掘中」 『遼寧文物』 1984-3, 1984 ; 徐家國·孫力, 「遼寧撫順高爾山城發掘簡報」 『遼海文物學刊』 1987-2, 1987.

48 이 장의 서술 내용은 余昊奎, 「고구려 초기의 병력동원체계」 『군사』 36, 1998 및 余昊奎, 「國內城期 高句麗의 軍事防禦體系」 『韓國軍事史硏究』 1, 1998의 내용을 축약 정리한 것이다. 특별한 경우를 제외하고는 전거를 제시하지 않는다.

다각도로 정비했던 것이다.[49]

대무신왕 11년에 한나라 군대가 침공하자 "바위산에 위치한 위나암성尉那巖城으로 들어가 수십일 동안 농성하며 방어했다"고 하는데,[50] 고구려가 일찍부터 험준한 요새지에 평상시 도성과 구별되는 별도의 성곽을 축조해 적이 침공하면 이곳을 거점으로 삼아 방어했음을 잘 보여주는 사례이다. 도성이 평지에 위치했을 것이므로 건국 초부터 평지성·산성의 도성방어체계를 구축했다고 볼 수 있다.

이러한 양상은 〈광개토왕릉비〉에서도 확인할 수 있다. 〈광개토왕릉비〉에 따르면 "추모왕鄒牟王은 홀본忽本(졸본卒本) 서쪽 산 위에 성을 쌓고 도읍을 세웠다"고 한다.[51] 추모왕이 축조했다는 산 위의 성곽은 환인분지에서 가장 험준하며 웅장한 오녀산성으로 비정된다. 오녀산은 신석기시대부터 주거지나 방어시설로 이용되었기 때문에 이러한 가능성도 충분히 있다. 그렇지만 오녀산은 해발 820m나 되며 사방이 수직절벽으로 평지와 격리되어 있다. 이러한 입지조건은 군사방어에는 천혜의 요새지이지만, 일상 거주지로는 적합하지 않다.

오녀산, 곧 추모왕이 축조했다는 '산상 성곽'은 비상시 군사방어성이며, 평상시 거점은 별도로 존재했던 것이다. 이러한 점에서 '산상 성곽'의 위치를 나타내는 기준점인 홀본이 주목된다. '홀忽'은 '고을'이나 '성城'을 뜻하므로 바로 홀본卒本이 '평지에 위치한 평상시 거점'이라고 생각된다. 고구려는 첫 번째 도성인 졸본에서부터 평상시 거점과 산성으로 이루어진 도성방어체계를 구축했던 것이다. 평상시 거점인 졸본은 오녀산 동쪽의 환인댐 수몰지구에 위치했다고 추정되지만, 현재로서는 그 위치를 정확하게 비정할 수 없다.

다만 〈광개토왕릉비〉에서 '산상의 성곽'을 도읍으로 인식한 것으로 보아 군사방어성 이외의 기능도 지녔다고 보인다. 오녀산은 환인분지 어디서 보더라도 웅장하고 신비로운 모습을 띠는 환인분지의 상징적 존재이다. 이에 추모왕으로 대표되는 주몽집단(계루집단)은 맹주로 부상한 다음, 이곳에 임시 궁궐을 조영하고 각종 의례공간을

---

49 余昊奎, 「고구려 國內 遷都의 시기와 배경」, 『한국고대사연구』 38, 2005.
50 『삼국사기』 권14, 고구려본기2, 大武神王 11년 추7월.
51 판독은 盧泰敦, 『譯註 韓國古代金石文(Ⅰ)』, 한국고대사회연구소, 1992 참조.

마련해 맹주로서의 위상을 표출했다고 여겨진다. 오녀산성은 비상시 군사방어성인 동시에 각종 의례를 거행하던 성소聖所였던 것이다.[52]

국내지역으로 천도한 다음에도 평지성·산성의 도성방어체계를 구축했다. 2세기 말경 공손씨의 침공이 임박하자, 환도성을 축조해(198년) 이도移都했으며(209년), 조위의 침공시에도 환도성을 거점으로 삼아 방어했다(244~246). 또한 4세기 전반 전연과의 긴장이 고조되자, 환도성을 보수하고 국내성을 축조한 다음 환도성으로 이거해 침공에 대비했다(342년). 4세기 전반에는 국내성과 환도성을 세트로 하는 평지성·산성의 도성방어체계가 명확히 확인되며, 3세기 전반에도 평상시 거점에서 군사방어성인 환도성으로 옮겨 적군의 침공에 대비한 사실이 확인된다.

현재 집안분지에는 국내성지와 산성자산성이 있다. 국내성지는 압록강·통구하 합류지점의 동쪽 평지에 위치해 있는데 둘레 2,686m로서 많은 건물지가 확인되었다. 반면 국내성지 서북 2.5km에 위치한 산성자산성은 가파른 산비탈과 절벽으로 둘러싸인 천혜의 요새이다. 둘레 6,951m의 대형 산성으로 장대, 군사주둔지, 저수지, 대형 건물지 등이 확인되었다.[53] 이로 보아 국내성지는 평상시 도성인 국내성, 산성자산성은 비상시 군사방어성인 환도성으로 비정된다. 그리고 산성자산성에서 대형 건물지가 확인되는 것으로 보아 장기간 임시 왕성으로 삼기도 했다고 생각되는데, 공손씨公孫氏와 조위曹魏가 연이어 침공한 3세기 전반이 바로 그에 해당한다.

다만 '국내성'이라는 명칭은 4세기 전반에 처음 나오므로 언제부터 평상시 도성으로 기능했는지 정확히 알 수 없다. 또한 국내성지에 대한 1970년대 발굴에서는 고구려시기 이전의 토벽이 확인되었지만,[54] 2003년 발굴에서는 확인되지 않았다고 하며 건물터도 대부분 4세기 이후로 편년된다.[55] 현재의 자료만으로는 국내성지의 축조시기를 정확히 파악하기 힘든 것이다. 그러므로 국내 천도 당시의 평상시 거점과 비상

---

52 余昊奎, 「고구려 國內 遷都의 시기와 배경」 『한국고대사연구』 38, 2005, 54~59쪽.
53 吉林省文物考古研究所 集安市博物館 編著, 『丸都山城－2001~2003年集安丸都山城調査試掘報告』, 文物出版社, 2004.
54 集安縣文物保管所, 「集安高句麗國內城址的調査與試掘」 『文物』 1984-1, 1984.
55 吉林省文物考古研究所 · 集安市博物館, 『國內城, 2000~2003年集安國內城與民主遺址試掘報告』, 文物出版社, 2004.

시 군사방어성이 현재의 국내성지나 산성자산성이었다고 단정하기는 쉽지 않으며, 추후 더욱 면밀하게 검토할 필요가 있다.

2) 2~3세기 도성 외곽과 국경지대의 방어체계 구축

도성 이외 지역의 방어체계는 어떠했을까. 고구려는 요동방면의 중국세력과 항쟁하며 국가적 성장을 이룩했다. 그러므로 도성 이외의 방어체계는 요동에서 도성에 이르는 지역에 집중적으로 구축했을 것이다. 다만 고구려가 5세기 초에 요동평원을 석권했고, 427년에는 평양으로 천도했으므로 요동평원의 성곽은 평양성기의 방어체계와 연관시켜 고찰하고자 한다. 요동평원을 제외하면 요동에서 국내성에 이르는 성곽은 대략 세 그룹으로 분류된다.

첫째 그룹은 집안분지 외곽의 노령산맥에 위치한 산성이나 관애이다. 〈지도 2-1〉에서 보듯이 이들은 다시 5개 소그룹으로 묶어지는데, 위에서부터 대라권구하人羅圈溝河 유역의 이도구문관애·석호관애, 청하淸河 유역의 관마장관애·대천초소, 신개하新開河 유역의 패왕조산성·망파령관애, 환인 남부에서 집안으로 들어오는 통로의 성장립자산성城牆砬子山城·와방구산성·북구관애, 압록강 변의 칠개정자관애·노변장관애 등이다.

〈지도 2-1의 성곽 명칭〉

21. 집안(集安) 국내성(國內城), 22. 산성자산성(山城子山城), 23. 패왕조산성(覇王朝山城), 24. 망파령관애(望波嶺關隘),
25. 관마장산성(關馬墻山城), 26. 대천초소(大川哨所), 27. 칠개정자관애(七個頂子關隘), 28. 노변장관애(老邊牆關隘) /
31. 환인(桓仁) 오녀산성(五女山城), 32. 하고성자고성(下古城子城), 33. 나합성지(喇哈城址), 34. 마안산성(馬鞍山城),
35. 고검지산성(高儉地山城), 36. 성장립자산성(城牆砬子山城), 37. 와방구산성(瓦房溝山城), 38. 북구관애(北溝關隘),
39. 동고성(東古城)과 서고성(西古城) / 41. 신빈(新賓) 흑구산성(黑溝山城), 42. 사도구산성(四道溝山城), 43. 전수호산성(轉水胡山城),
44. 고각산산성(孤脚山山城) / 51. 통화(通化) 자안산성(自安山城), 52. 적백송고성(赤柏松古城), 53.건설산성(建設山城),
54. 남대고성(南臺古城), 55. 태평구문고성(太平溝門古城), 56. 의목수고성(依木樹古城), 57. 영과포산성(英戈布山城),
58. 이도구문관애(二道溝門關隘), 59. 석호관애(石湖關隘) / 61. 신빈(新賓) 백기보고성(白旗堡古城),
62. 이도하자구노성(二道河子舊老城), 63. 영릉진고성(永陵鎭古城), 64. 두도립자산성(頭道砬子山城), 65. 궤자석산성(櫃子石山城),
평지성(平地城), 66. 목기성지(木奇城址), 66. 오룡산성(五龍山城), 67. 청원(淸原) 산성자산성(山城子山城), 68. 무순(撫順)
철배산성(鐵背山城), 69. 살이허산성(薩爾滸山城) / 70. 무순(撫順) 고이산성(高爾山城), 71. 유하(柳河) 나통산성(羅通山城),
72. 휘남(輝南) 조어대고성(釣魚臺古城), 73. 소성자고성(小城子古城), 74. 휘발산고성(輝發山古城) /
81. 신빈(新賓) 태자성(太子城), 82. 삼송산성(杉松山城), 83. 본계(本溪) 하보촌산성(下堡村山城), 84. 유관산성(有官山城),
85. 변우촌동산산성(邊牛村東山山城) / 91. 단동(丹東) 애하첨고성(靉河尖古城), 92. 관전(寬甸) 호산산성(虎山山城),
93. 괘방자촌동산산성(挂房子村東山山城), 94. 노고산산성(老孤山山城)

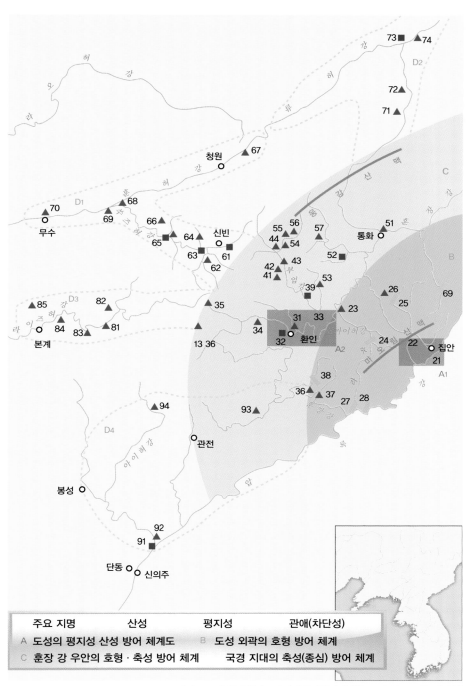

주요 지명 ○　산성 ▲　평지성 ■　관애(차단성)

A 도성의 평지성 산성 방어 체계도　B 도성 외곽의 호형 방어 체계
C 훈장 강 우안의 호형 · 축성 방어 체계　국경 지대의 축성(종심) 방어 체계

〈지도 2-1〉 국내성기 고구려의 군사방어체계(『고구려 성 I』 40쪽, 재작성)

혼강유역과 집안분지를 잇는 노령산맥 일대의 모든 교통로에 산성이나 관애를 축조한 것이다. 이들 가운데 비교적 큰 규모인 패왕조산성, 성장립자산성, 와방구산성 등은 혼강 연안에서 집안지역으로 진입하는 교통로의 길목에 위치해 있고, 다른 소형 관애나 초소는 집안분지로 향하는 교통로의 요새지에 위치해 있다. 특히 석호관애나[56] 관마장관애는[57] 하류 방면에만 참호시설이 있어 혼강 지류를 거슬러 집안분지로 향하는 통로를 차단하기 위해 구축했음을 잘 보여준다.

또한 칠개정자관애와 노변장관애가 위치한 압록강 구간은 사행천蛇行川으로 암초가 많아 항해하기에 위험하다. 이에 압록강을 항해하는 배들은 이들 관애가 위치한 양수하凉水河나 외차구하外岔溝河에 정박한 다음 육로를 이용해 집안분지로 나아갔다. 노변장관애와 칠개정자관애는 이러한 상륙로를 봉쇄하던 방어시설인 것이다. 따라서 노령산맥 일대의 산성과 관애는 국내성을 방어하기 위해 구축된 도성 외곽의 방어시설이라 할 수 있다.

둘째 그룹은 혼강 우안右岸의 성곽인데, 평지성을 제외하면 대략 3개 소그룹으로 묶여진다. 먼저 태자하나 소자하 유역에서 환인 서부로 진입하는 교통로에 위치한 고검지산성과 마안산성이다. 다음으로는 소자하 상류에서 부이강富爾江 연안을 따라 혼강으로 향하는 교통로에 위치한 전수호산성, 흑구산성 등이다. 그리고 소자하에서 부이강 상류를 거쳐 통화방면으로 향하는 교통로의 의목수고성, 영과포산성 등도 하나의 그룹으로 묶을 수 있다. 그리고 통화 자안산성은 둘레 2.7km의 대형 석성으로 상기 교통로의 끝단에 위치해 있으면서 휘발하輝發河에서 용강산맥龍崗山脈을 넘어 집안분지로 나아가는 교통로를 봉쇄할 수 있는 지점에 위치해 있다.[58]

이들은 대부분 산 정상에 위치해 있고, 절벽이나 초벽을 천연성벽으로 삼는 등 축성법도 유사하다. 또한 소자하나 태자하 등에서 혼강 유역으로 진입하는 교통로의 요충지에 위치해 있다. 전수호산성에 올라서면 부이강 상류에서 하류로 향하는 적군의 동태를 한 눈에 감시할 수 있고,[59] 고검지산성에 올라서면 태자하·혼강 분수령을 넘

---

56 余昊奎,「通化 石湖關隘」『高句麗 城』I(鴨綠江 中上流篇), 國防軍史硏究所, 1998.

57 集安縣文物管理所,「吉林集安高句麗南道和北道上的關隘和城堡」『考古』1964-2, 1964.

58 柳嵐·邵春華,「吉林通化市漢代自安山城調査與考證」『博物館硏究』1991-3, 1991.

초기 이래의 전통을 계승해 평지성·산성의 도성방어체계를 구축했다는 것이다. 이 때 건설한 군사방어성은 평양시 동북의 대성산성으로 비정된다. 대성산성은 둘레 7,076m, 성벽 총연장 9,284m인 거대한 포곡식산성으로 성문 20여개와 치雉 65개를 비롯해 장대, 병영터, 창고터 등이 확인되었다. 아울러 170여개의 연못과 저수지를 조성해 물을 풍부하게 확보했다. 대규모 인원이 장기간 농성할 수 있도록 치밀하게 설계했던 것이다. 남쪽의 대동강, 서쪽의 합장강, 동쪽의 장수천 등이 산성을 감싸며 천연해자를 이루며, 대동강변의 고방산성과 청호동토성이 외곽방어성을 이루고 있다.[62]

대성산성과 짝을 이룬 평지성에 대해서는 안학궁설과 청암리토성설이 팽팽히 맞서고 있다. 먼저 안학궁지는 대성산성 남쪽 평지에 위치해 있는데, 마름모꼴로 국내성과 비슷한 규모인 둘레 2,488m이다. 5개 건물군 총 21개 건물이 확인되었는데, 궁궐의 전각이나 부속시설로 추정된다. 인공산과 정원 시실도 확인되었다. 고구려 평지성이라면 궁성宮城으로 평상시 도성의 일부를 구성했다고 추정된다.[63] 그렇지만 안학궁지 아래층에서 고구려 석실봉토분이 발견되고,[64] 기와 연대도 고구려 말기 또는 고려 시기라는 점을 들어[65] 대성산성과 짝을 이룬 평지성으로 보기 어렵다는 비판이 제기되고 있다.[66]

다음 청암리토성은 대성산성 서남쪽 합장강의 건너편 구릉지대에 위치해 있다. 남쪽은 절벽으로 대동강에 면해 있고, 성을 둥글게 감싼 동·북·서쪽 구릉을 따라 성벽을 축조했다. 둘레는 약 5km로서 4개 성문터와 구릉 남쪽의 중앙과 동·서에서 건물터가 발견되었다.[67] 다만 중앙과 동쪽 건물터는 절터로 확인되었고, 궁궐이나 관아 등은 발견되지 않아 역시 평상시 도성으로 보기 어렵다는 비판이 제기되고 있다. 이처럼 현재로서는 대성산성과 짝을 이룬 평지성이 어느 것인지 단정하기 쉽지 않다. 양

62 전제헌, 「자료; 대성산성 못 발굴중간보고」『고고민속』 64-3, 1964 ; 김일성종합대학 고고학 및 민속학 강좌, 『대성산성의 고구려 유적』, 김일성종합대학 출판사, 1973.
63 김일성종합대학 고고학민속학강좌, 앞의 책, 1973.
64 田中俊明, 「高句麗の平壤遷都」『朝鮮學報』 190, 2004.
65 千田剛道, 「淸岩里廢寺と安鶴宮」『文化財論叢』, 同朋社出版, 1983.
66 關野貞, 「高句麗の平壤城及び長安城に就いて」『史學雜誌』 39-1, 1928.
67 小泉顯夫, 「平壤の遺跡調査」『朝鮮古代遺跡の遍歷』, 六興出版, 1986 ; 関德植, 「高句麗의 後期都城」『韓國史論』 19, 국사편찬위원회, 1989.

〈지도 2-2〉 평양지역의 고구려 성곽 분포현황

자 가운데 어느 하나일 가능성은 높지만, 명확한 판단은 유보할 수밖에 없다.

한편 6세기 중반 나제연합군이 북상하고 북제가 압력을 가하는 등 군사적 긴장이 고조되자, 고구려는 552년부터 현 평양시가지에 장안성을 건설해 586년에 도성을 옮겼다. 대외적 위기에 대처하기 위해 신수도를 건설한 것이다. 장안성(지금의 평양성)은 전체 둘레 23km인 초대형 성곽으로 동·남·서 3면은 대동강과 보통강으로 둘러싸여 있고, 북쪽은 모란봉으로 가로막힌 천혜의 요새지이다. 각자성석을 통해 수많은 백성을 동원해 42년의 공사 끝에 완공했음을 알 수 있다. 또한 성문터와 장대 등의 성곽시설과 함께 궁궐로 추정되는 건물지, 바둑판처럼 다듬은 도로망 등이 확인되었다.[68]

장안성은 복곽식 성곽으로 북성과 내성은 산성, 중성과 외성은 평지성인데, 평지성과 산성이 결합되었다하여 평산성으로 분류하기도 한다. 내성은 궁성, 중성은 관아와

---

68 최희림, 「평양성을 쌓은 연대와 규모」『고고민속』1967-2, 1967 :『고구려 평양성』, 과학백과사전출판사, 1978 ; 한인호·리호, 「평양성 외성안의 고구려 도시 리방과 관련한 몇 가지 문제」『조선고고연구』1993-1, 1993.

귀족의 저택, 외성은 귀족이나 일반민의 거주지, 북성은 내성의 별궁이자 방어성으로 추정된다. 장안성은 종래 별개로 구성되었던 평지성·산성의 도성방어체계를 하나의 성곽으로 일체화시킨 형태이다. 이러한 점에서 장안성은 초기 이래 발전시켜온 고구려 도성방어체계의 결정판이라 할 수 있다. 이로써 고구려는 적군이 침입하더라도 평상시 도성의 시설물이나 물자를 온전히 보전한 채 장기간 항전할 수 있게 되었다.[69]

고구려는 상기와 같이 도성방어체계를 확립하는 한편, 외부에서 도성으로 진입하는 적군을 차단하기 위한 방어망도 구축했다. 특히 서북 방면만 차단하면 됐던 국내성과 달리 평양은 사방으로부터 침공을 받을 수 있었다. 이에 평양에서 사방 30~50여km 떨어진 거리에 환상環狀으로 위성방어체계를 확립하는 한편, 그 외곽에도 2중 3중의 방어망을 구축했다.

위성방어체계는 사방에서 평양으로 진입하는 통로를 봉쇄하는 형태로 구축했는데, 서쪽의 황룡산성은 서해로부터 대동강을 거슬러 평양으로 진격하는 적군, 서북쪽의 청룡산성은 압록강을 건너 연해나 내륙을 통해 남진하는 적군, 동북쪽의 흘골산성은 압록강을 건너 내륙을 통해 남진하는 적군이나 동해안에서 낭림산맥을 넘어 서진하는 적군,[70] 남쪽의 황주성은 한반도 중부에서 재령강 유역을 거쳐 북상하는 적군 등을 각기 방어했다. 산복식인 황주성을 제외하면 모두 포곡식산성으로 황룡산성과 청룡산성은 둘레 6.6km과 5.3km에 이르는 대형 산성이다.[71]

위성방어체계 너머로는 도성의 외곽 방어성을 겹겹이 축조했다. 북쪽의 경우 청룡산성을 지나 숙천읍성, 안주성 등을 구축했다. 남쪽으로는 황주성을 지난 20km 지점에 봉산 휴류산성, 그리고 휴류산성 동남쪽으로는 서흥 대현산성大峴山城(오곡성五谷城)과 평산 태백산성太白山城(대곡군大谷郡), 서남쪽으로는 신원 장수산성長壽山城(한성)과 해주 수양산성 등을 축조해 2중 3중의 방어망을 구축했다. 이들 성곽은 대부분 둘레 2~8km의 중대형 포곡식산성으로 지방지배를 위한 거점성의 역할도 수행했을

---

69 채희국, 「고구려의 성곽」 『고구려력사연구』, 김일성종합대학 출판사, 1985.

70 손수호, 「평남 성천 흘골산성에 대하여」 『조선고고연구』 91-1, 1991.

71 리지린·강인숙, 『고구려력사연구』, 사회과학출판사, 1976 ; 력사연구소, 『고구려문화사』, 사회과학출판사, 1975 ; 서일범, 「북한 경내의 고구려 성의 분포와 연구현황」 『高句麗硏究』 8, 1999.

백마산성

농오리산성

용골산성

철옹성

능한산성

안주성

청룡산성

흘골산성

◎ 평양성

황룡산성

황주성

대현산성

구월산성

휴류산성

태백산성

룡천성

오누이산성

장수산성

개성 ○

수양산성

백만산성

방어라인

〈지도 2-3〉 평양성기의 도성방어체계(『고구려 산성과 해양방어 체계』 15쪽, 재작성)

것이다. 394년과 409년에 축조했다는 국남國南 7성과 국동國東 6성을 이러한 외곽방
어성으로 파악하기도 한다.[72]

---

72 손영종, 『고구려사(2)』, 과학백과사전종합출판사, 1996 ; 채희국, 「고구려의 성곽」『고구려력사연
구』, 김일성종합대학 출판사, 1985 ; 최창빈, 「4세기 말~5세기초 고구려의 국남7성과 국동6성에 대
하여」『력사과학』 1990-3, 1990.

방어선으로 바뀌었다. 이에 따라 보루의 배치나 운용 양상도 변화했을 텐데, 이에 대한 상세한 고찰은 고고학적 발굴성과가 더욱 많이 축적되어야 비로소 가능할 것으로 생각된다.

3) 서북 방면의 성곽방어체계 구축과 운용양상[77]

고구려는 평양 천도 이후 중국세력의 침공에 대비해 서북 방면의 방어체계도 평양성을 중심으로 더욱 튼튼하게 재구축했다. 이때 천산산맥, 압록강, 강남산맥, 청천강 등 천혜의 방어벽을 최대한 활용해 2중 3중의 방어망을 확립했는데, 최전방의 전연방어선前沿防禦線, 요동-압록강의 제1선 종심 방어체계, 압록강-청천강의 제2선 종심방어체계 등으로 분류할 수 있다(지도 5).

최전방 전연방어선은 요하를 건넌 적군의 진격을 막기 위한 방어벽이다. 이 방어선의 성곽은 대부분 요동평원이 아니라 산간지대로 진입하는 지류 연안로의 길목에 위치해 있다. 또한 산줄기에서 하곡평지로 돌출한 산에 위치한 포곡식산성이 많다. 산간 지형에 익숙한 고구려인들이 요동평원 진출 이후에도 여전히 산성 중심의 방어전술을 구사했고, 대평원보다 지류 연안의 하곡평지河谷平地를 더 중시했음을 알 수 있다. 다만 요하를 건너는 적군을 저지하기 위해 무려라武勵邏 등의 성보를 요하 연안에 축조하거나, 말기에는 송료대평원을 가로질러 천리장성을 축조하기도 했다.[78]

---

77 이 절은 余昊奎, 「高句麗 後期의 軍事防禦體系와 軍事戰略」『韓國軍事史研究』 3, 1999 ; 余昊奎, 「개관」 『高句麗 城 Ⅱ (요하 유역편)』, 國防軍史研究所, 1999의 내용을 축약 정리한 것이다. 특별한 경우 이외에는 전거를 생략한다. 한편 북한학계도 고구려의 서북방어체계를 다각도로 연구했는데, 남일룡, 『중세 우리나라 서북지방의 성 방어체계』, 김일성종합대학출판사, 1995 ; 박창수, 「고구려 서북방 성 방어체계의 위력」『조선고고연구』 1988-3, 1988 ; 박창수, 「고구려의 성분포와 서북방어체계」『력사과학론문집』 15, 1990 ; 손영종, 『고구려사(2)』, 과학백과사전종합출판사, 1996 ; 채희국, 「고구려의 성곽」『고구려력사연구』, 김일성종합대학 출판사, 1985 등이 있다.

78 고구려는 631년 당의 침공 가능성이 높아지자 송료대평원(松遼大平原)을 가로질러 천리장성을 축조했다. 천리장성은 요하 하류 및 중상류-송료분수령 구간으로 양분되는데, 요하 하류 구간은 당군의 도하를 막기 위해 축조한 반면, 중상류 구간은 거란의 침공을 막고 말갈족의 이탈을 봉쇄하기 위해 축조했다. 이로써 고구려의 전연방어선은 송료대평원 한복판으로 전진 배치되었다(余昊奎, 「高句麗 千里長城의 經路와 築城背景」『國史館論叢』 91, 2000). 그렇지만 천리장성이 실전에 활용된 사례를 찾기 어렵다. 이에 천리장성의 존재를 부인하거나, 기존의 산성을 연결한 것에 불과하다고 보기도

〈지도 2-5〉에서 보듯이 전연방어선은 대흑산맥 서남단에서 천산산맥 서남단에 이르는 구간의 모든 지류 진입로를 봉쇄하며 거대한 방어벽을 형성하고 있다. 이에 산성으로 연결된 방어선이라는 뜻에서 '산성연방선山城聯防線'이라 부르기도 한다. 이 가운데 대흑산맥-길림합달령산맥 구간은 엄밀히 말하면 구도성인 국내성으로 진격하는 적군, 그리고 거란 등 서북방 족속을 방어하기 위해 구축했다고 볼 수 있다. 이러한 점에서 이 구간의 성곽 가운데 일부는 평양 천도 이전에 축조되었을 가능성이 높다.

이에 비해 길림합달령산맥-천산산맥 구간의 성곽은 요하를 건넌 적군이 요동평원을 거쳐 평양성으로 진공하는 것을 막기 위해 축조한 것이다. 7세기 전반 수나 당이 침공했을 때 등장하는 개모성(심양 탑산산성), 요동성, 백암성, 안시성(해성 영성자산성), 건안성(개주 고려성산성) 등이 모두 여기에 포함된다. 이들은 천산산맥을 넘어 압록강으로 향하는 진입로 입구에 위치해 있다는 점에서 전연방어선임과 동시에 요동-압록강 종심방어선의 출발점을 이룬다.

요동-압록강 구간의 제1선 종심방어체계는 천산산맥 횡단로를 따라 세 루트로 이루어져 있다. 동쪽의 본계~봉성로 종심방어선은 탑산산성이나 요동성에서 출발해 본계에서 합류한 다음 천산산맥을 넘어 애하 골짜기를 따라 봉황산성(오골성)에 이르는 구간, 중간의 해성~수암로는 영성자산성을 출발해 낭낭산성에 이르는 구간, 서쪽의 개주~장하로는 고려성산성을 출발해 벽류하 골짜기를 따라 성산산성에 이르는 구간에 각기 구축되어 있다.

세 루트의 종심방어선은 봉황산성(오골성)에서 모두 통제할 수 있다. 이에 둘레 16km에 이르는 초대형 산성인 봉황산성을 여러 성곽을 지휘하는 핵심 거점성으로 삼고, 봉황산성을 둘러싸는 위성방어체계까지 구축했다. 또한 각 루트는 천산산맥을 넘은 다음 요동반도 남쪽 해안을 따라 가다가 압록강 하류에서 합쳐진다. 이에 요동반도 서남단의 대흑산성(비사성)을 중심으로 해안방어체계를 구축해 발해만을 건너온 수군을 방어하는 한편, 제1선 종심방어체계를 보완했다. 제1선 종심방어체계가 합쳐지는 압록강 하류는 그 자체가 거대한 방어벽이다. "강폭이 300보에 이르러 고구려

한다. 이처럼 천리장성에 대해서는 이견이 분분하며, 그 경로와 성격도 명확하지 않은 부분이 많으므로 구체적인 서술은 생략한다.

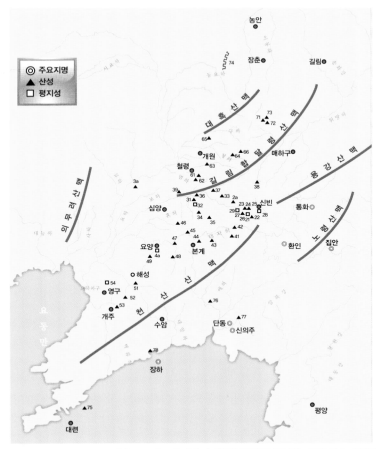

〈지도 2-5〉 고구려 후기 서북방 군사방어체계(『고구려 성 Ⅱ』, 62쪽)

〈지도 2-5의 성곽 명칭〉

21 신빈(新賓) 영릉진고성(永陵鎭古城), 22 이도하자구노성(二道河子舊老城), 23 나가보산성(羅家堡山城),
24 두도립자산성(頭道砬子山城), 25 삼도보동산성(三道堡東山城), 26 온가요산성(溫家窯山城), 27 아화락촌산성(阿伙洛村山城),
28 백기보고성(白旗堡古城), 29 하서촌고성(河西村古城), 2a 오룡산성(五龍山城) / 31 무순(撫順) 고이산성(高爾山城),
32 노동공원고성(勞動公園古城), 33 철배산성(鐵背山城), 34 마화사산성(馬和寺山城), 35 남장당산성(南章黨山城),
36 성자구산성(城子溝山城), 37 서산산성(西山山城), 38 청원(淸原) 산성자산성(山城子山城), 39 심양(瀋陽)
석대자산성(石臺子山城), 3a 신민(新民) 고대자산성(高臺子山城) / 41 신빈(新賓) 태자성(太子城), 42 삼송산성(杉松山城),
43 본계(本溪) 하보산성(下堡山城), 44 유관산성(有官山城), 45 변우산성(邊牛山城), 46 심양(瀋陽) 탑산산성(塔山山城),
47 등탑(燈塔) 백암성(白巖城), 48 요양(遼陽) 고수산성(姑嫂山城), 49 안산(鞍山) 고도관석성(古道關石城),
4a 요양(遼陽) 요동성지(遼東城址) / 51 해성(海城) 영성자산성(英城子山城), 52 영구(營口) 마권자산성(馬圈子山城),
53 개주(盖州) 고려성산성(高麗城山城), 54 영구(營口) 태평보고성(太平堡古城) / 61 철령(鐵嶺) 최진보산성(催陣堡山城),
62 청룡산고성(靑龍山古城), 63 개원(開原) 마가채산성(馬家寨山城), 64 고성자산성(古城子山城), 65 용담사산성(龍潭寺山城),
66 서풍(西豊) 성자산산성(城子山山城) / 71 요원(遼原) 용수산성(龍首山城), 72 공농산성(工農山城), 73 성자산산성(城子山山城),
74 회덕(懷德) 노월강유적(老越崗遺靑) / 81 대련(大連) 대흑산성(大黑山城), 82 장하(庄河) 성산산성(城山山城), 83 수암(岫岩)
낭낭산성(娘娘山城), 84 봉성(鳳城) 봉황산성(鳳凰山城), 85 단동(丹東) 호산산성(虎山山城) / 91 백마산성, 92 용골산성,
93 능한산성, 94 농오리산성, 95 철옹성, 96 안주성, 97 청룡산성, 98 황룡산성, 99 흘골산성

인들이 천혜의 해자[天塹]로 믿었다"는 사료는 이를 잘 보여준다.[79]

압록강 하류에서 평양성으로 나아가는 교통로는 연해와 내륙 두 루트가 있다. 이에 고구려는 두 루트를 따라 제2선 종심방어체계를 구축했다. 연해의 종심방어선은 압록강 대안의 백마산성을 출발해 용골산성·동림산성·능한산성 등을 거쳐 청천강 하류의 안주성에 이르러 도성의 외곽 방어선과 연결된다. 내륙의 종심방어선은 니성·농오리산성·철옹성 등을 거쳐 안주성으로 연결되거나 계속 내륙로를 따라 청룡산성·흘골산성으로 이어지며 도성의 위성방어체계로 전환된다.

이처럼 고구려는 평양 천도 이후 서북방에 최전방 전연방어선과 제1선 및 제2선 종심방어체계를 구축한 다음, 이를 유기적으로 연관시켜 운용했다. 가령 645년 당에 투항한 고구려 장수 고연수가 "오골성(봉황산성)을 거쳐 곧바로 평양성으로 진격하자"고 건의하자, 오히려 당의 장군 장손무기가 "오골성으로 곧바로 향하면 건안성·신성 등의 고구려군이 배후에서 추격하므로 안시성과 건안성을 함락시킨 다음 진격해야 한다"며 반대했다고 한다.[80] 고구려가 전연방어선과 배후의 종심방어체계를 유기적으로 연관시켜 운용하던 양상을 잘 보여준다.

그런데 수 양제는 이를 파악하지도 않은 채 요하를 건넌 다음 요동성을 공격하다 여의치 않으면 별동대를 편성해 평양성으로 진격하는 작전을 되풀이했다. 겹겹이 구축한 고구려 방어체계를 파악하지 못한 상태에서나 부릴 수 있는 만용이었다. 결국 612년 수의 별동대 30만이 살수(현재의 청천강)에서 몰살당한 것에서 보듯이 이러한 작전은 실패할 수밖에 없었다. 반대로 고구려는 상기 방어체계를 활용해 청야수성전, 유인전 등 다양한 전술을 구사하며 수군을 쉽게 격파했다.

수의 패전을 목도한 당은 고구려의 방어체계를 정탐해 요동 일대의 전연방어선을 격파한 다음 평양성으로 진공한다는 작전을 수립했다. 실제 645년 요하를 건넌 당군은 현도성, 개모성, 요동성, 백암성 등을 하나씩 공략했다. 발해만을 건넌 수군도 비사성을 함락시킨 다음 평양성으로 진공하지 않고 건안성 공략에 나섰다. 그렇지만 1년도 안 되는 짧은 기간에 전연방어선의 모든 성곽을 격파한다는 것은 불가능했다. 결

===

79 『翰苑』 권30, 蕃夷部, 高麗.
80 『三國史記』 高句麗本紀 제8, 보장왕 4년.

풍납토성 항공사진(서울시사편찬위원회)

문제는 성이 두 개라는 것인데, 백제본기 개로왕 21년(475)조의 한성 함락 기사[88]에는 백제의 도성이 북성北城과 남성南城으로 나오고 있어 북쪽에 있는 풍납토성을 북성, 몽촌토성을 남성으로 비정할 수 있다.[89] 더 나아가 두 성을 각각 위례성, 한성에 비정하는 견해가 제기되기도 하였다.[90] 『일본서기』에는 북성, 남성 대신에 대성大城 및 왕성王城으로 표현되어 있는데,[91] 당시 개로왕은 남성=왕성에 있었던 것으로 되어 있다. 이와 관련하여 근초고왕 26년(371) 한산漢山으로 도읍을 옮겼다는 기사[92]에 주목하였다. 기존에는 한산을 북한산 방면에서 찾았지만, 몽촌토성이 구릉 위에 축조되었다는 점을 고려하여 그것을 한산, 즉 한성으로 비정한 것이다. 그리고 왕이 옮겨가기 전에 함께 거주했던 풍납토성을 위례성으로 비정하였다. 백제본기에는 책계왕 원년(286) 위례성을 수리했다는 기사[93]가 나오는데 대체로 풍납토성의 축조 연대와 부합하며, 근초고왕대에는 별도로 한성, 즉 몽촌토성을 쌓아 왕이 거주하는 왕성으로 삼은 것으로 이해할 수 있다는 것이다.

이처럼 한성기의 도성은 풍납토성, 몽촌토성과 같은 토성의 형태로 파악할 수 있을 것이다. 이와 관련하여 다음의 두 가지 점에 유의할 필요가 있다. 첫째, 백제의 토성 축조는 삼한 지역에서는 가장 이른 시기의 것으로 볼 수 있다는 점이다. 이전 시기에 중국 군현에서는 토성으로 된 현성縣城을 축조하였지만, 삼한 지역에서 토성을 축조했다고 하는 증거는 찾아볼 수 없다. 삼한 '국'의 방어 시설은 대체로 환호와 목책 정도의 시설이었을 것으로 추정된다.[94] 백제가 한반도 중남부 지역에서는 가장 이른 시기에 국가 단계에 접어들게 되면서 풍납토성과 같은 구조물을 만들어낼 수 있었던 것이다.

둘째, 당시의 축성 기술이 매우 선진적인 것이었고, 아마도 한 동안 백제 축성의 표

---

88 『삼국사기』 권25, 백제본기3, 개로왕 21년.
89 이도학, 「百濟 漢城時期의 都城制에 관한 檢討」 『한국상고사학보』 9, 한국상고사학회, 1992.
90 여호규, 「漢城時期 百濟의 都城制와 防禦體系」 『백제연구』 3, 충남대학교 백제연구소, 2002.
91 『일본서기』 권14, 웅략천황, 20년 冬.
92 『삼국사기』 권24, 백제본기2, 근초고왕 26년, "二十六年 …… 移都漢山."
93 『삼국사기』 권24, 백제본기2, 책계왕.
94 박성현, 「4세기 전후 신라의 토성 축조와 그 목적 영남 지역 초기 토성의 성격-」 『韓國史研究』 139, 韓國史研究會, 2007, 22~26쪽.

준이 되었을 것이라는 점이다. 풍
납토성에는 판축 공법이 활용된 것
으로 알려져 있는데, 개로왕이 고
구려 간첩 도림의 말을 듣고 토목
사업을 벌일 때 '증토축성烝土築城'
했다는 표현이 주목된다.[95] 이는 판
축할 때 석회와 물을 첨가하는 공
법으로 다량의 석회에 물을 부을
때 생기는 수증기로 인하여 '증토'
라고 표현했다고 한다.[96] 물론 관
용적인 표현일 수도 있겠지만, 당

풍납토성 성벽단면(국립문화재연구소, 『풍납토성 II』, 2002)

시 백제에서 높은 수준의 판축 공법을 구사하고 있었던 것만은 분명하며, 한성기 말
의 개로왕대까지 그것이 표준적인 기술이었음을 알 수 있다. 물론 모든 성을 그와 같
이 축조할 수는 없었겠지만, 몽촌토성과 같이 자연 지형을 활용하고 부분적으로 판축
또는 성토한 토성들을 필요에 따라 축조할 수 있었을 것이다.

다음으로 한성기의 지방 성에 대해서 검토해 보도록 하겠다. 백제가 한강 하류를
중심으로 고대 국가로 성장하였을 때 백제의 북쪽에는 낙랑·대방군, 동쪽에는 말갈
(예)이 있었으며, 남쪽에는 마한의 '국'들이 상존해 있었다. 백제가 목지국을 대신하
여 마한의 맹주국이 된 시점은 분명하지 않지만,[97] 태강太康 연간(280~289)에 서진에
조공한 마한왕은 바로 백제왕으로 판단된다.[98] 백제는 마한 지역에 대하여 점차 지배
력을 확대해 나갔을 것이다. 그리하여 근초고왕대에는 가야를 경유하여 왜와 통교할
수 있었으며, 왜에 이르는 주요 지점에 거점을 확보할 수 있었다.[99] 이때 백제의 거점

---

95 『삼국사기』 권25, 백제본기3, 개로왕 21년.
96 권오영, 앞의 논문, 2002, 97~98쪽.
97 백제본기에는 온조왕 26·27년에 마한을 멸망시킨 것으로 되어 있으나, 그대로 받아들이기 어렵다.
   마한의 맹주국이었던 목지국의 중심지는 천안·아산 지역으로 추정되고 있다. 이 지역의 문화가 한성
   백제의 것으로 변화한 시점에 주목할 필요가 있을 것이다.
98 『진서』 권97, 열전67, 四夷, 동이, 마한.

이 어떠한 형태로 되어 있었는지는 분명하지 않다.

중국 군현이 존속하고 있었을 때 백제의 북쪽 방면으로의 진출은 활발하지 않았던 것 같다. 그렇지만 고구려가 313, 314년에 각각 낙랑, 대방군을 멸망시킴에 따라 이 지역에서 고구려와 각축하며 경계를 이루게 되었다. 근초고왕-근구수왕대에는 백제가 고구려의 공격을 잘 막아내어 오히려 평양성에서 고국원왕을 전사시키기도 하였다.[100] 그렇지만 진사왕-아신왕대에는 전세가 역전되어 고구려에게 크게 밀리게 된다. 이와 관련하여 백제본기와 「광개토왕릉비문」에는 여러 백제 성의 이름이 나타나고 있는데, 특히 비문에는 영락永樂 6년(396) 고구려가 백제의 58성을 획득한 것으로 되어 있다.

여기에서 먼저 논란이 된 것은 58성이 어느 지역에 분포하고 있었는가 하는 점이다. 58성 가운데 비정이 가능한 것은 관미성關彌城, 아단성阿旦城, 미추성彌鄒城 등 몇 개에 지나지 않는다. 기존에는 이 58성을 임진강(또는 예성강)과 한강 사이, 여기에 한강 이남의 인천 지역 등이 일부 포함된 것으로 보았지만, 아단성을 을아단현乙阿旦縣(지금의 단양 영춘)과 연결시켜 그 성의 분포 범위가 남한강 유역에 이르고 있었던 것으로 본 견해가 제기되기도 하였다.[101] 물론 아단성을 영춘에 비정하는 것은 쉽게 합의될 수 있는 문제가 아니지만, 광개토왕의 백제 공격이 한강 하류 방면으로만 이루어진 것이 아니라 내륙 교통로를 통해서 북한강 유역으로도 이루어질 수 있다고 본 점은 주목할 만하다.

북한강 및 남한강 유역은 백제본기에 '말갈'로 나오는 예족濊族의 거주지였으며, 특히 남한강 상류역을 경유하여 동해안이나 영남 지역으로 이어질 수 있었다. 백제가 고구려에 앞서 북한강 유역에 진출해 있었다는 것은 최근 조사된 화천 원천리유적을

데 이 성 역시 백제 이후에 당의 웅진 도독부-신라-후백제-고려-조선을 거쳤기 때문에 다소 복잡한 양상으로 되어 있다. 먼저 성벽의 형태를 보았을 때 세 가지 다른 유형으로 되어 있다는 것이 밝혀졌다.[110] 제1유형은 순수한 판축에 의한 토루로서 판축을 하기 위해 세운 목주 사이의 간격이 1m 정도로 좁은 것은 특징이다. 제2유형은 하단부에 기초 시설로 석열을 만들고 그 위에 판축한 형태이다. 목주 사이 간격이 넓

부소산성(충남 부여)

은 것이 특징이다. 제3유형은 제2유형과 유사하지만 기단 석열이 약간 높아지고 판축이 약화되어 다짐층처럼 성토한 것이 특징이다. 각각 백제, 통일 신라, 조선 초에 축조된 것으로 추정되었다. 이와 같은 성벽 구조에 대한 지식을 기반으로 했을 때 백제가 쌓은 성은 부소산 정상부와 군창지쪽의 봉우리, 그 남북의 골짜기를 모두 둘러싼 둘레 2,495m의 포곡식 성으로 드러났다.

한편, 사비에는 평지 시가지 전체를 둘러싼 나성이 축조되어 있었다. 현재까지 확인된 나성의 평면 구조는 부소산성-청산성 구간의 북나성 0.9km, 청산성-석목리-염창리 구간의 동나성 5.4km 등 총 6.3km 정도이다(〈그림 2-3〉).[111] 반면 백마강이 돌아흐르는 남쪽과 동쪽에는 나성이 축조되지 않은 것으로 밝혀졌다. 나성의 축조 방식을 보면 먼저 성벽의 내측을 성토하고 다시 그 외부에 폭 약 4m 가량 할석이나 다듬은 돌로 석축 성벽을 쌓아 마감하는 방식이 적용되었다고 한다. 이와 같은 축성법은 이 시기 백제의 성벽 축조 방식을 이해할 때 하나의 기준이 될 수 있을 것이다.

사비 도성은 이와 같이 중심이 되는 성과 시가지를 둘러싼 나성으로 되어 있었는데 이와 같은 구조와 관련하여 다음과 같은 기록들을 주목할 수 있다.

---

110 김용민, 「扶蘇山城의 城壁築造技法 및 變遷에 대한 考察」 『한국상고사학보』 26, 한국상고사학회, 1997.
111 부여 나성에 대해서는 박순발, 앞의 책, 2010, 254~263쪽 참조.

〈그림 2-3〉 부여 나성 평면도
(국립문화재연구소, 『사비토성과 백제의 성곽』, 2000)

① 백제 왕성은 방方 1리里 반이고 북면北面하며 돌을 쌓아 만들었다. 성 아래에는 만
여 가家 정도가 있다. 즉 5부部의 거처인데 각 부에는 병兵 500인이 있다.[112]

② 성으로부터 20여리 지점에 적(백제)이 총력을 기울여 나와 막으니 크게 싸워 깨트
리고 만여 인을 죽이거나 사로잡고 곽郭으로 쫓아 달려 들어 갔다. 그 왕 의자와 태
자 융은 북경北境으로 달아나고 정방은 나아가 그 성城을 포위했다.[113]

---

112 『한원』 권□, 蕃夷部, 백제.
113 『구당서』 권83, 열전33, 蘇定方.

먼저 사료 ①은 『한원』 백제조에 인용된 『괄지지』에 나오는 것으로, 백제 왕성에 대하여 묘사하고 있다. 이 기록의 왕성은 사비의 왕성을 지칭하는 것이 분명하다. 왜냐하면 같은 기록에 웅진성이 5방성 중 북방성으로 기록되어 있기 때문이다. 우선 '방方 1리里 반'[114]이라는 표현에서 그것이 나성에 해당하는 것이 아니라 부소산성에 해당한다는 것을 알 수 있다. 한편 사료 ②의 『구당서』 소정방전에서는 당군이 사비 도성을 공격할 때 먼저 곽郭으로 진입한 뒤에 성城을 포위했다고 하였다. 즉 사비 도성은 도성민의 거주 공간을 둘러싼 외곽과 지배자의 공간을 둘러싼 내성으로 이루어진 그야 말로 '성곽'의 구조[115]였음을 알 수 있다.

다만 왕궁의 위치에 대해서는 왕성이라고 할 수 있는 부소산성 내부에 있었는지, 아니면 성 아래쪽 시가지에 있었는지 논란이 되고 있다. 나성의 내부는 정남향으로 직교하는 도로에 의하여 구획되어 있었던 것으로 알려져 있는데, 이 시가지의 북쪽, 부소산성 아래쪽의 관북리 일대가 평지의 왕궁지로 추정되고 있다. 사비 도성의 경우에는 웅진 도성과 달리 평상시의 왕궁이 평지에 있었을 가능성이 적지 않다고 생각되는데, 이와 관련하여 『주서』 고구려전의 아래와 같은 설명이 주목된다.

> 국도는 평양성平壤城으로 그 성은 동서가 6리이며, 남쪽으로는 패수浿水에 닿아 있다. 성 안에는 오직 군량과 무기를 비축하여 두었다가 적군이 침입하는 날에는 곧 성안으로 들어가서 굳게 지킨다. 왕은 따로 그 곁에 궁실을 마련하였으나 평상시에는 거기에 살지 않는다.[116]

여기에서 묘사한 평양성은 대성산성으로 비정되는데, 성 안에도 비상시 궁실을 마련하였으나 평상시에는 거기에 살지 않았다는 것이다. 사비 도성의 경우에도 이러한 설명이 적용될 수 있을 것이다. 즉 부소산성이 왕성이었던 것은 분명하고 거기에도

---

114 방(方)은 정사각형의 한 변을 의미한다. 서정석은 여기에 漢尺=23.5cm이 적용된 것으로 파악하고, 1보=6척, 1리=300보로 계산하여 둘레를 환산하였다(서정석, 앞의 책, 2002, 223~227쪽).
115 『영조법식』 권1, 總釋 상, 城, "管子 內之爲城 外之爲郭 吳越春秋 鯀築城以衛君 造郭以守民."
116 『주서』 권49, 열전41, 고려.

궁실을 마련하였겠지만, 평상시에는 '북면'한 성 내부가 아니라 시가지에 닿아 있는 평지 궁궐에 거처하였을 것으로 생각된다.

다음으로 웅진·사비기의 지방 성에 대하여 검토해 보도록 하겠다. 백제본기에는 이 시기에 우두성牛頭城, 사현성沙峴城, 이산성耳山城, 사정성沙井城, 가림성加林城, 각산성角山城, 적암성赤嵒城 등을 축조한 것으로 되어 있지만, 이 가운데 비정이 가능한 것은 가림성 정도이며,[117] 나머지는 그 위치와 기능에 대해서 알 수 있는 것이 거의 없다.

이 시기 지방 성의 편제는 오히려 중국 문헌을 통해서 알 수 있다.

> 치소가 있는 성을 고마固麻라 하고 읍을 담로檐魯라 하는데 중국의 군현郡縣과 같은 말이다. 그 나라에는 22담로가 있는데 모두 자제子弟, 종족宗族에게 분거하게 했다.[118]

위 사료는『양서』백제전의 기록으로 담로檐魯에 대한 것이다. 이 기록은 대체로 웅진기의 사실을 반영한 것으로 추정되고 있다. 시기적으로도 그렇고 도성을 고마固麻, 즉 웅진성이라고 한 점에서도 그렇다. 당시 지방의 읍을 '담로'라고 하였으며, 당시 지방에 22개의 담로가 설치되어 있었다는 것을 알 수 있다. 그것은 역시 성의 형태로 되어 있었을 가능성이 크다. 그렇다면 그 구체적인 모습은 어떠한 것이었을까?

담로에는 자제, 종족으로 하여금 분거하게 했다고 하였는데, 이것은 백제 왕이 중국에 예하 왕·후의 관작 제수를 요청한 것과 관련이 있는 것으로 이해되고 있다.[119] 예컨대 백제 동성왕은 남제에 영명永明 8년(490) 여력餘歷에게 매로왕邁盧王, 건무建武 2년(495) 사법명沙法名에게 매라왕邁羅王의 관작을 제수할 것을 요청하였는데,[120] 매로-매라는『삼국지』동이전의 '만로국萬盧國', 웅진도독부 소속 현 중에 '매라현邁羅縣'과 연결되는 지명이다. 또 부여 궁남지에서 출토된 백제 목간에서는 '매라성邁羅城'이 확인되었다. 즉 이 지명은 마한 단계부터 웅진도독부 단계까지 연속되는 백제

---

117 가림성은 신라 가림군(지금의 부여 임천)이 되었는데, 거기에는 성흥산성이 위치하고 있다.
118 『양서』권54, 열전48, 제이(諸夷), 백제국, "號所治城曰固麻, 謂邑曰檐魯, 如中國之言郡縣也. 其國有二十二檐魯, 皆以子弟宗族分據之."
119 김영심, 앞의 논문, 1997, 109~110쪽.
120 『남제서』권58 열전39 백제국.

당대에는 매우 중요한 지역이었음을 알 수 있다. 문제는 그것이 신라 군현으로 이어지지는 못했다는 점이다. 그렇기 때문에 현재 그 위치를 정확하게 알 수는 없지만, 대체로 전북 옥구 부근이었던 것으로 추정하기도 한다.[121]

<표 2-2> 백제의 5방성

방명	명칭	위치	규모	환산 둘레	비정	비고
중방	고사성(古沙城)	남 260리	방 150보	828m	고부 고읍성	1,055m
동방	득안성(得安城)	동남 100리	방 1리	1,650m	논산 매화산성	1,550m
남방	구지하성(久知下城(卞城))	남 360리	방 130보	720m		
서방	도선성(刀先城(力光城))	서 350리	방 200보	1,104m		
북방	웅진성(熊津城(固麻城))	동북 60리	방 1리 반	2,480m	공주 공산성	2,660m

백제는 사비기에 들어 지방을 5개의 방方으로 편제하였다. 『주서』 백제전에는 5방의 중심 성, 즉 5방성方城의 명칭이 나오며,[122] 『한원』 백제조에 인용된 『괄지지』에는 그와 함께 위치, 규모가 기록되어 있다.[123] 이것을 정리하여 현재 남아있는 성지에 비정한 것이 위의 <표 2-2>이다.

이 가운데 고사성, 득안성, 웅진성은 비교적 정확하게 비정이 가능하다. 고사성은 신라 고사부리군古沙夫里郡(지금의 정읍 고부), 득안성은 신라 덕근군德近郡(지금의 논산 은진·가야곡)과 연결시킬 수 있기 때문이다. 각 지역의 중심부에는 역시 산성이 남아 있는데, 논산 은진·가야곡 방면에는 매화산성, 고부에는 구읍성이 있다. 구읍성의 경우 조선 시대에도 읍성으로 사용되었는데 발굴조사 결과 백제의 특징적인 인각와印刻瓦가 출토되어 백제 때 축조되었을 가능성이 크다.[124] 이처럼 방성은 산성의 형태로

---

121 천관우, 『古朝鮮·三韓史研究』, 일조각, 1989, 400쪽.
122 『주서』권49, 열전41, 백제, "其外更有五方: 中方曰古沙城, 東方曰得安城, 南方曰久知下城, 西方曰刀先城, 北方曰熊津城."
123 『한원』권□, 번이부(蕃夷部), 백제, "括地志曰. …… 又國南二百六十里. 有古沙城. 城方百五十(里)步. 此其中方也. 方繞兵千二百人. 國東南百里. 有得安城. 城方一里. 此其東方也. 國南三百六十里. 有卞城. 城方一百卅步. 此其南方也. 國西三百五十里. 有力光城. 城方二百步. 此其西方也. 國東北六十里. 有熊津城. 一名固麻城. 城方一里半. 此其北方也……."
124 전북문화재연구원, 『정읍 고부 구읍성 Ⅰ』, 2007.

되어 있는데 이것은 '산험에 의지하여 만들었다'는 기록과 일치하며, '누석이 있는 것도 있다'는 표현대로 석축으로 되어 있는 성과 그렇지 않은 성이 있었던 것으로 보인다.[125]

각 방에는 많으면 10개, 적으면 6~7개의 군郡이 있었다고 되어 있다.[126] 그리하여 백제 멸망시에는 모두 37군이 있었다.[127] 이 37군은 웅진기의 22담로가 확대된 것으로 이해된다.[128] 군 단위에도 중심이 되는 성, 즉 군성郡城이 있었으며, 그것은 다시 몇 개의 작은 성들을 거느리고 있었다. 그리하여 백제 멸망시에 37군과 함께 200여 성이 있었다고 한 것이다.

그렇다면 이러한 성들은 구체적으로 어떠한 모습이었을까? 먼저 전체적인 파악으로 충남 지역의 산성 가운데 토성이 석성보다 근소하게 많다는 지적이 있었다.[129] 물론 이 지역의 산성 가운데 웅진·사비기의 백제 성이 아닌 것들도 포함되어 있고, 토사가 퇴적되어 석성이 토성으로 파악되는 경우도 있었겠지만, 충남 지역 산성 중에 토성의 비중이 높다는 것은 어느 정도 인정할 수 있을 것 같다. 즉 이 시기에도 여전히 토축 성의 전통이 남아 있었다는 것이다. 그렇지만 이 시기에는 정연한 석축 산성도 분명히 축조되었던 것으로 보인다. 이 시기 백제 성곽의 특징과 관련하여 몇몇 분명한 사례들을 제시해 보도록 하겠다.

가장 중요한 사례 가운데 하나는 동성왕 23년(501)에 축조해서 백가로 하여금 진수케 했다는 가림성加林城이다.[130] 가림성은 신라 가림군加林郡으로 연결되는데, 지금

---

125 『한원』 권□, 번이부(蕃夷部), 백제, "括地志曰……其諸方之城. 皆憑山險爲之. 亦有累石者. 其兵多者千人. 少者七八百人. 城中戶多者至五百家……."

126 『한원』 권□, 번이부(蕃夷部), 백제, "括地志曰……又有五方. 若中夏之都督. 方皆達率領之. 每方管郡. 多者至十. 少者六七. 郡將皆德率爲之. 郡縣置道使. 亦名城主."

127 『삼국사기』 권28, 백제본기 6, 의자왕 20년(660), "國本有五部·三十七郡·二百城·七十六萬戶 至是 析置熊津·馬韓·東明·金連·德安五都督府 各統州縣 擇渠長 爲都督·刺史·縣令以理之 命郞將劉仁願守都城 又以左衛郞將王文度爲熊津都督 撫其餘衆."

128 김영심, 앞의 논문, 1997, 155~156쪽.

129 심정보, 『백제 산성의 이해』(개정증보판), 주류성, 2009, 93~94쪽.

130 『삼국사기』 권26, 백제본기 4, 동성왕 23년(501), "二十三年……八月 築加林城 以衛士佐平苩加鎭之 冬十月 王獵於泗沘東原 十一月 獵於熊川北原 又田於泗沘西原 阻大雪 宿於馬浦村 初 王以苩加鎭加林城 加不欲往 辭以疾 王不許 是以怨王 至是 使人刺王 至十二月乃薨 諡曰東城王……."

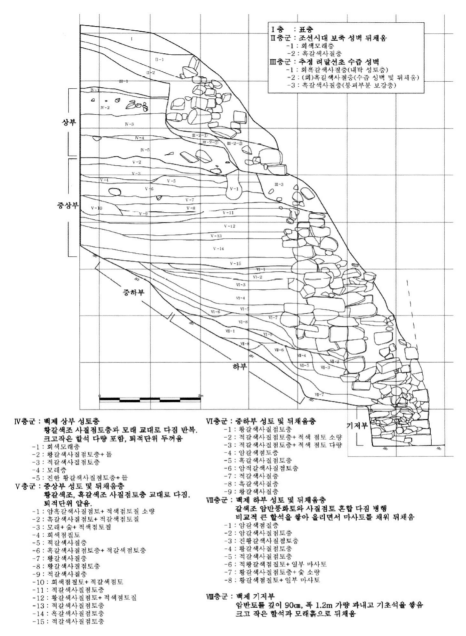

Ⅰ층 : 표층
Ⅱ층군 : 조선시대 보축 성벽 뒤채움
    -1 : 회색모래층
    -2 : 흑갈색사질층
Ⅲ층군 : 추정 려말선초 수즙 성벽
    -1 : 회흑갈색사질층(내박 성토층)
    -2 : (회)흑갈색사질층(수즙 성벽 및 뒤채움)
    -3 : 흑갈색사질층(붕괴부분 보강층)

Ⅳ층군 : 백제 상부 성토층
    황갈색조 사질점토층과 모래 교대로 다짐 반복.
    크고작은 할석 다량 포함, 퇴적단위 두꺼움
    -1 : 회색모래층
    -2 : 황갈색사질점토층+돌
    -3 : 적갈색사질점토층
    -4 : 모래층
    -5 : 진한 황갈색사질점토층+돌
Ⅴ층군 : 중상부 성토 및 뒤채움층
    황갈색조, 흑갈색조 사질점토층 교대로 다짐.
    퇴적단위 얇음.
    -1 : 암흑갈색사질점토+ 적색점토질 소량
    -2 : 흑갈색사질점토질+ 적갈색점토질
    -3 : 모래+ 숯+ 적색점토질
    -4 : 회색점질토
    -5 : 적갈색사질층
    -6 : 흑갈색점토층+ 적갈색점토층
    -7 : 황갈색사질층
    -8 : 황갈색사질점토층
    -9 : 적갈색사질층
    -10 : 회색점질토+ 적갈색점토
    -11 : 흑갈색사질점토층
    -12 : 황갈색사질점토+ 적갈색점토질
    -13 : 흑갈색사질점토층
    -14 : 흑갈색사질점토층
    -15 : 적갈색사질점토층

Ⅵ층군 : 중하부 성토 및 뒤채움층
    -1 : 황갈색사질점토층
    -2 : 적갈색사질점토층+ 적색 점토 소량
    -3 : 적갈색사질점토층+ 적색 점토 다량
    -4 : 암갈색점토층
    -5 : 흑갈색사질점토층
    -6 : 암적갈색사질점토층
    -7 : 적갈색사질층
    -8 : 흑갈색사질층
    -9 : 황갈색사질층
Ⅶ층군 : 백제 하부 성토 및 뒤채움층
    갈색조 암반풍화토와 사질점토 혼합 다짐 병행
    비교적 큰 할석을 쌓아 올리면서 마사토를 채워 뒤채움
    -1 : 암갈색점토층
    -2 : 암갈색사질점토층
    -3 : 진황갈색사질점토층
    -4 : 황갈색사질점토층
    -5 : 적갈색사질점토층
    -6 : 적황갈색점질토+ 일부 마사토
    -7 : 황갈색사질점토층+ 숯 소량
    -8 : 황갈색점토층+ 일부 마사토

Ⅷ층군 : 백제 기저부
    암반토를 깊이 90㎝, 폭 1.2m 가량 파내고 기초석을 쌓음
    크고 작은 할석과 모래흙으로 뒤채움

〈그림 2-4〉성흥산성 성벽 단면도
(부여군문화재 보존센터, 『부여 성흥산성 정비공사-성벽 단면토층조사-보고서』, 2000)

성흥산성(충남 부여)

의 부여 임천면이며 여기에는 성흥산성이 위치한다. 성흥산성은 해발 268m의 성흥산 정상부를 둘러싼 둘레 1,325m의 테뫼식 '내성'과 내성의 동편에 부가된 706m의 외성으로 되어 있다. 기존에는 동성왕대에 토축으로 축조되었던 산성이 후대에 석축산성으로 좁혀서 축조된 것으로 이해하기도 하였으나,[131] 외성 역시 기저부는 석축으로 되어 있으며 오히려 내성에 부가하여 축조한 것으로 보인다. 그렇다면 백제 때에 오히려 현재의 내성과 같은 형태로 축조된 것으로 보는 것이 적절할 것 같다. 내성 동벽의 단면에 대한 조사 결과 외면은 돌을 쌓아 축조하고 그 안쪽은 돌로 뒷채움 했으며 다시 그 안쪽으로는 성토하여 채워 넣었다(〈그림 2-4〉).[132] 이와 같은 성벽 구조는 사비 나성의 구조와 유사한 것으로 지적되고 있다. 백제 가림성은 대체로 군성 정도의 위상을 갖고 있었던 것으로 판단된다.

다음으로 변경 지역 성의 사례로 전남 동부 지역의 산성들을 들 수 있다. 전남 동부 지역은 소위 '임나任那 4현'과 관련되는 것으로 이해되고 있다. 일본서기에는 계체 6

---

131 유원재, 「百濟 加林城 硏究」『백제논총』 5, 백제문화개발연구원, 1996.
132 부여군문화재보존센터, 『부여 성흥산성 정비공사 성벽 단면 토층조사- 보고서』, 2009.

적인 '국'들이 발달하였는데, 의외로 그 중심지에 토성이 뚜렷하게 남아 있는 경우가 드물다.[137] 여기에는 여러 가지 사정이 개입될 수 있겠지만, 단순히 '국'이 발달하는 수준에서 토성이 나타나는 것은 아니라는 것을 보여준다.

영남 지역에서도 판축 토성은 고대 국가의 등장과 함께 나타난 것으로 보인다. 경주 월성月城은 3세기 말 이후에 축조된 것으로, 현재로서는 영남 지역에서 가장 이른 시기에 축조된 토성이라고 할 수 있다. 경주에 중심을 둔 사로국은 3세기 말까지 포항, 울산 지역을 통합하고 그 외곽까지 영향력을 미치면서 초기 국가 단계에 접어들게 되었다. 월성의 축조는 이와 같은 단계에야 이루어질 수 있었던 것이다.

『삼국사기』에는 월성이 왕이 거처한 성, 즉 궁성으로 나타나 있다.[138] 그 전에 역시 궁성으로 금성金城이 있었다고 하지만, 그 실체가 알려져 있지 않다.[139] 월성의 둘레는 1,800m로 3,500m의 풍납토성에 비하여 작은 편이고, 몽촌토성과 비슷하다. 그야말로 궁성, 왕성 정도의 크기라고 할 수 있겠는데, 대체로 왕(이사금)을 비롯한 소수의 지배층만이 거주할 수 있었을 것이다. 신라에서는 풍납토성 정도의 대규모 평지성을 조영하지 않고, 경주 분지의 다른 지점에 월성과 유사한 규모의 성들을 추가적으로 축조하였다. 각각의 성은 전시에 주변 민들의 피난처 겸 전투 거점이 되었을 것이다.

한편, 경산이나 대구와 같은 신라권에서 4세기 중엽부터 토성이 축조되었다는 점이 주목된다. 즉 경산 임당토성이 대체로 4세기 중엽,[140] 대구 달성은 이보다 약간 늦은 시기에 조영된 것으로 추정되고 있다.[141] 이러한 성들은 그 지역의 재지 세력이 축

옥전토성도 토벽 내에서 5세기 이후의 토기가 출토되어 역시 늦은 시기에 축조된 것으로 나타났다 (동서문물연구원, 「합천 성산리 성지 문화재 발굴조사 약보고서」, 2009).

137 함안 가야리성(안라국), 고성 남산토성(고자국) 정도가 여기에 해당할 수 있겠지만, 조사가 이루어지지 않아 아직 그 성격이 불분명하다.

138 『삼국사기』 권34, 잡지3, 지리1, 신라강계.

139 금성에 대해서는 박방룡, 「新羅 都城 研究」, 동아대학교 사학과 박사학위논문, 1998, 201~207쪽 참조.

140 보고서에서는 판축을 위한 목주공 내부와 성벽 중앙부에서 극소수의 도질 소성, 격자 타날 토기편이 출토되었다고 하였다. 이 유물의 연대가 성벽 축조의 상한이 된다(영남문화재연구원, 『경산임당동 유적Ⅰ -F, H지구 및 토성-』, 1999, 476~477쪽).

141 『삼국사기』에는 '첨해이사금 15년(261) 봄 2월에 達伐城을 쌓고 奈麻 극종을 성주로 삼았다'라고 되어 있다. 달성 성벽의 토층에서 발생기 신라 토기가 나왔는데, 이는 성벽 축조의 상한을 결정해 줄 수 있다. 이희준은 이를 4세기 중엽으로 편년하고 성벽의 축조가 그 직후, 거의 동시기에 이루어진

조한 것으로 보기도 하고 신라 국가가 자신의 거점으로 축조한 것으로 보기도 한다. 이 문제에 대해서는 논란이 있을 수 있지만, 그 시점에 지역 세력이 자신의 방어를 위해서 독자적으로 축성한 것으로 보기는 어려울 것 같다. 5세기 영남의 각 지역에서는 높은 봉토를 가진 무덤, 즉 고총高塚이 조영되어 독자성이 매우 높았던 것처럼 보이기도 한다. 달성 인근의 달성고분군, 임당토성 인근의 임당고분군이 대표적이다. 그렇지만 낙동강 이동 지역의 고총에서는 경주 양식 토기가 공통적으로 나타나며, 착장형 위세품은 경주를 중심으로 위계화 되어 있다는 것이 지적되고 있다.[142] 즉 신라권의 각 지역에서 고총을 조영한 세력은 '독자적'이기보다는 이미 '신라화' 되어 있는 존재라고 할 수 있으며, 토성은 그들의 거점이면서 동시에 신라 국가의 거점이라고 할 수 있는 것이다.

그렇다면 이와 같은 토성과 고총의 분포를 통해서 신라 세력의 확장 과정을 그려볼 수 있을 것이다. 〈지도 2-6〉은 낙동강 이동 영남 및 동해안 지역의 초기 토성을 표시한 것이다. 여기에 표시된 성들 중에는 조사가 이루어지지 않아 성격이 불분명한 것도 포함되어 있다. 그렇지만 인근에 신라 고분군이 위치하여 신라와의 관련성을 어느 정도 인정할 수 있을 것이다. 지도에서 알 수 있는 양상은 먼저 경주에서 대구 사이에 성들이 다수 축조되어 있고, 다시 낙동강을 따라서 상류의 상주 방면으로, 하류 방면으로 확장되고 있다는 것이다. 이러한 양상은 동해안을 따라서도 나타나고 있으며, 이 외에도 길지 않은 거리지만 울산, 양산, 청도 방면으로도 초기 토성이 축조된 것으로 보인다.

이처럼 신라는 4세기 중엽부터 경주에서 사방으로 연결되는 교통로를 따라서 일정한 거리에 토성을 축조하였다. 이는 근거리 지역에 대한 지배를 넘어서 더 먼 지역에 대한 지배력을 지속적으로 확보하기 위한 조치였다고 생각된다. 경주 월성을 중심으로 인근 지역을 통합할 수 있었듯이, 새로운 토성을 근거로 하여 그 인근 지역을 확보하고, 다시 그곳을 근거로 더 원거리 지역에 진출하는 방식을 취한 것으로 보인다.

것으로 파악하였다(이희준, 『신라고고학연구』, 사회평론, 2007, 288쪽).

142 이희준, 「4~5세기 新羅 고분 피장자의 服飾品 着裝 定型」『한국고고학보』 47, 한국고고학회, 2002.

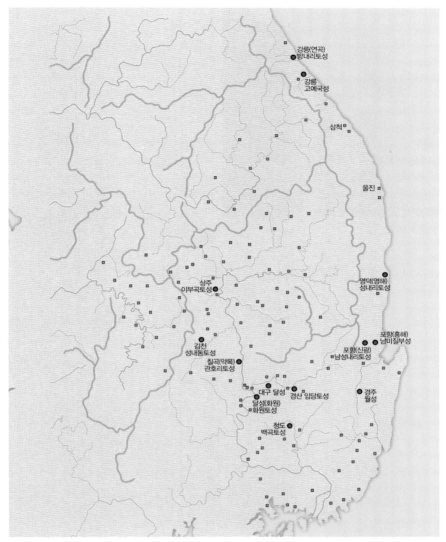

〈지도 2-6〉 신라 초기 토성의 분포

2) 석축 산성 축조기 1(470~550)

신라에서 처음 축조된 본격적인 석성은 자비마립간 13년(470)에 완공된 삼년산성으로 추정된다. '삼년'이라는 명칭은 3년 만에 완공되었기 때문에 붙여진 이름이라고

삼년산성(충북 보은)

한다.[143] 삼년산성에서 삼년산군이 비롯되었고, 삼년산군이 결국 현재의 보은군이 되었다. 보은읍 바로 동편에는 둘레 약 1,700m의 웅장한 석축 산성이 잘 남아 있다. 현재의 성벽은 후대에도 계속 보수한 결과로 보아야 하겠지만 그 스타일은 대체로 유지되었던 것으로 보인다. 내외 협축으로 되어 있는데, 넓적한 점판암 계통의 성돌을 수평으로 쌓아 외벽을 조성한 것이 특징적이다.

신라본기에 나오는 삼년산성의 축조 연대가 정확하다면, 상당히 이른 시기에 석성을 도입한 것이 된다. 처음에 토성을 쌓았다가 나중에 석성으로 개축하였을 가능성은 낮아 보인다. '삼년'이라는 명칭이 매우 강력하기 때문이다. 그 정도 규모의 토성을 3년에 걸쳐 쌓고 그것을 특기했다고 보기도 어려우며, 그렇게 공을 들인 성을 석성으로 대대적으로 개축한다는 것도 상정하기 어렵다. 삼년산성의 성벽이 매우 완성적인 형태인 것처럼 보이는 것도 사실이지만, 오히려 초기적인 특징도 잘 나타나고 있다. 치석한 화강암이 아니라 쪼개지는 점판암 계통의 석재를 사용했다는 점, 기단 보축이 있다는 점, 치雉의 형태가 반원형 곡성으로 되어 있다는 점 등이 그러하다.[144] 그럼에도 불구하고 처음부터 어느 정도 완성적인 형태의 석성을 축조할 수 있었던 것은 아마도 고구려로부터의 새로운 기술 도입이 있었을 것이고, 또 3년이라는 시간과 공력을 투입했기 때문에 가능했을 것으로 생각된다.

신라에서 석성 도입의 중요한 특징은 그것이 변경 지역에서부터 이루어졌다는 점이다.[145] 5세기 전반기까지 신라는 고구려에 종속적인 위치에 있었지만, 토성의 축조

---

143 『삼국사기』 권3, 신라본기3, 자비마립간 13년(470), "十三年 築三年山城(三年者 自興役始終三年訖功 故名之)."

144 차용걸, 「신라 석축 산성의 성립과 특징」 『석당논총』 41, 동아대학교 석당학술원, 2008.

145 중심 지역에서 석성의 도입은 이보다 늦은 것으로 나타나고 있다. 경주 명활성은 원래 토성이었다가 특정 시점에 석성으로 개축되었는데, 석성과 관련하여 「명활산성작성비」가 발견됨으로써 그 연대가

를 통하여 소백산맥 남쪽, 동해안으로는 강릉 일대까지 지배력을 확장시켜 나갈 수 있었다. 그렇지만 신라가 고구려에 대한 종속에서 벗어나려고 하면서 양국 사이에 충돌이 발생하는 등 적대적인 관계에 접어들었다. 한편 낙동강 이서 지역에서는 고령의 대가야가 성장하면서 낙동강이 양국 사이의 경계로 기능하게 되었다.

신라는 이와 같은 상황에서 화령재(소백산맥)를 넘어 금강 유역에 삼년산성을 축조한 것이다. 뿐만 아니라 자비마립간 17년(474), 소지마립간 8년(486), 동왕 10년에도 인근 지역에 집중적으로 축성하였다(〈표 2-5〉).[146] 이것은 예전의 축성과 같이 그 지역에 본격적으로 진출하기 위한 조치였을 것이다. 당시 백제의 세력은 적어도 청주 지역까지 미치고 있었는데, 삼년산성이나 일모성(지금의 청원 문의)의 축조는 백제를 자극할 수 있는 소지가 다분하였다. 당시 우호적인 관계에 있었던 백제와의 분쟁을 무릅쓰고 이 지역에 진출하였다는 것인데, 이를 안정적으로 확보하기 위해서는 보다 방어력이 높은 성이 요구되었을 것이다. 즉 백제나 고구려와 같은 강대한 적을 상대하기 위하여 변경 지역에 방어력이 높은 석축 산성을 본격적으로 도입했다는 것이다.

그렇다면 어떤 성들이 이 시기에 축조되었고, 주로 어떤 지역에 분포하는지 검토해 보도록 하겠다. 이때 참고할 수 있는 것은 역시 사료, 출토 유물, 그리고 성벽의 양상 정도일 것이다. 먼저 〈표 2-5〉에 보이는 성들을 들 수 있다. 대체로 화령재 너머의 보은, 옥천, 영동 지역에 해당한다. 이 중에는 본격적인 석축 산성도 있고 그렇지 않은 것도 있다. 일모성으로 비정되는 청원(문의) 양성산성 같은 경우에는 전형적인 석축 산성이며 인근의 미천리고분군에서는 이단 투창 고배로 대표되는 6세기 중엽 이전의 신라 토기가 출토되었다.

다음으로 계립령(지금의 하늘재) 방면에서는 문경 고모산성이 대표적이다. 고모산성은 조령천변의 구릉에 위치한 둘레 1,256m의 석축 산성으로, 이 성은 계립령이나 조령, 이화령 등을 넘어온 길들이 영남으로 들어가기 위해서반드시 통과해야 하는 지점에 위치하고 있다. 죽령 방면에서는 영주(순흥) 비봉산성이 이 시기에 축조된 것으로 보인다. 이 성은 비봉산의 해발 360m 능선에 위치한 둘레 1,350m의 석축 산성으로

551년으로 밝혀지게 되었다.
146 이 성 중에는 삼년산성과 같은 석축 산성도 있고 기존과 같은 토성도 포함되어 있다.

〈표 2-5〉 자비 · 소지마립간대의 축성

축성 · 개축 연대	명칭	대응 군현명	현재 위치	비정 성지
자비마립간 13년(470)	삼년산성 (三年山城)	삼년산군	충북 보은군 보은읍	삼년산성
자비마립간 17년(474)	일모성(一牟城)	일모산군(一牟山郡)	충북 청원군 문의면	양성산성
	사시성(沙尸城)	소리산현(所利山縣)	충북 옥천군 이원면	이원리산성
	광석성(廣石城)	길동군(吉同郡)	충북 영동군 영동읍	금성산성?
	답달성(杏達城)	답달비군(荅達匕郡)	경북 상주시 화서면	노고산성
	구례성(仇禮城)	고시산군(古尸山郡)	충북 옥천군 옥천읍	서산성?
	좌라성(坐羅城)	소라현(召羅縣)	충북 영동군 황간면	황간읍성?
소지마립간 8년(486)	삼년산성	삼년산군	충북 보은군 보은읍	삼년산성
	굴산성(屈山城)	굴현(屈縣)	충북 옥천군 청성면	저점산성
소지마립간 10년(488)	도나성(刀那城)	도량현(刀良縣)	경북 상주시 모동면	중모성

이단 투창 고배가 출토되어 역시 이 시기에 축조된 것으로 확인된다.

한편, 소백산맥 이북의 남한강 상류역에도 비교적 이른 시기의 신라 토기가 출토되면서 삼년산성과 유사한 양식의 성벽을 가진 성들이 나타나고 있어 주목된다. 대표적인 것이 정선(임계) 송계리산성, 단양(영춘) 온달산성, 단양 적성산성, 영월 왕검성, 충주산성 등이다. 이러한 성들은 인근 고분군의 유물 출토 양상을 보았을 때, 6세기 중엽 이전에 축조된 것이 분명하다. 단양 적성산성 인근의 하방리고분군,[147] 정선(임계) 송계리산성 인근의 봉산리고분군[148] 등에서는 역시 이단 투창 고배를 포함한 전기 양식 토기가 출토되고 있기 때문이다. 일반적으로 신라가 죽령 이북의 남한강 상류역으로 진출하는 것은 6세기 중엽 이후로 알려져 있다. 그렇지만 신라는 일찍이 동해안의 강릉, 삼척 방면을 통해서도 이 지역에 진출한 것으로 보인다. 자비마립간 11년(468) 고구려의 공격을 받은 신라는 니하泥河에 축성하였다.[149] 기존에는 니하를 『신당서』에

---

147 충주박물관, 『丹陽 下坊里古墳群 發掘調査 報告書』, 1997.
148 충북대학교 호서문화연구소, 『旌善 古城里 山城과 松溪里 山城 및 古墳群』, 1997.
149 『삼국사기』 권3, 신라본기3, 자비마립간 11년(468).

228 한국군사사 - 성곽

신라와 발해의 국경으로 나오는 니하와 같이 강릉 부근에서 동해안으로 흘러들어가는 물줄기로 이해하였지만 최근에는 그것을 남한강 상류의 물줄기로 비정하는 견해가 설득력을 얻고 있다.[150]

남한강 상류역 중 정선, 임계, 영월, 영춘 등의 동쪽 지역은 통일 신라 때 명주溟州 소속으로 편제되어 있었는데, 즉 강릉, 삼척에서 관할하고 있었

적성산성(충북 단양)

다는 것이다. 만약 468년 니하에 쌓은 성을 정선, 임계 지역의 석축 산성에 비정할 수 있다면, 오히려 삼년산성보다 약간 이른 시기에 남한강 상류역에도 석축 산성을 도입하기 시작했다는 것을 이야기할 수 있을 것이다. 이처럼 신라는 6세기 중엽 이전에 남한강 상류역을 확보한 상태에서 북한강 유역의 고구려와 대치하였음을 알 수 있다.[151]

한편, 이 시기에는 가야와 관련해서도 석축 산성을 축조한 것으로 보인다. 먼저 낙동강을 따라서 분포하는 성지의 양상에 대해서는 조효식이 상세하게 분석한 바 있다.[152] 그 중 달성(현풍) 서산성의 경우에는 입지상으로 보았을 때에는 토성과 유사하지만, 일부 성벽이 석축에 기단 보축이 부가된 형태로 되어 있다.[153] 이는 토성의 형태를 유지한 상태로 일부 구간 성벽을 석축으로 보강한 것으로 해석할 수 있을 것이다. 창녕에는 화왕산성과 목마산성이 있는데 그 중 화왕산성은 해발 756m의 화왕산

---

150 최근 홍영호는 니하 남한강 상류설을 강화하는 논문을 발표하였는데, 仍買縣(정선)과 관련될 가능성이 있는 정선 고성리산성 주변에서 泥林里=泥林溪라는 지명이 있다는 것을 제시하기도 하였다(홍영호, 「『삼국사기』 소재 니하의 위치 비정」『한국사연구』150, 한국사연구회, 2010).

151 이 부분에 대한 상세한 고증은 박성현, 「6세기 초 고구려 · 신라의 화약과 정계 −「중원고구려비」와 양국 경계의 재검토−」『역사와 현실』76, 한국역사연구회, 2010을 참조할 것.

152 조효식, 「洛東江 中流域 三國時代 城郭 研究」, 慶北大學校 考古人類學科 碩士學位論文, 2005.

153 조효식, 위의 논문, 2005, 33쪽.

정상에 위치하여 당시 성으로 기능했다고 보기 어려울 것 같고, 목마산성은 목마산 (472m)에 위치한 둘레 1,900m의 포곡식 산성으로, 기단 보축이 나타나며, 대체로 6 세기 중엽 이전에 축조된 것으로 추정된다. 밀양에는 석축 산성으로 가산리산성과 추 화산성이 있는데 먼저 가산리산성이 5세기 말에서 6세기 초에 축조되었고, 추화산성 은 7세기 이후에 만들어진 것으로 추정하였다.[154]

낙동강 이서 지역 중 김해, 창원 지역은 각각 금관국(남가라), 탁순국이 비정되는 곳으로 6세기 전반기 중에 신라에 편입되었는데, 이 지역에도 신라의 석축 산성이 축 조되었다. 김해에는 봉황토성 이후에 양동산성, 분산성이 축조되었으며, 창원에는 성 산성, 진해에는 구산성이 축조되었다. 성들의 연대에 대해서는 안성현의 견해를 참고 할 수 있겠는데, 성산성의 연대를 6세기 초, 구산성의 연대를 6세기 중엽으로 추정하 였다.[155]

한편, 내지 지역에도 일부 석축 산성이 축조되었다. 대구 지역에서는 북구 칠곡의 팔거산성이 석축 산성의 형태로 되어 있으며, 양산, 울산 방면에서도 조사가 이루어 지지 않아 정확한 양상은 알 수 없지만, 석축 산성을 찾아볼 수 있다. 이러한 성들은 왕도의 방어와 관련된 것으로, 특히 양산, 울산 방면의 성들은 왜인의 상륙, 침략 루 트에 축조된 것으로 판단된다.

이 시기의 축성 양상과 관련하여 마지막으로 언급할 것은 왕도와 관련된 성들의 동 향이다. 자비마립간 16년(473) 명활성을 수리하여 동 18년 왕이 그곳으로 이거, 그 동안 월성을 수리하였고, 소지마립간 10년(488) 다시 월성으로 되돌아왔다.[156] 이때 월성에 대한 대대적인 정비가 있었던 것으로 알려져 있는데, 그 내용 가운데 하나는 해자를 개설하였다는 것이다.[157] 이 시기의 월성 정비는 마립간기 왕권의 신장에 따라

---

154 이동주, 「밀양지역 고대 治所城에 대한 검토 -推火山城과 佳山里山城을 중심으로-」『석당논총』41, 동아대학교 석당학술원, 2008.

155 안성현, 「경남지역 고대 石築山城의 연구」, 동아대학교 고고미술사학과 석사학위논문, 2008, 10~11쪽, 13~15쪽.

156 『삼국사기』권3, 신라본기3, 자비마립간 16년(473), "(慈悲麻立干)十六年……秋七月 葺明活城."
『삼국사기』권3, 신라본기3, 자비마립간 18년(475), "(慈悲麻立干)十八年 春正月 王移居明活城."
『삼국사기』권3, 신라본기3, 소지마립간 9년(487), "(炤知麻立干)九年……秋七月 葺月城……."
『삼국사기』권3, 신라본기3, 소지마립간 10년(488), "(炤知麻立干)十年 春正月 王移居月城……."

게 깎아낸 경사지 사이를 판축에 가깝게 흙으로 채워 넣었으며, 마지막으로 외벽 기저부를 보축하였다. 이것은 신라 석축 성벽 구조의 전형이라고 할 수 있겠는데, 지형 조건에 따라서, 시기에 따라서 다양한 변형이 나타날 수 있다.[165]

다시 이 시기 신라의 축성 범위로 돌아가서, 당시 신라가 북쪽으로 어디까지 진출했는지에 대해서는 잘 알려져 있지 않다. 다만 임진강을 넘지 않았던 것은 분명하고, 진흥왕순수비가 세워진 지금의 북한산 비봉에서 크게 벗어나지 않았을 것이다. 광진에서 평양 방면으로 갈 때에는 주로 장단도로長湍渡路가 이용되었다.[166] 이 길은 임진강 북안의 고구려 성인 호로고루 부근의 여울목을 건너는 것이다. 광진에서 장단도로가는 길의 중간 분수령상에 양주산성이 위치한다. 신라가 칠중성(지금의 파주 적성)을 차지하여 임진강에 육박하게 되는 것이 7세기 이후라고 했을 때, 6세기 중엽 직후에는 양주산성 정도까지가 신라의 영역에 속했을 것이다.

그와 동시에 경기 남부 지역에 대해서도 축성이 이루어진 것으로 보인다. 인천 계양산성에서는 삼각집선문과 원문류를 그어낸 토기가 출토되어[167] 6세기 중엽 직후에 축조되었음을 알 수 있다. 한편 백성군(안성 비봉산성)-수성군(오산 독산성)-당은군(남양 당성)으로 이어지는 길은 상주에서 당항포에 이르는 가장 빠른 길로,[168] 인접해 있는 백제로부터 지켜야할 지역이 되었을 것이다.

(2) 함흥평야 일대

이 시기의 축성과 관련하여 특기할 만한 것은 바로 함경도 동해안 지역의 신라 성이다. 이 지역의 성에 대해서는 일찍이 1960년대부터 알려지게 되었는데,[169] 신라의

---

165 서영일은 성벽의 기초를 조성하는 방식, 체성벽의 축조 방식, 기단 보축 방식의 다양한 사례를 소개하였다(서영일, 「고대 산성 축조 공법 비교연구」『고대의 목간, 그리고 산성』, 국립가야문화재연구소·국립부여박물관 2009).
166 정요근, 「7~11세기 경기도 북부지역에서의 간선교통로 변천과 '長湍渡路'」『韓國史研究』131, 2005.
167 겨레문화유산연구원, 「인천 계양산성 4차 발굴조사 지도위원회의 자료」, 2009, 28쪽.
168 서영일, 『신라 육상 교통로 연구』학연문화사, 1999. 127~134쪽.
169 한석정, 「함경남도의 유래 미상의 산성들과 고분들에 대하여」『문화유산』1962-2 ; 량익룡, 「동해안 일대의 신라 산'봉우리성에 관한 연구」『고고 민속』1964-2.

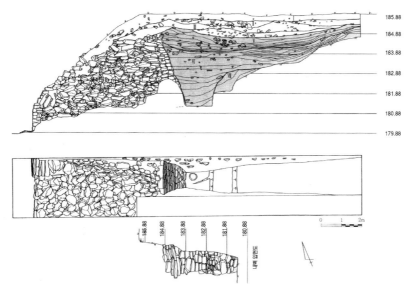

185.88
184.88
183.88
182.88
181.88
180.88
179.88

185.88 184.88 183.88 182.88 181.88 180.88

내벽 기준선

0   1   2m

〈그림 2-5〉 아차산성 성벽 단면도
(서울대학교 박물관, 『아차산성 시굴조사 보고서-』, 2000)

당성(경기 화성)

최종적인 9주州 영역에서 북쪽 경계가 되는 천정군泉井郡(덕원) 지역을 넘어서 마운령비, 황초령비가 세워진 곳까지 신라 성과 고분군이 대응하여 나타나는 것으로 보고되었다. 이것을 정리한 것이 다음의 〈표 2-6〉이다.

〈표 2-6〉 함경도 동해안 지역의 신라 성지

명칭	위치	규모	성벽 축조 방식	인접 고분군	대응 군현
서곡산성	안변군 서곡면 성우리	500m	절석으로 정연히 쌓음	신라 무덤 100여기	朔州 朔庭郡 瑞谷縣
신고산산성	안변군 신고산면 신대리	400m	절석으로 정연히 쌓음	신라 무덤 100여기	朔州 朔庭郡 翊谿縣
통천구읍산성	통천군 통천읍			신라 무덤 20여기	溟州 金壤郡
난곡산성	회양군 난곡면 현리	600m	절석으로 정연히 쌓음	신라 무덤 50여기	朔州 連城郡 丹松縣
봉대산성	정평군 부대면 봉대리	500m	자연석과 절석으로 쌓음	신라 무덤 4기	
오로산성	함주군 하천면 오로리	550m	자연석과 절석으로 쌓음	신라 무덤 7기, 황초령비	
성령산성	흥원군 부상리	600m	자연석과 절석으로 쌓음	신라 무덤 208기	
요원산성	흥원군 용원면 대문리	500m	자연석과 절석으로 쌓음	신라무덤 80여기	
다탄대산성	북청군 후창면 지만리	700m	자연석과 절석으로 쌓음	신라무덤 30여기	
거산산성	북청군 거산면 평리	450m			
율지산성	이원군 남면 윤지리	450m		신라무덤 80여기, 마운령비	

표에서 네 번째 난곡산성까지는 통일 신라의 최종적인 영역에 포함되었지만, 다섯 번째 봉대산성부터는 진흥왕대 잠시 차지했다가 결국 신라의 영역으로 편입시키지 못하였다. 이 성들이 신라 성지라는 것은 출토 유물과 함께 성벽의 특징을 통해서도 확인할 수 있다. 즉 '일반적으로 장방형의 입방체나 사각추형 석제를 벽돌 쌓듯이 정연하게 쌓았다'고 묘사되어 있다. 다만 후대에 군현으로 편입되지 않은 지역의 성

에 대해서는 '함경남도의 일부 성에는 자연석과 거칠게 깨어낸 돌을 섞어서 쌓은 것도 있다'고 하였는데, 이러한 특징이 6세기 중엽 무렵 성들의 특징이 될지도 모르겠다. 또 이러한 성지 인근에서는 신라 고분군이 나타나고 있어 신라가 이 지역 역시 다른 곳과 마찬가지로 거점을 마련하고 영역화하려 했다는 것을 확인할 수 있다.

(3) 가야 지역

가야 지역도 대체로 이 시기에 축성이 이루어졌다. 대표적인 것으로 목간으로 유명

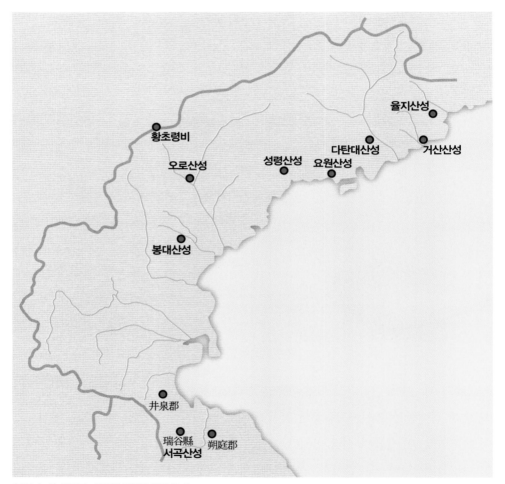

〈지도 2-8〉 함경도 · 동해안 지역의 신라 성지

양산 순지리토성 토벽 단면과 목주공(동아대학교 박물관, 『양산순지리 토성』, 1983)

었기 때문에 그 정도의 규모가 효율적이었다고 판단된다.

산성의 성벽 축조 방식은 백제와 신라가 어느 정도 차이를 보이고 있다. 백제에서는 여전히 토축 성벽이 많았고, 외장은 석축을 하더라도 그 내부는 판축으로 조성하기도 하였다. 신라에서는 석축이 주류를 이루었는데, 내외면을 협축하고 그 내부는 돌로 채우는 방식이 채용되었고, 내면과 경사면 사이는 흙을 다져 넣었으며, 외면 아래로는 보축하였다. 다만 7세기에 들어 특히 변경 지역에서 양국 사이의 충돌과 경계 변화가 잦아지면서 양국의 방식의 많이 혼용되었을 것으로 생각된다.

이와 같은 산성은 공략하는 것이 쉽지 않았다. 공성전의 사례가 많지 않지만 한 가지 사례 정도를 인용해 보도록 하겠다.

(태종무열왕 8년)……5월 9일에 고구려 장군 뇌음신惱音信이 말갈 장군 생해生偕와 군을 연합하여 술천성述川城(여주 파사성)을 공격하다가 이기지 못하고 옮기어 북한산성北漢山城(아차산성)을 공격하였다. 이때 포차抛車(투석용 차)를 벌여 놓고 돌을 날리니 그것에 맞은 비옥陴屋(성 위에 여장과 같이 세운 낮은 집)은 곧 무너졌다. 성주 대사大舍 동타천冬陁川이 사람을 시켜 마름쇠를 성 밖에 던져 펴 놓으니 인마가 다니지 못하였고, 또 안양사安養寺의 창고를 헐어 그 재목을 실어다가 누로樓櫓(지붕 없는 누

대)를 만들어 굵은 줄로 망을 얽고 우마 가죽과 면의를 걸어매고 그 안에도 노포弩砲를 설하여 지키었다. 이때 성 안에는 단지 남녀 2,800인이 있었는데, 성주 동타천이 능히 소약의 남녀를 격려하여 강대한 적과 대적하기 20여일에 이르렀다. 양식이 다하고 힘 이 피로하여 지성껏 하늘에 빌었더니, 홀연히 큰 별이 적의 진영에 떨어지고 또 뇌우가 진동하매 적이 의심을 내고 두려워하여 드디어 포위를 풀고 물러났다. 왕은 동타천을 가상히 여겨 대나마로 올렸다. … [180]

당시 신라는 백제 부흥군과 전쟁을 하고 있었는데, 고구려가 신라의 북한산성을 공격한 것이다. 북한산성은 현재의 아차산성으로 비정된다. 고구려는 아차산성을 공 격할 때 성을 포위하고 포차를 사용하였다. 그렇지만 성주 동타천이 성 안의 남녀 2,800인을 거느리고 20여 일 동안 지킬 수 있었다는 것이다. 이처럼 개개의 산성을 공격하는 것은 쉬운 일이 아니었는데, 이러한 성들이 체계적으로 배치되어 적의 공격 을 막아낼 수 있었던 것이다.

2) 성곽 체계의 특징

백제, 신라의 성곽 체계는 국가의 발전에 따라서 형성된 것이었다. 성곽 체계를 이 해할 때 이미 완성된 영역과 최종적으로 갖추어진 성곽들을 놓고 방어 체계를 분석하 는 방식은 한계가 있다고 생각한다. 성곽 체계는 세력권(영역)의 확장, 지방 지배, 영 역 방어 체계라는 관점에서 보아야 할 것이다.

백제나 신라에서는 성을 구축하면서 지배력을 확장해 나갔다. 이들 국가가 넓은 범 위의 영역을 확보할 수 있었던 것은 중요한 지점에 성을 구축, 그것을 토대로 지배력 을 미칠 수 있었기 때문이다.

---

180 『삼국사기』 권5, 신라본기5, 태종무열왕 8년(661), "八年……五月九日[一云十一日] 高句麗將軍惱 音信與靺鞨將軍生偕合軍 來攻述川城 不克 移攻北漢山城 列抛車飛石 所當陴屋輒壞 城主大舍冬陁川使 人擲鐵蒺藜於城外 人馬不能行 又破安養寺廩廥 輸其材 隨城壞處 卽構爲樓櫓 結絅綱 懸牛馬皮·綿衣 內設弩砲以守 時 城內只有男女二千八百人 城主冬陁川能激勵少弱以敵强大之賊 凡二十餘日 然糧盡力 疲 至誠告天 忽有大星落於賊營 又雷雨以震 賊疑懼 解圍而去 王嘉獎冬陁川 擢位大奈麻……."

이것을 잘 보여주는 것이 『양서』에 보이는 백제의 담로나 신라의 읍륵邑勒이라고 할 수 있다. 백제에는 당시 22개의 담로가 있었고, 신라에는 52개의 읍륵이 있었는데, 백제 담로의 숫자가 적은 것은 아마도 그것의 관할 범위가 신라 읍륵에 비해서 컸기 때문이었을 것이다.[181] 특히 담로의 경우에는 자제, 종족으로 하여금 분거하게 했다고 하였는데, 중앙 세력을 직접 파견하여 지방에 대한 지배력을 강화시킨 형태로 볼 수 있다.

나아가 이러한 거점들을 체계화한 것이 지방 제도로 이어졌다. 백제에서는 성城 위에 방方과 군郡이 설정되었고, 신라에서는 주와 역시 군이 설정되었다. 양국에 공통적으로 설정된 군이라는 단위는 어느 정도 호구를 갖춘 일정한 범위의 지역을 묶는 단위였던 것으로 보이는데, 특히 역역이나 군역의 징발과 관련이 있었던 것으로 생각된다. 각 군에는 중심이 되는 성이 있었으며, 필요에 따라 몇 개의 성이 더 포함될 수도 있었다.[182] 방이나 주(정停)는 기본적으로 중앙 군단이 주둔하는 거점에서 비롯된 것이었다. 그 거점이 일정한 지역을 관할하게 되면서 광역의 행정 구역이 설정되었다. 이처럼 지방 지배를 위한 거점으로서의 성이 군제郡制 또는 방 및 주제와 와 결합하여 고대 국가의 지방 제도가 만들어지게 되었다.

삼국이 영역 국가로 발전하고 전쟁이 격화되면서 이러한 성들은 영역을 방어하는 체계로 기능하였다. 특히 경계가 형성되면서 변경 지역에는 보다 많은 성들이 구축이 되고 공격이 용이하지 않은 산성의 입지를 갖추게 된다.

지방 관아가 늘 산성 내부에 있었는지에 대해서는 여전히 논란이 있지만, 전쟁이 잦았던 삼국 시대에, 특히 변경 지역에서는 군관적인 성격이 지방관이 성 안에 상주했을 가능성이 크다. 적군이 영역 내부로 들어오게 되면, 주변의 주민들은 식량을 가지고 산성 안으로 들어가게 된다. 앞에서 언급했듯이 이러한 산성을 함락시키는 것은 용이하지 않았지만, 보급이 끊어질 우려가 있었기 때문에 그냥 지나칠 수도 없었다. 꼭 지나쳐야 할 지점의 성들은 함락시켰어야 했는데, 이와 같이 공성전에서 시간이

---

181 일반적으로 담로는 郡급, 읍륵은 후대에 縣이 되는 행정 촌급으로 이해되고 있다.
182 신라 통일기에는 군 내의 성들이 현으로 분립하는데, 현이 없는 군, 즉 성이 하나밖에 없었던 군도 존재한다.

지체되는 동안 대군을 동원하여 본격적으로 응전할 수 있었던 것이다.

이러한 전쟁을 염두에 두었을 때 특히 군대가 이동할 수 있는 교통로상의 요지에 성을 축조하는 것이 필요하였다. 기본적인 간선 교통로상에는 지배력의 확장 과정에서 이미 성이 구축되어 있었지만, 변경 지역의 경우에는 지선 교통로에 대해서도 성을 구축하는 것이 요구되었다. 그렇기 때문에 특히, 고구려와 백제, 신라의 경계가 되었던 임진강, 백제와 신라의 경계가 되었던 옥천, 금산 지역에는 다른 지역보다 성이 많이 축조되어 있다.

이처럼 백제나 신라에서는 지방 지배나 영역 방어와 관련하여 '산성'이 많이 축조되었는데, 이것은 고대 국가의 성립 이후 국가간 전쟁이 없었던 일본의 경우를 보면 극명하게 드러난다. 고대 일본에서는 동북 지역을 제외하면 산성이 별로 축조되지 않았다. 다만 앞에서 언급했듯이 백강구 전투의 패전 이후에 큐슈 지역과 세토[瀨戶] 내해 연안에 조선식 산성이 축조되는 정도였다. 그렇지만 일본에서도 전국 시대가 되면 본격적으로 산성을 축조하였다.

이처럼 삼국 시대는 국가간 전쟁이 잦았던 시기였기 때문에 불가피하게 산성이 발달하게 되었다. 다만 중국의 대규모 제국을 상대해야 했던 고구려의 경우에는 보다 높은 산에 상대적으로 큰 규모의 산성을 조영하였던 것이고, 백제나 신라의 경우에는 그보다는 작은 규모의 산성을 축조했다고 할 수 있을 것이다.

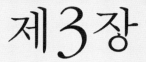

제3장

고려시대
성곽의 변화

제1절

고려전기의
성곽 축조와 방어체계

1. 고려전기 축성의 특징과 그 의미

1) 고려시대 축성의 양상

고려전기 축성의 성격을 본격적으로 검토하기에 앞서 개괄적으로 축성의 지역별, 시기별 특성을 살펴보도록 하겠다. 이를 위한 기초 작업으로 축성 사례들을 표로 정리하였는데, 이것이 아래의 〈표 3-1〉이다.

〈표 3-1〉고려시대 축성 사례

축성 사례	시기	지역	축성 사례	시기	지역
청주(靑州)에 행차하였다……친히 가서 위무하고는 성을 쌓고 돌아왔다.(절)	태조 2년	남	용강현에 성을 쌓았다(城龍岡縣).(성)	태조 2년	북
평양에 성을 쌓았다(城平壤).(성)	태조 2년	북	함종성(咸從城)과 안북성(安北城)을 쌓았다.(절)	태조 3년	북·북
골암진(鶻巖鎭) 동산(東山)에 대성(大城) 하나를 축조하였다.(진)	태조 3년	북	운남현에 성을 쌓았다(城雲南縣).(성)	태조 4년	북
처음으로 서경(西京) 재성(在城)을 쌓았다.(성)	태조 5년	북	성주에 성을 쌓았다(城成州).(성)	태조 8년	북
배산성(拜山城)을 수축하였다.(진)	태조 10년	남	안북부에 성을 쌓았다(城安北府).(진)	태조 11년	북

운주 옥산에 성을 쌓았다(城運州玉山).(진)	태조 11년	남	탕정군에 성을 쌓았다(城湯井郡).(절)	태조 11년	남
진국성(鎭國城)을 옮겨 쌓았다.(진)	태조 11년	북	안정진에 성을 쌓았다(城安定鎭).(진)	태조 12년	북
영청진에 성을 쌓았다(城永淸鎭).(성)	태조 12년	북	안수진에 성을 쌓았다(城安水鎭).(진)	태조 12년	북
흥덕진에 성을 쌓았다(城興德鎭).(진)	태조 12년	북	그 성[순주성(順州城)]을 수축하였다.(세)	태조 13년	남
널어진에 성을 쌓았다(城昵於鎭).(진)	태조 13년	남	마산에 성을 쌓았다(城馬山).(진)	태조 13년	북
안북부에 성을 쌓았다(城安北府).(성)	태조 13년	북	청주(靑州)에 행차하여 나성(羅城)을 쌓았다.(절)	태조 13년	남
연주에 성을 쌓았다(城連州).(절)	태조 13년	북	통해진에 성을 쌓았다(城通海鎭).(진)	태조 17년	북
이물, 숙주에 성을 쌓았다(城尹勿及肅州).(성)	태조 18년	남·북	순주에 성을 쌓았다(城順州).(성)	태조 20년	북
영청현에 성을 쌓았다(城永淸縣).(성)	태조 21년	북	양암진에 성을 쌓았다(城陽嵓鎭).(성)	태조 21년	북
서경 나성(羅城)을 쌓았다.(성)	태조 21년	북	용강, 평원에 성을 쌓았다(城龍岡·平原).(성)	태조 21년	북·북
숙주에 성을 쌓았다(城肅州).(성)	태조 22년	북	대안주에 성을 쌓았다(城大安州).(성)	태조 22년	북
은주성(殷州城)을 쌓았다.(성)	태조 23년	북	덕창진에 성을 쌓았다(城德昌鎭).(성)	정종 2년	북
서경 왕성(王城), 철옹성(鐵甕城), 삼척성(三陟城), 통덕성(通德城) 등을 쌓았다.(성)	정종 2년	북·북·동(기)·북	덕성진에 성을 쌓았다(城德成鎭).(성)	정종 2년	북?
장청진, 위화진에 성을 쌓았다(城長靑鎭威化鎭).(성)	광종 원년	북·북	무주에 성을 쌓았다(城無州).(성)	광종 2년	북
안삭진에 성을 쌓았다(城安朔鎭).(성)	광종 3년	북	습홀(濕忽)에 성을 쌓고 가주(嘉州)를 삼았으며, 송성(松城)에 성을 쌓고 척주(拓州)를 삼았다.(절)	광종 11년	북·북
낙릉군에 성을 쌓았다(城樂陵郡).(성)	광종 18년	북	위화진에 성을 쌓았다(城威化鎭).(성)	광종 19년	북
장평진에 성을 쌓았다(城長平鎭).(성)	광종 20년	동	영삭진에 성을 쌓았다(城寧朔鎭).(성)	광종 20년	북
안삭진에 성을 쌓았다(城安朔鎭).(성)	광종 21년	북	운주에 성을 쌓았다(城雲州).(성)	광종 23년	북
고주에 성을 쌓았다(城高州).(성)	광종 24년	동	장평진에 성을 쌓았다(城長平鎭).(성)	광종 24년	동

박평진에 성을 쌓았다(城博平鎭).(성)	광종 24년	동	신도성(信都城)을 수축하였다.(절)	광종 24년	북
안융진에 성을 쌓았다(城安戎鎭).(성)	광종 24년	북	청색진에 성을 쌓았다(城靑塞鎭)(성)	경종 4년	북
수덕진에 성을 쌓았다(城樹德鎭).(성)	성종 2년	북	[애수진(隘守鎭)]성을 쌓았다.(지)	성종 2년	동
문주에 성을 쌓았다(城文州).(성)	성종 3년	동	장흥진, 귀화진, 곽주, 귀주에 성을 쌓았다(城長興·歸化二鎭及郭·龜二州).(성)	성종 13년	북·북·북·북
안의진, 흥화진에 성을 쌓았다(城安義興化二鎭).(성)	성종 14년	북·북	맹주에 성을 쌓았다(城孟州).(성)	성종 14년	북
선주에 성을 쌓았다(城宣州).(성)	성종 15년	북	덕주에 성을 쌓았다(城德州).(성)	목종 3년	북
영풍진, 평로진에 성을 쌓았다(城永豊平虜二鎭)(성)	목종 4년	동·북	덕주성(德州城), 가주성(嘉州城), 위화성(威化城), 광화성(光化城)을 수축하였다.(성)	목종 6년	북·북·북·북
진명현에 성을 쌓았다(城鎭溟縣).(성)	목종 8년	동	금양현에 성을 쌓았다(城金壤縣).(성)	목종 8년	동(기)
곽주에 성을 쌓았다(城郭州).(성)	목종 8년	북	용진진에 성을 쌓았다(城龍津鎭).(성)	목종 9년	동
귀주에 성을 쌓았다(城龜州).(성)	목종 9년	북	흥화진, 울진에 성을 쌓았다(城興化鎭蔚珍).(성)	목종 10년	북·동(기)
등주에 성을 쌓았다(城登州).(절)	목종 9년	동(기)	익령현에 성을 쌓았다(城翼嶺縣).(성)	목종 10년	동(기)
통주에 성을 쌓았다(城通州).(성)	목종 11년	북	등주에 성을 쌓았다(城登州)(성)	목종 11년	동(기)
덕주에 성을 쌓았다(城德州).(성)	현종 1년	북	송악성(松岳城)을 증수하였다.(성)	현종 2년	남
서경 황성(皇城)을 쌓았다.(성)	현종 2년	북	청하, 흥해, 영일, 울주, 장기에 성을 쌓았다(城淸河·興海·迎日·蔚州·長鬐).(성)	현종 2년	남·남·남·남·남
경주, 장주, 금양에 성을 쌓았다(城慶州長州 金壤).(성)	현종 3년	남·동·동(기)	궁올산에 성을 쌓았다(城弓兀山).(성)	현종 3년	미상
[요덕진(燿德鎭)] 성보(城堡)를 처음으로 쌓았다.(지)	현종 3년	동	용주에 성을 쌓았다(城龍州).(성)	현종 5년	북
운림진에 성을 쌓았다(城雲林鎭).(성)	현종 6년	동	의주에 성을 쌓았다(城宜州).(성)	현종 7년	동
철주성(鐵州城)(성)	현종 7년	북	안의진에 성을 쌓았다(城安義鎭).(성)	현종 8년	북
영평진에 성을 쌓았다(城永平鎭).(성)	현종 10년	북	동래군성(東萊郡城)을 수축하였다.(성)	현종 11년	남

이후로는 단지 49건(약 25%)에 불과하였다. 원간섭기의 사례는 거의 확인되지 않은 데, 이것은 기록상의 누락이라기보다는 몽골(원)의 정치·군사적 간섭을 받고 있던 상황에서 비롯되었을 것이다.[10]

예종대와 고종대에는 상대적으로 축성이 활발하였지만, 이는 정세에 따른 일시적 현상이었다. 즉 예종대에는 여진 정벌로 인해 신개척 지역에 대한 축성이 단행되었고, 9성 환부 이후로는 강성해지는 여진족에 대한 대비 차원에서 성곽이 축조되었다. 고종대에는 대몽전쟁의 차원에서 축성이 이루어졌다.

이처럼 문종대 초반 이후로는 특정 사안에 따른 단발적 축성 사례뿐이어서, 이 기간 동안에 축성은 전반적으로 부진하였다고 할 수 있다. 다만 1377년(우왕 3) 이후로는 성의 축조가 전국적으로 활발하였을 것이다. 위 표에 집계된 해당 축성 건수가 적다고 할지라도, 5도 등의 매우 광범위한 영역을 대상으로 한 동시다발적인 축성 사례가 수차례 확인되기 때문이다. 오히려 이러한 현상은 축성이 활발하게 이루어졌던 문종대 초반까지의 기간에도 보이지 않는 것으로 주목되는 바라고 하겠다. 이렇다고 한다면, 고려시대 축성의 추이는 문종대 초반까지 활발하였다가 그 이후 꽤 오랫동안 부진하였고 1377년(우왕 3)을 분기점으로 하여 다시금 활성화된 것으로 정리할 수 있겠다.

문종 초반까지의 기간 동안 축성은 지속적이면서도 활발히 이루어졌는데, 그 대부분은 양계 지역에서 이루어진 것이었고, 남도 지역에서는 특정 시기를 제외하고는 이 기간 동안 축성은 드물게 행해지고 있었다. 곧 북계 지역을 보면, 919년(태조 2) 평양과 용강현에 성을 축조한 것을[11] 시작으로 1050년(문종 4)까지 지속적으로 88건의 축성이 이루어지고 있었다. 동계 지역에서는 북계보다 다소 늦은 969년(광종 20)을 분기점으로 하여 축성이 본격화되어[12] 정종대까지 비교적 지속적으로 진행되었다. 반면 남도 지역에서는 이 기간 동안 태조대와 현종대를 제외하고는 축성이 거의 이루어지

---

10 원이 고려정부의 축성 건의를 받아들이지 않고 있던 점(『元史』 권11, 본기11, 世祖8, 至元 18년 11월, "高麗國王請完濱海城 防日本 不允")은 이를 뒷받침해 주고 있다.
11 『고려사절요』 권1, 태조 2년, "冬十月 城平壤 是歲 城龍岡縣."
12 947년(정종 2) 동계의 기존 영역에 위치한 삼척 지역에서 축성이 이루어졌다고는 하나, 동계 지역에서의 본격적인 축성은 969년(광종 20) 이후부터였다.

지 않았다. 문종 초반 이전까지 총 18건의 축성이 있었는데, 이 중 태조대와 현종대의 사례는 각각 8건과 9건에 달하고 있다.[13]

그런데 문종대 초반 이후로는 그 이전과 달리 양계와 남도 지역의 구분 없이 축성이 부진하였다.[14] 북계 지역의 경우 1050년(문종 4) 이후로는 10건의 축성 사례만이 확인될 뿐이다. 동계에서도 마찬가지여서 정종대 이후로는 9성 축조가 이루어진 예종대를 제외하고는 축성이 매우 부진하였다. 특히, 1222년(고종 9) 이후로는 축성 사례가 확인되지 않고 있다. 남도 지역의 경우 문종 초반 이후로의 축성 사례는 대략 18건이다. 그것은 문종 초반까지의 축성 건수에 비해서 적기는 하나 감소폭은 뚜렷하지 않은 셈이다. 이것은 전대에 비해 축성 건수가 급격히 감축된 양계와는 구별되는 현상이다. 더욱이 고종대 이후로는 축성 건수 면에서 남도가 양계를 앞지르기까지 하였다.

2) 고려전기 축성의 성격

고려전기[15]에는 축성이 활발히 이루어졌다. 특히 문종 초반까지 그러하였다. 문종 초반까지의 빈번한 축성 양상은 사실상 양계, 그 중에서도 신개척 지역에서의 축성에 의해 견인된 것이었다. 양계와 달리 남도 지역에서는 축성이 매우 부진하였고, 성의 축조가 이루어진 경우에도 그것은 시기가 한정되며 지역이 편중되었다. 한편 축성과 관련하여 속현 지역이 특별히 배제되는 경향은 확인되지 않는다.

그런데 이러한 식의 축성 양상의 검토만으로는 축성을 둘러싸고 왜 그와 같은 지역별·시기별 특징이 나타나는 지가 분명치 않다. 축조된 성의 성격이 고려되지 않았기 때문이다. 이를 검토하기에 앞서 한 가지 먼저 짚고 가야 할 사실은 『고려사』병지 성보 조에 기재된 것을 중심으로 하는 축성 사례가 거의 지역사회 차원에서 이루어진

---

13 태조대에는 후삼국 통일전쟁의 일환으로 후백제와 신라와의 변경에 위치한 군현들에서 축성이 이루어졌고, 현종대에는 동여진의 침구가 있던 지역을 중심으로 하여 성곽이 축조되었다.

14 정확히는 1377년(우왕 3) 이전까지였다.

15 여기서의 고려전기는 몽골 침략 이전의 시기를 지칭한다.

상사常事가 아니라 특정 목적에서 이루어진 국가적 사업이었다는 점이다.[16] 그러므로 〈표 3-1〉에서 축성이 확인되지 않는 지역에 성이 부재한 것도 아니요 지역사회 차원의 축성이 행해지지 않은 것도 아니다.

고려전기 국가적 차원의 축성 사례는 축조된 성의 성격을 고려할 때 거의 대부분이 '치소가 위치한 성'의 축조였다. 이러한 사실은 축성 기록들의 대부분을 차지하는, '명주성溟州城', '함종성咸從城'과 같은 '읍호+성城' 및 '성진명현城鎭溟縣'과 같은 '성城+읍호'가 의미하는 바를 파악하는 것을 통해 입증할 수 있다. 곧 '읍호+성'은 해당 군현의 '치소가 위치한 성'을 의미하였고,[17] '성+읍호'는 해당 군현의 '치소가 위치한 성'의 축조를 뜻했다.[18]

'읍호+성'의 축조 사례와 '성+읍호' 사례는 모두 '치소가 위치한 성'의 축조 사례인 셈인데, 그렇다고 할 때 몽골 침략 이전의 축성 대부분은 '치소가 위치한 성'의 축조였다고 할 수 있다. 구체적으로 보자면, 고려전기의 축성 사례는 대략 177건인데, 이 가운데 '읍호+성'의 축조는 22건이었고 '성+읍호' 사례는 113건이었던 바, 양자의 합은 135건으로 총 건수의 약 76%를 점했다.

그런데 이들 사례 외에도 '치소가 위치한 성'의 축조 사례는 더 있었다. '읍호+성'의 축조와 '성+읍호' 사례를 제외한 나머지 것들 대부분도 축조된 성의 성격을 면밀히 따져보면 '치소가 위치한 성'의 축조라고 판단된다. 가령 930년(태조 13) 8월 "대상大相 염상廉相을 보내 마산馬山에 성을 쌓고 정조正朝 흔행昕幸을 진두鎭頭로 삼았다"[19]는 기록에서, 마산에 축성하고 흔행을 진두로 둔 것은, 동일 사실을 달리 전하는 기록에 따르면, 마산에 성을 쌓고 안수진安水鎭을 설치하는 조치였다.[20] 당시 안수진은

---

16 다음 기록들에서 보듯 지역사회 차원의 축성은 이례적인 일이 아니었다. 이러한 유의 축성은 일반적으로 축성 기사로 수록되지 않았다. 『고려사절요』 권4, 문종 3년 3월, "東北路監倉使奏 交州防禦判官李維伯 善理城池 修備器械 爲諸郡第一 且其所部連城長楊吏民等言 維伯上任以來 勸農恤民 雖秩滿當代 願得見借 王嘉之 下吏部"; 『고려사절요』 권4, 문종 3년 12월, "東北路永興鎭軍三百二十餘人 狀告 鎭將丁作鹽 勸農桑 均賦役 修城廊 備戰具 又於沙石不耕之地 勸種雜穀 歲收二百餘斛 功課爲最 雖已考滿 願借留任 王嘉嘆 許之."

17 최종석, 「고려시기 治所城의 분포와 공간적 특징」 『歷史教育』 95, 2005, 179~190쪽.

18 최종석, 「고려전기 築城의 특징과 治所城의 형성」 『震檀學報』 102, 2006, 91~93쪽.

19 『고려사』 권82, 지36, 병2, 진수, 태조 13년 8월, "遣大相廉相 城馬山 以正朝昕幸 爲鎭頭."

신설된 점에서, 마산에 쌓은 성은 안수진성이었다. 이와 동일하거나 유사한 방식으로 나머지 축성 기사들을 분석해 보면, '치소가 위치한 성'의 축조로 볼 수 있는 추가적인 사례가 총 24건에 이른다.[21] 이를 앞의 135건과 합산하면 총 159건에 달하며, 이것은 총 축성 사례의 약 90%에 해당한다. 게다가 이들을 제외한 나머지 18사례들 중에서도 '치소가 위치한 성'의 축조로 볼 수 있는 것들이 있다. 18사례들 가운데 7개가 그러하다. 이렇다고 한다면, 고려전기 축성 사례들 가운데 대략 11건만 치소와 무관한 성의 축조로 볼 수 있는 것이다.

이처럼 고려전기 축성의 특징은 '치소가 위치한 성'의 축조에 집중된 것이었다고 하겠다. 이러한 사실을 매개로 하여 축성의 지역별, 시기별 특성을 해명할 수 있다. 우선적으로 축성이 양계 신개척 지역에 집중된 까닭을 해명하자면, 이곳에서는 '치읍축성置邑築城'이 반드시 요구되었기 때문이다. 주진이 새로이 설치되면 해당 주진의 '치소가 위치한 성'의 축조가 수반되어야 했다.[22] 그리고 '치읍'에 동반한 '치소가 위치한 성'의 축조 이후로도, 방어상의 필요성과 같은 신개척 영역의 특성상 수축 형태의 축성은 비교적 활발히 행해져야 했다. 이런 이유에서 주진이 대거 신치新置된 양계의 신개척 지역에서는 '치소가 위치한 성'의 신축과 수축이 빈번히 이루어졌다.

문종대 초반까지는 '치읍'에 수반되는 '치소가 위치한 성'의 축조 및 그 이후로의 수축이 활발히 이루어졌지만, 이러한 흐름은 장성의 축조로 인해 영토를 확장하는 것이 어렵게 됨에 따라 크게 약화될 수밖에 없었다. 그리하여 양계 신개척 지역의 축성조차 장성 이남에서의 일부 '치읍축성' 및 주진성州鎭城의 간헐적 수축만이 있을 정도로 부진을 면치 못하였다.[23]

예종대 영토 개척 차원의 9성 축조 및 새로이 확보한 보주성의 개축 형태의 의주성 축조 등 양계 지역을 중심으로 한 축성이 눈에 보이나, 이는 한시적 현상에 불과하였다. 왜냐하면 인종대 금이 동북아의 패자로 등장하고 금과의 안정적인 대외관계가 성

---

20 『고려사』 권82, 지36, 병2, 성보, 태조 13년, "城馬山 號安水鎭."

21 이에 관한 구체적 논증은 최종석, 앞의 논문, 2006, 93~96쪽을 참조할 것.

22 최종석, 앞의 논문, 2006, 97~109쪽 참조.

23 장성 축조 이후의 주진성 축조 현황과 관련해서는 송용덕, 「高麗前期 國境地域의 州鎭城編制」『한국사론』 51, 2005 참조.

이렇다고 한다면 고려전기 '치소가 위치한 성'은 향리층의 해당 지역의 지배 거점으로 기능하였고(주현에서는 지방관의 통치 거점으로서의 역할도 수행) 동시에 군현 단위의 방어체제에 있어서의 방어 거점으로 작용하였다고 할 수 있다.

이러한 성격의 '치소가 위치한 성'은 산성이라는 공간적 특징 또한 지니고 있었다. 양계 신개척 지역의 '치소가 위치한 성'들 가운데 소수만이 평산성이었을 뿐, 주현과 속현, 양계와 남도 지역의 구분없이, '치소가 위치한 성'은 산성이었다. 평산성인 것조차도 성벽의 일부만이 평지에 걸쳐 있어 포곡식 산성에 가까운 형태라고 볼 수 있다. 그리고 '치소가 위치한 성'은 산성이라고는 하나 험준한 곳에 위치하는 것이 아니라 평지와 연접한 높지 않는 산 내지 구릉에 입지하였다. 이들 성과 연접한 평지에는 해당 군현의 중심촌이 자리하였을 것이고, 대개 조선시대 읍치가 위치하고 있었다. 평지에서 '치소가 위치한 성'으로의 접근이 어렵지 않았고, 이를 바라보는 데 시각적 제약은 없었다. 역으로 '치소가 위치한 성'에서 중심촌을 훤히 내려다 볼 수 있었고, 심지어 매우 먼 곳까지 조망할 수 있었다. 이와 같은 중심 취락과의 인접성, 용이한 접근성, 뛰어난 조망성 등은 '치소가 위치한 성'이 행정적, 군사적 거점으로 기능할 수 있는 유리한 조건이었다고 하겠다.

한편, '치소가 위치한 성'에는 일반적으로 민인들이 상주하지 않았다. 다시 말해, 이것은 거주성으로 기능하지 않았다. 다만 양계의 신개척 지역 및 남도 지역 중 통일신라시기에 개척된 지역에 위치한 성은 대개 민인들의 거주 시설(민거民居)을 구비하였다. 신개척 지역의 특성상 이곳에 거주하는 민인들을 위한 일상적인 방어 시설이 필요하였기에, 개척된 지역에 새로이 지방행정구획을 설치하고 이와 동반하여 '치소가 위치한 성'을 축조할 시에 해당 성을 거주성으로 기능할 수 있도록 한 것이다. 이러한 이유에서인지 이들 성은 일반적으로 민인들이 거주하지 않는 성에 비해 규모가 컸다.[34]

---

34 최종석, 앞의 논문, 2005 ; 최종석, 앞의 논문, 2007b 참조.

제2절

고려후기
방어체계의 변동과 성곽

1. 대몽전쟁·원간섭기 입보산성의 대두·활용

1) 대몽전쟁기 '산성해도입보책(山城海島入保策)'의 실시와 산성의 대두

고려전기 '치소가 위치한 성'을 군사적 거점으로 하는 군현 단위의 방어 방식은 몽골의 침략으로 인해 큰 변화를 맞았다. 고려시대 자료를 활용하여 당시 북계 지역의 방어체계를 언급했던 조선 문종대 예문관제학 이선제의 말에서 보듯,[35] 북계 지역에서의 개별 주진의 '치소가 위치한 성'을 군사 거점으로 한 방어 방식은 몽골의 침략 이후에 한계를 노출하고 붕괴되었다.

『고려사』 등의 자료에 따르면, 1231년(고종 18) 몽골의 1차 침입에 대응하여 고려는 그 동안 해오던 방식대로 '치소가 위치한 성'을 군사 거점으로 하여 방어에 나섰다. 1차 침입 시 방어 거점으로 활용된 성의 사례들을 분석한 결과에 따르면,[36] 성명城名을 구체적으로 파악할 수 있는 것은 물론이거니와 구체적인 성명없이 단지 '성'으로 기록된 것 또한 문맥으로 볼 때 '치소가 위치한 성'을 지칭하고 있었다.

---

35 『문종실록』권4, 문종 즉위년 10월 경진.
36 최종석, 「대몽항쟁·원간섭기 山城海島入保策의 시행과 治所城 위상의 변화」『震檀學報』105, 2008, 41~42쪽 참조.

그런데 '치소가 위치한 성' 중심의 방어 체계는 이전과 달리 몽골의 침입에 효력을 발휘하지 못하였다. '치소가 위치한 성'을 군사 거점으로 하여 효과적으로 적을 방어한 곳은 귀주, 서경, 자주, 충주뿐이었다. 나머지 지역은 별다른 저항없이 성을 들어 항복하거나(함신진, 용주), 수성전을 벌이다 함락되곤 하였다(철주, 정주, 삭주, 안북도호부, 평주, 창주). 그런데 당시에 지역 방어의 붕괴는 이들 지역에 한정된 현상이 아니라 비교적 광범한 지역에 걸쳐 발생하였다.[37] 이러한 사실은 당시 '치소가 위치한 성'을 군사 거점으로 한 방어가 제대로 이루어지지 못하였음을 시사한다.[38]

'치소가 위치한 성'을 군사 거점으로 해 온 지역방어는 몽골의 침략에 한계를 드러내고 무력화되기에 이르렀지만, 이에 대응하여 일부 지역에서 새로운 방어 양상이 출현하였으니, 그것은 다름 아닌 '해도입보'였다. 곧, 섬으로의 입보를 통해 몽골의 침입에 대응한 것이다. 그런데 1231년(고종 18) 당시 일부 지역에서 행해진 '해도입보'는 개별 지역 차원에서의 임기응변 조치였다. 이때의 '해도입보'는 1232년 이래로의 국가 정책 차원의 산성해도입보책[39]과는 상이한 것으로, 일부 지역에서 자체적으로 행해진 것이었다. 그것은 일부 지역에서 한정적으로 취해지고 있었을 뿐만 아니라, 이후 시기처럼 정책 추진을 위해 별도로 파견된 사신이나 별감 등에 의해서가 아니라,[40] 황주, 봉주, 함신진의 사례에서 보듯, 수령의 자체적인 판단을 기반으로 시행되었다.[41]

몽골군이 개경 근교에 주둔하여 개경에 대한 공세를 강화하는 상황에서 화친은 이루어졌고, 그리하여 몽골군은 1232년(고종 19) 1월 고려로부터 철수하였다. 하지만 화친은 그리 오래가지 않았다. 무신집정자인 최우의 주도 하에 그 해 7월에 강화천도

---

37 다음 기록에서 이 점은 잘 보인다. 『고려사절요』권16, 고종 18년 12월, "蒙兵 向廣忠淸州 所過 無不殘滅." 이 밖에 선주와 곽주가 함락당하였고(『고려사』권23, 세가23, 고종 18년 9월 임자), 황주와 봉주는 몽골군을 피해 섬으로 입보하였다(『고려사』권23, 세가23, 고종 18년 9월 정유).

38 몽골의 1차 침입 당시 '치소가 위치한 성'을 군사 거점으로 하는 방식이 제대로 작동되지 못한 대내외적 이유와 관련해서는 최종석, 앞의 논문, 2008, 43~44쪽 참조.

39 『고려사절요』권16, 고종 19년 6월, "分遣使于諸道 徙民山城海島." 이 때 이후로 국가 주도의 산성해도입보책이 지속적으로 추진되었다.

40 국가 주도로 산성해도입보책이 추진될 때에는 중앙정부로부터 사신 내지 (방호)별감이 파견되어 해당 지역민의 입보를 이끌고 있었다.

41 황주와 봉주에서는 외관이 민인을 이끌고 철도에 입보하였고, 함신진에서는 副使가 吏民을 이끌고 해도로 입보하였다.

가 단행되었고,[42] 그 이후로 몽골과의 기나긴 전쟁은 시작되었다.

강화천도는 그것 자체가 일종의 해도입보로[43] 이전과 다른 새로운 수도방어책이었다. 도성을 방패로 삼아 외적을 방어하는 기존의 수도방어 대신에 도읍을 해도로 옮겨 몽골군에 대항하는 새로운 방책이 채택된 것이다. 수도방어책의 변화는 1231년(고종 18) 일부 지역에서의 해도입보 조치가 국가에 수용되어 수도 방어에 적용된 데서 비롯된 것이라고도 볼 수 있다.

해도로의 도읍 입보와 동반하여 각도에 사신을 보내 민인들을 산성과 해도로 입거시키는 조치가 취해졌다.[44] 사신 파견에서 알 수 있듯이, 해당 조치는 국가 주도로 이루어지고 있었다. 이것은 '치소가 위치한 성'을 군사 거점으로 한 지역방어가 제 역할을 못하는 상황에서, 몇몇 지역에서 자구 차원에서 시행된 해도입보가 국가에 의해 수용되어 전국적으로 확대 적용된 방책이라고 할 수 있다. 당시 입보처로 해도 이외에 산성이 추가되었는데, 이것은 전국적 시행을 고려한 '해도입보'의 보완 조치였을 것이다. 해도입보는 모든 지역을 대상으로 적용될 수 있는 것이 아니었기에, 그것이 용이하지 않거나 불가능한 지역에서는 산성이 입보처로 선택되었다.[45]

산성해도입보책은 강화천도에 수반되어 일시적으로 시행된 것이 아니었다. 이후에도 그것은 몽골의 침략에 대응하여 꾸준히 추진되고 있었다.[46] 산성해도입보책이 강화천도 이후로 몽골의 침입에 대응한 기본적인 방어책으로 지속적으로 시행되면서, 고려정부는 민인의 입보를 독려·주도하는 데 그치지 않고 산성해도입보책의 효율적 운영에 필요한 제반 조처들을 강구하였다. 입보처에 산성방호별감,[47] 산성겸권농별감[48]

---

42 『고려사절요』 권16, 고종 19년 7월 을유.

43 윤용혁, 「몽고 침입에 대한 항쟁」『한국사 20(고려 후기의 사회와 대외관계)』, 국사편찬위원회, 1994, 240쪽.

44 『고려사절요』 권16, 고종 19년 6월, "分遣使于諸道 徙民山城海島."

45 지역에 따라서는 굴로 피난하는 경우(『고려사』 권24, 세가24, 고종 45년 8월 을사)도 있었다.

46 『고려사』 권23, 세가23, 고종 35년 3월 ;『고려사』 권24, 세가24, 고종 40년 7월 갑신 ;『고려사』 권24, 세가24, 고종 42년 3월 병오 ;『고려사』 권24, 세가24, 고종 43년 8월 경진.

47 『고려사절요』 권16, 고종 23년 6월 ;『고려사절요』 권17, 고종 39년 7월 ;『고려사』 권24, 세가24, 고종 44년 5월 갑술.

48 『고려사절요』 권16, 고종 30년 2월.

하지 않은 반응이라고 하겠다. 몽골이 고려의 항복을 받은 직후 강도江都의 내외성內外城을 허물도록 한 요구도[77] 고려의 축성을 허락하지 않은 조치와 일맥상통한 바라고 할 수 있다. 이렇다고 할 때, 이 기간 동안 축성이 거의 확인되지 않는 점은 기록상의 누락이기보다 원의 정치·군사적 간섭을 받고 있는 상황에서 비롯된 것이라고 하겠다.

원간섭기에 '치소가 위치한 성' 중심의 방어체계는 복구되지 않았고, 복원될 수도 없었다. 이에 비해 대몽전쟁기 동안 시행된 산성해도입보책은 여전히 활용되고 있었다. 이러한 사실은 충렬왕대 카단[哈丹]의 침입에 대응한 고려의 방식에서 명확히 확인된다. 당시 고려는 대몽전쟁기와 마찬가지로 도읍을 강화로 옮겼다. 카단이 침입해 왔다는 헛소문이 돌자 대부분의 대신들은 강화로의 천도를 주장할 만큼, 천도를 통한 수도방어는 폭넓은 공감대를 얻고 있었다. 원의 반대로 이때 천도는 성사되지 못했지만, 얼마 후 원의 승인 하에 국왕은 강화로 피신하였다.[78]

카단의 침입에 대응하여 도읍은 해도로 입보하였고, 이와 발맞춰 지방에서는 산성해도입보책이 시행되었다.[79] 당시 입보처로 기능한 성은 교주산성,[80] 원주산성(=치악성),[81] 충주산성,[82] 청주산성,[83] 양근성[84] 등이었다. 이들 성은, 강화천도 이후에 치소와 입보의 기능을 복합적으로 수행할 성으로 신축된 양근성을 제외하고는, 모두 '치소가 위치한 성'과 무관한 산성이었다. 고려는 카단의 침입에 대응해서도 입보처로 활용된 성에 방호별감을 파견하였으며 인근 여러 지역의 민인들을 한 곳에 입보시키고 있었다.[85] 이러한 방식은 대몽전쟁기와 동일한 것으로, 몽골과의 전쟁 과정에서 '치소가

---

77 『고려사』 권24, 세가24, 고종 46년 6월.
78 『고려사절요』 권21, 충렬왕 16년.
79 『고려사』 권30, 세가30, 충렬왕 16년 10월 무술, "徙婦人老弱 于江華 令州郡 入保山城海島"; 『고려사』 권108, 열전21, 金怡, "(忠烈王 : 필자)十六年 哈丹入寇 國家令州縣 據險自保 禁民出耕 令出咸懼."
80 『고려사』 권30, 세가30, 충렬왕 17년 5월 기해.
81 『고려사』 권30, 세가30, 충렬왕 17년 4월.
82 『고려사』 권30, 세가30, 충렬왕 17년 4월.
83 『고려사』 권80, 지34, 식화3, 진휼, 재면지제, 충렬왕 18년 4월.
84 『고려사』 권30, 세가30, 충렬왕 17년 기미.
85 이와 관련하여 경상도의 管城縣, 安邑縣, 利山縣 등의 민인이 淸州山城으로 입보하였던 사례를 들 수 있다. 대몽전쟁기 여러 군현의 민인들이 요해처 산성에 함께 입보하고 있었음은 다음 기록을 통해 확인할 수 있다. 『고려사』 권24, 세가24, 고종 42년 3월 병오.

위치한 성'을 중심으로 한 지역방어체계를 대신하여 임시방편으로 등장한 산성해도 입보책이 원간섭기에도 여전히 활용되고 있었음을 의미할 것이다.

충렬왕대 카단의 침입 이후로는 별다른 외침이 없어, 고려의 방어체제가 어떻게 전개되었는지는 분명치 않다. 하지만 원의 군사적 통제와 지배 양상을 고려할 때, 고려의 방어체제가 어떤 지점으로 귀결되었을지는 짐작 가능하다.[86] 원은 고려의 군사력에 대한 직접적 통제를 게을리하지 않았다. 초기에는 군대를 주둔하여 고려의 군사력에 대한 통제를 가하였다. 하지만 원과 고려왕실 간의 관계가 밀접해지고 국왕을 통한 고려지배가 공고해지자,[87] 충렬왕의 철군 요청이 받아들여져 원의 군대는 철수하게 되었다.

그렇지만 철군 이후에도 고려 군대에 대한 병권, 즉 발명권發命權, 발병권發兵權, 장병권掌兵權을 장악하였고, 만호부를 설치하고 최고 지휘관인 만호의 임명권을 직간접으로 행사함으로써 고려의 군사력에 대한 철저한 지배력을 관철하였다. 또한 고려인이 원의 병기와 말을 무역하는 것과 사가私家에 무기를 두는 것을 금지하는 등 군기를 소지·휴대하는 것을 제약하였고, 수시로 사신을 파견하여 이를 점검하였다. 무기 제조 또한 원이 파견한 장인이 직접 담당하거나 원 사신의 감독 하에 이루어졌고, 제조된 무기는 원이 직접 관장하였다. 앞서 본 바와 같이 축성 역시 원의 승인이 있어야 가능하였고, 대개는 승인되지 않았다.

고려의 군사력을 강력하게 통제하는 상황이 원간섭기 동안 지속되자, 고려의 군사력은 시간이 경과할수록 약화되었다. 카단의 침입 당시 고려 장군 오인영吳仁永은 군사력이 예전만 못하다고 언급하였는데, 그 이후로 그러한 경향은 심화되었다. 군사적 통제뿐 아니라 원의 도움으로 외적을 물리친 경험과 의존적 자세는, 고려 자체의 군사력을 약화시키는 데 일조를 하였다. 또한 카단 침입 이후 별다른 외침 없이 평화 상태가 지속된 점 역시 방어력을 위축시키는 하나의 요인으로 작용하였다. 아울러 군역

---

86 이하는 권영국(「원간섭기 고려 군제의 변화」『14세기 고려의 정치와 사회』, 민음사, 1994)의 연구를 참고하여 서술하였다.
87 이에 대해서는 이익주, 「高麗·元關係의 構造에 대한 研究 -소위 '世祖舊制'의 분석을 중심으로-」『韓國史論』36, 서울대 국사학과, 1996 참조.

제의 동요에 따른 군사조직의 허소화虛疎化도 이와 무관하지 않았을 것이다.[88] 이러한 제 요인이 중첩되면서 고려의 방어력은 시간이 흐를수록 약화되었다.

군사 방면에서의 이러한 양상과 경향은 산성해도입보책이 원간섭기 후반으로 갈수록 점차 유명무실화되어 갔음을 시사한다고 하겠다. 입보처인 산성이 수축되지 못한 데다가 수축할 기회와 이유가 없어진 상황에서, 산성해도입보책을 시행할 수 있는 토대는 크게 약화되어 갔을 것이다. 이러한 사실은 고려말기 왜구 침입에 대응한 방어 양상을 통해 간접적으로나마 파악할 수 있다. 공민왕대와 우왕 초반에는 성 일반이 폐기·방기된 상태였고, 이와 맞물려 당시 고려는 왜구의 방어에서 청야책淸野策을 실시하면서도 성을 전혀 활용하지 않았다. 심지어 고려에는 원래부터 성이 없었다고 하는 인식이 통용될 정도였다. 이러한 현상은 당시에 외적 침입에 대응하여 산성으로의 입보가 이루어지지 않은 사실을 웅변하는 것으로, 충렬왕대에서와는 달리 원간섭기 후반으로 갈수록 입보용 산성조차 방기되어 간 양상을 암시해 준다고 하겠다.

3) 입보산성 출현의 의미

강화천도 이후로 입보·방어처로 기능한 산성이 출현한 역사적 의미를 짚어보고자 한다. 이것을 위해 입지 면에서의 입보산성과 '치소가 위치한 성'의 차이를 드러내고 그 의미를 밝히는 방법을 구사한다.

입보산성의 입지적 특성에 관해서는 양산성에 대한 다음 기록이 주목된다.

> 몽골군이 서해도 양산성椋山城을 함락시켰다. 이 성은 사면이 절벽이고 오직 한 갈래 길이 있어 겨우 인마가 통과할 뿐이었다. 방호별감 권세후權世候는 험한 것을 믿고 술만 마시고 방비하지 않았고 또한 거만한 말까지 하였다.[89]

위의 1253년(고종 40) 기사에서 볼 수 있듯이, 입보산성인 양산성은 인마의 통행조

---

88 윤훈표, 『麗末鮮初 軍制改革研究』, 혜안, 2000, 19~34쪽.
89 『고려사절요』 권17, 고종 40년 8월.

차 쉽지 않은 험준한 곳에 위치하고 있었다. 이러한 입지적 특성은 해당 성이 피난과 방어에 초점을 맞춰 축조·활용된 데서 비롯되었다고 하겠는데, 여타 입보산성의 입지 또한 이와 다르지 않았다.

현재 확인 가능한 입보산성들을 대상으로 하여 입지적 특성을 검토한 결과에 따르면,[90] 이러한 종류의 산성은 일반적으로 당시 치소로부터 멀리 떨어진 곳, 매우 험준하고 산속 깊숙한 곳, 비고比高가 높은 곳에 위치하였다. 또한 그것은 '치소가 위치한 성'과 비교할 때 대개 규모가 컸다. 이러한 특징들은 방어 용도에 집중하면서 인근 군현들의 거주인을 한꺼번에 수용할 수 있는 규모의 성을 입보·방어처로 선택한 데서 기인한 것이었다.

입지적 특성의 측면에서 보듯, '치소가 위치한 성'과 뚜렷이 구분되는 입보산성의 출현은 다음과 같은 의미가 있다고 판단된다. 우선적으로 방어처가 '치소가 위치한 성'에서 입보산성으로 변화한 점이 주목되어야 할 것이다. 이외에 방어처가 지니는 의미 내지 방어처를 선택하는 사회적 기준이 변화한 점 또한 지적되어야 할 것이다. 입보산성이 군현의 중심지 내지 민인의 거주지와 동떨어진 높고 험준한 산에 자리한 사실은, 당시 입보·방어처 선택이 외적의 침입을 효과적으로 피하고 막아낼 수 있는 지 여부에 초점을 맞춘 데서 비롯되었음을 시사한다. 입보산성의 방어처로의 선택은, 고려전기 '치소가 위치한 성'의 경우 군사·방어적 측면뿐만 아니라 "의 자위 거점이며 향리층의 지방 지배 거점이었다는 것 등이 복합적으로 고려되어 방어처가 된 것과는 사뭇 다르다. 따라서 입보산성의 본격적 활용은 군사·방어의 측면뿐만 아니라 정치·사회적 요인을 복합적으로 고려하면서 방어처를 선택해 온 기존 방식을 탈피하여 군사적 측면만을 중시하여 방어처를 선택하였음을 의미한다고 하겠다.

다음으로 입보산성은 '치소가 위치한 성'이 개별 군현 단위의 방어 거점으로 작용한 것과[91] 달리, 복수의 군현을 포괄하는 광역을 대상으로 한 방어·입보처로 기능한 데서, 그것의 등장 의미가 도출될 수 있다. 즉 입보산성의 출현은, 지역방어체제의 측면에서 보자면, 다수 군현들로 구성된 광역 범위를 단위로 하여 그 안에서 적절한 방

---

90 최종석, 앞의 논문, 2008, 57~58쪽의 〈표 3〉 참조.
91 최종석, 「고려전기 지역방어체계의 특징」 『사림』 40, 2011.

어 거점을 토대로 하는 체계가 개별 군현을 방어의 단위로 한 방식을 대체하였음을 의미할 것이다.

마지막으로 입보산성의 대두는 방어처 선택이 국가 주도로 이루어지고 있었음을 의미한다. '치소가 위치한 성'은 지역공동체의 자위와 지배의 거점이었고, 국가는 이러한 성을 방어처로 삼았기에, 방어처 선택에 있어 국가 주도의 측면은 매우 약하였다. 이와 달리 입보산성(해도)의 선택은 국가 주도로 이루어지고 있었으며, 입보책의 시행 또한 국가에 의해 추진되었다. 국가는 입보처에 방호별감 등을 파견하여 입보한 지역인을 지휘·통제하였고,[92] 입보해야 할 산성(해도)을 지정해 주었다.[93] 이 과정에서 국가는 산성(해도) 입보를 주저하는 민인들을 강제로 입보시키거나[94] 처벌하곤 하였으며,[95] 입보를 집행하는 중앙 관원과 지역공동체 사이에 갈등이 빚어지기도 하였다.[96] 또한 입보처는 대개 지역공동체의 삶의 터전으로부터 멀리 떨어져 있어 입보한 사람들은 여러 경제적 곤란을 겪어야 했는데,[97] 국가는 산성해도입보책의 주체로서 이러한 문제를 해결해야 하는 책임을 부여받고 있었다.[98]

---

92 중앙 관원이 군현민의 입보를 주도하였고, 입보처에 방호별감이 파견된 점에 대해서는 앞서 언급한 바 있다.

93 이와 관련하여 다음 기록이 참고된다. 『고려사절요』 권17, 고종 45년 10월, "高和定長宜文等十五州人 徙居猪島 東北面兵馬使愼執平 以爲猪島 城大人少 守之甚難 遂以十五州 徙保竹島 島狹隘 無井泉 人皆不欲 執平强驅而納之 人多逃散 徙者十二三."

94 『고려사절요』 권17, 고종 45년 10월.

95 『고려사』 권122, 열전35, 酷吏, 宋吉儒, "加大將軍 爲慶尙道水路防護別監 率夜別抄 巡州縣 督民入保海島 有不從令者 必撲殺之 或以長繩 連繫人頸 令別抄等 曳投水中 幾死乃出 稍蘇復如之."

96 『고려사절요』 권17, 고종 40년 8월, "蒙兵陷東州山城 先是 防護別監白敦明 驅民入保 禁出入 州吏告曰 禾未收穫 迨敵兵未至 請輪番迭出刈穫 敦明不聽 遂斬其吏 人心憤怨 皆欲殺之 及蒙兵至城下 敦明出精銳六百拒戰 士卒不戰而走 金華監務 知城將陷 率縣吏而遁 蒙兵攻門突入 殺敦明及其州副使判官金城縣令 虜其婦女童男而去"; 『고려사』 권130, 열전43, 叛逆4, 趙暉, "高宗四十五年 蒙古兵大至 高和定長宜文等十五州人 入保猪島 東北面兵馬使愼執平 以猪島 城大人少 守之甚難 遂以十五州人 徙竹島 島狹隘無井泉 人皆不欲 執平分遣別抄 請粟於朝 催運他道 守備稍解 暉與定州人卓靑及登文州諸城人 合謀引蒙古兵 乘虛殺執平及登州副使朴仁起和州副使金宣甫京別抄等 遂攻高城 焚燒廬舍 殺掠人民 以和州迤北 附于蒙古."

97 『고려사』 권24, 세가24, 고종 42년 3월 병오, "諸道郡縣入保山城海島者 悉令出陸 時公山城 合入郡縣 粮盡道遠者 飢死甚衆 老弱塡壑 至有繫兒於樹而去者."

98 『고려사』 권78, 지32, 식화1, 전제, 경리, 고종 43년 12월, "制曰 今想 諸道民不聊生 彼此流移 甚可悼也 其避亂所 與本邑相距程 不過一日者 許往還耕田 其餘 就島內量給土田 不足 則給沿海閑田及

이렇듯 강화천도 이후로 입보·방어처로서 산성(해도)이 본격적으로 활용된 현상은 단지 방어처의 변화에 그치는 것이 아니라, 방어처 선택의 사회적 기준 변경 및 방어처 선택의 주체 변화 등을 내포하고 있었다.

한편, 지역공동체와 국가 모두의 지역방어의 군사적 거점으로 기능해 온 '치소가 위치한 성'은 몽골의 침입을 계기로 하여 군사적 위상을 상실하였고, 그렇게 되면서 그것의 존립 기반이 약화되었을 것임은 어렵지 않게 예상할 수 있다. 더구나 몽골과의 전쟁을 수행하는 과정에서 중앙정부의 역할은 과거에 비해 강화된 반면 지역사회는 장기간의 전쟁으로 인해 피폐해져 갔고, 전쟁 종식 이후로도 이러한 흐름은 기본적으로 변함없는 데다가 원간섭기에 국왕을 정점으로 한 중앙세력들이 몽골(원)의 후원을 등에 업은 결과, 고려 국내에 한정해서 보자면, 지방에 비해 중앙의 힘은 비약적으로 강화되었다. 이러한 여건에서 지역공동체의 자위력이 약화·소진되어 갔고, '치소가 위치한 성'은 이전과 같은 위상을 확보하기 어려웠을 것이다. 곧 '치소가 위치한 성'의 위상은 추락한 것이다.

그렇지만 그것은 '치소가 위치한 성'으로서의 역할을 상실하는 데까지는 이르지 않아, 대부분은 몽골과의 전쟁이 종결된 이후에도 존속하였다. 그렇다고는 하나 존립의 기반은 몽골 침략 이전과 달리 매우 약화된 상태여서, 기왕의 '치소가 위치한 성'은 치소 역할을 하는 성으로 존속하기는 하나 유명무실한 채로 존재할 따름이었다.

宮寺院田";『고려사』권80, 지34, 식화3, 진휼, 재면지제, 고종 45년 2월, "免海島移入州縣一年租";『고려사』권78, 지32, 식화1, 전제, 경리, 고종 42년 2월, "分遣使 于忠慶全三道及東州西海道 巡審山城海島避難之處 量給土田."

2. 고려말 성 일반의 폐기와 산성 수축 위주의 축성[99]

1) 성의 현황과 축성책의 시행

(1) 공민왕대·우왕 초반 성 일반의 폐기·방기

원간섭기에 고려의 군사력은 몽골(원)에 의해 통제·약화되었다. 하지만 1356년(공민왕 5)의 소위 '반원개혁'을 계기로 상황은 크게 바뀌어, 고려는 자체의 군사력으로 국방을 책임져야 했다. 그런데 이 무렵 왜구의 침탈은 시작되었고 홍건적이 침입해 왔다.

당시 지역방어는 기본적으로 외적의 진입 지역, 달리 말해 변경邊境에 국한하여 이루어지고 있었다. 변경 지대는 남도 지역의 경우 왜구 침입의 위협이 높은 연해 지역이었고, 동·서북면 지역의 경우에는 원·명과의 접경지대인 연변 지대였다. 변경 지대 이외에는 방어처가 사실상 설치되지 않았다. 그런데 이들 변경지역의 방어처는 성곽이 아니었다. 1377년(우왕 3)에 축성책이 채택되기 이전까지 전통적인 방어처로 기능해 온 성곽은 사실상 전혀 활용되지 않고 있었다.[100]

여기서는 공민왕대·우왕 초반 성곽의 실태를 보다 상세하게 파악해 보도록 하겠다. 이와 관련하여 주목되는 것은 남도 지역에서의 청야책 운용 양상이다.

당시의 청야책은 수소戍所와 연계되어 운영되었을 뿐, 성곽은 활용되지 않는 특징을 지니고 있었다. 왜구가 침략해 오면 고려 국가는 바닷가로부터 일식一息 정도의 거리 안에 있는 주민들을 '심원지처深遠之處'로 대피시켰다. 연해지대를 비워 놓으면 왜구들은 약탈할 대상이 없어 스스로 물러갈 것이고, 설사 들어온다고 해도 장거리를 이동해야 하는 불편과 위험이 있어 그 사이에 우리 측 수졸戍卒들이 왜적을 발각·격퇴할 수 있으리라는 가정에서, 수소와 연계하여 청야책이 운영된 것이다.[101]

---

99 이 부분의 서술은 기본적으로 최종석, 앞의 논문, 2007b와 최종석, 「고려말기 지역방어체제와 그 시대성」『역사와 현실』 85, 2012를 토대로 작성되었다.

100 〈표 3-1〉의 고려시대 축성 사례에는 1369년(공민왕 18) 가주성의 수축이었을 '성가주'가 보이고 있다. 당시에 드물게나마 축성 사례가 있는 것으로 보아, 성의 활용은 미미하게나마 이루어졌다고 하겠다.

    연해 지역의 민인은 들판을 비운 이후 그곳으로부터 멀리 떨어진 내륙 지역으로 옮겨갔을 뿐, 해당 군현의 '치소가 위치한 성'(내지 과거에 그러했던 성) 및 강화천도 이후 출현한 산성 등으로 입보하지 않았다.[102] 당시 성은 청야책과 연계된 입보처로서 활용되지 못하였을 뿐만 아니라, 심지어는 왜구를 방어하는 데에도 거의 이용되지 않았다.[103] 한편 수소는 성보城堡 형태로 이루어지지 않았다. 그것은 초가집에 나무 울타리가 설치된 정도의 수준이었다고 한다.

    일반적으로 청야淸野는 '견벽청야堅壁淸野'를 의미할 정도로, 청야책은 성으로의 입보를 전제로 운영되었다. 이러한 점을 감안할 때, 공민왕대의 그것은 다소 특별하게 운영된 셈이 된다. 이러한 방식의 청야책 운용과 관련하여, 공민왕대와 우왕 초반에 성이 방기된 채 심각하게 퇴락되어 있었고[104] 이와 맞물려 당시 사람들의 뇌리 속에서 성은 사실상 지워져 '성이 없다'는 인식이 통용된 점을[105] 주목해야 한다. 성곽의 실태가 이러하였기에, 당시 고려 정부는 왜구 방어를 위해 청야책을 시행하면서도 성을 전혀 활용하지 못한 것이다.[106]

    그런데 성을 활용하지 않은 당시의 청야책은 왜구 방어의 측면에서 여러 문제점을 드러내면서 비판을 받았다. 이러한 방식의 청야책에 대한 비판은 1373년(공민왕 22) 설장수에 의해 시작된 이래 우왕대 들어 본격화되었다. 성을 활용하지 않은 당시 청야책은 다음과 같은 문제점이 있었다. 곧 연해의 비옥한 토지의 상실, 내륙 원주민과

---

101 『동문선』 권77, 東萊城記, 李詹 ; 『고려사』 권112, 열전25, 偰遜 附 偰長壽. 이와 관련하여 윤훈표, 「高麗末 偰長壽의 築城論」 『韓國思想史學』 9, 1997, 57쪽 참조.

102 『고려사』 권112, 열전25, 偰遜 附 偰長壽. 당시 청야책에 관해서는 윤훈표, 앞의 논문, 1997 참조.

103 공민왕대 민인들이 성 내에 입보하거나 성을 활용하여 왜적을 방어하는 사례를 찾아볼 수 없다. 설장수가 당시 청야책의 문제점으로 지적한 것 중의 하나는 다름 아닌 성을 활용하지 않는 것이었다.

104 『고려사』 권114, 열전27, 金湊.

105 『圃隱集』 권3, 雜著, 金海山城記 ; 『고려사』 권115, 열전28, 李崇仁 ; 『明太祖實錄』 권46, 洪武 2년 10월 임술삭.

106 동·서북면 지역의 경우에도 원·명과의 접경지대인 연변 지대에 한해 구자가 설치되었다. 구자는 최전방에 위치하면서 외적 침입의 길목을 막는 소규모 시설로 성곽 시설을 갖추고 있지 않았다. 동·서북면 지역에서도 1377년(우왕 3)에 축성책이 채택되기 이전까지는 사실상 유일한 방어처인 구자를 군사 거점으로 하여 방어막이 구축되고 있었다고 하겠다. 구자에 관해서는 오종록, 『朝鮮初期 兩界의 軍事制度와 國防體制』, 고려대 박사학위논문, 1992 참조.

기·방기되어 있었다. 그리고 치소는 성곽 시설을 갖추지 못한 채 대개 이러한 성 인근의 평지에 이동해 있었다. 이렇다고 할 때 당시에는 입보용 산성뿐만 아니라 '치소가 위치한 성'이었던 것 등 무수한 산성들이 여기저기에 분포한 셈이었다.

이러한 여건이었기에 성곽 축조 시 이들은 손쉽게 활용될 수 있었다. 물론 이들 성은 허물어진 채 방기되고 있었기에, 수축은 필요하였다. 반면 읍성은 대개 신축되어야 했다. 간혹 폐기된 산성을 활용하여 읍성으로 삼는 경우가 있었지만, 읍성은 대개 이미 평지로 옮겨진 치소를 보호할 목적으로 평지에 신축되었다. 이렇듯 산성 수축은 읍성 신축에 비해 인력과 물력 동원의 측면 등에서 수월한 측면이 있었다.

그리고 산성 수축은 읍성 신축에 비해 공사기간도 상대적으로 짧았을 것이다. 당시 국가의 재정 상태는 매우 열악하여 축성을 위한 재원 마련이 쉽지 않았다. 군제와 요역 체계의 문란으로 인해 축성을 위한 대규모 인력의 확보 또한 여의치 않았다. 또한 왜구에 의한 피해가 전례 없이 극심해지고 피해 지역도 확대되고 있어, 성의 활용은 시급히 요구되고 있었다. 이러한 배경에서 공기가 상대적으로 짧은 산성 수축은 선호될 수밖에 없었을 것이다. 이외에 방어 측면에서 (평지)읍성에 대한 의구심이 적지 않은 분위기도 산성 수축에 주력하는 요인으로 작용하였을 것이다.

한편, 당시 산성 수축은 상대적으로 연해 지역에 집중되었다. 그리고 축조된 산성은 군현별 단위로 분포하는 것이 아니라, 다수 군현들로 이루어진 광역 범위를 단위로 하여 방어·입보처로 활용되고 있었다.

이상과 같은 축성 양상은 당시의 사회 환경을 고려하면서 연해 수소 위주의 방어를 보완하고자 한 데서 구현되었다고 판단된다. 즉 축성의 목적이 일차적으로 수소를 통과한 왜구에 대응한 방어·입보처의 제공이었으므로 성들 가운데 이에 보다 부합하는 것은 산성이었다. 그리고 방어상의 지역단위로서 군현이 갖는 의미가 퇴색한 상황에서 광역 범위를 포괄할 수 있는 요해처에 부합하는 (산)성이 방어·입보처로 선택되어졌으며, 왜구 침략의 위험 정도의 차이에 따라 상대적으로 내륙보다는 연해 지역의 (산)성이 집중적으로 수축된 것이다.

마지막으로 성곽에 배치된 군사의 수효가 미미한 점을 감안할 때, 고려말에 축조된 산성은 방어 측면에서 큰 역할을 하였다고 보기는 어려울 것이다. 축조된 산성은 방어체제 면에서 어디까지나 수소를 보조하는 수준에서 활용되고 있었다.

(2) 읍성 신축과 지방관 주도의 읍치 재건

1377년 이후 기존 산성의 수축 위주로 축성이 이루어지면서, 읍성의 축조는 매우 제한적으로 진행되었다. 1377년 당시 산성 수축과 병행하여 일부 지역에서이기는 하지만 읍성 축조가 단행되었다.[128] 다만 그 해 개성부가 (평지)읍성 축조의 중단을 건의한 데서 보듯, (평지)읍성의 축조는 여의치 않았다. 『고려사』에서 고려말에 이루어진 읍성 축조의 기사를 거의 찾을 수 없는 것[129] 또한 이러한 맥락에서 이해할 수 있다. 그런데 조선시대 지리지류를 참고하면, 『고려사』에서 볼 수 없는 읍성 축조 사례들을 추가적으로 확인할 수 있다. 고려말에 축조된 것이 분명한 읍성 사례를 정리한 것이 〈표 3-2〉이다.

〈표 3-2〉 고려말 읍성 축조 사례

읍성	지역(도)	축성시기	비고	전거
경주읍성	경상도	1378년(우왕 4)		속찬
진주읍성	경상도	1379년(우왕 5)	고려시대 '치소가 위치한 성'을 읍성으로 활용. 조선초기에 읍성 역할 상실	승람
성주읍성	경상도	1380년(우왕 6)		속찬

---

128 『고려사』 권82, 지36, 병2, 성보, 우왕 3년, "開城府狀日 其一外城修葺事 則日定國立都者必先高城深池 此古今之通制也 我國家太祖創業宏遠而城郭不修 至於顯廟 始築外城 置城上羅閣 以固守 世遠城頹 且古基周回廣遠 一二年間 雖竭民力 似未能重修也 宜鍊兵息民 以待其變 其二內城新築事 則日惟事事乃必有備 有備則無患矣 今也倭寇橫行肆毒 京內之民 如有急難 無所依據 誠可畏也 願令堅築內城 其三 外方山城修補事 則日唐鑑 以高麗因山爲城 爲上策也 山城相近之地 隨宜修葺 使之烽燧相望 攻戰相救可也 其四 牧府郡縣築城事 則日休兵息民 有國之先務也 比來倭患相仍 民不聊生 且曾築四方周回長城與癸丑年所築東西江等城 徒勞民費財而已 其外方平地築城宜令停罷."

129 유일한 것이 다음 기록이다. 『고려사』 권82, 지36, 병2, 성보, 공양왕 3년 3월, "城機張郡及海州甕津." '성+읍호'가 '치소가 위치한 성'의 축조였음을 고려할 때, 이 기록은 기장, 해주, 옹진 지역에서의 읍성 축조를 의미할 것이다. 공양왕대에는 치소가 평지에 위치하였을 터이므로, 당시 '치소가 위치한 성'의 축조는 해당 군현의 읍성 축조를 뜻하였을 것이다. 이는 기장군의 읍성이 공양왕 3년에 축조되었다는 『大東地志』의 기록과 부합하고 있다.

안동읍성	경상도	1380년		속찬
영천(永川)읍성	경상도	1382년(우왕 8)		대동지지
영해읍성	경상도	1384년(우왕 10)		대동지지
양주(襄州)읍성	강원도	1385년(우왕 11)		세종실록
울산읍성	경상도	1385년	조선초에 고읍성(古邑城)으로 바뀜	승람
선산읍성	경상도	1385년		속찬
상주읍성	경상도	1385년	승람에는 1381년(우왕 7)에 축성되었다고 함	속찬
삼척읍성	강원도	1386년(우왕 12)		척주집, 척주선생안
동래읍성	경상도	1387년(우왕 13)		승람
전주읍성	전라도	1388년(우왕 14)		여지도서
금산읍성	충청도	1389년(공양왕 1)		승람
영덕읍성	경상도	1389년		속찬
흥해읍성	경상도	1389년		승람
황간읍성	충청도	1390년(공양왕 2)	고려시대 '치소가 위치한 성'을 읍성으로 활용	대동지지
영일읍성	경상도	1390년	1389년(공양왕 1)에 흙으로 읍성을 쌓았으나 곧 무너져 다음해에 석성으로 개축	승람
언양읍성	경상도	1390년	1380년(우왕 6) 무렵에 고읍성 축조	속찬
함양읍성	경상도	1390년		속찬
울진읍성	강원도	1391년(공양왕 3)	태조대에 고읍성으로 변모	대동지지
기장읍성	경상도	1391년		대동지지, 고려사
해주읍성	황해도	1391년		고려사
옹진읍성	황해도	1391년		고려사
평해읍성	강원도	고려말		대동지지

※ 승람과 속찬은 각각 『신증동국여지승람』과 『경상도속찬지리지』의 약칭이다.

위 사례들이 고려말에 축조된 읍성의 전부는 아닐 것이나, 실제 읍성은 여기에서 크게 늘어날 것으로 생각되지 않는다. 방어 측면에서 신뢰를 얻고 있지 못한 점과 신축에 따른 재정 및 인력 동원 면에서의 부담 등으로 인해, 읍성 축조는 매우 제한적으로 이루어졌을 것이기 때문이다.

많은 수는 아니라 할지라도, 읍성은 1378년(우왕 4) 이래로 꾸준히 축조되고 있었다. 그런데 대부분의 읍성은 연해 지역에 위치해 있었으며, 경상도 지역에 상대적으로 집중되어 있었다. 이것은, 산성 수축이 전국적으로 그리고 적극적으로 이루어지는 것과 달리, 읍성 축조가 왜구 방어와 관련하여 매우 제한된 지역에서 행해지고 있었음을 의미한다.

이렇다고 할 때, 읍성은, 산성 수축 위주의 축성이 이루어지는 가운데, 왜구 침략이 빈번하여 꼭 필요한 지역에 한해 축조되었다고 볼 수 있다. 당시 읍성 축조는 해당 군현을 재건하려는 목적에서 이루어지고 있었다. 곧 고려말 왜구의 침탈로 읍은 폐허로 변하고 민인들이 사산四散하는 상황에서, 읍성의 축조는 읍치의 복구 및 흩어진 민인들의 복귀에 있어 계기로 작용하였다. 권근의 표현을 빌리자면, 읍성의 축조는 '일읍재조一邑再造'를 위한 발판이었다.[130] 읍성이 축조되자, 민인들은 생활 터전에서 농사를 지으면서 유사시 읍성으로 입보할 수 있었고, 이 때문에 폐업은 사라지게 되었다.[131] 또한 읍성 건설로 새로운 인구들이 흡수될 수 있어, 읍치 내 황폐된 농토가 회복되기도 하였다.[132]

요컨대, 당시 읍성 축조는 왜구의 피해가 극심하여 읍치의 복구를 위해서는 해당 조치가 필요한 지역에서 '일읍재조'의 차원에서 이루어졌다고 할 수 있다. 따라서 읍성은 대개 일부 연해 지역에 한해 축조되었다. 연해 지역은 왜구에 의한 피해가 극심하여 읍치가 폐허로 변한 곳이 적지 않았다. 축성책이 도입된 후 고려정부는 산성 수축을 통해 연해 수소 위주의 방어를 보조하고자 했지만, (평지)읍성의 축조는 이를 통해서도 채워지지 않은 틈을 메우는 조치라고 할 수 있다. 연해 지역은 왜구의 잦은

---

130 『陽村集』 권11, 記類, 寧海府西門樓記.
131 『동문선』 권77, 記, 合浦營城記.
132 『陶隱集』 권4, 記, 迎日縣新城記.

수선전도(서울역사박물관)

(평안도)의 안주安州 이남, 동북면(함경도)의 함주(함흥) 이남의 민정民丁 118,070명이 동원되었다.[3] 공사는 59,500척의 성터를 1구간 600척씩 총 97구간(성문지점은 제 외하였기 때문에 97구간임)으로 나누어서 축성하되 2개의 구간마다 판사·부판사 각 1명과 사·부사·판관 등 12명을 배치하여 공사를 감독했으며, 1구간을 다시 6호로 나누어 책임자를 두는 등 엄격한 감독 체계 속에서 진행되었다.[4]

또한 각 구간마다 번호를 매겼는데 천자문의 글자 순서대로 하여 백악산 동쪽의 제1구간을 '천天'자로부터 시작하여 '지地'자·'현玄'자 순으로 매겼다. 이리하여 59,500척의 전체의 성터구간은 천자문의 '천'에서 시작해 97번째인 '조弔'자에서 끝나게 되었다. 이 때 각도별로 동원된 인부를 살펴보면, 동북면 10,953명, 강원도 9,736명, 경상도 49,897명, 전라도 18,255명, 서북면 29,208명이며, 1396년 1월 9일부터 시작한 축성 공사는 2월 말에 대체로 종료되었다.

성곽은 부분적으로 치석한 석재를 사용해 쌓았는데 기단부는 장대석으로 조성하고 그 위에 장방형의 석재로 쌓아 올리고 작은 돌로 틈메우기를 하였다. 성터가 높고 험한 곳은 석성으로 축조하였는데, 높이 15척, 총연장 19,200척이었고, 낮고 평탄한 곳에는 토성으로 축조했는데 하단의 넓이가 24척이며 상단의 넓이가 18척이고 높이가 25척으로 총연장 40,300척이었다.

그러나 흥인지문 부근은 지형이 낮고 물이 고인 곳이 있어서 말뚝을 박고 돌을 채워 넣은 다음에야 지상 공사를 할 수 있었으므로 공력이 다른 곳보다 두 배나 들었다. 따라서 이 지역을 담당했던 안동과 성산부 사람들이 기일 내에 공사를 완성치 못했으므로 경상도 도관찰사 심효생沈孝生은 양군兩郡의 민정民丁을 10일간 더 사역시켜 완공한 후에 돌려보낼 것을 청했으나 판한성부사 정희계鄭熙啓는 농사에 차질이 없도록 돌려보내겠다고 한 약속을 지키기 위해서는 돌려보내야 된다고 주장하여 흥인지문 부근은 공사가 완성되지 못했으며, 성문도 건설하지 못한 채 일단 공사를 끝냈다.[5]

그런데 도성은 단기간에 이루어진 탓에 그해 7월의 폭우로 도성 수구水口와 옹성·

---

3 『태조실록』 권9, 태조 5년 1월 무진.
4 『태조실록』 권9, 태조 5년 1월 무진.
5 서울특별시, 『서울성곽』, 1976, 38~40쪽 참조.

흥인지문 부근 성벽

성벽이 무너지는 등의 피해가 발생했다. 이에 성을 부실하게 쌓은 책임을 물어 축성 책임자였던 축성제조 이성중李誠中을 순군옥에 투옥시키기도 했다.[6] 태조는 중신과 간관들의 반대를 물리치고 경상·전라·강원도의 민정 79,400명을 징집하여 제조 권중화權仲和·박자안朴子安·신유현辛有賢 등의 감독 하에 제2차 공사를 추진했다.[7] 제2차 공사는 동대문 부근 등 봄철 공사에서 완성되지 못했던 곳의 마무리와 여름철 장마로 무너진 곳의 개축, 그리고 낮은 석성石城의 보수, 성문의 월단月團,[8] 누각을 짓는 일 등에 주력했다. 즉 제1차 공사에 대한 보수·완성을 위한 공사였다고 볼 수 있다.

이때의 공역功役중에서 중요한 것은 동대문 부근의 운제雲梯[9]를 하나 더 만들어서

---

6 『태조실록』 권9, 태조 5년 6월 무자.

7 서울특별시, 『서울성곽』, 1976, 40~41쪽 참조.

8 月團은 아치(arch)를 뜻하는 것으로 성문을 石築하면서 윗부분을 반달 모양으로 둥글게 틀어 만드는 것을 말한다. 다른 말로 虹霓라고도 하는데, 무지개처럼 윗부분을 둥글게 만들기 때문이다. 이러한 양식은 조선시대 성문의 일반적인 형태로써 성문뿐만 아니라 石橋·石室墳墓에서도 많이 사용되었다.

9 운제는 본래 성을 공격할 때 사용하던 일종의 고가사다리를 말하는데, 여기에서는 성에 축조한 다리모

수구水口의 물을 두 곳으로 방출하도록 하고, 장마에 무너진 토성을 대개 석성으로 대체하며 성의 높이가 낮은 석성은 좀 더 높게 쌓고 성문을 건축하는 것이었다.[10] 이때 춘기春期 공사 때 쌓았던 연장 43,000척의 토성 중에서 어느 정도가 석성으로 개축되었는지 확실히 알 수 없으나,『태조실록』에 의하면 춘기의 축성 중에서 무너진 곳을 석성으로 쌓고 일부 구간은 토성으로 축조하였다고 하였으며, 세종 때 도성 개축의 기록을 보면 성의 두 자구(1,200척) 또는 세 자구(1,800척) 사이에 토성과 석성의 무너진 것이 함께 나오는 것으로 보아 그렇게 긴 길이의 토성을 석성으로 대체하지는 못했던 것으로 보인다.[11] 성문은 모두 아래 쪽에 월단을 만들고, 그 위에는 문루門樓를 건축했다.

제2차 공사는 대개 태조 5년(1396) 9월에 끝났지만 그 후에도 군인·승도僧徒 등을 동원하여 부분적 보수를 계속하였다. 또 이듬해 1월에는 풍해도豐海道의 백성들로 하여금 각자 양곡을 꾸려 가지고 와서 도성을 쌓게 했는데, 풍해도 관찰사가 도내의 풍수충해風水蟲害가 있어 기곤飢困이 들자 도의 양곡을 나누어 주게 했으며, 또 역부 중 부상자·병자·노약자는 돌려보내게 하기도 했다.[12] 또 그 해 8월에는 경기도내의 백성들을 징발하여 도성을 수축하게 했으며, 10월에는 각도의 군사 2만명을 징발하여 도성을 수축하도록 했다. 또 태조 7년(1398) 1월에는 다시 경상·전라·충청·풍해 4도의 군인을 동원하여 도성을 쌓게 했다.

특히, 동대문에는 옹성을 쌓게 했는데, 옹성은 태조 6년(1397) 2월에 왕이 친히 행차하여 기지基地를 간심看審하고 4월에 준공했으며, 남대문의 문루는 7년 2월에야 완성되었다.[13] 따라서 조선 초기의 도성 축조 공사는 태조 4년 윤9월 성기측정城基側定에서부터 태조 7년까지 약 3년간에 걸쳐 이루어진 것이라고 볼 수 있다. 이렇게 수축한 도성은 그 수선·관리하는 책임을 경기좌도京畿左道와 충청도 주군州郡에 맡겨 계속 수행하게 했는데, 이 때 완성된 성의 둘레는 9,767보였다.[14]

양의 水口門을 말한다.

10 『태조실록』 권10, 태조 5년 9월 기묘.

11 서울특별시,『서울성곽』, 1976, 40쪽 참조.

12 元永煥,「제3절 都城」『서울六百年史(文化史蹟篇)』, 1987, 385쪽 참조.

13 『태조실록』 권11, 태조 6년 1월 경진 ;『태조실록』 권13, 태조 7년 2월 을유.

이렇게 각도의 동원 인부가 확정되면서 도성수축도감의 구성도 강화되어 새로 우의정에 임명된 정탁鄭擢을 도제조로 추가하고, 종전의 박자청朴子靑 등 5명의 제조 외에 33명의 제조를 더 선임하고 사·부사·판관·녹사 등 190명을 더 배치했다. 또 세고을마다 한 명의 담당 관원이 역군役軍들을 거느리고 각도의 경력經歷과 함께 서울까지 오게 했는데 영군領軍 경력과 수령 150여 명도 역시 그대로 서울에 있으면서 공사의 책임을 지게 했다. 또 역군 외에 따로 공장工匠 2,211명이 동원되었다.

도성 수축공사는 세종 4년(1422) 정월 목멱木覓(남산)·백악산신白岳山神에게 축성의 시작을 고하는 제사를 지내고, 이튿날부터 시작되었는데 아직 겨울이었기 때문에 역부들의 고통이 적지 않았다. 또 당시의 한양인구보다도 많은 역군이 모여들어 40일 간의 역사를 수행하게 되었으니 음식과 거처에 한성부민의 불편이나 역부들의 고통은 매우 컸다.[24]

한편, 정부에서는 혜민국·제생원 등 의료 부서를 총동원하고 의학생도醫學生徒와 승도들도 동원하여 축성군들의 부상·질병에 대한 치료에 만전을 기하게 했다. 특히

서울 도성 백악산

24 元永煥, 「第三章 城郭과 門樓」 『서울六百年史(文化史蹟篇)』, 서울市史編纂委員會, 1987, 389쪽.

도성의 동·서쪽에는 구료소救療所 4개소를 설치하고 혜민국 제조 한상덕韓尚德이 의원 60여 명을 대동하고 상시 출근하게 했다.[25] 일찍이 태조대의 축성 때에도 전염병의 구료에 공이 많았던 승려 탄선坦宣을 경상도 신령현에서 급히 불러 올려 승도 3백 명을 거느리고 구호 업무에 종사하게 했다.[26] 또 역군들이 한양으로 오는 도중에 영솔하는 지방 관원들의 무리한 행보로 심한 추위에 동사자가 발생할 것을 우려하여 세종은 지인知印을 각도에 나누어 보내 날씨를 살펴 움직이게 하고, 만일 동사자가 생기는 경우에는 그 사유를 자세히 보고하게 했다.[27] 또 인부들이 밤에도 일하는 고통을 덜기 위하여 매일 인경人定 때에는 종루鍾樓에서 높이 불을 올려 공사를 중지하고 파루罷漏 후에 일을 시키도록 하기도 했다.[28]

그러나 감독은 엄격히 하여 혹 수축한 후에 조금이라도 무너지면 그 구간을 감독한 관리가 반드시 책임지고 보수해야 할 뿐만 아니라 모두 죄를 주게 했으며, 축성군 중에 도망하는 자가 있을 경우에는 초범자는 형장刑杖 1백대를 집행하고 재범자는 참형에 처하게 했다. 또 지방관으로서 역군을 더디 보내는 경우에도 이를 엄벌에 처하도록 했는데, 경상도관찰사 최사강崔士康을 비롯하여 판진주목사 윤보로尹普老·성주목사 이지유李之柔·판고성현감 강자명姜自明·창녕현감 김사제金師磾 등에 대한 처벌이 그 사례이다.[29]

공사는 당초의 예정보다도 앞당겨 38일만에 완성을 보게 되었다. 성벽은 험지險地에는 16척, 중간 구역(구릉지대를 말함)에는 20척, 평지에는 23척의 높이로 수축했는데, 당초에 예정했던 토성의 무너진 곳 24,535척 뿐만 아니라 무너지지 않은 곳도 모두 석성으로 개축했다. 이러한 큰 공사를 38일이라는 단기간에 마치다 보니 역부들이 겪는 고통과 희생이 적지 않아 축성역에 나왔다가 사망한 각도 군인 총수가 872명이나 되었다. 특히 이 수축 공사 중에는 역군의 수효가 많아 한양에 미곡이 귀해지게 되어 사회 문제가 되기도 했다. 또 이른 봄철에 전염병이 크게 유행하여 공사 기간 중

---

25 『세종실록』 권15, 세종 4년 1월 계유.
26 『세종실록』 권14, 세종 3년 12월 경술.
27 『세종실록』 권15, 세종 4년 1월 계해.
28 『세종실록』 권15, 세종 4년 1월 계해·계유·갑술.
29 『세종실록』 권15, 세종 4년 1월 을해·경진 ; 『세종실록』 권15, 세종 4년 2월 임진·갑오.

에도 죽은 사람이 많았지만 공사를 끝내고 돌아가는 중에도 병에 걸려 사망하는 자가 많았다.

　태조 5년(1396) 창축 당시의 미비점을 보완하여 세종 4년에 30만여 명의 인부를 동원한 대수축이 있은 후로도 도성의 보수는 수시로 있었다. 이것은 전란으로 인한 파손보다는 대개는 지반의 침하나 풍우에 의한 자연적 퇴락에 대한 보수였다. 세종 6년(1424) 8월에 함경도 북청부에서 맡아서 쌓았던 부분이 퇴락되자 성문도감의 건의에 의하여 당초 수축을 맡았던 북청의 감역관監役官 및 두목頭目·총패摠牌가 역정役丁을 인솔하고 와서 수축하게 한 것이 그 사례이다. 이는 당초에 무너지는 곳이 있으면 해당 구간 공사를 맡은 고을에서 책임지고 보수하도록 했기 때문이다.

　또한 세종 11년에는 강원도 등 여러 도의 민정이 동원되어 보수공사를 하기도 하였다. 그리고 문종 1년(1451) 1월~3월 중에는 다시 경기·충청·전라도 3개도의 선군船軍 등을 동원하여 도성의 무너진 곳을 수축하게 했는데,[30] 이 때에는 좌승지 정이한鄭而漢이 공사관계의 일을 관장했으며 주로 큰 돌을 사용하여 종전의 성벽보다 견고하게 축조했다.[31] 또 이 해 6월에는 충청도 선군을 동원하여 사직단 북쪽 도성의 무너진 곳을 수축하기도 했으며,[32] 이 때에는 경기·충청·전라도의 선군을 1회에 1, 2천 명씩 동원했는데, 이것은 대개 여말선초와는 달리 대일 관계가 이미 타결되고 서남 해상의 방위에 다소 여유가 있었기 때문이라고 볼 수 있다.

　그 후 성종 18년(1487)에는 선공감 첨정 신석희辛錫禧에 의하여 도성이 협착狹窄하여 물려 쌓아서 넓게 하자는 건의가 있었고, 동왕 21년에는 특진관 윤효원尹孝源으로부터 중국과 같이 벽돌을 구워서 석회와 벽돌로 성을 쌓게 하자는 건의가 있었지만[33] 실현을 보지 못했다. 문종 1년(1451)에 수축한 후로는 선조대에 임진왜란이 있을 때까지 도성은 특별한 보수공사 없이 유지되었다.

　한양 도성 축조는 조선 전기에 있었던 축성 역사 가운데 가장 규모가 큰 공사 가운

---

30 『문종실록』 권5, 문종 원년 1월 무오.
31 『문종실록』 권5, 문종 원년 1월 을축 ;『문종실록』 권6, 문종 원년 2월 기축.
32 『문종실록』 권8, 문종 원년 6월 무인.
33 『성종실록』 권204, 성종 18년 6월 기축 ;『성종실록』 권239, 성종 21년 4월 을미.

데 하나였다. 특히 조선 태조~세종 초 사이에 있었던 도성 역사에는 당시로서는 최고의 축성 기술이 적용되었을 것은 당연한 이치이다. 조선 초의 도성 축조에는 전국적으로 많은 인력이 동원되어 축성의 경험을 축적했을 뿐만 아니라 도성 축조에 적용된 입지 선정이나 성벽 축조법 등은 그 후 전국 각지의 읍성 축조에도 하나의 모범이 되었다고 보아야 할 것이다.

2. 읍성의 정비와 변천

1) 읍성 정비의 배경

읍성은 크게 나누어 연해 지역 읍성과 양계 지역 읍성, 그리고 내지內地 읍성으로 나눌 수 있다. 연해 지역의 경우에는 이미 고려 후기에 수축된 읍성만도 29개소였으며 이 가운데 6개소를 제외한 23개소는 왜구와 가장 가까이에 있는 경상도 지역에 축성되었다. 29개 읍성 중 15개소는 고려 우왕대에 축조된 것이다.[34] 그러나 이 당시의 읍성은 29개소 가운데 16개소가 토축土築으로 이루어졌고,[35] 또 조선시대의 그것보다는 응급적인 것이어서 성벽의 구조도 매우 조악한 것이었다.[36]

한편 고려말 극심한 왜구의 침입으로 연해 지역의 읍치邑治는 이설移設되거나 폐지되는 경우도 있었다. 이에 연해 지역 주민은 유망하게 되어 사회적인 문제가 되었을 뿐만 아니라 연변의 비옥한 토지는 방치되고 어염魚鹽의 수익도 감소되어 국가적으로 막대한 손실이 되고 있었다. 이에 고려말 조준趙浚은 연해 지역 성보를 수축하여 유망민이 돌아오게 함으로써 변경 주군을 충실하게 할 것을 역설했다.[37] 이 시기에 일부 지역의 읍성이 축조되었으나 산성 중시론이 우세하여 계획적이고 적극적인 읍성 수

---

34 沈正輔,『韓國 邑城의 硏究』, 學硏文化社, 1995. 48쪽. 이하의 읍성 정비에 대한 서술은 유재춘,『韓國中世築城史 硏究』(경인문화사, 2003)의 관련 내용을 수정·재정리한 것임.

35 沈正輔, 위의 책, 1995, 48쪽.

36 車勇杰,『高麗末·朝鮮前期 對倭關防史 硏究』, 충남대 박사학위논문, 1988, 31쪽.

37 『고려사』 권118, 열전31, 조준.

축은 이루어지지 못했다.[38]

그러나 조선시대에 들어서면서 일단 왜구가 완전 종식되지는 않았지만 상대적으로 대폭 감소했고, 세종 원년에 있었던 대마도 정벌 이후 그 침입 횟수는 더욱 감소하게 되었다. 이에 따라 연해 지역은 급속도로 안정되어 갔고, 종전에는 왜구의 위험성 때문에 공지空地가 되었던 연안 지역과 해도海島의 토지가 다시 개척되기 시작했으며, 어염이나 해조류 채취 등을 업으로 하는 이들도 점차 늘어나 연해 지역의 인구는 두드러지게 증가되었다.[39]

이러한 연해 지역의 경제적인 유익성 증가는 중앙 정부로 하여금 예전의 방비책을 수정하게 하는 중요한 요인이 되었다. 즉 종전에는 주로 산성 입보 중심의 방비책을 고수하고 있었는데, 이는 확실히 피란과 장기전에는 효과가 있었지만 읍치에서 상당히 거리가 떨어져 있는 경우가 대부분이어서 유사시 신속히 입보하는 것도 곤란할 뿐만 아니라 지방 관아와 주민들의 거주지가 보호받지 못하는 치명적인 결점이 있었다. 또 산성 출입이 용이하지 못하여 군량·무기의 저장과 관리에 어려움이 뒤따랐다. 따라서 당국의 입장에서는 자연히 연해 지역에 정착한 거주민을 왜구의 위협으로부터 보호하고 지속적으로 부성富盛시키기 위해 정책적인 대안을 강구해야 했다. 이러한 상황 속에서 1차적으로 그 정책적 대안의 핵심이 된 것은 연해 지역에, 대한 읍성 건설이었다.

그리고 읍성 중시책이 등장하게 된 매우 중요한 이유 가운데 또 하나는 조운로의 확보와 세곡의 보호에 있었다. 조운은 물론 내륙 수로와 연결되어 이루어 지기도 했지만 대부분의 경우 수도까지 운반하기 위해서는 해로를 통해야 하기 때문에, 이 해로의 안정성 확보, 또 육지에서의 경우에는 거둔 조세의 안전한 보관이 필요했다. 이러한 측면에서 조운과 관련하여 연해 지역의 읍성은 두 가지 측면에서 중요한 의미가 있었다. 첫째는 수집된 세수稅收를 안전하게 보관하는 것이고, 둘째는 해상 조운로의

---

38 고려 후기에 축조된 읍성은 29개소인데, 이 가운데 23개소가 경상도에 건설되었으며, 절반 이상인 15개소가 우왕대에 축조되었다. 그러나 29개소 가운데 16개소가 土築으로 축조되었다는 것으로 볼 때, 速成 위주의 축성이 이루어진 것으로 생각된다(沈正輔, 앞의 책, 1995. 48~49쪽 참조).

39 『세종실록』 권4, 세종 원년 7월 신미 ; 『세종실록』 권84, 세종 21년 3월 정묘 ; 『신증동국여지승람』 권32, 경상도 거제현, 성곽, 읍성, 이보흠기.

안전성 확보를 보조하는 역할이다. 또한 전세를 거두어 읍성이 없는 경우, 노적했다가 조전漕轉하기도 했지만 읍성이 없는 지역은 이웃한 고을의 성곽으로 수송해야 했기 때문에[40] 읍성이 없는 지역의 주민들은 전세 수송에 따른 피해뿐만 아니라 유사시 자신의 거주지를 멀리 떠나야 하는 불편마저 있었다.

한편, 읍성 축조는 양계 지역의 경우가 연해 지역보다 오히려 더욱 절실한 문제였다. 특히 변경 지역의 경우는 봄~가을에는 출성出城하여 농사를 짓고, 겨울철에는 모든 가축과 곡식을 거두어 성안으로 들어가는 이른바 '청야입보清野入保'가 연례화되어 있었기 때문에 읍성은 반드시 필요한 시설이었다.[41] 더구나 태조대에는 비교적 잠잠했으나 태종대부터는 점차 변경 지역에서 야인들의 침구가 격화되어 사실상 읍성이 없이는 이 지역에 대한 통치권마저 유지하기 어려운 상황이었다.

이외에 내륙 지역에도 읍성이 수축되었는데, 이는 연해 지역의 읍성과는 그 축조 목적이 다소 다르다. 즉 내륙 지역의 읍성은 수도로 연결되는 주요 거점 지역에 축조함으로써 수도로 향하는 적의 침입을 차단하고자 했다. 이러한 것은 진관체제와도 밀접한 관련이 있지만, 남북로상의 주요 거점 지역을 설정하여 읍성을 수축하고 수도를 중심으로 겹겹이 방어선을 구축할 수 있도록 한 것이다. 이를 수도를 중심으로 가늠해 보면 서북로상의 안주·정주·선천·평양 등의 읍성, 동북로상의 길주·함흥·영흥·안변 등지의 읍성, 서남로상의 청주·금산·전주·남원·광주 등의 읍성, 동남로상의 충주·상주·선산·성주·대구 등의 읍성이 바로 그것이다.

태조대에 연 인원 20만 명 이상이 동원된 도성 축조 공사를 추진하면서도 평안도의 안주·선주·평양의 읍성을 수축[42]한 것은 매우 이례적인 것으로 이는 그만큼 이 지역의 읍성 수축이 시급한 문제였다는 것을 말한다. 신왕조의 기반을 잡아가는 번다함 속에서도 유독히 서북로상의 주요 지역에 대한 읍성 축조에 관심을 가졌다는 것은 그만한 이유가 있었다는 것을 의미하는 것이다. 이는 명나라와의 다소 불편한 관계에 있었던 것과 관련이 있다. 당시 명은 여진 문제와 세공歲貢 문제로 조선에 불만을 갖

---

40 『문종실록』 권3, 문종 즉위년 8월 무인.
41 宋炳基, 「東北·西北界의 收復」 『한국사 9』, 국사편찬위원회, 1973. 184~185쪽.
42 『태조실록』 권6, 태조 3년 8월 을해 ;『태조실록』 권13, 태조 7년 1월 임신.

고 있어 조선이 여진족을 사주하여 명의 변경을 침범케 하고 조선이 공물로 바친 말은 쓸모없는 것이라고 비난했고, 또한 왕의 친조親朝나 왕족의 조공을 요구하는가 하면 조선이 보낸 문서의 내용을 문제 삼아 문서 작성자를 포박하여 송치할 것을 요구하기도 하는 등 명과의 외교 관계는 갈등의 양상을 보이고 있었다.[43] 또 역사적으로도 중국의 통일이 반드시 우리나라에 영향을 미쳤던 것에 유의한 결과로 여겨진다. 이러한 서북로상 주요 지역에 대한 방비 강화는 보다 후대인 문종대에 중국 변경이 소란스러워지면서 더욱 강조되었다.[44]

이와 같은 서북지역에 대한 방비 강화는, 15세기초 명 영락제의 원정으로 세력을 잃었던 오이라트[瓦刺]가 15세기 중반경 에센[也先]의 지도 아래 크게 세력을 떨치면서 중국 변경을 침입했고, 그 세력이 조선의 변경에까지 미치게 되었기 때문이다. 조선 초기에 신도新都의 기반 조성에 여념이 없던 시기에도 명과의 관계는 안정성이 확보되지 못했기 때문에 시급히 서북 지역의 주요 거점이 되는 성을 수축했던 것이고, 문종대에 와서는 만주와 중국의 불안정 자체가 조선에게 영향을 줄 수 있었기 때문에 새삼 서북 지역에 대한 방비 시설을 강화해야 했다.

서북 지역은 의주나 삭주 지역을 거쳐 침입하지 않는다면 압록강 중상류쪽을 통하여 강계·희천을 경유, 영변 부근에서 덕천→성천→강동(평양 동쪽)→수안→개성에 이르거나, 개천→안주→평양→황주→개성에 이르게 되기 때문에 수도의 안전을 도모하기 위해서는 이러한 예상 침입로에 대한 방비를 강화해야 했다. 방비 강화는 주요 험조지대에 관문 설치로 제기되었지만 주요 통과 지역에 대한 성곽 시설을 강화함으로써 침략군에 대한 저지력을 높이는 것을 주목표로 삼았다.

세종 11년 이후 본격적으로 읍성 위주의 축성이 이루어지게 된 것은 조선의 대외관에 따르는 가상적(국)의 개념이 대체로 확고해지면서 이것이 축성책에 반영되었기 때문이다. 즉, 북방으로는 대중국 외교가 한층 안정화되면서 대對 야인野人 방비에 주력하게 되고, 남방으로는 대 왜구 위주의 방비 시설 정비가 이루어지게 됨으로써, 북방 변지에서는 읍성·진보성鎭堡城 건설과 함께 행성行城이 대대적으로 축조되었다. 또한

---

43 宋炳基, 앞의 논문, 1973, 290~291쪽.
44 『문종실록』 권3, 문종 즉위년 8월 을해.

남방 연해 지역에는 읍성과 진보의 건설이 지속적으로 이루어지게 되었다.

2) 읍성 정비의 변천

(1) 제1시기(태조~태종대)

조선왕조 개국 초기에는 읍성 수축이 그다지 활발히 진전될 수 없었다. 신왕조의 성립과 함께 권력 구조의 재편에 따른 여러 부수적인 문제를 정리하고, 또 한양에 새로운 도읍를 건설하게 됨으로써 그 기반 시설과 도성의 축조에 분주했기 때문에 정부에서 각 지방의 읍성 수축에까지 관심을 기울일 만한 여유가 없었다. 더구나 신도 기반 시설과 도성 축조에 전국적으로 많은 인원이 동원되었기 때문에 읍성 수축의 계획이 있다고 하더라도 실제 역사에 동원될 인적 자원이 결핍되었다고 할 수 있다. 따라서 조선 초기에는 태조 2년의 평양성 수축[45]을 비롯하여 갑주甲州와 공주孔州 읍성 수축[46]과 이듬해의 안주성安州城 수축[47] 등 일부 지역을 제외한 읍성의 수축은 거의 이루어지지 못했다.

그리고 태조 4년에는 기계 수리나 성보 완비, 군량 저축, 장수 선발 등 국방과 직접 관련된 사안을 도평의사사에서 논의하여 시행할 것을 지시하고,[48] 또 감사와 수령을 고과考課하는 조목에 성보 수축 문제를 채택하는 등 축성에 큰 관심을 가졌다.[49] 그러나 이 시기의 이러한 성곽에 대한 관심은 읍성·산성을 막론하고 각 지역별로 성곽의 구비를 강조하기 위한 조치일 뿐이며, 특별히 읍성 구비를 추진했던 것은 아니다. 오히려 이 시기에는 태조 3년 곡산부사 전이田昜가 도평의사사에 상서한 것에서도 알 수 있는 바와 같이 대체로 산성 입보 중심의 방어 체제를 가지고 있었다.[50]

태조 6년(1397)에는 정도전鄭道傳을 동북면도선무순찰사로 삼아 성보 수축과 참站

---

45 『태조실록』 권3, 태조 2년 1월 임자.
46 『태조실록』 권4, 태조 2년 8월 을유.
47 『태조실록』 권6, 태조 3년 8월 을해.
48 『태조실록』 권7, 태조 4년 5월 계사.
49 『태조실록』 권8, 태조 4년 11월 경오.
50 車勇杰, 앞의 논문, 1988, 58~64쪽.

을 병존시키는 경우가 많았지만 이 시기에 와서는 읍성을 위주로 하는 정책으로 전환하게 되었다. 성곽에 대한 점검을 위해 조관朝官을 파견한 것도 이러한 정책에 대한 기본 계획을 수립하고자 한 때문이다.

여하튼 세종 10년(1428) 윤4월 세종대 축성 정책의 가장 핵심부에 있었던 관리 중의 한사람인 최윤덕이 병조판서에 임명됨으로써 축성 정책은 새로운 전기를 맞게 되었다. 특히, 그가 이듬해 봄에 하삼도 도순무사에 임명되어 하삼도에 대한 축성 사업을 입안하고 본격적인 추진을 시작했다.

그는 도순무사로 임명된 지 6일 만에 세종에게 성곽 축조에 대한 기본 방침을 보고하게 되었는데, 이를 보면 다음과 같다.

· 하삼도 각 고을의 성 중에서 그 방어가 가장 긴요한 연변沿邊의 고을들은 산성을 없애고 모두 읍성邑城을 쌓을 것이며, 읍성이 소용이 없을 듯한 곳은 이전대로 산성을 수축하게 할 것.

· 각 고을에서 성을 쌓을 때에는 각기 그 부근에 있는 육지의 주현州縣으로 혹 3, 4읍 혹 5, 6읍을 적당히 아울러 정하여 점차로 축조하게 할 것.

· 민호民戶의 수효가 적고 또 성을 축조할 만하지 않은 각 고을은 인근 읍의 성으로 옮겨 함께 들어가게 할 것.

· 각 고을에 쓸 만한 옛 성이 있으면 그대로 수축하고, 쓸 만한 옛 성이 없으면 가까운 곳에 새로운 터를 잡아 신축하게 할 것.

· 각 고을에 견실하지 못한 성이 있으면 각기 호수戶數의 다소를 참작하여 혹은 물리고 혹은 줄여서 적당하게 개축하게 할 것.

· 각 고을의 성을 일시에 다 쌓을 수는 없는 것이므로 각기 성의 대소를 보아서 적당히 연한을 정하여 견실하게 축조할 것.[67]

이 내용을 보면 방어가 긴요한 하삼도 연해 지역의 경우는 기본적으로 산성을 없

---

67 『세종실록』 권43, 세종 11년 2월 병술.

애고 읍성을 수축하도록 하고 있으며, 예외로 읍성이 별로 효용이 없는 곳은 예전대로 산성을 수축하도록 했다. 이는 읍성의 터가 마땅치 않거나 아니면 연해 지역이기는 하지만 왜구의 위험이 거의 없는 지역을 말하는 것으로 여겨진다. 그리고 공역功役을 줄이기 위하여 옛 성이 있을 경우 그대로 수축하게 하면서도 각 지역의 호수戶數를 헤아려 적절한 수용성을 갖도록 개축을 명시하고 있으며, 예전의 속성 위주의 성곽 수축에서 벗어나 시한을 가지고 견실하게 수축하도록 했다. 최윤덕이 보고한 성곽 축조에 대한 기본 방침 설정이 세종대의 읍성, 특히 연해 읍성 축조에 있어서 시기를 구분하는 하나의 분수령이 되었다.[68]

그런데 이 시기의 전국적인 읍성에 대한 점검과 대대적인 수축 계획은 대략 10년간을 그 기한으로 잡아 추진했다.[69] 즉 예전과 같이 상황에 따라 아니면 즉흥적으로 지방관의 보고에 따라 수축하던 것에서 벗어나 계획적인 읍성 수축을 추진하게 된 것이다. 이와 같은 읍성 수축은 연해 지역과 양계 지역으로 나눌 수 있는데, 연해 지역의 경우는 왜구에 대비한 것이며, 양계 지역에서는 중국의 침략과 야인野人들의 침구에 대비한 것이다.

세종은 즉위 초에 실시한 대마도 정벌에서도 알 수 있는 바와 같이 왜구에 대해 강력한 무력 응징 정책을 추구했다. 그러나 한편으로는 세종 8년(1426) 경상도의 3개 포구에 와서 왜인들이 평화적인 교역을 할 수 있도록 허락했고, 세종 18년(1436)에는 왜인들의 삼포 거주를 허가하는 등 회유 정책도 병행했다. 그러면서도 연해 지역의 읍성 수축을 적극 추진하였던 것은 왜인들은 믿을 수 없다는 인식과 함께 연해 지역에 대한 철저한 방비 시설 구축만이 보다 항구적인 안정을 얻을 수 있다는 생각에서 비롯된 정책이었다.[70] 이러한 인식은 양성지梁誠之가 세종 32년(1450) 올린 「비변10책」에서 "화친하는 일도 전쟁하는 일도 모두 병력을 쓰지 않을 수 없다"라고 하는 데서도 잘 나타나고 있다.[71] 즉 기본적인 무비가 없이는 화친하고 싶어도 할 수 없다

---

68 車勇杰, 앞의 논문, 1981, 67쪽.
69 『세종실록』 권51, 세종 13년 1월 신사.
70 『세종실록』 권54, 세종 13년 11월 기사.
71 梁誠之, 『訥齋集』 권1, 備邊十策.

압록강 중국 지안과 강계 사이.

는 인식이다.

한편, 양계 지역의 경우 압록강 상류 지역 이남에는 태종대에 여연군周延郡을 설치한데 이어, 세종 15년(1433)에는 최윤덕을 보내 파저강 일대의 야인을 정벌하고 여연과 강계의 중간 지점인 자작리慈作里에 성을 쌓고 자성군慈城郡을 설치했다. 또 세종 19년(1437)에는 또다시 이천을 보내 파저강 일대의 야인들에 대하여 대대적으로 공략하고, 세종 22년(1440)에는 여연군 동쪽에 무창현을 설치했다가 1442년 군으로 승격시켰다. 또 이듬해에는 여연과 자성의 중간 지점인 우예보에 우예군을 설치하여 이른바 4군이 완성되었다. 또 동북 지역에서는 세종 16년(1434)부터 방비체제의 정비를 적극적으로 추진하여 진의 설치와 이설, 성곽 축조 등이 속속 이루어져 이른바 6진의 포치布置가 점차 완료되게 되었다. 이 지역의 읍성 수축은 이러한 양계 지역의 개척과 방비 체제의 정비 과정에서 이루어졌다.

축성 역사에는 많은 인력이 동원되기 때문에 과도한 부역으로 인한 민폐 발생이 항상 문제시되었다. 따라서 이에 대한 법식도 강화되어 세종 12년(1430)에는 백성을 역사에 동원하는 규식規式을 만들었고, 축성 사업의 주관을 대신大臣들이 직접 맡도록 하여 추진력을 높였다.[72]

72 『세종실록』 권50, 세종 12년 12월 신미 ; 『세종실록』 권54, 세종 13년 10월 갑진 ; 『세종실록』 권 43, 세종 11년 2월 경진 ; 『세종실록』 권50, 세종 12년 12월 을미. 대신에게 축성을 맡긴 것은 세종

그리고 축성 역사 감독은 예전에는 조관을 보내거나 혹은 감사나 절제사·수령과 같은 외관직 관리가 맡기도 했으나, 세종 17년에 와서는 절제사가 있는 도는 절제사가 축성 감독을 맡고 감사가 규찰하게 하는 등 축성 역사 감독의 체계를 개선했다.

그리고 이 시기에는 축조 방식에 대한 개선도 이루어졌다. 옹성, 치성, 적대, 호지濠池 등 성곽 부대 시설에 대한 개선을 비롯하여[73] 축성 방식의 규식화가 이루어져『축성신도築城新圖』라고 하는 성곽 축조법에 대한 도본圖本이 만들어지기도 했다.[74]

세종 연간 중반기에는 가장 활발한 읍성 축조가 이루어진 시기이지만 읍성 수축은 그 후에도 산발적으로 계속되었다. 당초 세종 11년 읍성 위주의 축성이 본격적으로 시작되어 10년을 기한하고 완성을 보고자 했으나 세종 18년(1436)과 19년에 연달아 큰 흉년이 들어 축성 사업에 차질이 생겼고, 다음의 인용문과 같이 세종 21년에는 매우 긴급한 곳을 제외하고는 축성 시기를 늦추도록 하는 조치가 이루어졌다.[75]

세종 연간 후반기에 읍성 수축이 지연된 것은 이러한 사정 때문이며, 게다가 세종 22년(1440)부터는 행성 축조가 본격화됨으로써 10년을 목표로 완성하려던 읍성 수축 계획은 일단 속히 완료되기 어렵게 되었다. 그런데 세종 24년에 이르러 긴급히 경상도 사천·고성·영해의 읍성을 축조하도록 하면서, 옹성甕城·적대敵臺·호지濠池는 점차적으로 축조한 것을 보면 성곽의 시설 보강 작업을 추진한 것으로 판단되며, 하삼도 연변 각 고을의 축성이 끝난 후에 내지의 읍성을 차례로 축조하도록 했다.[76] 그러나 내지의 읍성 축조는 세종대 후반기에는 북변사가 많아지고, 특히 행성 축조가 대대적으로 실시됨으로써 내지에 대한 축성 계획은 실행되지 못했고, 단지 세종 26년(1444)경 긴급한 연해 지역의 읍성 수축은 어느 정도 마무리 되었다.[77]

16년 7월에는 충청·전라·경상 3도의 성곽은 형조판서 정흠지가 맡게 하고, 함길도의 성곽은 호조참판 심도원(沈道源), 평안도의 성곽은 호조참의 박곤으로 하여금 담당하게 했다.

73『세종실록』권49, 세종 12년 9월 임술 ;『세종실록』권68, 세종 17년 4월 갑인, 6월 무오 ;『세종실록』권78, 세종 19년 8월 정축.

74『세종실록』권102, 세종 25년 11월 갑인.

75『세종실록』권84, 세종 21년 3월 병진.

76『세종실록』권97, 세종 24년 7월 무인.

77 車勇杰, 앞의 논문, 1981, 77쪽.

（3）제3시기（문종~예종대）

이 시기에 와서는 국내외적인 사정으로 인하여 읍성 축조 동향에 중요한 변화가 일어났다. 먼저 문종대에 들어와서 세종대에 추진되던 양계 지역의 행성 축조 정책은 사헌부의 정지 요청에도 불구하고 계속 추진되었으나[78] 중국 및 조선 변경 지역에서의 새로운 변화가 일어나면서 종전의 축성정책은 수정되었다. 명 영락제의 원정과 회유 정책으로 잠잠하던 중국 변경에서는 몽골의 후예인 오이라트에 새 지도자 에센[也先]이 등장하면서 우량하兀良哈를 점령하고 여진족을 통제하면서 명을 침공했다. 1455년에는 에센이 피살되면서 오이라트 세력에 눌려 있던 동북 지역의 타타르가 다시 흥기하여 만주 일대에서의 긴장은 계속되었다.[79]

이러한 중국 변경과 만주 일대에서의 소요는 자연히 조선에게도 큰 위협이 되었다. 이에 문종은 일단 평안도의 행성과 읍성의 수축은 일단 정지하고 읍성 중 퇴락하고 부실한 곳을 시급히 수리하게 하고, 성문에는 특별히 철판을 부착하여 쉽게 부서지지 않도록 했다.[80] 또 서북 지역 성곽의 수축과 창고의 점검 등 유사시에 대비했고,[81] 각 도에 명하여 총통 주조는 정지하고, 궁시弓矢를 많이 제작하도록 하며 읍성의 강화를 거듭 지시했다.[82]

또한 문종은 좌승지 정이한鄭而漢의 건의에 따라 세종대에 대신으로 하여금 축성 사무를 관장하게 했던 예에 따라 우찬성 정분鄭苯을 도체찰사로, 성균관 사예司藝 김순金淳과 이조정랑 신영손辛永孫을 종사관으로 삼아 하삼도의 성곽을 점검하도록 했다. 그 내용을 보면 그간에 축조했던 성곽이 시간이 지남에 따라 대부분 퇴락하여 이를 수축하고, 또 한편으로는 그간의 축성 사업에서 아직 읍성이 축조되지 못한 곳에 대한 읍성의 수축을 의도한 것이다.[83] 아울러 이미 축조한 성곽이라도 입지가 적절

---

78 『문종실록』 권2, 문종 즉위년 6월 기축.
79 杜榮坤·白翠琴, 『西蒙古史研究』, 新疆人民出版社, 1986, 99~104쪽.
80 『문종실록』 권2, 문종 즉위년 7월 신유.
81 『문종실록』 권3, 문종 즉위년 8월 을해 ; 『문종실록』 권3, 문종 즉위년 8월 무인.
82 『문종실록』 권3, 문종 즉위년 9월 임인.
83 『문종실록』 권3, 문종 즉위년 9월 경신.

낙안 읍성(전남 순천)

하지 못하면 이설하겠다는 방침이었다.[84] 이러한 것은 그 동안 읍성의 구조나 시설적인 문제점이 지적되어 온 결과이며,[85] 후에 정분이 대대적으로 전국의 읍성을 점검할 때 이러한 점이 고려되었으리라 생각된다.[86]

정분은 이듬해 8월에 1차적으로 전라도 각 지역의 성곽에 대한 상세한 점검 결과를, 그대로 둘 곳과 퇴축할 곳, 개축할 곳 등 3개 종류로 나누어 보고했다.[87] 다음 〈표 4-2〉에서 알 수 있는 바와 같이 전라도의 경우 그대로 둘 곳이 순천·낙안 등 11개 지역의 성곽이며, 개축할 곳은 고부·무장·부안·옥구 등 4개 지역(표 4-3), 퇴축할 곳은 장흥·영광·나주·용안·흥덕 등 5개 지역이다(표 4-4).

당시 정분이 전라도 읍성 가운데 그대로 둘만하다고 보고한 곳은 성의 둘레가 대체로 3,000척 전후이며, 여장의 높이는 대체로 3척 정도가 일반적이었다. 또한 여장·적대敵臺·옹성擁城·해자海子 등의 시설을 갖추고 있으나 성문 앞에 설치하는 옹성의 경우는 강진현 내상성內廂城을 제외하고는 전혀 옹성을 갖추지 않았거나 2~4개의 성문 가운데 1~2곳만 옹성을 갖추고 있다. 그리고 여장은 광양현 읍성이 약 4.8척마다 1개씩 설치하여 성 둘레에 비교하여 가장 많은 여장이 설치된 곳이며, 임피현이 약 7척마다 설치되어 가장 적게 설치된 곳인데, 평균적으로 6.15척마다 1개의 여장이 설치된 것으로 계산된다. 이를 도표로 보면 다음과 같다.

84 『문종실록』 권3, 문종 즉위년 9월 경신.
85 『문종실록』 권3, 문종 즉위년 8월 무인.
86 『문종실록』 권3, 문종 즉위년 8월 무인.
87 『문종실록』 권9, 문종 원년 8월 병술.

〈표 4-2〉 1451년 도체찰사 정분이 보고한 전라도 읍성 (1)

성 명 칭	둘 레	높 이	비 고
순천부 읍성	3,383척	12척	여장높이 3척, 적대 6, 성문 4(옹성 2), 여장 514, 우물 4, 지(池) 8, 해자 둘레 3701척.
낙안군 읍성	2,865척	8척5촌~9척	여장 높이 2척5촌, 적대 12, 미필적대(未畢敵臺) 8, 문 3, 여장 420, 우물 2, 소지(小池) 2.
보성군 읍성	3,000척	7척~8척	여장높이 2척, 문 3, 여장 539, 우물 2, 샘 2, 지 1.
영암군 읍성	4,369척	9~12척	여장높이 3척, 적대 6, 문 3, 여장 639, 샘 2.
광양현 읍성	1,812척	7척 6촌	여장높이 3척, 적대 9, 미필적대 7, 문 3, 여장 374, 해자 둘레 1,995척.
흥양현 읍성	3,500척	9척4촌~12척	여장높이 3척, 적대 11, 문 2, 여장 574, 우물 5.
무안현 읍성	2,700척	11척	여장높이 3척, 적대 7, 문 3(옹성 1), 여장 427, 우물 2, 샘 2, 지 1, 해자 둘레 2,893척.
강진현 내상성	2,225척	10척8촌	여장높이 2척4촌, 적대 8, 문 4(옹성 4), 여장 443, 우물 4, 해자 둘레 2,597척.
만경현 읍성	2,820척	12척	여장높이 3척, 적대 4, 문 3, 여장 453, 우물 3.
임피현 읍성	3,095척	10척	여장높이 3척, 적대 9, 문 3(옹성 2), 여장 439, 우물 7, 지 2, 해자 둘레 3,075척.
함열현 읍성	3,485척	11척	여장높이 1척5촌(혹은 2척), 적대 16, 문2(옹성 2), 여장 550, 우물 2, 소지 1.

※ 출처 : 『문종실록』 권9, 문종 원년 8월 병술의 기록을 도표화한 것임. 이하 같음.

〈표 4-3〉 1451년 도체찰사 정분이 보고한 전라도 읍성 (2)

성 명 칭	둘 레	높 이	비 고
고부군 읍성	1,803척	9척	여장높이 3척, 문 2, 여장 335, 우물 4, 소지 1,
무장현 읍성	1,470척	7척	여장높이 1척, 문 2(옹성 2), 여장 471, 해자둘레 2,127척.
부안현 읍성	1,500척	7척	여장높이 1척5촌, 문 2, 여장 250,
옥구현 읍성	1,511척	9척	여장높이 2척, 문 3, 여장 300, 샘 1.

〈표 4-4〉 1451년 도체찰사 정분이 보고한 전라도 읍성 (3)

성 명 칭	둘 레	높 이	비 고
장흥부 읍성	6,400척	4~10척	여장높이 1~2척, 적대 2, 여장 916, 문 3(옹성 1).
영광군 읍성	2,712척	10척	여장높이 1척6촌, 적대 2, 문 3(옹성 1), 여장 462, 샘 6.
나주목 읍성	새로 7,000척으로 고쳐 정함. 일찍이 북면주변을 600척 개축하였으나 내면에 흙을 메우는 것 등을 법식에 의하지 않음.		
용안현 읍성	둘레 2,797척, 높이 4~8척으로 축성중에 있으나 거주민이 겨우 180호이므로 2,400척으로 줄여서 정함.		
흥덕현 읍성	1,747척	6척8촌	여장높이 1척8촌, 문 2,

〈표 4-5〉 1451년 도체찰사 정분의 보고한 경상도 읍성

성 명 칭	둘 레	높 이	비 고
경주부 읍성	4,075척	11척6촌	여장높이 1척4촌, 적대 26, 성문 3, 여장 1,155, 우물 83.
김해부 읍성	4,418척	13척	여장 높이 2척, 적대 20, 문 4(옹성 4), 여장 931, 천(川) 1, 우물 28, 해자 둘레 4,683척
창원부 내상성	3,775척	12척6촌	여장높이 1척8촌, 문 4(옹성 4), 적대 12, 여장 635, 우물 7, 해자 둘레 4,060척.
곤양군 읍성	3,765척	7~12척	여장높이 2척, 적대 12, 문 3(옹성 3), 여장 514, 우물 3, 샘 3, 해자는 혹 있기도 하고 없기도 하다
기장현 읍성	1,527척	11척	여장높이 2척, 적대 6, 문 3(옹성 3), 여장 383, 우물 1, 성밖에서 물을 끌어들여 지(池)를 조성함.
동래현 읍성	3,000척	12~13척	여장높이 2척, 적대 12, 문 4(옹성 4), 여장 513, 우물 6.
고성현 읍성	3,011척	12척	여장높이 2척, 적대 12, 문 3(옹성 3), 여장 575, 우물 4.
남해현 읍성	2,806척	12척	여장높이 3척, 적대 13, 문 3(옹성 3), 여장 553, 샘 3, 소구(小溝) 1, 해자 둘레 3,037척.
하동현 읍성	2,943척	7~8척	여장높이 3척, 적대 11(未畢 7), 문 3(옹성 3), 여장 588, 샘 5, 지 1.

※ 상기 내용은 그대로 둘 곳으로 보고된 읍성.

성 명 칭	둘 레	높 이	비　　고
울산군 내상성	3,732척	8척	여장높이 3척, 적대 21(未畢 3), 성문 4(옹성 4), 여장 908, 우물 11, 샘 3, 해자는 혹 있기도 하고 없기도 하다.
사천현 읍성	3,015척	10척 5촌~ 11척 5촌	적대 15, 문 3(옹성 3), 여장 580, 우물 7.
진해현 읍성	1,325척	7척4촌	여장높이 3척, 적대 6(未畢 3), 문 2(옹성 2), 여장 382, 우물 1, 성밖에서 물을 끌어들임.
진주목 촉석성	3,000척이던 것을 2,000척 추가.		
밀양부 읍성	4,713척		
양산군 읍성	2,950척		
언양현 읍성	읍성 옛 터 1,427척에 1,000척을 추가.		
칠원현 읍성	성터 남쪽 골짜기에 4,700척 살펴 정함.		

※ 상기 내용은 개축·이축할 곳.

　그리고 9월에는 경상도·충청도에 대한 성곽 점검 결과를 보고했는데, 경상도 읍성의 경우, 그대로 둘 곳은 경주·김해·창원·곤양·기장·동래·고성·남해·하동 등 9개 지역이며(표 4-5), 다시 쌓거나 옮겨 쌓아야 할 곳은 울산·사천·진해·진주·밀양·양산·언양·칠원 등 8개 지역이었다(표 4-6). 경상도 읍성의 경우도 〈표〉에서 알 수 있는 바와 같이 여장·적대·옹성·해자 등의 시설을 갖추고 있는데, 전라도의 경우와 비교하여 2가지 특징이 나타난다. 첫째는 전라도 읍성에 비해 대체로 여장이 촘촘히 설비되었다는 점이다. 전라도의 경우는 6.15척마다 1개의 여장을 설치한 반면, 경상도의 경우는 평균 5.17척마다 1개의 여장을 설치한 것으로 나타난다. 둘째는 경상도의 경우는 전라도와 달리 경주부를 제외하고는 모든 성문에 옹성을 설치했다는 점이다. 당시에 국가 방비면에서 경상도 지역에 더 비중을 두었다는 것은 이러한 성곽 시설을 통해서도 알 수 있다. 또한 충청도의 경우는 비인·남포·보령·해미·당진·면천·홍주는 그대로 두어도 될 곳이며, 서천군 읍성은 퇴축해야 할 곳으로 조사되었는 바,[88] 이

---

88 『문종실록』 권9, 문종 원년 9월 경자.

를 보면 다음의 〈표 4-7〉과 같다.

〈표 4-7〉 1451년 도체찰사 정분이 보고한 충청도 읍성

성 명 칭	둘 레	높 이	비 고
비인현 읍성	1,933척 8촌	9~11척	여장높이 3척, 적대 5, 성문 3(옹성 2), 여장 423, 우물 3, 해자 둘레 2,152척.
남포현 읍성	2,476척	12척	여장 높이 3척, 적대 5, 문 3(옹성 3), 여장 337, 우물 2, 성외(城外)에서 물을 끌어들여 지(池)를 만듦.
보령현 읍성	2,109척	12척	여장높이 2척, 문 3(옹성 2), 적대 8, 여장 412, 우물 3, 해자 둘레 2,190척.
해미현 내상성	3,352척	12척	여장높이 3척, 적대 18(未畢 16), 문 4, 여장 688, 샘 3, 해자 둘레 3,626척.
당진현 읍성	2,809척	9척	여장높이 2척, 적대 8, 문 3(옹성 3), 여장 468, 우물 3.
면천군 읍성	3,225척	11척	여장높이 3척, 적대 7, 문 3(옹성 1), 여장 56, 우물 3, 해자는 혹 있기도 하고 없기도 함
홍주목 읍성	4,856척	11척	여장높이 2척, 적대 24(未畢 18), 문 4(옹성 3), 여장 608, 우물 2, 소천(小川) 1.
서천군 읍성	2,265척	9~12척	여장높이 3척, 적대 14, 성문 2, 여장 500, 샘 5 → 퇴축할 곳

※ 상기 내용은 그대로 둘 곳, 퇴축할 곳임.

이러한 하삼도 지역의 읍성에 대한 상세한 점검과 조치는 세종 중반기 이후 건설된 하삼도 지역의 읍성에 대한 재정비를 뜻하며, 전라도 나주목 읍성이 성의 내면에 흙을 메우는 것 등을 법식에 의하지 않아 개축할 것을 보고하고 있는 것으로 보아 전과는 달리 축성 법식의 적용을 보다 강화하고 있음을 알 수 있다.

그리고 『문종실록』에 기록된 도체찰사 정분이 조사하여 보고한 하삼도의 읍성 현황은 시점이 정확한 기록이므로 다른 지리지에 기록된 내용과 비교할 수 있는 좋은 자료가 된다. 『세종실록』 지리지나 『신증동국여지승람』의 편찬이 완료된 시점과 그 자료에 들어 있는 내용의 시점에는 차이가 있기 때문에 정확히 시점을 잡을 수 없다. 더구나 각 지역별로도 차이가 있어서 더욱 그러하다.

다음의 〈표 4-8〉에서 알 수 있는 바와 같이 하삼도만을 보면 정분이 조사하여 보

면천읍성(충남 당진) 세종 21년 11월 왜구의 침입을 방지하기 위해 쌓은 평지읍성이다.

고한 읍성의 수가 『세종실록』 지리지에 기록되어 있는 수에 훨씬 못 미치고 있다. 이는 세종 11년 최윤덕이 성곽 축조 지침을 마련한 이래 읍성과 산성에 대한 일대 정리가 행해졌음을 알 수 있게 해주는 대목이다. 당시 읍성 위주로 했지만 소용없는 곳은 산성을 수축하도록 했기 때문에 조선 초기에 있던 읍성도 일부는 없어졌던 것을 알 수 있다.

〈표 4-8〉 조선전기 하삼도 읍성수 비교

구 분	충청도	경상도	전라도	계
세종실록 지리지	15	27	23	65
문종대 정분(鄭苯) 보고	8	17	20	45
신증동국여지승람	17	30	30	77

여하튼 문종대에는 하삼도뿐만 아니라 황해도, 평안도, 함길도의 성곽도 대대적으로 점검되었는데, 하삼도의 읍성 수축은 대체로 세종대에 이전에 축성된 것을 보완하는 성격의 축성이며, 평안도의 경우는 의주나 안주와 같은 주요 거점이 되는 지역을 비롯하여 희천·가산·개천 등의 읍성을 수축하도록 했고, 삼등三登·강동江東 두 고을

을 합하여 삼강현三江縣을 세우고 점차적으로 고을 중앙에 읍성을 축조토록 했으며,[89] 황해도에는 황주에 극성棘城의 수축을 추진하게 되었다.

이러한 조치는 변경에서부터 수도에 이르기까지 이른바 적로賊路로 불리는 예상 침입로에 대해 다중의 방어선을 구축하기 위한 것이었다. 두개의 현을 합병하여 삼강현을 만들고 읍성을 축조토록 한 것은 이 지역을 보다 큰 고을로 만들어 읍성을 수축하고 이를 거점으로 사군지역에서 희천·성천을 거쳐 내려오는 적을 평양이나 수안·신계를 거쳐 개성으로 직진하지 못하게 하고자 한 것이다. 또 황주의 극성은 평양이 함락되거나 삼강을 지나 상원을 거쳐 황해도로 들어올 경우 해주는 한쪽에 치우쳐 있기 때문에 개성으로 향하는 길목을 막지 못하는 상황이기 때문에 그 길목이 되는 황주에 축성을 추진하게 된 것이다. 그러나 황주의 극성 축조는 문종대에 성취되지 못했고, 후에도 계속 추진되어 세조대에는 석재를 모으고, 성종대에는 황주축성사黃州築城使까지 임명하여 추진했으나 흉년과 신하들의 의견 불일치 등으로 끝내 축성을 마치지 못했다.

함길도의 경우는 종전에 벽성으로 되있던 종성·온성 읍성을 점차 석성으로 개축하도록 하고, 길주와 함흥 등지의 읍성도 수축하도록 했으며, 그간 하삼도 연해 중심의 읍성 수축을 추진했기 때문에 제외되었던 강원도 영동 지역의 강릉·평해·간성·고성·양양·흡곡·통천 등 7개 지역에 읍성이 수축되었다.

단종대 이후 세조대에 이르기까지는 수양대군에 의한 계유정란을 비롯한 이징옥의 난, 수양대군의 왕위 찬탈, 단종복위 운동과 단종 유배 및 사사賜死, 이시애의 난 등 정치적 굴곡이 격심한 시기였기 때문에 축성 문제에 대해 크게 관심을 기울일 여건이 되지 못했다. 특히 세종~문종대에 이르기까지 성곽 축조 사업을 적극 주도하여 온 황보인·김종서·정분 등이 수양대군 일파에 의해 모두 제거됨으로써 성곽 축조 사업도 자연히 위축되었다.

이에 문종이 죽은 뒤로는 일부 하삼도 지역에서의 읍성 수축과 보강공사,[90] 양계 지역에서의 일부 읍성의 개축 등을 제외하고는 특별한 것이 없다. 다만 세조는 과거시

---

89 『문종실록』 권6, 문종 원년 3월 을묘.
90 『단종실록』 권2, 단종 즉위년 8월 신유.

험의 책문策文 제목으로 연변과 내지內地의 성보城堡를 모두 쌓으면서도 백성을 곤고困苦하게 하지 않는 방안을 포함시켰던 점으로 보아 궁극적으로는 내지까지 읍성 축조를 의도하고 있었다는 것을 알 수 있다.[91] 그러나 이는 황주 극성의 수축 추진에서도 알 수 있는 바와 같이 강력히 추진되지 못했고, 오히려 병제 개혁과 같은 것에 더 많은 관심을 기울였다. 다만 성곽 관리는 기본적으로 소관 병마절도사가 하되, 매년 순심巡審한 후 수축할 곳을 6월과 12월에 상주하도록 하는 것을 법제화하였다.[92]

(4) 제4시기(성종대)

성종대에 들어서서의 읍성 축조 경향을 보면, 우선 이미 축조된 지 오래되어 퇴락한 곳에 대한 점검과 아울러 연해 지역 가운데 읍성이 없는 곳에 대한 조치가 이루어지게 된다.[93] 성종은 제도 관찰사에게 연변의 성곽 유무와 상태 등을 살피고, 축성할 곳의 완급과 선후를 보고하게 했다.[94] 이러한 조치는 왜인들에 대한 인식에 그 바탕을 두고 있다. 삼포 거주 왜인들에 대한 식량 지원을 줄이면서 왜인들의 불만이 고조되고, 또 불법적인 거주지 이탈로 인한 연안 지역에 대한 노략질 가능성이 높아지면서 연해 지역 성보에 대한 정비 문제가 적극 건의되었다.[95]

이에 성종대에는 청하·강진·울산·창원·밀양·평해·용안·양산·칠원 등 경상·전라도 연해 지역의 읍성을 수축했고, 그 외에도 강원도 삼척·경상도 흥덕·전라도 남원 등지의 읍성을 퇴축하도록 했다. 특히, 경상도의 울산과 창원은 각각 병마절도사영이 있는 곳으로 이곳에 영성營城이 있어 이곳을 입보용으로 사용했기 때문에 별도로 축성을 하지 않았다가 성종 7년(1476) 다시 연변 지역의 축성 문제가 대두되면서 연변의 큰 고을이 읍성이 없어 불편하다고 하여 축성을 결정하게 되었다. 그러나 당시는 특별히 긴급한 상황은 없었기 때문에 흉년에는 역사를 중단하면서 점차적으로 축조하도록 했다.[96]

---

91 『세조실록』 권3, 세조 2년 2월 갑자.
92 『경국대전』 권4, 병전, 성보.
93 『성종실록』 권24, 성종 3년 11월 병신.
94 『성종실록』 권48, 성종 5년 10월 경자.
95 『성종실록』 권36, 성종 4년 11월 기유.

남원성(전남 남원) 통일신라시대에 쌓았으며, 조선초기 네모 반듯한 모양으로 고쳐 쌓았다.

성종대의 읍성 수축은 두 가지 특징이 있다. 하나는 연해 지역이 아닌 내지의 읍성 수축에 큰 관심을 가지고 있어서 개성부성을 비롯하여 청주·남원의 성을 수보修補했다는 것이며, 또 하나는 서북 지역의 의주 축성과 황주의 극성 축조를 적극 추진했다는 점이다. 이는 성종 12년(1481)을 전후하여 명나라에서 개주開州에 진을 설치하고 성보 축조를 추진한 것에 자극된 것이다.[97] 명이 그동안 국경 완충 지대로 남아있던 동북의 변경 지역으로 영토를 확장하려는 움직임을 보이면서 조선은 크게 긴장하게 되었다. 성종 12년 10월 남원군 양성지梁誠之는 중국이 개주에 위衛를 설치하는 것을 적극 반대해야 한다고 하면서 중국의 저의는 알 수 없으니 서북 지역의 성곽을 수축하는 등 대비해야 한다는 주장을 제기했다.[98]

특히, 양성지는 중국과의 관문인 의주성을 비롯하여 창주昌洲·벽단碧團·대삭주大朔州·소삭주小朔州 등의 성곽이 부실하다는 것을 지적하며 지금 곧 수축을 한다면 반드시 부역을 피해 유이流移하는 자가 많아질 것이니 놀고 먹으며 조부租賦를 부담하

---

96 『성종실록』 권67, 성종 7년 5월 병인.
97 『성종실록』 권128, 성종 12년 4월 갑자 ; 『성종실록』 권129, 성종 12년 5월 병신.
98 『성종실록』 권134, 성종12년 10월 무오.

지 않는 승려를 동원하여 수축하는 것이 좋겠다는 의견을 내놓았다.[99]

그러나 문종대부터 추진되었지만 그 성과를 보지 못한 황해도 황주의 극성을 수축하기 위하여 성종 16년(1485)에는 병조판서인 이극균을 황주축성사黃州築城使로 임명하여 공사를 추진했지만 역시 그 성과를 보지 못했으며,[100] 의주읍성의 경우도 축성 사업을 이미 시작되었으면서도 그 결말을 보지 못했다. 이는 서북 지역민의 이탈을 막기 위해 평안도의 요역과 진상품을 줄이고 평안도 연변 10여 성의 수령은 특별히 청렴하고 인애가 두터운 자를 선발하여 보내도록 했으며, 동거하는 자서제질子壻弟姪로서 군보軍保에 들어간 자는 다른 역을 면하게 하는 등의 조치를 취하는 상황에서 의주의 축성 사업을 강력히 추진하여 백성들에게 부담을 가중시킬 수 없었기 때문이었다.[101]

성종대에는 팔도수성사八道修城使를 신설하여 전국의 성곽에 관한 사무를 총괄하게 하고자 했으나 순심巡審할 때 많은 폐해를 끼치고, 각도의 감사가 축성할만한 곳에 대해 오히려 더 잘 알고 있을 터이니 감사에게 위임하는 것이 좋겠다는 의견과 감사는 군민을 모두 다스리고, 절도사는 방어의 중임重任이 있어 별도로 수성사修城使를 보내는 것이 좋겠다는 의견이 대립했다. 성종은 수성사가 직접 갈 필요가 없으니, 종사관을 보내 살펴서 시행하면 무슨 번거로움이 있겠는가라고 하며 축성을 담당할 부서의 설치를 지지했다.[102]

그러나 그 후 기록에 팔도수성사라는 명칭은 보이지 않고, 다만 축성사築城司라는 명칭이 나타나고 있는 것으로 보아 축성을 전담하는 부서로 축성사가 신설된 것으로 보인다.[103] 이 축성사는 후에 중종대에 비변사 창설의 모태가 되었다.[104] 즉, 임진왜란 이후 조선 후기에 있어서 의정부 기능을 대신한 비변사의 시작은 조선 전기의 축성

 99 『성종실록』 권134, 성종12년 10월 무오.
100 『성종실록』 권184, 성종16년 10월 계사.
101 『성종실록』 권229, 성종20년 6월 병진 ; 『성종실록』 권230, 성종20년 7월 정사 ; 『성종실록』 권230, 성종20년 7월 갑자.
102 『성종실록』 권106, 성종10년 7월 을축.
103 『성종실록』 권288, 성종25년 3월 경인.
104 『중종실록』 권28, 중종 12년 6월 신미. "改築城司稱備邊司."

사무를 관장하는 기구에서 출발한 것이었다.

(5) 제5시기(연산군~선조)

연산군대에서 임진왜란 직전까지는 읍성 수축에 큰 변화는 없었다. 다만 중종대에 수십년을 완성하지 못하였던 의주읍성이 완축되었을 뿐이다. 그러나 당시 의주읍성의 축조 공사 추진 여부를 놓고, 대간과 대신들 간에 갈등이 유발되어 한 때는 큰 정치적 쟁점이 되기도 했다. 대신들은 당시 병조판서였던 고형산을 순변사로 보내 축성을 완료하고자 했는데, 대간들은 평안도가 흉년이고 곧 중국 사신이 오기 때문에 그 지대支待에도 번거로울 것이니 축성을 연기하자는 의견이었으나 이는 받아들여지지 않았다. 그런데 25일 만에 끝낸 의주읍성은 불과 3년만에 모두 붕괴되어 이에 대한 처벌 문제를 놓고 정국이 매우 소란하게 되었다. 결국 평안도 관찰사가 파직되고, 감축관監築官들이 처벌되는 것으로 일단락되었지만 이러한 사건은 지방의 관찰사·절도사는 물론 중앙의 조관朝官들에게도 축성에 대한 적극적 주장을 억제하는 요인으로 작용했다.

그러나 선조 24년(1591)경 일본과의 갈등이 증폭되고, 전쟁의 위기감이 고조되면서 조선에서는 영남·호남지역 주요 요충지의 읍성을 대대적으로 수축했다. 특히 경상도에서는 영천·청도·삼가·대구·성주·부산·동래·진주·안동·상주 등 적이 돌입할 것으로 예상되는 지역과 수도로 연결되는 주요 큰 읍의 성곽을 증축, 혹은 수축했다. 그런데 『선조수정실록』에 "크게 하여 많은 사람을 수용하는 것에만 신경을 써서 험한 곳에 의거하지 않고 평지를 취하여 쌓았는데 높이가 겨우 2~3장에 불과했으며 참호도 겨우 모양만 갖추었을 뿐 백성들에게 노고만 끼쳐 원망이 일어나게 했는데, 식자들은 결단코 방어하지 못할 것을 알고 있었다"[105]라고 하는 것에서 알 수 있듯이 당시 읍성의 재정비가 철저하게 이루어지지 않았다.

조선시대에 와서 하삼도 지역에 축조된 읍성은 주로 소규모 집단으로 이루어진 왜구에 대비하기 위한 것이었다. 따라서 낮은 야산이나 평지에 위치한 읍성을 지키기 위해서는 적어도 비슷한 수의 병력이 있지 않고는 수비하기가 어렵게 되어 있었다. 임진

---

105 『선조수정실록』 권25, 선조 24년 7월 갑자.

왜란 당시 대부분의 읍성이 지켜지지 못하거나 방기된 것은 그러한 이유에서였다.

이로 말미암아 임진왜란은 조선시대 축성 정책에 커다란 변화를 가져오게 되었다. 지속적이고 대규모 침입에는 읍성이 적절하지 못하다는 것이 입증되면서 세종대 이후 읍성 위주의 정책은 수정이 불가피해졌다. 이에 임진왜란을 계기로 읍성보다는 산성이 주로 수축되었으며, 읍성과 산성이 모두 있는 지역도 평시에는 읍성에 있다가 전란이 닥치면 산성으로 들어가 수비하도록 했다.[106]

또 광해군 원년(1609)에는 전라·경상도 감사에게 "도내道內의 산성이나 읍성을 막론하고 형편이 지킬만한 곳을 가려서 하나의 큰 진을 만들어 성곽과 기계를 수선하여 군량을 쌓고 군사를 훈련시켜 후일에 반드시 지킬 수 있는 곳으로 삼도록 할 것"을 지시하고 있다.[107] 이는 예전의 읍성이 군사·정치·행정·경제 등 복합적인 기능을 갖는 존재에서 군사적인 기능만을 강조하는 시대로 전환되었다는 것을 의미한다. 이로 말미암아 군사적인 측면에서 기능성이 떨어지는 지역의 읍성은 대체로 방치되게 되는 계기가 되었다고 생각한다.

그렇다면 임진왜란 당시 읍성이 성공적으로 수비되지 못한 것을 단순히 성곽의 부실만으로 설명할 수 있을까? 여기에는 한 가지 무시하지 못할 구조적인 문제가 있다. 즉, 지역 방어 개념이 강한 진관체제가 붕괴되고 제승방략 분군법分軍法이 등장함으로써 사변이 발생하면 각지의 수령은 관내의 병사를 나누어 거느리고 약정된 지역에 가서 중앙에서 파견되는 지휘관을 기다려야 하기 때문에, 자연히 각 고을의 성곽은 군사력이 열세하게 되었다. 이러한 체제는 결국 주민들이 전시에 성내로 들어가는 것을 꺼리게 하는 요인이 되었던 것이다. 임란 당시 읍성을 비워두고 군관민이 모두 산곡으로 흩어져 버린 지역이 많았던 것도 그러한 이유에서이다. 즉, 제승방략 분군법은 각 지역의 군사력을 분산시킴으로써 지역 방어의 구심점인 성곽을 지키기 어렵게 하는 요인으로 작용했고, 또한 읍성 자체가 대체로 형세상 지키기 용이한 곳도 아니었다.[108] 이는 임진왜란 당시 대부분의 읍성이 방기되거나 지켜지지 못한 것에서도 알

106 『선조수정실록』 권206, 선조 39년 12월 정유.
107 『광해군일기』 권17, 광해군 원년 6월 임신.
108 『선조실록』 권206, 선조 39년 12월 정유.

수 있다. 조선 전기 읍성은 대체로 오래도록 외침이 없는 상태가 계속됨에 따라 주로 지방 행정과 경제의 중심지로써 기능했고, 대규모 침입에 대비한 군사적인 기능에는 한계가 있었다고 평가될 수 있다.

3) 읍성의 지역별 분포

읍성은 고려말 왜구의 침입이 극심해지면서 연변 지역 치소에 대한 시급한 방어의 목적으로 축조되었다. 이러한 고려 말의 읍성 축조는 여말선초의 왕조교체라는 격동기에는 사실상 큰 관심을 기울이기 어려웠다. 조선왕조 건국 초기에는 수도를 한양으로 옮기면서 신도 건설과 도성 축조로 전국의 많은 인원이 동원되었기 때문에 사실상 각 지역의 성곽들은 수축할 여력이 없었다. 이에 이 시기에는 우선은 기존의 산성을 이용한다는 방침이었고, 성보 수축을 감사나 수령의 고과조목으로 하기까지 했으나[109] 아직은 본격적으로 일정한 계획 하에서 전국의 성곽을 수축·관리할 상황이 되지 못했다. 따라서 조선 초기에는 일부 지역을 제외하고는 읍성의 경우도 주로 고려 말에 축조되었던 것이 그대로 유지되었다.

그러나 태종대에 들어서 점차 정권이 안정되고, 신도의 기틀도 확립되면서 각도의 주요 지역에 대한 성곽의 수축·개축이 이루어지게 되었으나 읍성의 경우는 대체로 일부 지역을 제외하고는 고려시대의 것을 수리한 정도가 대부분이었고, 세종대부터 점진적으로 읍성 수축이 이루어졌다.

15세기 초반경의 전국적인 읍성 실태를 가장 잘 파악할 수 있는 자료는 『세종실록』 지리지이다. 이 기록에 기재되어 있는 전국의 읍성을 파악해 보면, 한성부와 개성유후사를 제외한 전국 8도의 333개 행정 구역에 있던 읍성은 모두 110개소이다. 이를 도별로 보면, 경기도가 수원 한 곳에만 읍성을 갖추고 있어서 가장 적게 읍성이 설치된 도이며, 함길도의 경우가 전체 21개 군현 가운데 61.9%인 13개소에 읍성이 축조되어 있어서 읍성 구성 비율이 가장 높다. 이는 철령 이북 지역이 고려 말에 복구되

---

109 『태조실록』 권8, 태조 4년 11월 경오.

어 태조 7년(1398)에 이미 경원도호부가 설치되었으나 여전히 야인들의 침구 위험이 높은 지역이었고, 또 야인들에 대한 회유 정책으로 야인들의 왕래가 잦아지면서 동북 역로변의 각 읍치는 대개 야인들에 대한 무력의 위세를 보이기 위한 면도 있었기 때문에 읍성 축조의 필요성이 상대적으로 높았다.[110] 특히 변경 지역의 주민들은 봄~가을까지는 성 밖으로 나가 농사를 짓고, 겨울철에는 읍성, 또는 가까운 진보鎭堡에 입보하는 것이 일상 생활이었기 때문에 이 지역에서 읍성의 설치는 반드시 필요한 것이었다.

또한 나머지 지역의 읍성은 대부분 연해 지역인데, 연해 지역에 이렇게 중점적으로 읍성을 축조한 것은 말할 것도 없이 왜구에 대비한 방비 차원에서 이루어진 것이다. 조선왕조가 개국된 이래 왜구에 대한 강·온의 적극적인 정책에 힘입어 왜구의 침구가 절대적으로 줄어들기는 했지만 완전히 근절되지는 않았고, 산발적인 왜구의 침구가 발생했다. 이에 조선에서는 연해 지역에 대한 보다 항구적인 방비 대책을 추진하게 되었으며 이는 곧 읍성의 수축으로 이어지게 되었다. 따라서 조선 초기의 연해 지역 읍성은 고려 말의 경우와 마찬가지로 기본적으로 왜구를 가상적으로 하는 방비 시설이었다고 할 수 있다.

한편 읍성은 세종대 이전에도 여러 곳에서 축조되었지만 문종대와 성종대에 많이 수축되었다. 특히 이 시대에는 장기 읍성과 같이 종전의 토성이 석성으로 개축되는 경우도 많았다. 16세기 전후의 전국적인 읍성 실태를 파악할 수 있는 자료는 『신증동국여지승람』이다. 이 지리지에 기록되어 있는 읍성수를 파악하여 보면, 한성부와 개성부를 제외한 각도의 읍성수는 총 122개이다. 이 시기의 읍성수에 대해 신영훈이 160개소라는 통계 수치를 제시한 이래,[111] 반영환, 손영식, 심정보 등도 이를 그대로 인용하였는데,[112] 신영훈이 당초에 어떠한 기준으로 읍성수를 파악하였는지 알 수 없

---

110 『태종실록』 권30, 태종 15년 11월 갑진.
111 申榮勳, 「建築」 『한국사 11』, 국사편찬위원회, 1977, 378~379쪽에서는 160개소라고 하는 곳에 주를 달아 『신증동국여지승람』城郭條 이외에 鎭·關·堡 등의 '城數'라고 하고 있으나 당시 8도의 읍성 122개를 포함하여 성곽 항에 실려 있는 전국의 성곽수는 181개(행성은 제외)이며, 關防項에 실려 있는 성곽은 모두 159개(이 가운데 폐지된 곳 7개소)로 총 340개소로 파악된다.
112 반영환, 『한국의 성곽』, 세종대왕기념사업회, 1978 ; 孫永植, 『韓國城郭의 研究』, 문화공보부 문화재

흥양현 읍성(전남 고흥)
조선 초기에 쌓은 읍성으로 세종 23년 이후로 추정하고 있다.

지만 확실히 읍치가 있는 읍성은 122개로 파악된다.[113] 이는 8도의 행정 구역 329개 가운데 37%에 해당하는 지역에 읍성이 있었다는 것이 된다.

한편 『신증동국여지승람』 성곽조에 기록되어 있는 성을 각 도별로 분포를 조사하여 보면, 읍성은 경상도·전라도가 압도적으로 많은 수를 차지하고 있는데, 이는 두 도가 관할하고 있는 행정 구역수가 많기 때문이기도 하지만 두 도는 남쪽 변경을 이루는 지역으로서 이미 조선 초기부터 왜구에 대비한 강력한 군사정책에 의하여 대부분의 연해 지역에 축성이 이루어 졌기 때문이다. 읍성 수축에 관심을 갖고 추진하게 된 것은 왜구를 해안선에서 막아 피해를 줄이고 민력民力을 보호하려는 것으로 일종의 방어정책의 전환이라고 볼 수 있다.[114] 산성으로 들어가 농성하는 방식이 소극적인 방어라면 치소를 둘러싸고 있는 읍성을 지킨다는 것은 적극적인 방어라고 할 수 있다.

관리국, 1987, 62쪽 ; 沈正輔, 앞의 책, 1995, 421쪽.
113 柳在春, 「朝鮮前期 城郭 硏究」, 『軍史』33, 국방군사연구소, 1996 참조.
114 沈正輔, 앞의 책, 1995, 414쪽.

〈표 4-9〉 조선전기 지리지 소재 읍성수 비교

구 분	경기도	충청도	경상도	전라도	황해도	강원도	함경도	평안도	계
세종실록 지리지	1	15	27	23	5	8	13	18	110
신증동국여지승람	1	17	30	30	5	9	14	16	122

위의 〈표 4-9〉에서 알 수 있는 바와 같이 15세기 초반의 상황에 비하여 약 100년 후인 16세기 초반에 이르러 읍성의 전체적인 수는 크게 변하지 않았다. 다만 전라도 지역에 7개소의 읍성이 추가로 생겨나 타도에 비하여 가장 큰 변화를 보이고 있다.

그 후 임진왜란을 계기로 읍성보다는 산성이 중시되어 많은 지역의 읍성이 방치된 것으로 보인다. 임진왜란이 발발했을 때, 전국 각지의 읍성이 별다른 방어 효과를 거두지 못한 것은, 물론 군사 조직 자체의 문란과 와해가 큰 요인이지만 소규모 왜구 침략에 대비한 각지의 연해 읍성은 대규모 왜군의 공세에 적절한 방어 수단이 될 수 없었다. 대개 구릉이나 평지에 축조한 읍성은 소규모의 군사로는 포위할 수 없고, 또 화포나 기타 공성기구(攻城機具)를 갖추지 못한 왜구로서는 쉽게 공략할 수 없었지만 대규모 군사가 공격해 오게 되면 일단 성이 포위되어 출입이 자유롭지 못한데다가 침략군은 여유를 갖고 공성기구를 준비할 수 있기 때문에 읍성에서 농성하는 측에게는 매우 불리한 전투가 될 수밖에 없는 것이다. 임진왜란 당시 유성룡 등에 의해 산성중시론이 새삼 강조된 것은 전쟁 과정에서 읍성이 거의 군사적인 기능을 발휘하지 못한 것에 기인하는 것이다.

3. 산성의 축조와 정비

1) 산성의 수축과 변화

고려말에는 주로 왜구에 대비한 연해 지역의 축성에서부터 시작하여 왜구의 침입이 있었거나 침입의 우려가 있는 내륙 지역에 대한 축성이 대대적으로 이루어졌다.

특히 우왕대에 이르러 왜구가 더욱 극성을 부리자 각 도의 요충지에 방호처防護處를 설치하고 유민을 막으면서 연해 주군에 산성을 수축토록 했다.[115] 당시의 산성 수축은 우선 왜구의 피해를 줄이고자 읍성 등 평지성의 수축을 정지하면서까지 추진되었던 것으로,[116] 급한 현실적 필요성에 의해 이루어진 것이었기 때문에 다음의 『고려사』 기사에서 알 수 있는 바와 같이 견고함을 추구하기보다는 속성 위주였다.[117]

이 당시의 이러한 성곽 수축이 어느 곳에서 어떤 성이 수축되었는지 확인할 수는 없지만 우왕 3년(1377) 7월 여러 도에 관리를 파견하여 산성을 수축하게 했다[118]는 것으로 보아 전국 대부분의 지역에 입보용 산성이 수축되었다고 여겨진다. 이러한 산성들은 예전에는 북방으로부터의 침입에 대비했던 것으로 이 시기에 이르러서는 왜구에 대비한 입보처로 변화하게 되었다.[119]

조선이 개국된 직후에는 도성 축조를 제외하고 외방에 대해서는 평양성을 수축하도록 한 것 외에는 별다른 축성 역사가 없었다. 이는 태조 3년(1394) 곡산부사 전이田易가 상서한 다음의 내용을 보면 대략 짐작할 수 있다.

> 지금 우리 국가에서 제도를 창설하고 법을 만들어 자세한 부분을 다 구비하여 군사를 길러 적군에 대비하는 방법까지 강구하기를 더욱 상세히 했는데도 양식을 저장하는 장소와 군대를 주둔시키는 땅은 대개 모두 그전대로 그냥 있으니……[120]

이 당시는 신도읍지의 선정과 종묘, 궁궐·도성 등 신도의 기반 조성에 전력하고 있었기 때문에 지방 각지에 대한 방비 시설의 점검에는 그다지 관심을 가질 여력이 없었다.

---

115 『고려사』 권133, 열전46, 우왕 3년 2월. 이하의 산성의 축조와 정비에 대한 서술은 유재춘,『韓國中世築城史 研究』, 경인문화사, 2003의 관련 내용을 수정·재정리한 것임.
116 『고려사』 권82, 지36, 병2, 성보, 우왕 3년.
117 『고려사절요』 권30, 우왕 4년 12월 ;『고려사』 권82, 지36 병2, 성보, 우왕 4년 12월 갑자.
118 『고려사절요』 권30, 우왕 3년 7월.
119 車勇杰,「高麗·朝鮮前期 築城의 例」『壬辰倭亂 前後 關防史 研究』, 文化財研究所, 1989, 29~30쪽.
120 『태조실록』 권5, 태조 3년 1월 무진.

성석린 묘(경기 포천)

　　그러나 도성 축조 공사가 진행되면서 조선은 태조 3년에 안주성安州城을 수축했으며, 이어 전국적으로 군병과 성보, 군량 등 군비 점검에 대해 적극적인 조처를 서두르게 되었다. 태조 4년(1395) 11월에는 성보 수축 문제를 감사와 수령의 인사 고과에 포함시키는 조치를 취하여 지방관들의 성곽 수축을 적극 독려했으나 수축된 성곽이 어느 정도였는지는 알 수 없다.

　　태종대에 들어서 정권이 안정되면서 서북면·동북면의 주요 지역은 물론 전국적으로 방비 시설의 구축과 점검이 강화되었다. 특히 변경 지역의 읍성 축조가 진행되면서 산성에 대한 수축과 정비가 대대적으로 이루어지게 되었다. 또 태종 7년(1407) 1월 영의정부사 성석린成石璘이 상서한 시무 20조에서도 산성의 중요성이 특별히 강조되고 있다.[121]

　　이는 전통적으로 우리나라는 잘 훈련된 병법의 구사나 뛰어난 기동력을 발휘하는 기마군에 의한 전투보다는 험한 지대에 구축한 산성에서 웅거하며 상대편의 허실을

---

121 『태조실록』 권13, 태종 7년 1월 갑술.

보아 공수攻守하는 전술이 유리하다는 것으로, 이러한 산성중시론은 소규모의 약탈적 침략보다는 대규모의 가상의 적을 염두에 둔 것이라고 할 수 있다. 이 건의안에 대하여 의정부에서, '위의 조목은 전조前朝의 성시盛時에 여러 번 수축을 더하여 구란寇亂을 피했으니, 지금 각도 관찰사에게 이문移文하여 매양 농한기가 되면 미리 방비하여 튼튼하게 수축하는 것이 어떠합니까?'[122]라고 보고했고, 이는 그대로 시행되었다. 그러나 이 조치는 바로 전국적으로 일괄 실시되지는 않았던 것으로 보인다.

태종 9년(1409) 12월 경상도 경차관敬差官 한옹韓雍이 보고한 내용 가운데 "높고 험한 산성에 물이 있는 곳은 매양 농사 틈을 이용하여 수축하게 하되 3년으로 한限하자"[123] 라고 한 것을 보아 산성 수축이 본격적으로 시행되기 전에 사전 조사가 이루어지고, 각도의 상황·전략적 중요성 등이 고려되어 순차적으로 시행되었던 것이다. 이 건의에 따라 이듬해 2월에는 경상도·전라도 등지의 산성 12개소가 수축되었는데,[124] 이를 보면 다음의 〈표 4-10〉과 같다.

〈표 4-10〉에서 알 수 있는 바와 같이 당시 수축된 산성들은 경상도·전라도에 각각 6개소씩인데, 이러한 산성은 첫째 모두가 둘레 1,000보가 넘는 대형이라는 점, 둘째 규모가 큰 산성이었던 만큼 성이 위치한 산도 규모가 커서 높고 험준한 곳이었다는 점, 셋째 모두가 성의 규모에 이어 수원水源을 나타내는 문구가 이어져 있듯이 당시의 규정상 성내유수처城內有水處로서의 산성이라서 물이 모자랄 염려가 없었다는 점, 넷째는 많은 수의 주민이 한꺼번에 입보할 수 있도록 군창軍倉이 마련되어 있었고, 또 몇 개의 고을이 한곳에 입보할 수 있는 위치에 있다는 점 등이 특징으로 지적되고 있다.[125]

이러한 산성들은 『세종실록』 지리지에 기록되어 있는 산성 111개 가운데 63%인 70개소가 1,000보 이하였다는 점[126]을 감안하면 확실히 평균 이상으로 규모가 큰 산성에 속하는 것들이다. 그런데 중요한 문제는 이렇게 비교적 규모가 큰 산성들이 이

---

122 『태조실록』 권13, 태종 7년 1월 갑술.
123 『태종실록』 권18, 태종 9년 12월 임자.
124 『태종실록』 권19, 태종 10년 2월 병인.
125 車勇杰, 앞의 논문, 1989, 60쪽.
126 柳在春, 「『세종실록』 지리지 城郭記錄에 대한 檢討」, 『史學研究』 50, 韓國史學會, 1995.

도	지역	성 명칭	『세종실록』 지리지 기록
경상도	창녕(昌寧)	화왕산성(火王山城)	화왕산석성, 둘레 1,217보(步), 성안에 천(泉) 9, 지(池) 3. 군창(軍倉) 있음.
	청도(淸道)	오혜산성(烏惠山城)	오혜산석성, 둘레 1,352보(步), 성안에 천(川) 2, 지(池) 3, 정(井) 5. 군창 있는데 밀양·경산 군창을 병입(倂入).
	안음(安陰)	황석산성(黃石山城)	황석산석성, 둘레 1,087보(步), 성안에 계(溪) 1. 군창이 있는데 함양 군창을 병입(倂入).
	선주(善州)	금오산성(金烏山城)	금오산석성, 높고 험준하며 태반이 천험(天險)의 자리에 입지하고 있음. 둘레 1,440보(步), 성안에 소지(小池) 3, 계(溪) 1, 천(泉) 4. 군창이 있는데 개령·약목 군창을 병입(倂入).
	창원(昌原)	염산성(廉山城)	염산석성, 높고 험준함. 둘레 1,073보(步). 성안에 천(川) 1, 계(溪) 1.
	계림(雞林)	부산성(夫山城)	부산석성, 높고 험준함. 둘레 2,765보(步) 2척(尺). 성안에 천(川) 4, 지(池) 1, 정천(井泉) 9. 군창이 있는데 영천·영일 군창을 병입(倂入).
전라도	남원(南原)	교룡산성(蛟龍山城)	교룡산석성, 둘레 1,125보(步). 성안에 천(泉) 6. 소계(小溪)가 있는데 동하(冬夏)에 마르지 않음. 군창 있음.
	담양(潭陽)	금산성(金山城)	금성산석성, 둘레 1,803보(步). 성안에 계수(溪水)가 있는데 동하(冬夏)에 마르지 않으며, 또 천(泉)이 12개 있는데 그중 5개소는 동하(冬夏)에 마르지 않음. 군창 있음.
	정읍(井邑)	입암산성(笠巖山城)	입암산석성, 둘레 2,920보(步). 성안에 계수(溪水)가 있는데 동하(冬夏)에 마르지 않음.
	고산(高山)	이흘음산성(伊訖音山城)	-
	도강(道康)	수인산성(修因山城)	수인산석성(강진현), 둘레 1,396보(步). 성안에 천(泉)이 6개소 있는데 동하(冬夏)에 마르지 않음.
	나주(羅州)	금성산성(錦城山城)	금성산석성, 둘레 1,095보(步). 천(泉)이 5개소 있는데 동하(冬夏)에 마르지 않음. 또 지(池)가 있고, 군창이 있음.

※『태종실록』권19, 태종 10년 2월 병인조『세종실록』지리지의 내용으로 작성됨

시기에 왜 수축되었는가 하는 것이다. 그 지역적인 특성을 감안하면 당연히 이는 대왜방비對倭防備이지만 또 다른 한편으로는 이 시기의 이러한 산성 수축과 관련하여 매우 주목할 만한 사실이 있다.

태종은 1410년 1월 요동을 다녀온 통사 이자영李子英으로부터 타타르[韃靼]가 요

동지역을 침략하고 있는데 명나라 관군이 번번이 패하고 있다는 보고를 받았다.[127] 이에 태종은 의정부 건의에 따라 즉각 양계의 수령을 무재武才가 있는 사람을 보내도록 하고, 충청도의 성들도 사람을 보내 터를 살핀 다음에 수축하면 일이 늦어질 것 같으니 즉각 관찰사가 보고한 대로 성을 쌓도록 했다. 또한 수도권 지역 거주민의 산성 입보를 염두에 두었음인지 성산군星山君 이직李稷으로 하여금 광주의 일장성日長城[128]에 대한 수축의 가부를 살펴보도록 지시했다.

그러나 어떠한 이유에서인지 곧 연해 지역을 제외한 나머지 축성 역사를 정지하도록 하고, 광주의 일장성도 수축하지 말도록 했다.[129] 그런데 그 조치가 있은 지 40여 일이 지난 후 경상도·전라도의 12개 산성의 수축이 완료되었다. 이는 아마 그 해 2월을 전후하여 있었던 명 성조成祖의 타타르 원정이 영향을 미친 것이다. 즉, 명나라의 동북 지역 타타르 원정으로 인해 명에게 패한 타타르군이 조선으로 밀려올지 모른다는 우려 때문이었다.

이는 비슷한 시기에 서북 지역의 성주成州 흘골산성屹骨山城을 비롯하여 자주산성慈州山城·덕주산성德州山城·삭주성朔州城·양덕현성陽德縣城·강계부성江界府城과 옛 운주雲州의 백벽산성白壁山城, 옛 수주隨州의 향산성香山城 등을 수축했으며, 의주에는 지난해의 역사에 이어 의주성 삼문三門과 궁가宮家의 단장短墻을 만드는 등 여러 지역의 성곽이 축조 또는 수축되었다는 사실과도 관련이 있다.[130]

이러한 산성 수축은 태종 13년(1413) 7월에 이르러 각 도道의 각 고을 3, 4식안에 하나의 산성을 수축하고 군창을 설치하도록 하는 조치로[131] 더욱 구체화되게 되어 변경과 내지를 막론하고 산성을 중심으로 한 입보 방비 체제의 완비를 지향하게 되었다. 산성은 열세인 군사력을 보완해 줄 수 있는 방비 시설이기도 했지만 지역의 거주민들을 모두 모아 총력전을 벌이기 위한 방책이기도 했다.

태종 13년 7월 의정부에서 올린 변방 방비에 대한 건의를 보면, 유사시 산성으로

---

127 『태종실록』 권19, 태종 10년 1월 신사.
128 남한산성을 말함.
129 『태종실록』 권19, 태종 10년 1월 병술.
130 『태종실록』 권19 태종 10년 3월 병신.
131 『태종실록』 권26 태종 13년 7월 무술.

금오산성 대혜문(경북 구미)

남녀노소를 막론하고 모두 입보시킴으로써 장정들이 도피하는 것을 막아 지역의 거주민들이 총력전을 하도록 해야 한다고 하고 있다.[132] 이는 유사시에 가족들을 모두 입성시킴으로써, 결국 병사들로 하여금 가족의 생명을 지키기 위하여 결사 항전하도록 하기 위한 것이었다.

당시 이 전국적인 산성입보 방어체제 추진이 양계와 풍해도에서 먼저 시작하도록 한 것을 보면 우선적으로 북방의 위협에 대처하고자 하는 것이었다. 더구나 이 시기에 이러한 전국적인 산성 수축을 추진하게 된 것은 조선을 중심으로 한 동북아시아의 정세가 매우 급진전되어 전쟁의 위기감이 한층 고조되었기 때문이었다. 특히 태종 13년 3월 명나라에 하정사 일행으로 갔다가 돌아온 통사 임밀林密이 중국에서 병선 1만 척을 동원하여 정왜征倭하겠다고 했다는 매우 놀라운 소식을 전하게 되자,[133] 조선은 이에 대한 대책에 부심하게 되었다. 중국의 정왜가 현실화된다면 명군은 반드시 조선

---

132 『태종실록』권26 태종 13년 7월 무술.
133 『태종실록』권25 태종 13년 3월 기해.

덕주산성 덕주루(충북 제천)

땅을 거치게 되어 조선은 실로 막대한 피해를 입을 것은 명약관화한 일이었기 때문이다. 더구나 명이 조선에 대한 침략 의도를 갖고 있을 수도 있다는 의구심에 이르러서는 더욱 다급한 문제였다.

또한 조선에서는 명의 원정으로 과거 고려시대 홍건적의 내침처럼 패군敗軍이 밀려올 수도 있다는 우려를 갖고 있었지만 명나라에 대해서도 큰 의구심을 가지고 있었다.[134] 이에 곧 이조판서 이천우를 서북면 도체찰사로 삼아 성보와 무비武備 상태를 순심하도록 했으며, 또한 이미 계획한 전국적인 산성입보 방어체제 구축의 실행을 위해 각도에 경차관을 파견하여 군기 점검 및 군자의 수납, 화곡禾穀의 손실 조사 등과 함께 각 고을의 산성 옛 터로서 수리할 곳과 새로운 터로 조축造築할 곳을 살피도록 했다.[135]

이러한 태종대의 산성 수축 정책은 고려말 왜구를 피하여 입보했던 대규모 산성들에 대한 입보제를 다시금 강화하는 조처[136]이기도 하지만 다른 한편으로는 명의 대외

---

134 『태종실록』 권26 태종 13년 7월 계묘.
135 『태종실록』 권26 태종 13년 8월 무오.

정양산성 동북성벽(왕검성, 강원 영월)
삼국시대 산성인데 고려~조선초까지 확장·수리되었다.

원정과 명에 대한 의구심, 정왜설로 인한 위기감 고조가 태종대에 전국적으로 대대적인 산성 수축을 추진한 주요인이라고 생각한다. 이는 태종 13년 9월 의정부에서 전라도·충청도 안에 축성하는 곳이 13군데인데, 이제 대가大駕가 순시 왕림하고 중국에서 변란도 없으니 잠정적으로 축성 역사를 정지하자고 건의하고 있는 데서도 짐작할 수 있다.[137]

그 후에도 중국의 북정北征과 가뭄으로 인한 야인들의 노략질 가능성이 높아짐에 따라 양계 지역의 성곽 수리와 저곡儲穀 등이 강조되었으며,[138] 취각법吹角法 등 비상동원 훈련을 강구하고, 양계 지역의 산성을 농한기에 수축하도록 했다.[139] 그리고 해도찰방을 각도에 파견하여 군기와 마필의 점검을 비롯하여 수령으로 성곽을 수리하지

---

136 車勇杰, 앞의 논문, 1989, 61쪽.
137 『태종실록』 권26, 태종 13년 9월 신묘.
138 『태종실록』 권27, 태종 14년 6월 무신.
139 『태종실록』 권27, 태종 14년 6월 신유.

않은 자를 논죄할 것을 지시하고 있다.[140] 특히 태종 14년 8월에는 평안도에 신유정 辛有定을 도안무사로 파견하여 여러 현안 문제를 조치하도록 하는 한편, 평안도·영길 도의 여러 읍성과 함께 평안도 옛 수주隨州의 청산성靑山城, 무산無山의 약산성藥山城 을 쌓도록 했는데, 이는 부근에 있는 여러 주군의 군량을 모두 옮겨다 저장하고자 한 것이었다.[141] 이러한 일련의 조치는 산발적이고 규모가 작은 왜구나 야인의 침략에 대비한 것이라기보다는 아무래도 중국의 군사 행동에 대비하는데 비중을 둔 것이다. 이후에도 태종 14년 11월 이조참의 허조許稠를 평안도에 보내 여러 산성을 상세히 살피고 오도록 했고, 세종 2년에는 이미 태종초에 내려졌던 농한기를 이용한 산성 수축 지시를 더욱 엄격히 거행하도록 하는 등 세종 초년까지도 산성 수축은 중요한 정책으로 추진되었다.

그런데 세종 11(1429)년 최윤덕이 성곽 축조 조건을 마련하면서 종전의 산성 중심의 방비체제는 읍성 위주로 전환하게 되면서 산성의 수축은 퇴조하게 되었다. 물론 읍성 위주의 축성 정책을 추구했지만 이후로 전혀 산성 수축을 하지 않은 것은 아니며, 산성과 읍성 중 어느 성을 주로 운영할 것인가에 대한 여러 논란이 있었다.[142] 그러나 세종 8년(1426)에 편찬된『경상도지리지』와 예종 원년(1469)에 편찬된『경상도속찬지리지』에 기재되어 있는 산성에 관한 사항을 비교하여 보면 대체로 세종 16년을 고비로 산성이 점차 혁파되어 없어졌다.[143] 이러한 이 당시 산성 폐지는 평화 시기가 이어지면서 산성의 유지 자체가 주민들에게 불편을 초래함으로써 각 지방에서 읍성의 유지를 선호하게 되었던 이유도 있다. 이후 산성은 일부를 제외하고 대부분 방치되어 갔다.[144]

그러나 문종대에 들어서 북방에서 새로운 변화가 일어남으로써 방어 시설 정비가 추진되었다. 몽골 후예인 오이라트에 새 지도자 에센也先이 등장하면서 크게 세력을 떨치고, 그가 피살된 후에는 동북지역의 타타르가 흥기하여 북방의 정세가 불안정해

140 『태종실록』 권28, 태종 14년 8월 정미.
141 『태종실록』 권28, 태종 14년 8월 을묘.
142 『세종실록』 권127, 세종 32년 1월 신묘.
143 車勇杰, 『高麗末·朝鮮前期 對倭 關防史 硏究』, 충남대학교 박사학위논문, 1988, 58~64쪽.
144 『문종실록』 권4, 문종 즉위년 10월 경진.

졌다. 이에 문종은 일단 평안도의 행성과 읍성의 수축은 일단 정지하고 읍성 중 퇴락하고 부실한 곳을 시급히 수리하게 하고,[145] 평안도·황해도·함길도 등 북방 지역의 산성을 대대적으로 살펴 수리·수축하도록 했다.

황해도의 경우는 평산의 산성[146]과 서흥의 산성,[147] 해주의 지성산성池城山城[148] 등이 수축되었으며, 평안도에는 용강산성을 비롯하여 곽산의 능한산성, 자산산성, 덕천산성, 성천산성, 함종산성 등에 국고를 설치하고 각기 본읍과 인근 지역의 조세 및 왕년의 환자미곡還子米穀을 수송하여 들이도록 했다.[149]

그러나 이러한 조치들은 특수한 상황에서 취해진 것이며, 조선 전기의 후반으로 내려오면서 점차 방치되어 퇴락하게 되었다. 성종 5년(1474) 사헌부 대사헌 이서장李恕長이 상소한 내용에 바닷가 여러 고을의 성들이 수축하지 아니한 것이 많고, 내지內地의 산성도 또한 모두 폐기되어 허물어졌으며, 평안도 전체와 청천강 서쪽의 여러 고을은 엉성하여 보장堡障이 없다고 한 것을 보아도 충분히 짐작할 수 있다.[150] 또한 명백히 산성의 수가 줄어들었음은『신증동국여지승람』등 지리지에 기록되어 있는 성곽 기록에서도 확인된다.[151] 점차 단계적으로 산성이 폐지되고 읍성 축조 위주로 변화하게 된 것이다. 그렇다면 이 시기에 이러한 축성 정책의 변화를 가져오게 된 동기는 무엇일까? 이는 산성의 폐지가 왜 나타나게 되었는가와 직접 관련이 된다. 산성 폐지의 이유에 대해 기록하고 있는 경우를 보면, 공산성의 경우 성내가 위험하여 수호하기 매우 어렵다는 점이 지적되고 있으며,[152] 달로산성達老山城의 경우는 성내가 좁고

---

145 『문종실록』권2, 문종 즉위년 7월 신유.

146 평산의 태백산성으로,『문종실록』권7, 문종 원년 5월 임인에 의하면 둘레가 5,218척이며, 우물은 물의 근원이 모자라고, 문은 넷인데 무너졌으며, 敵臺는 여섯이며 擁城은 없고, 國庫도 없다고 되어 있다.

147 황해도 서흥현의 大峴山城으로,『문종실록』권7, 문종 원년 5월 임인에 의하면 둘레가 11,119척인데, 문은 둘인데 무너졌으며, 적대·옹성은 없고, 두 냇물이 길게 흐르며, 黃州·鳳山·遂安·谷山·新溪·牛峯·兎山·瑞興의 國庫가 들어가 排設되어 있다고 하고 있다.

148 『문종실록』권7, 문종 원년 5월 임인에 의하면 둘레가 11,051척인데, 성의 높이는 9척 또는 5, 6척이며, 무너진 곳은 모두 3,662척이며, 문은 둘인데 무너졌으며, 적대는 열 둘이며, 옹성은 없고, 시냇물이 하나이고 샘이 넷인데 물의 근원이 넉넉하며 국고는 없다고 기록되어 있다.

149 『문종실록』권8, 문종 원년 7월 병진.

150 『성종실록』권48, 성종 5년 10월 경술.

151 柳在春, 앞의 논문, 1996, 92~97쪽.

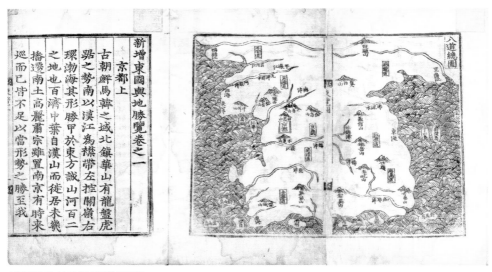

신증동국여지승람(국사편찬위원회)

인구가 많지 않다는 점을 거론하고 있다.[153] 이에 관리상의 어려움이 산성의 폐지를 촉진하였을 것으로 생각된다. 거주지와는 동떨어진 험준한 산속에 위치한 산성을 출입하며 관리해야 하고, 특히 창고가 있음으로 하여 수호군守護軍의 배치도 불가피했을 것으로 보인다. 또한 정기적으로 창고의 군량을 교환해야 하고, 또 군기軍器를 관리해야 하였으니 이러한 번거로운 일들이 관아와 가까운 곳이 아닌 깊은 산중에서 행해지게 됨으로써 많은 불편이 있었던 것이다. 그러나 산성의 폐지가 단순히 산성을 이용하는데 대한 불편 때문이라고는 볼 수 없다. 이는 시대적 상황이 변함이 따라 산성의 유지가 불필요하게 되었기 때문이다. 즉, 산성은 왜구보다는 북방에서의 대규모 침략에 대비한 것이었으나 그 위험 요소가 점차 소멸했기 때문이다. 조선 초기에는 명과의 관계가 그다지 원만하지 못했을 뿐만 아니라 오히려 명이 조선의 영토를 침범할 지도 모른다는 의구심을 가지고 있었다. 특히 대외 원정에 적극성을 보였던 영락제는 조선으로 볼 때는 더욱 경계의 대상이었다. 또한 타타르가 명과 대적하는 상황이었기 때문에 또 하나의 위험 요소가 되고 있었다. 이러한 상황에서 조선은 대외적

---

152 『慶尙道續撰地理誌』義興縣, 山城古基.
153 『경상도속찬지리지』盈德縣, 산성고기.

평안도	용강현	안시성	12,580척	○	○	○
	창성도호부	청산성	5,448척	-	○	○
	곽산군	능한산성	6,913척	○	○	○
	성천도호부	흘골산성	3,510척	-	-	○
	덕천군	금성	3,125척	○	-	○
	자산군	자모산성	12,733척	○	-	○
	양덕현	양암성	1,637척	○	-	○

〈표 4-14〉 조선전기 지리지에 수록된 산성 수

구 분	경기도	충청도	경상도	전라도	황해도	강원도	함경도	평안도	계
세종실록지리지	5	27	31	11	4	15	11	7	111
신증동국여지승람	1	9	11	5	3	2	3	7	41

※ 도별 행정구역의 변천은 고려하지 않았음.

16세기 경의 산성수는 다음의 〈표 4-14〉에서 알 수 있는 바와 같이『세종실록』지리지에 기록된 수에 비해 대폭 감소되었다. 이러한 산성 수의 감축은 조선 초기에는 대체로 산성 위주의 방어 정책을 유지하였으나 세종 11년 병조판서였던 최윤덕이 성곽 축조의 조건을 만들면서 점차 읍성 중심의 정책으로 전환하게 되었다.[157] 이에 따라 전국의 성들은 일대 정비를 보게 된 것으로 생각된다. 종전에 있던 성곽 가운데 산성이 반드시 필요치 않은 곳을 폐철하고 읍성을 축조하도록 한 것이다.

또『세종실록』지리지에는 읍성과 산성을 모두 갖춘 지역이 모두 26개 지역에 달했으나『신증동국여지승람』에는 9개 지역으로 감소되게 되는데, 이것도 가급적 산성을 폐철하고 읍성을 유지하는 쪽으로 정비되었기 때문이다. 그리고 전국의 산성 총 41개 가운데 90%가 넘는 37개에는 군창이 갖추어져 있었는데, 이와 같은 것은 세종대 이후 산성수를 줄이면서 종전에 군창을 갖추지 못한 산성을 우선 폐철하였다는 것을 의미한다.

---

157 『세종실록』권43, 세종 11년 2월 병술. 병조판서 최윤덕이 각 고을의 성을 축조할 조건을 보고한 가운데 상세히 나타나 있다.

4. 영진보성(營鎭堡城)의 축조와 정비

영진보성은 지방 육수군陸水軍의 지휘관이라고 할 수 있는 절도사나 절제사, 첨절제사, 만호, 권관 등이 상주하는 곳에 축조한 성으로 절도사나 절제사가 있는 영의 경우는 조금 다르지만 첨절제사나 만호·권관이 지키는 진보의 경우는 대부분 변경이나 연해 지역에 위치했다.[158]

진보성은 조선시대에 와서 새로 축조된 것은 아니었다. 이미 고려시대 이전부터 연변 지역에 다수의 진보가 구축되어 북쪽 변방지역은 많은 성과 보를 배치하여 변방지역을 감시·방어하였고,[159] 고려말에는 설장수가 왜구에 대비하여 연해 지역에 대한 성보를 만들 것을 주장하기도 했다.[160] 이는 지역 사정에 따라 30리, 혹은 50리마다 200~300호를 단위로 성보를 축조하여 관리함으로써 연해 지역민의 자체적인 방어 수단이 될 수 있도록 하자는 것이다. 특히 형세가 평이한 곳을 택하여 축조하자는 것으로 볼 때 이러한 성의 성격은 대규모 침략에 대비하려는 것이 아니라 소규모의 왜구 침입에 대비하려는 것임을 알 수 있다.

즉, 연해 지역민이 쉽게, 신속히 입보할 수 있도록 하려는 것이었다. 이러한 논의는 즉시 수용되어 시행되지는 않았지만 연해 지역에 배치한 영진이나 읍성에서 멀리 떨어져 있음으로써 유사시 보호를 받기 어려운 거주민을 위한 것이었다. 이와 유사한 주장은 고려말 조준의 시무책에서도 나타나며,[161] 신진사대부들이 정권을 장악한 공양왕대에 이르러서는 일부지역에서나마 실시되었던 것으로 파악되고 있다.[162]

조선시대에 들어서도 연변 지역에 대한 수어 문제는 여전히 큰 과제였다. 국내외적 상황이 안정되고, 읍성이 축조되어 각 연변 지역도 점차 평온을 회복하게 되면서 진

---

158 이하 영진보성의 축조와 정비에 대한 서술은 유재춘, 앞의 책, 2003의 관련 내용을 수정·재정리한 것임.

159 車勇杰, 앞의 논문, 1988, 141쪽.

160 『고려사』 권112, 열전 25, 설손 부 장수.

161 『고려사』 권118, 열전31, 조준, "修立城堡 屯聚老弱 遠斥候 謹烽火 居無事時耕耘魚鹽 鑄冶而食 以時造船 寇至淸野入堡而水軍擊之 自合浦至義州 皆如此則不出數年 流亡盡還鄕邑 而邊境州郡旣實 諸島漸次而充 戰艦多而水軍習 海寇遁而邊郡寧 漕轉易而倉廩實矣."

162 車勇杰, 앞의 논문, 1988, 142쪽.

이나 읍에서 멀리 떨어져 있는 곳의 비옥한 토지가 많이 개척되고 그에 따라 인구도 점차 조밀하게 되었다. 또한 고려 말 왜구로 인하여 내륙으로 이주하거나 산성에 입보하였던 연해 지역의 주민들이 다시 향리로 되돌아가면서 비옥한 지역이 급속히 개척되자 정부는 이들을 보호할 방안을 강구하게 되었다.[163] 즉 읍성이나 진성鎭城만으로는 연변 지역 거주민을 충분히 보호할 수 없었다. 이에 읍성이나 진성에서 멀리 떨어진 곳으로써 인구가 밀집된 취약 지대에 규모가 작은 보를 마련하여 수졸戍卒을 파견하거나 거주민의 입보처를 삼아야 했다.

진보성이 절실히 요구되는 곳은 주로 하삼도 연해 지역과 양계의 변방 지역이었다. 연해 지역의 경우 쓰시마 정벌 직후 유정현柳廷顯이 바닷가 각리에 30~40호 단위로 둔屯을 만들고 둔성屯城을 쌓아 주민을 입보케 할 것을 제의했고,[164] 세종 16년(1434)에는 각도 연변지역의 병선이 정박하는 곳 외에는 30리를 넘지 않게 책보柵堡를 설치하여 대비하고 만일 적이 상륙하면 서로 구원하도록 했다.[165] 그러나 당시는 읍성 축조가 한창 진행되고 있었던 시기인데다가 읍성도 아직 완전하게 구비되지 못한 상황에서 30리를 한계로 많은 책보을 만들지는 못했을 것이다.[166] 그로부터 얼마되지 않은 세종 24년(1442)에는 연해 지역의 책보에 대한 규식이 마련되었다.[167]

책보의 필요성은 양계의 변지邊地에도 마찬가지였다. 특히, 태종대 이후 야인 침입이 격화되면서 변지 거주민의 보호를 위한 축성·설책設柵이 절실했는데, 읍성·진성만으로는 광활한 지역의 거주민을 모두 보호할 수 없었기 때문에 야인이 침입하는 요충지나 기타 읍성에서 멀리 떨어진 곳에 책보를 축조했다. 이러한 양계 변지의 책보가 조선 초기에 어느 정도 되었는지는 알 수 없으나 『세종실록』에 유사시 변방 주민들을 입보하도록 한다는 기록이 자주 나타나는 것으로 볼 때, 많은 책보가 축조되어 있었다는 것을 알 수 있다.[168]

---

163 車勇杰, 앞의 논문, 1988, 142쪽.
164 『세종실록』 권4, 세종 원년 7월 신미.
165 『세종실록』 권64, 세종 16년 6월 갑자.
166 車勇杰, 앞의 논문, 1988, 143쪽.
167 『세종실록』 권97, 세종 24년, 8월 신묘.
168 『세종실록』 권22, 세종 5년 12월 무오 ; 『세종실록』 권23, 세종 6년 1월 임오 ; 『세종실록』 권26, 세

세종 9년(1427)에 전좌군동지총제 박초朴礎는 변지 수어守禦방안으로 변지 거주민들을 조직화하여 둔을 만들고 각 둔마다 견고한 목책을 설치하여 대비하도록 하자고 건의했다. 이는 이전의 임기응변적인 보堡의 설치에서 한 단계 발전하여 계획적이고 체계적인 설보책設堡策을 추구한 것이라고 할 수 있다. 세종 11년을 전후하여 적극 추진된 연해 읍성에 대한 계획적인 축성 정책과 맥을 같이 하는 것이라고 할 수 있다.

『세종실록』 지리지에서는 각지의 영진보성營鎭堡城에 대해서도 기록했는데, 이를 보면, 영성營城의 경우는 경상도의 좌도영성左道營城(울산)과 병마절제사영성兵馬節制使營城(창원), 내상석성內廂石城(강진) 3개소만 기록으로 나타나며, 진보성鎭堡城으로는 하서지목책下西知木柵(경주)·해제목책도니성海際木柵塗泥城(함평) 등 20여 개소가 나타난다.[169]

이 가운데 전라도 보성군의 남양 양강역陽江驛 목책도니성木柵塗泥城과 강원도 삼척 도호부의 옥원성沃原城은 역에 축조한 특이한 사례의 성인데, 기본적으로는 읍성에서 멀리 떨어진 취약 지대의 거주민 보호와 역을 통하여 운송되는 물자 집산처의 보호를 위한 보의 성격을 갖는다고 할 수 있다. 『세종실록』 지리지에 기록된 영성과 보를 보면 다음의 〈표 4-15〉과 같다.

다음의 〈표 4-15〉에서도 알 수 있는 바와 같이 조선 초기의 진보성은 대체로 목책성이었다. 이는 목책은 공역을 적게 들이고 쉽게 설치할 수 있었기 때문이며, 특히 양계 변방 지역의 경우 방어선이 유동적이고 완전한 안정을 정착시키지 못한 상황에서 많은 공역을 들여 석성을 축조했다가 적에게 탈취 당하게 되면 성을 쌓아 적에게 주는 것이 되기 때문이기도 했다.

그러나 세종 연간에 이르러 점차 양강兩江을 경계로 하는 방어선이 고정화되면서 보다 견고한 석보石堡를 축조하는 것이 필요하게 되었다. 세종 18년(1436) 병조에서는 변방의 안정을 기다려 점차 석보로 개축할 것을 건의하여 시행하도록 했다.[170] 같은 해 6월 4품 이상이 올린 외적에 대한 제어책에서도 속히 변지에 석보를 쌓을 것을

종 6년 10월 계해 ;『세종실록』 권26, 세종 6년 11월 갑신 ;『세종실록』 권67, 세종 17년 3월 경자.
169 『세종실록』 권153, 지리지 참조.
170 『세종실록』 권72, 세종 18년 6월 갑진.

道	부목군현	성 명칭	둘레	비 고
경상도	울산군	좌도영성	622보(步)	1426년 군치를 성내로 옮김
	창원도호부	병마절제사영성	588보	합포에 있음
	경주부	하서지목책	730척(尺)	
전라도	강진현	내상 석성	561보 有奇	
	함평	해제목책도니성	143보 2척	
	장흥도호부	두원목책도니성	80보	
	순천도호부	여수목책도니성	143보	
	보성군	양강역목책도니성	83보	남양에 있음
황해도	해주목	병마도절제사영		해주목 읍성내에 있음
	옹진현	회산목책	136보	
	장연현	웅심리목책	122보	
강원도	삼척도호부	옥원역토성	181보	
평안도	벽동군	목책	571보	
	여연군	소보리구자목책	132보	
함길도	경원도호부	고랑기목책	166보	
		청암목책	300보	
		부리하목책	201보	
		용성목책	275보	

건의하고 있다.[171] 그해 7월부터 평안도 변지에 대한 석보 공사에 대해서 본격적인 논의가 적극 수용되었지만 여전히 그 필요성과 추진의 완급에 대해서는 논란이 있었다.[172]

그러나 양계 변지에 대한 석보 축조 방침이 곧 이어 행성 축조 추진과 맞물리면서 공사의 선후를 놓고 논의가 계속되었다.[173] 세종은 행성 축조에 대한 강한 의지를 가

---

171 『세종실록』권73, 세종 18년 6월 계미.
172 『세종실록』권74, 세종 18년 7월 임인 ;『세종실록』권85, 세종 21년 6월 임인.
173 『세종실록』권94, 세종 23년 11월 갑인 ;『세종실록』권94, 세종 23년 11월 을묘 ;『세종실록』권 94, 세종 23년 윤11월 기사 ;『세종실록』권94, 세종 23년 윤11월 경오.

지고 있었기 때문에 연변 거주민 보호를 위한 석보 공사를 미루는 대신 이숙치의 건의에 따라 만호를 증설 배치하고 자성·만포에는 북방 군사를 늘려 방비를 강화하도록 했다.[174] 양계의 보성堡城은 그 후 행성을 축조하는 과정에서 요충이 되는 지역을 중심으로 다수가 동시에 축조되었다.

한편, 연해 지역의 책보 설치는 양계 변지에 비해 적극 추진되지 못했다. 세종 말년부터 태안·거제도·울산·경주·웅천 등지에 책보의 축조가 추진되었으나 큰 성과는 없었다.[175] 이후 세조대에 거제현의 남쪽과 조라포 서쪽 해변의 장문場門과 울산 유포, 웅천 등 연해 지역에 대한 석보 축조가 부분적으로 이루어지게 되었고,[176] 성종 8년(1478)까지는 순천의 여수석보가 완성되었다.

이러한 15세기 후반의 석보는 이전의 목책과 같은 임시·응급적 방비 시설이 보다 견고한 석성으로 바뀐 것이었는데, 성종 9년 연해지역에 석보를 증설하는 문제에 대하여 정창손, 한명회 등은 당초에 석보를 만들게 된 것은 왜구가 돌입할 때 그 예봉을 피하고자 한 것이지 주변의 연해 거주민을 모두 입보시키려는 것이 아니라고 하여 석보 증설을 반대했다.[177]

그렇지만 연해의 석보가 읍성의 기능을 보완하는 측면이 있었던 것은 명백하다. 다만 위의 인용문에서도 지적하고 있는 바와 같이 석보에는 본진에서 군사를 차출하여 배치함으로써 본진의 군세가 약화되는 결점이 있었고, 이미 한정되어 있는 군액에서 별도의 군사를 증액하는 것은 간단한 문제가 아니었다. 세조대에 울산진의 류포석보·웅천진의 석보 등을 신설하면서 군사 4,395명을 증원하여 배치하게 됨으로써 각 고을에서는 군액을 충당할 수 없어 인리人吏·일수日守와 수륙군水陸軍의 자손을 군사로 정하게 되자 큰 사회적인 동요가 있었던 것에서도 그러한 문제점이 이미 명확히 노출되었다.[178]

---

174 『세종실록』 권95, 세종 24년 1월 계미.
175 차용걸, 앞의 논문, 1988, 144~145쪽.
176 『세조실록』 권9, 세조 3년 9월 무자 ; 『세조실록』 권14, 세조 4년 10월 계해 ; 『세조실록』 권14, 세조 4년 11월 계사.
177 『성종실록』 권94, 성종9년 7월 기묘.
178 『세조실록』 권14, 세조 4년 11월 계사.

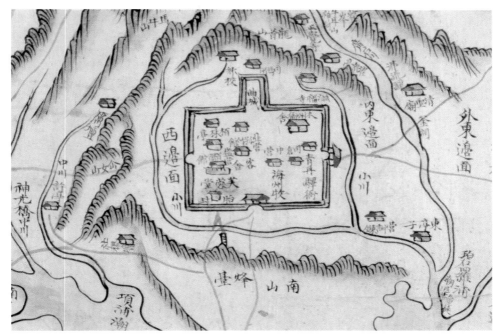

〈그림 4-1〉『해동지도』에 그려진 해주목 읍성(규장각한국학연구원)

성종대에 들어서 뚜렷한 변화는 수군 영진에 대한 축성이었다.[179] 수군은 원칙적으로 병선에 승선하여 해상에 왜적을 막아야 하였는데, 왜구가 점차 소멸되면서 이러한 원칙은 잘 지켜지지 않게 되었다. 이에 만호·천호들이 영사를 두는 폐단이 이미 15세기 전반에도 나타나고 있어서 수군의 진영에는 군량이나 소금을 보관하여 두는 작은 규모의 막사 이외엔 두지 못하게 했고, 다만 군기, 화약 등 군사물자를 보관하기 위한 성보·목책·토루 등은 허락되었다.[180]

그러나 성종 5년(1474)에는 대사헌 이서장李恕長에 의해 만호들이 선상에 있지 않고 불법인줄 알면서도 사적으로 영사營舍를 가지고 있는 현실을 인정하여 만호의 방어처에 여사廬舍의 설치를 허락하자는 주장이 대두했다.[181] 성종 15년 10월에 이르러

---

179 이에 대하여 차용걸은 육군에 의한 방어 시설로써 읍성과 책보가 설치된 뒤에는 수군에 의한 방어 시설이 갖추어지는 단계로 이어졌다고 파악했다(차용걸, 「행성·읍성·진성의 축조」『한국사 22』, 국사편찬위원회, 1995, 193쪽 참조).
180 차용걸, 앞의 논문, 1988, 149쪽.
181 『성종실록』 권48, 성종 5년 10월 경술.

서는 사헌부집의 조숙기曹淑沂가 만호가 있는 곳에 성보를 마련하자고 주장하자 홍응
洪應이 찬성하고 왕도 대신을 보내 긴급하고 요충이 되는 곳의 설보처設堡處를 살펴
정하는 것이 옳다고 함으로써 수군만호 주재처에 대한 축성이 진전을 보게 되는 중요
한 계기가 되었다. 물론 대신들 가운데 수군 영진에 축성하는 것은 신중을 기해야 함
을 역설하기도 하고, 또 극력 반대하는 사람도 있었으나[182] 결과적으로 11월에 이르러
홍응을 보내 전라도·경상도의 연해 여러 포浦에 설보設堡할 곳을 살펴 정하도록 했
다.[183] 이듬해 1월에는 우의정 홍응을 경기·충정·전라·경상 등 4도순찰사로 삼아 경
상우도와 전라좌도 지역 가운데 설보할 곳을 살펴 수축하도록 했다.[184]

이러한 수진水鎭에 대한 축성은 성종 16년(1485) 3월 이전에 이미 전라도 6개소와
경상도 9개소에서 역사가 시작되었으며,[185] 성종 17년~22년 사이에 제포성薺浦城을
비롯하여 23개소의 수군진성이 완공되었다.[186] 그 상황을 보면 다음의 〈표 4-16〉과
같다.

이 시기에 축성책에 있어서 하나의 특징은 성고城高와 감축관리監築官吏에 대한 명
확한 규정을 강조한 점이다. 하삼도 여러 포진浦鎭에 축조한 성은 성벽의 고저를 정한
제도가 없었으나 이 시기에 포백척 15척으로 규정하고 있으며, 5년이 안되어 성이 무
너지면 공사를 감독한 관리를 파출하도록 한 기존의 법에 대해서도 무너진 곳의 다과
를 따져 15척 이상이 무너진 것은 사유赦宥 이전이라도 파출하며, 10척 이하는 율에
의해 죄를 묻도록 했다.[187]

이 당시의 축성은 경상우도와 전라좌도 관하 수군 진영의 모든 만호영을 대상으로
이루어졌다. 그러나 전라우도에는 한 곳도 축성이 이루어지지 않았고, 경상좌도의 경

182 『성종실록』 권171, 성종 15년 10월 계미.
183 『성종실록』 권172, 성종 15년 11월 기축.
184 『성종실록』 권174, 성종 16년 정월 임진.
185 『성종실록』 권176, 성종 16년 3월 무술.
186 성종 16년 홍응이 심정한 설보처에는 거제의 영등포까지 포함되어 있으나 실록 기사에는 영등포에
   대한 축성 사실이 나타나고 있지 않은데, 이에 대하여 차용걸은 『신증동국여지승람』에 거제현 영등
   포영에 석성이 축조되어 있는 것으로 기록되어 있음을 지적하여 영등포에 축성되지 않았다기보다는
   실록 기사의 누락이라고 추정했다(車勇杰, 『高麗末·朝鮮前期 對倭關防史 硏究』, 1988. 154쪽).
187 『성종실록』 권225, 성종 20년 2월 임진.

연 대	성 이 름	당초예정둘레	둘 레	높 이
성종 17년 10월	제포성(薺浦城)	4,002척	4,316척 3촌	13척
19년 6월	거제 수영진성(巨濟水營鎭城)	996척	2,620척	13척
19년 12월	사천 삼천진성(泗川三天鎭城)		1,440척	15척
20년 2월	남해 성고개진성(南海城古介鎭城)		760척	13척
21년 4월	회령포성(會寧浦城)		1,990척	13척
21년 5월	남포성(鹽浦城)	2,240척	1,039척	15척
21년 6월	조라포성	3,600척	1,890척	13척
21년 6월	돌산포성		1,313척	13척
21년 8월	부산포성	1,440척	2,026척	13척
21년 8월	옥포성	1,440척	1,074척	13척
21년 8월	당포성		1,445척	13척
21년 8월	가배량성	1,720척	883척	13척
21년 9월	평상포성	1,500척	1,558척	9척
21년 윤9월	적량성	1,840척	1,182척	13척
21년 윤9월	지세포성	1,850척	1,605척	13척
21년 윤9월	고성사량성(固城蛇梁城)	1,866척	1,252척	13척
21년 윤9월	안골포성		1,714척	13척
21년 윤9월	발포성		1,360척	13척
21년 10월	전라좌도영성		3,634척	13척
21년 10월	녹도성		2,020척	13척
21년 11월	다대포성	1,298척	1,806척	13척
22년 3월	여도성	1,680척	1,320척	15척
22년 10월	사도성		1,440척	15척

※ 출처 : 車勇杰,「행성·읍성·진성의 축조」,『한국사』22(국사편찬위원회 편), 1995. 195쪽에서 전재.

우는 왜인 선박의 기항지인 부산포·염포·다대포 등 일부 지역에 국한되었다.

성종 22년(1491) 1차로 계획된 남해안 지역의 수군 성보 축조가 완성된 후 이듬해에 서해안과 동해안까지 축성 지역을 확대하고자 하는 움직임이 있었으나 이는 실현되지 못했다. 연산군대를 지나 중종대에 또다시 수군 영진에 대한 대대적인 축성이 이루어지게 되었다. 이러한 16세기 경의 영진보성에 관한 사항은『신증동국여지승람』에 잘 나타나 있다.『신증동국여지승람』에는 성곽과 관련된 많은 기록이 있는데, 성곽 기록이 나타나는 항목은「성곽」과「관방」부분이다.「성곽」부분에는 읍성·산성

지세포성(경남 거제)

등이 주로 기재되어 있고, 「관방」항에는 대체로 군병이 배치된 변지나 요로의 영營·진鎭·보堡·수戍 등에 대한 사항이 기록되어 있다. 관방은 병마·수군절도사영을 비롯하여 진, 영·보, 수, 농보, 장성, 목책 등 여러 종류가 있는데, 이곳에는 그 영진의 격에 따라 병마·수군절도사, 첨절제사, 만호, 권관이 배치되어 관장하거나 단순히 병사만을 배치하는 경우도 있다.[188]

『신증동국여지승람』관방항에 기재되어 있는 관방 총수는 229개소이다. 대체로 남·북도의 4도에 집중적으로 설치되어 있으며, 그 축성율을 보면 전체적으로는 총수 229개 가운데 69.4%인 159개소의 관방지에 축성이 이루어져 있는데,[189] 평안도·함경도·경상도 지역의 관방지 축성율이 압도적으로 높게 나타나고 있다.

그리고 『신증동국여지승람』관방항에는 현재의 제주도 지역에 해당하는 제주목·정의현·대정현에 방호소防護所·수전소水戰所라는 특수한 사례가 나타난다. 그 현황을 보면 〈표 4-17〉과 같은데, 이는 왜구를 비롯한 침입자들을 방어하기 위하여 해안

---

188 『신증동국여지승람』관방항에 기록된 내용을 보면 군병 배치가 명시되지 않은 곳이 있는데 이곳은 상주병은 두지 않고 유사시의 방비처였던 것으로 생각된다. 또 非兒里堡(평안도 벽동군), 水口堡(평안도 의주목), 鹿屯島農堡(함경도 경흥도호부)처럼 계절에 따라 군병을 배치하거나 혹은 철수하는 곳도 있었다.

189 『신증동국여지승람』의 관방항에 기록되어 있는 것은 151개이나 전라도 장흥도호부의 회녕포성, 진도군의 금갑도성·남도포성, 정의현의 대수산방호소성·서귀포방호소성, 대정현의 차귀방호소성, 순천도호부의 수군절도사영성·돌산포성 등 8개의 성은 관방지 성이나 성곽항에 기재되어 있다. 이는 『신증동국여지승람』의 편찬 당시 약간의 착오가 있었던 것으로 생각된다.

가 가운데 배의 정박이 용이한 포구 등에 설치되었다. 이곳에는 군병이 상주하지 않는 곳도 있었지만 대개는 유진군졸留鎭軍卒이 배치되었다.

〈표 4-17〉『신증동국여지승람』관방항 소재 방호소·수전소(水戰所)

구 분	방호소	수전소	비 고
제주목	5	7	별방성, 좌우위
정의현	3	2	
대정현	5	3	
계	13	12	

방호소에 성이 수축된 곳은 6개소인데, 정의현의 대수산방호소성·서귀포방호소성, 대정현의 차귀방호소성은 축성 시기를 알 수 없고, 명월포방호소(제주목)·동해방호소(대정현)에는 중종 5년(1510) 성을 수축하여 방비를 강화했다.[190] 이는 그해에 일어난 삼포왜란의 발발을 계기로 연안 방비를 강화하기 위한 것으로 판단된다. 특히 명월포는 근처에 왜선이 와서 정박했을 뿐만 아니라 공선貢膳을 수송하는 곳이었기 때문에 축성하여 방비를 강화할 필요가 있었기 때문이다. 또 중종 5년(1510) 제주 동쪽 70리 되는 곳으로 금녕포방호소를 옮기고 별방성別防城이라고 칭했는데,[191] 역시 왜선이 정박하는 근처였기 때문에 축성했다.

제주지역에서의 관방지 가운데 방호소나 수전소가 특징적인 것이라면 평안도·함경도 지역에서의 특징은 '보'이다. 물론 보가 평안도·함경도에만 있었던 것은 아니나 다른 지역과는 달리 이 지역에는 각 부목군현별로 대부분 수개 이상의 보가 설치되었다. 이 보는 작은 성채를 말하는데 주로 변경을 따라, 그 외에는 경내로 침입하는 요로에 주로 설치되었다.[192]

---

190 『신증동국여지승람』권38, 제주목·대정현, 관방.
191 『신증동국여지승람』권38, 제주목, 관방.
192 『세종실록』권67, 세종 17년 3월 경자 ; 『세종실록』권88, 세종 22년 2월 을미.

정의현 객사(제주)

〈표 4-18〉『신증동국여지승람』소재 1500년을 전후한 관방지 축성 현황

도 별	행정구역	관방명	둘레(尺)	높이(尺)	축조연대
충청도	서천군	서천포영	1,311	9	1514
	서산군	파지도영	1,337	11	1516
	태안현	소근포진	2,165	11	1514
	남포현	마량진	1,371	9	1510
	보령현	수군절도사영	3,174	11	1510
	당진현	당진포영	1,340	9	1514
경상도	경주부	감포영	736	13	1512
	흥해군	칠포영	1,153	9	1510
	동래현	해운포영	1,036	13	1514
	기장현	두모포영	1,250	10	1510
전라도	영광군	다경포영	980	12	1515
		법성포영	1,688	12	1514
	제주목	명월포방호소	2,020	8	1510
		별방성	2,390	7	1510
	대정현	동해방호소	500	8	1510
	흥양현	백석포장성	1,611	6	1523
		풍안평장성	2,400	6	1523
강원도	삼척도호부	삼척진	900	8	1520
	양양도호부	대포영	1,469	12	1520
	울진현	울진포영	750	11	1512

로 태조대에는 야인들의 연변 침입이 거의 없었다. 그러나 정종대부터는 상황이 점차 달라지기 시작하여 야인들의 침입이 계속되었다. 정종 2년(1400) 5월에 올량합兀良哈이 경원에 침입하여 만호 이청李淸을 죽인 것을 비롯해서 태종 6년(1406) 2월에는 구주其州(영고탑)지역 일대를 근거로 하고 있던 혐진올적합嫌進兀狄哈의 추장 금문내金文乃 등이 경원 남방의 소다로를 침공해 왔다. 태종 10년(1410) 2월에는 금문내와 갈다개葛多介 등이 오도리·올량합과 결탁하여 300여 기를 이끌고 침입하는 등 계속적인 침공이 이어졌다.[198]

조선에서는 이에 대응하여 북정을 하기도 했으나 큰 효과는 보지 못하고, 오히려 야인들을 자극하여 대대적인 침공을 당했다. 심지어 태종 10년 4월~5월에는 야인들에게 패배를 당해 경원을 경성으로 합치고, 덕릉德陵·안릉安陵을 함주로 이장해야만 했다. 이러한 야인들의 침입은 세종대에도 계속되었다. 종전에는 대체로 동북 지역에서 발생하던 야인들의 침구가 서북 지역까지 확대되어 여연·의주·강계 등을 습격했다.

조선은 야인들에 대해 강력한 군사 활동을 통한 진압책을 쓰기도 했지만, 한편으로는 회유책을 취하여 추장들에게 조공을 장려하여 이를 해 오는 자에 대해서는 후한 물품을 사여하거나 혹 관직을 제수하기도 했다.[199] 또한 조선 영내에 거주하기를 희망하는 자에게는 생활 기반을 마련하여 주기도 했으며, 무역을 통하여 생필품 공급해 갈 수 있도록 허용했다. 한편으로는 방비 체제를 정비하여 북쪽 변경에는 읍성과 산성, 영진보성 등 많은 성곽을 축조했으며, 보다 완벽한 방어 전력의 구비를 위해 거주 민호가 적은 변지에 사민하는 정책을 추진하면서,[200] 영진보성 외곽에는 행성 축조를 시도했다.

양계 지역은 충분한 인적 자원이 없었기 때문에 외지에서 부방군赴防軍을 책정하여 윤번으로 들어가 지키게 했다. 또한 변경 지역은 항상 야인으로부터 침입의 위험이 있었기 때문에 파수를 배치하여 그들의 동태를 감시하고, 유사시에는 미리 정해진 성으로 입보하도록 했다. 특히 겨울철에는 강이 얼어 기마騎馬를 통한 야인의 침구가 잦

---

198 國防軍史研究所, 『韓民族戰爭通史 Ⅲ 朝鮮時代 前篇』, 1996. 97~102쪽.

199 李炫熙, 「朝鮮前期 來朝野人의 政治的 待遇에 對하여」 『史學研究』 18, 韓國史學會, 1964.

200 李相協, 「朝鮮前期 北方徒民의 性格과 實相」 『成大史林』 12·13합집, 成大史學會, 1997.

은 시기이기 때문에 변경의 주민들은 모두 지정된 성곽으로 입보하도록 했다.

부방庄防에는 입번병이 양식을 가지고 멀리 이동하는 고통이 따랐다. 입보할 때에는 변지민들이 자신의 주거지를 떠나 멀리 읍성까지 가야하는 것은 물론, 긴 겨울철을 임시 주거지에서 살다보니 그 폐단이 매우 심각했으며, 정착하여 안정된 생활을 할 수 없는 것이 가장 큰 문제였다. 이에 읍성이 아닌 집단 거주지 근처의 영진보성이나 혹은 목책을 별도로 설치하고 입보하도록 하는 입보처 확대 조치를 취하기도 했다. 그러나 이러한 조치는 입보처로 이동하는 거리를 줄이고, 불시의 침입에 신속히 대처할 수 있다는 이점은 있었지만 여전히 동절기에 양식과 가재 도구를 가지고 입보해야 하는 항구적인 폐단을 제거하지는 못했다. 이는 양계 지역을 안정시켜 방비를 충실히 하려는 조정의 정책에 큰 장애가 되었다.

특히, 서북 변경에 이만주李滿住를 추장으로 하는 야인 집단의 등장은 그간 비교적 평온하던 서북 지역을 크게 소요케 했다. 이에 국왕은 여러 신하들의 의견을 두루 수렴하여 대책을 마련하고자 세종 18년(1436) 6월 동·서반 4품 이상 관리들로 하여금 야인을 제어할 계책을 써서 올리도록 했는데, 모두 97명의 관원이 계책을 적은 봉장封章을 올렸다.[201] 이 4품 이상이 올린 계책을 곧 평안도 도절제사에게 보내주어서 현지에서 일을 처리하는데 참고케 하고, 또 더 좋은 책략이 있으면 보고할 것을 지시했다.

이 당시에 올린 계책 가운데에는 평안도는 야인이 사는 지역과 가깝기 때문에 적도가 침입해 오는 길이 한 두 곳이 아니어서 요해처마다 구자口子를 설치하여 방어해야 하는데, 남도의 군사들이 험한 산천을 건너서 왕래하며 윤번으로 지키는 것은 그 폐단이 심하니 변경의 강변을 따라 요해처에 장성을 쌓아 문제를 해결해야 한다는 건의가 포함되었다.[202] 이 방안은 매우 획기적인 것이었으나 세종 22년(1440) 신개申槪가 행성 축조를 다시 건의할 때까지 실현되지 못했다.

세종 22년 신개는 행성 축조를 건의하면서 부방 문제 보다 입보로 인한 폐단을 강조했다. 그 가운데 ① 입보로 인해 집과 기물이 불에 타거나 부서져 해마다 다시 마련해야 하고, ② 농작물 수확에 막대한 지장이 있고, 또 길쌈을 못하기 때문에 의복을 제

---

201 『세종실록』 권72, 세종 18년 6월 을묘.
202 『세종실록』 권72, 세종 18년 6월 을묘.

대로 입지 못하며, ③ 혹 농사
철에 침입 소식이 있게 되면
입보를 독촉하여 농사의 시기
를 잃게 되며, ④ 부방 군사와
좁은 성안에서 처소를 달리 할
수 없으므로 남녀가 서로 문란
하게 되며, ⑤ 성보 근처에는
나무는 많아도 풀이 적어 우마
가 굶주리고, 또 마굿간이 없
어서 노숙하게 되니 봄이 되면

평북 희천 장성(조선고적도보)

살아 있는 것이 적어 농우가 부족한 현상이 해마다 반복된다는 것 등 5가지 폐단을 지
적하였다. 그리고 이렇게 되니 결국 백성들이 도산하게 된다고 하여 그에 대한 대책으
로 연변에 대한 행성 축조를 건의했다.[203]

신개는 고려가 북쪽에 장성을 쌓았던 일을 설명하고, 당시 중국이 산해위山海衛에
서부터 요동까지 수 천리의 땅에다 참호를 파고 보를 쌓으며 나무를 심어서 북쪽 오
랑캐가 감히 엿볼 마음을 가지지 못하게 한다고 했다. 또 입보하는 소요가 없어져 여
염집이 땅에 덮였고 소와 양이 들에 널려 있다며 중국과 고려에서 오랑캐를 방비하기
위해 장성을 쌓은 정책을 본받을 것을 주장했다.[204] 이는 신개가 세종 16년(1434) 사
은사로 북경에 다녀오면서 명의 장성에 대해 자세히 견문한 결과로 생각된다.[205] 그는
전쟁과 축성하는 일보다 백성을 수고롭게 하는 것은 없으나 예부터 이를 필연코 실행
했던 것은 그로 인하여 얻는 것은 크고 잃는 것은 적기 때문이라고 했다. 이어서 행성
을 쌓아 관문을 설치하는 것은 전쟁하고 축성하는 것보다 수고로움이 덜하나 그 이익
은 매우 크다는 것이다.[206]

---

203 『세종실록』 권88, 세종 22년 2월 신묘.
204 『세종실록』 권88, 세종 22년 2월 신묘.
205 당시 신개는 세종 16년(1434) 10월에 출발했다가 이듬해 3월에 돌아왔다.
206 『세종실록』 권88, 세종 22년 2월 신묘.

또한 부방과 입보의 불편을 덜 수 있을 뿐만 아니라 국내에서 의심을 받는 자들이나 두 가지 마음을 품고서 반역하고자 하는 자들도 방자스럽게 행동하지 못할 것이고, 강변의 여러 성도 급급하게 쌓지 않아도 되니 이도 또한 좋은 점이라고 했다.[207] 그리고 축조 방식에 있어서도 전체를 석축하는 것이 아니고 우선 적이 침입하는 요해처를 살펴서 그 지형에 따라 혹은 참호를 파게 하고, 혹은 나무를 심고, 혹은 석축하고, 원근을 계산하여 연대를 설치하고 수졸戍卒을 배치하면 된다고 했다. 아울러 인력도 크게 동원할 필요 없이 원 거주민과 부방군만을 역사시켜도 성사시킬 수 있다고 했다.[208]

양계 지역에 대한 행성 축조책은 세종 18년(1436)에 4품 이상의 관료들에게 야인에 대한 제어책을 적어 올리도록 한 가운데 들어 있었다. 이것이 5년여가 지나 신개가 다시 건의한 후에 실행에 옮겨졌다는 것은 그간 이 정책 추진에 여러 논란이 있어서 쉽게 결정하기 어려웠기 때문이었다.

세종대 양계 지역 행성은 완비되지 못했다. 문종대에 들어와서는 잠정적으로 중단되었고, 그 후 간혹 보수되고 공사가 계속되기도 했으나 이를 대대적으로 추진하지는 않았다. 성종대에 들어서도 행성 축조는 사실상 중단 상태가 계속되었다. 성종 6년 야인들이 서북 지역에 침입하자, 이에 대한 대책에 부심하게 되었다.

성종 12년(1481)에 와서 명나라에서 개주 등지에 진의 설치를 추진하면서 다시 장성의 수축을 서두르게 되었다. 이 당시 장성 수축의 목적은 물론 중국이 우리 변경 가까이에 진보를 설치하게 되면 자연히 건주 여진인들과 갈등이 야기될 것은 예견되는 일이기 때문에 그 와중에 조선이 야인들의 침구를 받을 수 있기 때문이었다.[209] 그러나 다른 한편으로는 조선인이 중국에 투화하는 것을 막기 위한 것이었다.[210]

논의 끝에 성종 12년 6월 영중추부사 이극배李克培를 평안도 체찰사로 삼아 의주읍성에서부터 연변을 따라 아직 쌓지 못한 곳에 대한 공사를 시작했다. 즉, 이 시기에 와

---

207 『세종실록』 권88, 세종 22년 2월 신묘.
208 『세종실록』 권88, 세종 22년 2월 신묘.
209 『성종실록』 권130, 성종 12년 6월 임자.
210 『성종실록』 권128, 성종 12년 4월 갑자.

서는 야인의 침입과 아울러 조선인이 요동으로 이탈하는 것을 막기 위한 조처로 행성 축조가 시도되는 것이다. 특히 이미 예종대에 명나라의 요동변장遼東邊墻이 벽동碧潼 건너편까지 이어져 있었다. 따라서 의주 일대에 대한 야인 침구의 위험이 대폭 감소된 상황에서 행성 축조가 추진되었다는 것은 이 행

평북 의주 장성(© 정창현)

성이 단순한 야인들의 소규모 침략에 대응하기 위한 것보다는 중국 변경 지역에 강성한 오이라트의 등장과 그에 따른 정세 변동에 대응하고, 중국의 요동 개발로 인한 조선인의 이탈을 막는데 주목적이 있었다.

흔히 행성(장성)이라고 하면 양계 지역의 것만을 말하나 조선시대의 행성은 황해도에도 설치된 바 있다. 문종대 중국 변경의 소요가 조선에게도 큰 위기감을 조성했다. 이에 시급히 읍성을 수리하는 등의 조치를 취했고, 적의 대군이 평안도를 돌파할 경우 황해도에 제2의 대규모 방어선을 설치한다는 구도 하에 언진산맥을 따라 양덕·성천·곡산·수안·황주 등지를 잇는 행성을 축조하게 되었다.[211]

2) 세종대의 행성 축조

세종 22년(1440) 행성 축조가 단행된 것은 물론 당시 우의정이었던 신개의 상언이 계기가 되었다.[212] 그러나 이것이 조선시대 들어서 처음으로 행성 축조를 건의한 것은 아니었다. 세종 18년(1436) 4품 이상 관원에게 야인을 제어할 계책을 올리도록 했을 때, 관원 가운데 이미 양계지역에 대한 행성(장성) 축조를 건의한 바 있었다. 세종은

---

211 『문종실록』 권6, 문종 원년 2월 기축.
212 宋炳基, 「世宗朝의 양계行城 築造에 對하여」 『史學研究』 18, 韓國史學會, 1980, 195쪽.

신개의 건의가 있은 지 3일 만에 도승지都承旨 김돈金墩과 의논했다. 세종은 "건의하는 자가 이르기를, '동서 양계에다 장성을 쌓게 되면, 적이 침략할 수 없어 백성이 편안할 것이다'고 하나, 내가 들은 지 오래이나 그 일을 매우 어렵게 여겨 감히 발설하지 못했다"라고 하고 있다.[213]

당시에 세종은 "변경에 모두 축조하지는 못하더라도 적이 통행하는 요해처에다 참호를 파거나 혹은 목책을 세워서, 비록 두서너 고을의 백성이라 하더라도 그것에 힘입어 편안히 살 수 있다면 또한 족하겠다"고 하여 변경 전 구간에 행성을 완축하겠다는 것보다는 시급히 필요한 곳에, 그것도 석축이 아니고 참호나 목책을 세우겠다는 생각이었다.[214] 또한 도승지 김돈은 장성 축조가 어렵다면 연변 지역에 대한 목책이나 보를 증설하고 만호를 배치하여 지키게 하여 입보하는 폐단을 우선적으로 줄이는 것이 좋겠다고 했다.[215]

이에 대해 세종도 목책이나 보를 증설하는 방책도 좋다고 하며, 도승지 김돈으로 하여금 병조판서 황보인皇甫仁·병조참판 신인손辛引孫과 함께 비밀리에 의논하여 그 책임을 맡길만한 사람을 택해 아뢰라고 했다.[216] 김돈은 곧 황보인·신인손과 함께 의논하고, 세 사람 이외에는 특별히 맡길만한 사람이 없다고 하자, 황보인을 평안·함길도 도체찰사로 삼아 그 일을 담당하도록 했다. 표면상으로는 연변을 방수하는 성보를 살펴 증감하기 위한 것이라고 칭탁하고 있다. 이와 같이 이를 비밀리에 진행한 이유는 분명치 않으나 우선 조정 내에서 이 논의에 반대하는 신하가 많으면 추진하기 어려울 것이라고 판단했기 때문이었다.

신개가 올린 상언 내용 중에서도 "양도에 입보하는 폐단을 들고 이 방책을 건의하고자 한 지 오래였사오나, 북쪽에서 오는 사람이거나 익숙히 변방의 일을 아는 자를 볼 때마다 곧 그 폐단을 묻게 되면, 말은 다르지 아니하되, 관關을 설치하여야 한다는 데에 이르러서는 옳다는 자는 적고 옳지 않다는 자가 많았으며, 일찍이 양계의 장수

---

213 『세종실록』 권88, 세종 22년 2월 을미.
214 『세종실록』 권88, 세종 22년 2월 을미.
215 『세종실록』 권88, 세종 22년 2월 을미.
216 『세종실록』 권88, 세종 22년 2월 을미.

는 조세가 없는 압록강 건너 비옥한 토지를 경작하여 비교적 풍요롭게 살았으나 세종 16년(1434) 이후 이를 일체 금지하게 되었고, 행성이 축조되면서 압록강 이남 지역의 토지도 행성 밖에 위치하게 됨에 따라 경작하지 못하게 되자 이 지역의 농민들이 큰 타격을 받았다. 이에 사헌부에서도 행성 축조의 문제점을 지적하는 가운데 이 점을 매우 중대하게 지적하고 있다.[230]

또한 황보인은 세종 25년(1443) 평안도 연변 각 고을의 원호가 도망한 호수가 321호이고, 입거호는 270호나 된다고 보고하면서 여연군 소우예小虞芮와 우예동원虞芮洞源 내외산과 우예에 딸린 유파楡坡와, 자산군 태일과, 강계군 여둔·봉화대동구·애전과, 벽동군 아이에 딸린 비소리·소파아·광평 등지의 땅에 대한 경작 금지를 해제하고, 기타 각 고을에서 멀리 떨어져 있어서 적의 침략이 있을 경우 구원하기 어려운 곳이라고 하더라도 형편을 헤아려서 경작할 수 있도록 건의하여 윤허받았다.[231]

그런데 이 당시 행성 축조 문제가 조정에서 본격적으로 거론되면서 대간에서 축성 감독을 잘못한 종사관의 처벌을 요구하면서도 평안·함길 양도에 성을 쌓는 일은 국가의 만년 생민生民을 위한 계책이니, 신 등이 감히 마음대로 논할 것이 아니라고 하고 있어 행성 축조의 타당성 문제와 같은 원칙적인 문제에 대해서는 대체로 인식을 같이하고 있었다는 것을 알 수 있다.[232]

특히, 대간들은 황보인의 성기심정城基審定에 문제가 있으니 대신을 보내 다시 조사할 것을 건의했다. 이에 대해 황희·신개·이숙치 등은 평안도의 행성은 다른 읍성과 달리 바로 강을 따라 쌓는 것이라서 비록 다른 사람을 보낼지라도 반드시 다른 의논이 없을 것이며, 또 사람의 소견이 각각 다르므로 만약 혹 다시 고치면 이론이 분분하여 큰일을 이룩하기 어렵다며 황보인에게 위임하여 완성하는 것이 옳다고 했다. 이와 달리 하연과 최사강 등은 대신을 보내 다시 성터를 심사하여 정할 것을 주장했다.[233] 세종은 황보인이 귀경하면 다시 논의하도록 지시했고, 이후에도 대간들의 간언이 여

230 『세종실록』 권94, 세종 23년 10월 경진.
231 『세종실록』 권100, 세종 25년 4월 기해.
232 『세종실록』 권93, 세종 23년 9월 임술.
233 『세종실록』 권94, 세종 23년 10월 경진.

러 차례 있었으나 이미 행성 축조를 계속 추진할 뜻을 결정하고 있었다.[234]

그러나 세종은 변경 고을의 석보와 장성 공사의 선후 문제를 놓고 고민하게 되었다.[235] 이는 행성과 석보 공사를 한꺼번에 할 경우 석보를 갖추지 못하여 방비가 허술한 연변 고을이 침구당할 염려가 있고, 석보 공사를 먼저 하게 되면 장성 완성이 지체되어 후에 조정의 의논이 바뀌거나 연변 거주민의 도산 등으로 공사 추진이 더욱 어려워 질 수 있기 때문이었다.

세종은 그 문제를 대신들에게 의논하게 했는데, 영의정 황희를 비롯한 좌찬성 하연河演, 우찬성 최사강崔士康, 병조판서 정연鄭淵, 예조판서 김종서金宗瑞, 우참찬 이숙치李叔畤 등은 장성의 역사는 비록 수십년이 걸려도 완성을 기약할 수 없으니 우선 연변 고을의 석보 공사를 먼저 하고 나서 장성 축조 공사를 하는 것이 좋겠다고 건의했고, 세종도 이 의견에 따랐다.[236]

그러나 세종은 행성 축조에 대한 강한 의지를 가지고 있었기 때문에 곧 도승지 조서강趙瑞康과 우승지 이승손李承孫에게 명하여 우참찬 이숙치와 황보인의 집에 가서 행성과 석보에 관한 문제를 의논하도록 했다.[237] 그 다음날에는 이숙치를 도체찰사로 삼아 평안도에 보내 조명간趙明干 일대에 축성하는 문제를 살피도록 했다.[238]『세종실록』에는 당시 세종이 계속 황보인에게 이 사무를 주관하게 하고자 했으나 그가 마침 병이 있어서 이숙치를 보낸 것으로 되어 있다.[239] 아마도 전에 쌓은 행성이 무너지고 또 대간들이 황보인의 성기심정城基審定이 잘못되었다고 논박했기에 병을 핑계로 도체찰사 직무를 맡기지 않았던 것으로 생각된다.

도체찰사 이숙치는 이듬해 1월 17일에 평안도에서 돌아와서 연변지 역의 농사나 목축을 고려하면 석보보다는 행성이 더욱 편익하고, 또 행성은 백성들이 사는 요해처 지대에 축조하는 것이므로 역사가 석보 공사보다 반드시 큰 것은 아니다. 백성들이

234『세종실록』권94, 세종 23년 10월 경진.
235『세종실록』권94, 세종 23년 11월 갑인.
236『세종실록』권94, 세종 23년 11월 을묘.
237『세종실록』권94, 세종 23년 윤11월 기사.
238『세종실록』권94, 세종 23년 윤11월 경오.
239『세종실록』권94, 세종 23년 윤11월 경오.

사는 요해처만을 가려서 축조하는 것이니, 길이가 1,000리까지 되지는 않아 충청도 이북의 군인들만을 사역한다 하더라도 7, 8년이면 거의 공사가 끝날 것이라고 보고했다.[240] 이숙치는 병조참의를 지낸 바 있고, 또 세종 15년~16년 사이에 평안도 관찰사를 지냈기 때문에[241] 군사 문제, 특히 평안도에 관한 문제에 대해서는 비교적 밝은 인물이라고 할 수 있다.

사실 이숙치의 보고를 살펴보면 행성 축조 문제는 이미 세종이 승지들과 함께 황보인과 논의하도록 했을 때 결론이 나 있었고, 다만 앞서 대신들이 석보 공사 우선 방침을 정했기 때문에 이에 대한 보다 세밀한 조사와 조치를 강구하기 위하여 평안도에 파견했던 것으로 생각된다. 송병기는 이숙치의 보고 내용과 관련하여 "이숙치의 보고에는 그의 평안도 파견의 중요한 이유의 하나인 조명간행성의 축성 여부 – 재심 결과에 대하여 아무런 언급이 없다"[242]고 했다. 그러나 사실 이숙치는 '조명간행성의 축성 여부'를 살피기 위해서 갔다기 보다 행성과 석보 가운데 어느 공사를 먼저 할 것인지를 살피기 위해 갔던 것이다.

이숙치는 평안도에서 돌아와서 보고하면서 행성 축조 문제 외에 중요한 사항을 아울러 두 가지를 건의하고 있다. 하나는 연변의 민가를 산으로 철수시키는 문제는 시행하지 않는 것이 좋겠다는 것이고, 다른 하나는 무창·우예·여연·창성·벽동·강계·이산·의주 지역 내에 19개 처의 만호를 증설하여 방비 태세를 강화하자는 것이었다.[243] 전자는 입보하는 대신 연변 민가를 산으로 철수시키는 방안은 불가하다는 것으로, 행성 축조로 말미암아 이미 강변의 토지 경작을 못하여 타격을 받은 주민이 많은 상태에서 연변 민가를 산곡으로 옮길 경우에는 경제적 타격을 가중시키기 때문이었다. 또 후자는 종전에 대신들이 행성이 완성되기 전에 야인의 침구가 있게 되면 방어에 문제가 있으니 석보를 축조하고 행성을 축조하자고 결정하였다. 그러나 이렇게 되면 행성 축조 공사가 지연되어 행성의 완공이 어렵다는 세종의 생각을 잘 알고 있던

240 『세종실록』 권95, 세종 24년 1월 기묘.
241 『세종실록』 권59, 세종 15년 1월 계유.
242 宋炳基, 앞의 논문, 1980, 199쪽.
243 『세종실록』 권95, 세종 24년 1월 기묘.

이숙치·황보인 등은 석보를 먼저 축조하는 대신 연변 지역에 대한 만호 배치를 늘려 군사력에 의한 방비를 보충함으로써 석보 미비에 따른 문제를 해결하고 행성 축조 공사를 계속 추진하려고 했던 것이다.

이와 같이 이숙치를 파견하여 행성축조문제를 현지에 가서 살펴보고 오도록 함으로써 종전에 대신을 보내 다시 살펴서 처리하자는 대간들의 건의도 자연히 무마되었다. 또 자칫 행성 축조가 지연될 수 있었던 상황에서 이숙치의 건의에 따라 만호를 증설 배치하고, 곧이어 자성과 만포에는 부방군사를 더 늘려 배치함으로써[244] 세종은 행성 축조를 우선하는 정책을 계속 추진할 수 있게 되었다.

이에 세종 24년 2월 10일부터 다음달 10일까지 총인원 31,200명(황해도 정부 2천 명)을 동원하여 조명간행성의 허물어진 곳을 비롯하여 조명간석보, 우예구자행성, 우예구자석보, 자성군 영괴구자행성, 강계부 만포구자행성, 만포구자석보, 강계부 고산리구자행성 등을 축조했다.[245] 또한 비슷한 시기에 함길도에서는 정부 5,300명을 동원하여 온성행성과 종성행성을 축조했다.[246]

그런데 이렇게 매우 긴 구간에 행성을 단기간에 축조하다보니 여름이 되어 비가 오면 붕괴되는 현상이 곳곳에 발생했다. 이는 다른 도에서 성 1척을 군인 5~6명이 쌓는데 비하여 양계의 행성은 군인 한 사람당 3~4척을 쌓다 보니 자연히 부실한 곳이 많았기 때문이다. 이에 병조에서는 평안도 관찰사가 보고한 내용에 의거하여, 무너진 곳을 이미 수령들이 폐해없이 개축했으니 성이 무너졌다고 일일이 논죄하면 일을 성사하기 어려우므로 많이 무너진 곳이 아니면 관리로 하여금 애초에 해당 구역을 축조한 군인을 거느리고 친히 감독하여 개축하도록 할 것을 건의하여 윤허받았다.[247]

그 후에도 세종 연간에는 꾸준히 행성 축조가 추진되는 가운데 한·수재로 인한 실농 등의 이유로 대간에서 연기나 중지 건의가 빈번했으나 세종은 황보인의 주관하에 양계의 행성 축조를 강력하게 추진했다.

244 『세종실록』 권95, 세종 24년 1월 계미.
245 『세종실록』 권95, 세종 24년 3월 신미.
246 『세종실록』 권95, 세종 24년 3월 병자. 온성행성은 16,970척은 쌓고, 14,460척은 削土하였으며, 종성행성은 2,370여척은 쌓고 2,630척은 삭토했다.
247 『세종실록』 권97, 세종 24년 8월 경술.

세종대의 양계 지역에 대한 행성 축조는 다음의 〈표 4-19〉에서 알 수 있는 바와 같이 그 후에도 세종 말년까지 계속되었다. 그러나 세종 31년(1449) 8월 명나라 영종英宗이 오이라트의 침입에 대응하여 친정을 나갔다가 토목보土木堡에서 오이라트군의 습격을 받아 사로잡히는 사건이 일어났다.[248] 이러한 중국 변경에서의 소요는 동아시아 지역의 군사적 긴장을 가져왔고 조선에도 여러 영향을 미치게 되었다. 당시 조선은 명과 긴밀한 관계를 유지하며 급히 말 5천필을 중국에 보내는 등 명에 대해 적극적인 전력 지원을 했다.[249] 이는 말할 것도 없이 명이 무너지게 되면 조선의 안전에도 큰 영향을 받을 수 없기 때문이다. 김종서가 "예로부터 중국에 변란이 있으면 그 해가 마침내 우리나라에까지 미치게 되므로, 백성을 보전할 바와 적을 방어할 준비를 게을리 할 수 없다"고 한 것에서도 잘 나타나고 있다.[250]

〈표 4-19〉 세종조의 양계 행성 축조[251]

세종실록 권수	세종실록 연월일	행성 명칭	공사 내용	동원 인원	기간
90	22. 9. 15 (갑인)	조명간구자행성 (趙明干口子行城)	56,755척	평안도 정부(丁夫) 7,440명 황해도 정부 2,860명	
		벽단구자행성 (碧團口子行城)	36,014척	평안도 정부 7,310명 황해도 정부 1,296명	
		벽단구자석보 (碧團口子石堡)	6,295척 5촌		
92	23. 3. 15 (임자)	조명간행성	석축(石築) 50,947척 녹각성(鹿角城) 5,807척	평안도 정부 8,390명	2월 15일~ 3월 15일
		벽단행성	석축 30,795척 6촌 녹각성 5,218척 4촌	평안도 정부 8,263명	

---

248 張習孔·田珏 主編, 『中國歷史大事編年』, 北京出版社, 1987.
249 『세종실록』 권127, 세종 32년 1월 임인.
250 『세종실록』 권127, 세종 32년 1월 갑오.
251 송병기, 「世宗朝의 兩界行城 築造에 對하여」(『史學研究』 18, 韓國史學會, 1980)를 참조하여 작성.

93	23. 9. 15 (무신)	온성행성 (穩城行城)	석축 85,205척 녹각성 46,717척	함길도 정부 15,000명 강원도 정부 8,000명	8월 15일~ 9월 15일
95	24. 3. 10 (신미)	조명간구자행성수축 (趙明干口子行城修築)	24,110척	평안도 정부 10,000명	2월 10일 ~3월 10일
		조명간구자석보	4,400척		
		우예구자행성 (虞芮口子行城)	10,590척	평안도 정부 4,200명	
		우예구자석보	1,980척		
		자성군지령괴구자행성 (慈城郡地寧怪口子行城)	3,090척	평안도 정부 300명	
		강계부만포구자행성 (江界府滿浦口子行城)	15,675척	평안도 정부 9,000명	
		강계부만포구자석보	6,644척		
		강계부고산리행성 (江界府高山里行城)	12,619척	평안도 정부 300명 황해도 정부 2,000명	
95	24. 3. 15 (병자)	온성행성	16,970척 14,460척 삭토(削土)	함길도 정부 5,300명	
		종성행성(鍾城行城)	2,370척 2,630척 삭토		
99	25. 3. 10 (을축)	창성군창주구자행성 (昌城郡昌州口子行城)	석축 18,804척 녹각성 2,769척	평안도 정부 3,000명 황해도 정부 6,000명	
		창성군창주구자석보	4,533척		
101	25. 9. 20 (신미)	온성행성	석축 380척	함길도 군정(軍丁) 8,000명	8월 20일~ 9월 20일
		종성행성	석축19,917척 녹각성 175척 삭토 2,219척		
104	26. 4. 14 (계사)	위원장성(渭原長城)	3,598척	평안도 정부 6,000명	
		위원읍성옹성 (渭原邑城瓮城)	4,795척		
107	27. 1. 9 (계미)	자성군허공교구자석보 (慈城郡虛空橋口子石堡)	4,388척	평안도 정부 5,390명	2월 10일 ~3월 10일
		자성행성(慈城行城)	5,308척 삭토 900척		

109	27. 7. 7 (기묘)	종성행성	석축 24,540척 삭토 20,500척 설책(設柵) 3,680척	함길도 정부14,900명 황해도 정부 2,500명	2월 10일 ~9월 15일
		갑산군 혜산구자 석보 (甲山郡 惠山口子 石堡)	2,585척	갑산군민 1,000명	8월 4일 ~9월 4일
111	28. 1. 30 (무술)	종성행성	석축 370척 삭토 2,537척	함길도민 1,070명	1월 11일 ~2월 10일
111	28. 2. 29 (정묘)	벽동행성(碧潼行城)	석축 37,379척 삭토 8,070척	평안도민 15,470명 황해도민 2,000명	2월 10일 ~3월 10일
		정령행성(定寧行城)	석축 2,999척	정령읍민 3,00명	
		의주읍성(義州邑城) 증축	3,500척	의주읍민 1,000명	
113	28. 7. 13 (기묘)	종성행성	석축 11,834척 삭토 55,133척	함길도 군(軍) 1,000명	8월 20일 ~9월 18일
		회령행성(會寧行城)			
		갑산인차외석보 (甲山因遮外石堡)	2,400척	갑산·삼수군 1,000명	8월 5일 ~9월 20일
115	29. 1. 7 (경오)	벽동행성	석축 14,471척 삭토 8,178척	평안도민 5,740명	2월 15일 ~3월 15일
		정령행성	석축 3,153척 삭토 1,500척	정령군민 400명	
117	29. 7. 8 (무술)	회령행성	석축 8,749척 삭토 41,789척	함길도민 8,526명	8월 5일 ~9월 14일
		삼수행성	석축 3,050척	갑산·삼수민 1,000명	8월 5일 ~9월 5일
119	30. 1. 28 (을묘)	의주읍성 증광축 (增廣築)	석축 3,180척 벽성(壁城) 1,520척	평안도민 3,200명	2월 15일 ~3월 15일
121	30. 7. 12 (병신)	회령행성	석축 12,622척 삭토 17,812척 설익(設杙) 800척	함길도민 11,750명	8월 15일 ~9월 15일
		갑산지항포행성 (甲山池港浦行城)	석축 3,046척 삭토 250척	갑산·삼수민 1,000명	8월 5일 ~8월 26일

121	30. 7. 12 (병신)	경원읍성 개축 (慶源邑城 改築)	석축 5,100척	경원부민 1,650명	8월 15일 ~9월 28일
		경흥읍성개축 (慶興邑城改築)	석축 4,905척	경흥·은성민 1,400명	8월15일 ~9월28일
123	31. 1. 3 (갑신)	이산행성(理山行城)	석축 7,478척 삭토 11,660척 설익 400척	평안도민 12,987명	2월 10일 ~3월 6일
127	32. 윤1. 16 (신유)	의주읍성 퇴(退)·수축	2,786척	평안도민 6,570명	30일 공사하고 정지
		의주행성	6,720척		

한편, 방비체제의 재정비에 대한 논의도 속속 제기되었다. 집현전 부교리 양성지는 행성은 작은 적을 방비하기 위한 것이기 때문에 큰 적을 만나면 큰 소용이 없다고 비판하면서 행성이 축조하기 용이하다고 하여 중시하는 정책을 비난하며, 큰 적에 대비하여 내지內地의 성을 오히려 중시해야 한다고 주장했다.[252] 그러한 가운데 도로가 평탄하여 침입 우려가 가장 높은 의주 일대에 대한 방비가 강화되어 의주읍성과 그 주변의 행성을 쌓도록 했다.[253]

이후에도 대간 등에 의한 행성 축조 정지 건의는 계속되었으나 축성 사업은 지속적으로 추진되었다.[254] 그러나 중국 변경에서의 계속적인 소요로 말미암아 군사 징발, 읍성의 정비 등 시급히 조치해야 할 일이 많았기 때문에 행성 축조 공사는 순조롭지 못했다. 이러한 사정은 성종대에까지 계속되었다.

문종대에는 황해도 지역에 대한 행성의 설치가 추진되었다. 황해도는 적이 침입하면서 처음 맞닿는 곳은 아니었으나 평안도 지역을 통과하고 나면 그 다음 단계의 중요한 요충이 되었다. 이 때문에 중요한 길목이 되는 곳에 관방시설을 할 필요가 있었고, 또 고려가 이른바 절령책岊嶺柵을 중관重關으로 삼았으나 북방에서 침입이 있을 때마다 제대로 방어하지 못했기 때문에 황해도의 관방시설 설치를 평안도의 그것에 뒤지지 않을 만큼 철저히 하고자 했다.[255] 문종은 원년 1월 황해도의 중요한 길목

252 『세종실록』 권127, 세종 32년 1월 신묘.
253 『세종실록』 권127, 세종 32년 1월 갑오.
254 『문종실록』 권2, 문종 즉위년 6월 을해 ; 『문종실록』 권2, 문종 즉위년 6월 기축.

이 되는 곳에 소보小堡, 혹은 행성을 설치하도록 하고 이에 대한 조사를 지시했다.[256] 이어 도체찰사 정분鄭苯의 보고에 따라 황해도 곡산 이하 수안·서흥·봉산·황주 등의 행성을 쌓을 만한 곳 70여 리를, 수안군사遂安郡事로 하여금 첨절제사僉節制使를 겸하게 하여 수안 이상의 행성과 소보를 규찰하도록 하고, 극성절제사棘城節制使로 황주목사를 겸하도록 하여 서흥 이하의 행성과 소보를 규찰하도록 했다.[257]

또한 정분은 그해 5월 황해도에서 관방을 설치해야 할 곳에 대하여 상세히 보고했는데,[258] 성을 쌓아야 할 곳이 포백척布帛尺으로 총 58,295척, 소보를 설치해야 할 곳이 9개소, 관성關城을 두어야 할 곳이 67개처로 파악되었다.[259] 이 계획은 우선 가을에 요해처를 축조하고 농사의 풍흉을 보아 점차로 쌓도록 했는데, 이에 대한 완성 기록이 없는 점으로 보아 이 황해도의 행성을 포함한 관방 시설 구축은 완비되지 못한 것으로 생각된다.[260]

성곽 수축에 매우 적극적이었던 문종이 곧 서거하고, 또 이 계획을 주관하였던 정분을 비롯하여 황보인, 김종서 등 축성에 적극적이었던 인물들이 모두 세조인 수양대군에 의해 죽임을 당함으로써 황해도에 대한 행성 등의 관방시설 구축 문제는 진전을 보지 못했다.

3) 성종대 이후의 행성 축조

성종대에 들어서도 양계 지역의 행성 축조는 사실상 중단 상태가 계속되었다. 다만 성종 3년(1472) 병조의 건의에 따라 영안북도의 행성이 없는 곳에 대하여 절도사가

---

255 車勇杰,「朝鮮前期 關防施設 整備過程」『韓國史論』7, 國史編纂委員會, 1981. 103쪽.
256 『문종실록』권5, 문종 원년 1월 계해.
257 『문종실록』권6, 문종 원년 2월 기축.
258 『문종실록』권7, 문종 원년 5월 임인.
259 車勇杰, 앞의 논문, 1981.
260 『문종실록』은 11권(문종 원년 12월~2년 1월)이 빠져 있기 때문에 이 황해도 관방에 관한 기사가 이 없어진 부분에 있을지는 알 수 없으나 "점차로 쌓도록" 한 것을 감안하면 관방 시설 계획이 있은 그 해에 모두 완료되지 못했다고 보는 것이 타당하다. 다만 요해처에 대한 시설은 그 해 가을에 설비하도록 했기 때문에 축조되었으리라 여겨진다.

길성 이북의 여러 고을을 총괄하여 대개 세 고을을 한 운으로 삼아, 매년 농한기에 민호수와 공사량을 헤아려 해마다 운을 돌려가며 공사하여 점차적으로 쌓고 그 척수를 조정에 보고할 것을 지시했다.[261] 또한 성종 5년에는 북방에서 올적합兀狄哈과 올량합兀良哈의 갈등이 심화되면서 이에 대한 방비 태세를 강화하게 되어 홍귀달洪貴達을 영안도경차관永安道敬差官으로 보내 두만강 연변의 장성 가운데 아직 쌓지 못한 곳을 측량하고, 이를 각 고을에 분배하여 매년 점차로 쌓도록 하고 있으나[262] 이러한 지시에 따라 어느 정도의 행성이 축조되었는지는 알 수 없다.

그 후 성종 6년 야인들이 서북 지역에 침입하자, 이에 대한 대책을 숙의하면서 행성 축조를 다시 고려하게 되어 성종 9년에 영안도 온성과 유원진柔遠鎭 부근에 행성을 쌓았다.[263] 성종 11년에는 역시 영안도 고령진高嶺鎭 행성을 축조했다.[264] 이와 같은 것은 성종 3년에 있었던 병조의 지시가 시행된 것으로 보인다. 그런데 성종 12년 (1481)에 와서 명나라에서 개주開州 등지에 진의 설치를 계속 확대하면서 다시 장성의 수축을 서두르게 되었다.[265] 이 당시의 장성 수축의 목적은 물론 중국이 우리 변경 가까이에 진보를 설치하게 되면 자연히 여진과의 갈등이 야기될 것은 예견되는 일이었고, 그 와중에 조선이 야인들의 침구를 받을 수 있기 때문이다.[266] 그러나 다른 한편으로는 조선인이 중국에 투화하는 것을 막기 위한 것이었다.[267]

논의 끝에 성종 12년 6월 영중추부사 이극배를 평안도 체찰사로 삼아 의주읍성에서부터 장성까지 이르는 구역의 성벽을 축조하도록 했다. 당시 축조해야 할 성벽의 길이는 주척으로 25,380척이었는데, 당시 체찰사는 평안북도의 인민만을 사역시킬 경우 13년이나 걸리니 불가하다고 하여 황해도와 평안남도의 군인을 아울러 동원

---

261 『성종실록』 권19, 성종 3년 6월 을유.
262 『성종실록』 권48, 성종 5년 10월 임인.
263 『성종실록』 권89, 성종 9년 2월 임술. 온성의 행성은 소요항에서 포항까지 43,808척, 높이는 9척이었으며, 유원진의 행성은 소요항에서 십포까지 8,522척이고, 높이는 6척이었다.
264 『성종실록』 권122 성종 11년 10월 갑술. 고령진 행성은 높이가 10척이고, 길이가 8,805척이었다.
265 이 시기 이후 명나라의 국경 완충 지대 점거와 조선의 대응 방책으로 이루어진 행성 축조에 대해서는 유재춘, 「15세기 明의 東八站 地域 占據와 朝鮮의 對應」『조선시대사학보』18, 2001 참조.
266 『성종실록』 권130, 성종 12년 6월 임자.
267 『성종실록』 권128, 성종 12년 4월 갑자.

할 것을 건의했다. 하지만 한명회 등 대신들이 소요할 것이 우려된다 하여 해당 도의 군인만을 징발하여 축조하도록 했다.[268] 그동안 행성의 축조에 지나치게 많은 인력이 동원되기 때문에 어렵게 여겼으나 이 시기에 와서는 중국이 조선 변경 가까이에 진·보를 설치하게 되자 조선에서도

의주 읍성(ⓒ 정창현)

더 이상 행성의 완성을 미룰 수가 없었다. 그러나 이미 13년씩이나 걸릴 것을 그대로 시행하도록 하고, 또 해당 도의 연호군煙戶軍·보병과 당령수군當領水軍만을 부려서 수년 동안 해마다 농한기에 돌을 많이 주워 놓은 뒤에 수축하도록 한 것을 보면 시급히 축조하려는 의지는 결여되었던 것을 알 수 있으며, 그마저도 곧 정지되었다.[269]

그 후 이 문제는 양성지에 의해 다시 거론되었다. 그는 명의 개주開州에 대한 위衛 설치 문제를 거론하며 당번을 서고 있는 정병과 동원되고 있는 수군에게 식량을 지급하여 압록강변 일대에 행성을 쌓게 할 것을 건의했다.[270] 또 그로부터 2년 여가 지난 성종 14년(1483) 언양군彥陽君 김관金瓘에 의하여 중국의 산해관山海關 예에 의하여 의주 연변에 장성을 쌓아 요동과의 무단 통행을 엄금하자는 건의가 있자, 영돈녕領敦寧 이상의 신하들에게 이 문제를 의논하게 했다.

정창손鄭昌孫을 비롯한 한명회·홍응洪應·윤필상尹弼商·노사신盧思慎 등이 논의에 참여했는데, 대체로 그 필요성에는 인식을 같이 했으나 인적·물적 상황이 그다지 좋지 않아 시급한 추진은 어렵겠다는 의견이었다. 특히 노사신의 경우에는 의주읍성을 일단 튼튼히 개축한 연후에 행성을 축조해야 한다는 의견을 주장했다.[271] 그러나 이러

268 『성종실록』 권130, 성종 12년 6월 갑인.
269 『성종실록』 권130, 성종 12년 6월 갑인.
270 『성종실록』 권134, 성종 12년 10월 무오.
271 『성종실록』 권161, 성종 14년 12월 신미.

정창손 묘(경기 양평)

한 논의는 쉽게 결론을 내리지 못했다.

이러한 가운데 성종 16년(1485) 사헌부 장령 이의李誼는 양곡 저축을 충분히 한 연후에 이를 바탕으로 다른 도의 역군을 동원하여 축조할 것을 주장했다. 특히 의주의 위화威化·조몰鳥沒·검동黔同 세 섬은 땅이 비옥하여 곡식을 생산할 수 있는 곳이 많은데, 근래에 오랑캐의 침략 때문에 경작하지 않은 지가 오래 되었으니, 이곳을 둔전으로 만들어 곡식을 저축하고 서울과 지방에서 속전贖錢으로 징수하거나 몰수된 장물, 상고와 어전 등의 세금은 모두 의주로 옮겨 보낼 것을 제안하기도 했다.[272] 이와 같은 것은 축성 역사를 하게 되면 역부에게 줄 많은 양식이 필요한 것은 물론, 이들이 집으로 돌아갈 때에도 양식을 손쉽게 구할 수 있도록 조치해야 했기 때문이다.

성종 17년(1486) 1월 초에 조정에서는 평안도 관찰사 박건朴楗에게 유시하여 아직 축조하지 못한 의주에서 인산까지의 행성 공사를 할 것이니 백성들을 잘 위무하도록 했다.[273] 그 다음달에는 평안도 의주 구룡연九龍淵의 행성 10,617척이 축조되었다.[274] 그 이후에도 부분적인 행성 축조가 있었다.[275] 성종 19년(1488)에는 축성순찰사 홍응을 평안도에 보내 의주행성축조 문제에 대해 검토할 것을 지시했다. 당시 성종은 의주 행성은 명의 요동지역 개척으로 인한 조선인의 이탈을 막고, 또 외적의 침입을 막

---

272 『성종실록』 권184, 성종 16년 10월 임인.
273 『성종실록』 권187, 성종 17년 1월 기유.
274 『성종실록』 권188, 성종 17년 2월 을사.
275 성종 17년(1486) 9월 영안도 姑林煙臺 아래에 1,225척, 失號里洞口 1,400척, 徐加 406척, 진 앞의 서쪽 모퉁이에 482척, 都魏洞 345척, 無其洞 365척, 和倉洞口 263척, 冷井洞 83척, 휴류천 동구 228척을 축조했고, 성종 18년 10월에는 역시 영안도 美鐵鎭城 烟臺로부터 東水口까지 8,345척의 장성과 기타 보성을 축조했다(『성종실록』 권195, 성종 17년 9월 신미 ; 『성종실록』 권208, 성종 18년 10월 갑오 참조).

는데도 유용할 것이라고 하여 의주 행성 축조의 필요성을 강조하고 있었다.[276] 이에 대해 홍응이 축조 사업 진행에 대한 계획을 보고하고 있다.[277] 드디어 성종은 큰 일을 이루고자 하는 것이니 작은 폐단을 돌아보지 말고 독단하여 처리할 것을 지시했다.[278] 이후 의주 행성 축조가 계속 추진되었을 것으로 생각되나 축성에 관한 자세한 기록이 나타나지 않아 어느 정도의 진척을 보였는지는 알 수 없다.

그 후 성종 20년(1489)에 와서도 평안도에 당번 정병과 당령當領 선군과 아울러 민호 2대를 교대로 역사시켜 행성을 축조하게 했는데, 홍응과 이철견李鐵堅에게 흉년이 들어 면포 값이 쌀 3, 4말이라고 하여 일단 역사를 정지할 것을 지시하고 있는 점으로 본다면 공사를 시작하다가 정지했던 것으로 생각된다.[279]

성종 21년(1490) 10월에 와서 성종은 재상들에게 의주 장성의 축조에 관하여 논의하도록 했다. 특히 성의 위치를 결정하는 문제에 대하여 의논하도록 했는데, 이는 옛 성터를 따라서 쌓게 되면 공역은 줄지만 양전이 행성 밖에 있게 될 것이며, 만약 강을 따라 쌓는다면 토지에 습기가 많아 돌을 주울 곳이 없게 되는 문제가 있었다.[280] 이에 대해 심회沈澮·윤필상·노사신 등은 장성 밖의 지대는 모두 사질토이기 때문에 침수될 우려가 있으므로 옛 성터를 따라 축조하는 것이 좋겠다고 했다.[281] 이극돈은 강을 따라 쌓게 되면 이미 개간한 양전良田과 농막農幕 및 인산진으로 통하는 직통로가 모두 성내에 있게 되어 유리하나 이곳이 모두 잔모래로 되어 있고 진흙땅이 없으며 돌을 주울 곳도 없어서 공사가 어려우니 일단 옛터를 따라서 축조하고 점차적으로 강을 따라서 쌓는 것이 좋겠다고 했다.[282] 여자신呂自新은 장성을 축조하는 목적은 오로지 농토와 농민을 위한 것이니, 비록 습기가 많은 땅이라 하더라도 점차 강을 따라 쌓는 것이 좋겠다고 했는데, 성종은 옛 터를 따라 쌓도록 결정했다.

276 『성종실록』 권219, 성종 19년 8월 기미.
277 『성종실록』 권219, 성종 19년 8월 기미.
278 『성종실록』 권219, 성종 19년 8월 기미.
279 『성종실록』 권234, 성종 20년 11월 임술.
280 『성종실록』 권246, 성종 21년 10월 계해.
281 『성종실록』 권246, 성종 21년 10월 계해.
282 『성종실록』 권246, 성종 21년 10월 계해.

홍응 신도비(경기 구리)

의주의 축성 공사는 그해 말에 추진되었으나 12월에 평안도 관찰사가 야인들의 동태가 심상치 않은데, 지금 성을 쌓느라고 여러 고을의 수령과 군사가 의주에 모두 모여 있어 방어가 소홀하니 일단 공사를 중지하고 방어조치에 전념할 것을 건의했다. 이에 조정에서는 축성 역사의 계속 여부를 논의하게 되었는 바, 야인들이 만포에서 살해당하여 저들이 반드시 보복할 것이니 방어에 전념하지 않을 수 없다. 또 정조사·관압사 두 사신이 돌아 올 때에 노략질을 당할 것이 우려되니 탕참湯站 이동 지역에는 마땅히 군사를 더 보내서 맞이해 오도록 해야 한다는 성준成俊의 말에 따라 축성 공사를 중지하도록 했다.[283]

축성순찰사 홍응은 무신년부터 지금까지 돌을 모아 두어 지금 만약 성을 쌓지 않으면 반드시 모두 흩어져 없어질 것이니 황해도의 팽배彭排·대졸隊卒과 해당 도의 연호군烟戶軍, 그리고 당령수군當領水軍으로 계속 역사시키게 할 것을 건의했으나 받아들여지지 않았다.[284]

성종대의 행성 축조에 있어서 특기할만한 점은 벽돌을 이용한 축성이 시도되었다는 점이다. 성종 21년 정조사로 북경에 다녀 온 특진관 윤효손尹孝孫은 의주 일대의 행성을 명나라의 장성처럼 벽돌을 이용하여 쌓을 것을 건의하여[285] 벽돌을 제조하는 등 진전이 있었으나 석축성과 비교한 공역功役의 다과 문제가 제기되어 벽돌을 이용한 축성은 일반화되지 못했다.[286] 벽돌을 사용한 축성법은 이미 이전에 의주·온성·종성읍성과 개성부 내성에 적용된 바 있지만 행성 축조에 벽돌 사용이 추진된 것은 이

---

283 『성종실록』 권248, 성종 21년 12월 경술.
284 『성종실록』 권248, 성종 21년 12월 을묘.
285 『성종실록』 권239, 성종 21년 4월 을미.
286 『성종실록』 권280, 성종 24년 7월 무신·기유.

때가 처음이다.

연산군대에 와서도 즉위 초부터 행성의 필요성이 제기되었다. 연산군 원년(1495) 충청도 도사 김일손金馹孫은 시국에 관한 건의문 26조목을 올린 가운데 장성을 쌓아 관문을 설치를 주장했다.[287] 이듬해에는 의주목사 황형黃衡이 의주읍성의 개축과 부근의 장성 수축을 건의했다.[288] 또한 대신들도 이 문제에 대하여 찬동했으나 일부 반대 의견도 제기되어 쉽게 추진되지는 못했다.[289] 또 연산군 생모인 폐비 윤씨의 사당을 세우는 문제로 조정이 시끄러워지고, 연산군 4년에는 무오사화가 일어나는 등 정치적 불안정의 연속으로 장성 축조 문제는 미루어지게 되었다.

김일손 정려비(경북 청도 자계서원)

그러다가 연산군 5년(1499) 서북 지역에서 야인의 침구가 잇따르자 다시 이계동李季소·권건權健·유빈柳濱 등에 의해 장성 축조에 대한 건의가 제기되었다.[290] 특히 압록강변 여연의 추파에서 의주 남쪽 인산까지의 장성 수축을 추진하게 되었다. 연산군 6년 2월에는 경변사警邊使로 평안도에 파견된 이극균李克均에게 장성을 쌓는데 소요되는 인원과 수축해야 할 척수를 측량하여 오도록 하는 등[291] 장성 수축을 추진했으나 지리한 찬반론의 연속으로 정책 결정이 지연되었다. 또 연산군 10년(1504)에는 갑자사화가 일어나 이극균을 비롯하여 성준成俊 등 장성 수축을 주도한 인물들이 모두 사

287 『연산군일기』 권5, 연산군 원년 5월 경술.
288 『연산군일기』 권18, 연산군 2년 10월 정유.
289 『연산군일기』 권18, 연산군 2년 10월 계묘 ; 『연산군일기』 권20, 연산군 2년 12월 갑신.
290 『연산군일기』 권36, 연산군 6년 1월 갑자.
291 『연산군일기』 권36, 연산군 6년 2월 병신.

상진 신도비(서울 서초 상문고등학교 입구)

화에 연루되어 유배, 혹은 사사됨으로써 장성 수축 정책은 더 이상 추진되지 못했다.

중종대에 와서도 장성 수축에 대한 건의가 있었으나 그 실행은 이루어지지 않았다.[292] 명종대에 와서는 영경연사領經筵事 상진尙震은 기마군이 돌입하는 것을 막기 위해서 장성이 필요하다고 역설했다. 그는 각 고을 수령·첨사·만호에게 군인의 수효에 따라 구간을 배정하여 축성을 감독하게 하고, 가포價布를 많이 보내 비용에 보태도록 하며, 수군의 번가番價도 원하는 바에 따라 바치도록 하여 그것으로 인력을 고용하여 쌓도록 하는 방안을 제기했다.[293] 이러한 고용에 의한 축성을 제의하게 된 것은 역사를 시행하고자 하여도 각 진의 군졸 수효가 적어서 쉽게 축성 공사를 성취하기 어려웠기 때문이다. 이와 같은 고용 인력을 통한 축성의 시도는 이전에는 볼 수 없었던 것으로 사회의 변화를 반영하는 일면이라고 할 수 있다. 장성 수축은 중종·명종·선조대에도 논의만 있었을 뿐 많은 인적·물적 자원이 소요되는 대규모 역사였기 때문에 실현되지 못했다.

292 『중종실록』 권7, 중종 4년 1월 갑진.
293 『명종실록』 권10, 명종 5년 2월 병진.

제2절

축성법과 시설의 주요 변천

　조선 초기는 여러 측면에서 군사적 긴장이 매우 높은 시기였다. 왜구의 침입, 반원 정책에 따른 몽골와의 군사적 대결, 홍건적의 침입, 명나라와의 갈등 등으로 인하여 군사 동원 체제의 정비뿐만 아니라 방어 시설의 핵심인 성곽 축조 사업 또한 국가적인 역점사업으로 추진되었다. 그러나 이 시기의 축성은 시기적인 긴급성으로 인하여 기술상의 발전보다는 시급한 구축에 중점을 두었기 때문에 속성 위주였다고 할 수 있다. 공역이 많이 소요되는 석성보다 토성을 많이 축조한 것도 그러한 이유에서였다. 즉 허다하게 그 조악함과 허소함이 지적되고 있는 것은 바로 그러한 시급성 속에서 축조된 것이기 때문이다.

　그러나 왜구, 여진 문제가 점차 안정을 찾아가고 명나라와의 관계도 호전됨에 따라 조선은 좀더 계획적이고 규식화된 성곽 축조법을 발전시켜 나갔다. 1430년(세종 12)에는 축성할 때에 적대敵臺를 아울러 쌓도록 조치하고 있다.[294] 이 시기에는 활발하게 전국적으로 성곽 정비 사업을 진행하면서 기존의 우리나라 성곽의 장단점을 고려하고 중국의 여러 축성 방식에 대한 연구가 이루어졌다.

　　병조에서 아뢰기를, "이제 성보를 쌓을 때에 적대敵臺를 아울러 쌓는 것에 대해 아울러

---

294 『세종실록』 권49, 세종 12년 9월 임술.

상고하오니, 『당서唐書』 마수전馬燧傳에는, '2개의 문을 설치하여 초로譙櫓로 삼는다.' 하였고, 육기陸機의 『낙양기洛陽記』에는 '성위에 1백 보마다 1개의 초루가 있고, 밖에는 구거溝渠가 있다.' 하였으며, 『책부원귀冊府元龜』에는, '당나라 왕방익王方翼이 쇄엽진성碎葉鎭城에 사면에 12개의 문을 모두 굴곡이 지게 은복출몰隱伏出沒하는 모양으로 세웠다.' 했으며, 명나라 광녕위廣寧衛·산해위山海衛 등의 성에도 모두 적대가 있사오니, 지금부터 각처의 성을 구축할 때는 성면이 굴곡이 진 부분은 제외하고 평평하고 곧은 부분에는 그 지형을 따라 1백보마다 1개의 대를 쌓도록 하옵소서." 하니, 그대로 따랐다.[295]

이에서 보면 중국의 여러 문헌을 상고하여 성제에 대해 연구하고 또 명나라에서 실제 사용하고 있는 적대 제도를 시행할 것을 결정하고 있다. 당시 이러한 적대 제도는 성을 공격하는 적에 대한 측면 공격을 강화함으로써 성벽 아래 밀착하는 것을 적극 저지하고 성문의 주변에서는 성문 접근과 파괴를 적극 저지하는 데 우수한 기능을 발휘할 수 있었다. 그러나 다른 한편으로는 이 적대 제도가 공성전에서의 화포火砲 사용을 염두에 둔 시설이라는 것을 사료를 통해 확인할 수 있다.

세종 22년(1440) 영중추원사 최윤덕이 상언한 내용을 보면, "야인과 왜노가 모두 보복할 마음을 품고 있어서 각도 각처의 성을 불가불 쌓아야 할 것이오나, 이 무리들이 화포를 쓰지 못하오니 비록 옹성과 적대를 없애도 가할 것입니다. 옹성의 길이는 5, 60척에 지나지 않는 것이온데, 다만 성문에 설치할 뿐이오나, 적대 같은 것인즉 매 3백 척마다 세 개의 적대를 설치하오니, 그 수가 매우 많습니다"라고[296] 하는 것에서 적대·옹성이 주로 화포 공격을 염두에 둔 점도 있다는 것을 알 수 있다.

그런데 일반적으로 적대는 성문의 좌우에 돌출시켜 축조한 치성을 말하는 것이었으나 여기서 말하는 적대는 체성에 돌출되게 축조하여 측면 공격을 가능하도록 한 성치城雉를 모두 일컫는 것으로 보인다. 이는 '성면이 굴곡이 진 부분은 제외하고 평평하고 곧은 부분에는 그 지형을 따라 1백보마다 1개의 대를 쌓자'고 하는 것에 알 수

---

295 『세종실록』 권49, 세종 12년 9월 임술.
296 『세종실록』 권88, 세종 22년 3월 계묘.

있다. 세종대에 이러한 적대 축조 정책이 적극 추진되었으나 이 또한 많은 공역이 소요되는 사업이어서 점진적으로 추진되었다.[297]

그러나 이 시기에는 적대의 축조를 규식으로 정했지만 실제 그 규격에 대해서는 명확한 통일된 정식이 없었던 것으로 여겨진다. 세종 15년(1433) 병조에서 경상도 곤남 신성의 적대에 대해 보고하면서 앞면이 너무 넓고, 좌우는 너무 좁아서 방어하기에 적당치 못하다고 하고 있다. 따라서 향후에는 앞면은 15척, 좌우는 각 20척으로 제도를 정하고, 또 150보마다 적대 하나씩을 설치하도록 할 것을 건의하여 시행했다.[298]

또한 적대 이외에도 여러 성곽 시설의 개선이 점차 이루어져 갔다. 성 안쪽에 흙을 메워 쉽게 성에 오를 수 있도록 하고,[299] 중국제도에 의거하여 성 위에 초군哨軍이 야간에 의지할 수 있는 성상옥우城上屋宇의 건조,[300] 수성袖城의 축조[301] 등 체성 및 부대 시설에 대한 개선책이 취해졌다. 특히 세종 25년에 11월 겸성균주부인 이보흠李甫欽이 올린 상소 중에 '개자무오년蓋自戊午年 축성신도반강이후築城新圖頒降以後'라는 대목이 나오는 것에서 '무오년戊午年'인 세종 20년에 새로운 축성제도를 규식화한 '축성신도築城新圖'라는 것이 만들어져 축성에 있어서 하나의 기본적인 지침이 되었던 것으로 보인다. 현재 축성신도의 내용이 남아 있지 않아 구체적인 내용은 알 수 없다. 다만 세종 20년 1월 의정부에서 연변 여러 구자口子에 석보루石堡壘를 축조할 때에 적대·옹성 및 연대의 모양을 수성전선색修城典船色에게 도본圖本을 만들게 하여 도절제사에게 보내 참고하여 축성 감독을 하도록 하는 것을 추진하고 있는데, 이것이 축성신도의 제작과 직접 관련이 있는 것으로 생각된다.[302] 즉 연변 구자에 석보를 축조

297 『세종실록』 권58, 세종 14년 12월 무술 ; 『세종실록』 권97, 세종 24년 7월 무인.
298 『세종실록』 권59, 세종 15년 1월 정묘. 이러한 규식은 하나의 원칙으로 운영되었던 것이나 후대에는 지역적 여건에 따라 적절한 규모로 축조된 것으로 여겨진다. 세조 12년(1466)에 의주성을 개축하면서 적대의 규모를 길이 10척, 폭 5척으로 축조하도록 한 것은 그 한 사례이다.(『세조실록』 권38, 세조 12년 2월 을해).
299 『세종실록』 권68, 세종 17년 4월 갑인, 6월 무오.
300 『세종실록』 권78, 세종 19년 8월 정축.
301 『세종실록』 권87, 세종 21년 10월 계사. 袖城이란 성 밖으로 마치 소매처럼 길게 늘여 축조하는 성을 말하며, 주로 성 안에 물이 부족할 때 주변의 물가까지 수성을 쌓아 물을 사용할 수 있도록 했다.
302 『세종실록』 권80, 세종 20년 1월 경자.

할 때 수성전선색에서 미리 도본을 그려 그대로 시공하도록 한 것이 다른 성곽 축조에도 그대로 적용되면서 축성에 대한 기본 지침서격인 축성신도가 제작된 것으로 보인다.

축성신도의 존재는 세종대에 들어 정치·군사적인 안정을 바탕으로 축성방식의 규식화를 추구한 증거이며, 이는 종래 지방관이나 파견 관리의 재량에 의해 축조되는 것과 비교하면 진일보한 것이다. 성곽의 일정한 방어력 확보를 위해서는 적절한 축성방식을 준수하여 축조하는 것이 무엇보다 필요했고, 그간 산발적으로 내리던 축성에 대한 지시를 종합하여 하나의 지침으로 만든 것이 바로 축성신도라고 여겨진다. 당시의 성곽 제도에 대한 규식은 그동안 전래되어 온 여러 축조 기술과 중국의 성제를 받아들여 설계된 것으로 추정되는데, 이는 세종 19년(1437) 함길도 도절제사에게 보낸 다음에 전지傳旨에 잘 나타나 있다.

함길도 도절제사에게 전지하기를, "영중추원사 최윤덕이 헌의하여 말하기를, '신이 전에 강계에 있으면서 연변의 성 쌓는 것을 감독할 때에, 땅이 얼어서 여장女墻과 적대敵臺를 굳게 쌓지 못한데다가 황참隍塹 역시 깊이 파지 못했으나 대개는 이루어졌을 것이며, 각 고을의 자력으로 수축할 수 있습니다. 야인들 가운데에도 홀라온은 성을 공격하기를 잘해서, 일찍이 개양성開陽城을 공격할 때에도 각자가 판목을 지고 성밑에 가까이 와서 섶[柴]을 쌓아놓고 불을 질러서 마침내 그 성을 약탈했으니, 이는 그것을 징험한 것입니다. 원컨대, 변방의 군郡으로 하여금 농사 틈을 타서 각각 여장과 적대를 쌓게 해서 뜻밖에 일어나는 근심을 대비하게 하소서. 또 예로부터 변방 성에 도둑들이 밤에 방비 없음을 틈타서 몰래 성을 올라가서 한 번 소리치면 성안에서 넋을 잃고 지키지 못한 일이 많았습니다. 중국의 군·현에는 모두 성 위에다 옥우屋宇를 연달아 짓고 군인으로 하여금 항상 지키게 하고, 철야로 순찰하게 하여 도둑들의 엿보는 꾀를 방지하오나, 우리나라의 변방 성 위에는 비바람을 가린 곳이 없으므로, 바람과 비·눈과 서리가 내리는 밤에는 성을 순찰하는 자가 모두 성에서 내려와서 편하게 누워 있으니, 평소에 비록 조두刁斗를 치면서 야경夜更을 돌더라도 성 위의 군사는 어린 것들만 차정差定하여서 실상은 어린애 장난 같으니, 청하건대, 중국의 제도에 의해서 성 위에 집을 지어 두고, 야경하는 자로 하여금 비와 바람을 피할 수 있게 하여, 언제나 성 위를 지켜 어두운 밤에 뜻밖에 일어나는 변을 방비하게 하소서.' 하므로, 이를 평안도 도절제사 이천李蕆에게 가르치고 편리한지 아니한지를 찾아가 묻게 했더니, 이천이 아뢰기를, '도내의 변성邊城은 이미 여장과 적대를 만들었사온즉, 헌의獻議에 의하여 다시 완전하게 수리하고, 집을 짓는 제도도 중국의 제도에 의하여 성위 네 모퉁이에다 각각 한 칸씩 짓게 하여, 장정으로 하여금 밤낮으로 순찰하게 하겠습니다……'라고 했으니, 경도 도내의 북변 각 고을의 성을 이 예에 의하여 하도록 하라."했다.[303]

라고 하고 있다. 이에서 보면 여장, 적대, 황참, 성상옥우 등의 성곽 시설이 당시 축성에서 강조되고 있거나 새로운 도입이 적극 추진되고 있다는 것을 알 수 있다. 특히 이러한 주요 성곽시설이 함길도와 평안도에서 모두 이루어질 수 있도록 각 도절제사에게 지시하고 있는 것으로 볼 때 성제의 통일을 기하고자 하는 것을 엿볼 수 있다. 이러한 조치는 기존의 각 책임관에게 일임했던 것과 비교할 때 매우 큰 변화이다.

세종대를 전후하여 많은 축성이 이루어지면서 이를 행정적으로 관리하는 문제도 여러 측면에서 개선되어 갔다. 축성 역사에는 많은 인력이 동원되기 때문에 과도한 부역으로 인한 민폐 발생이 항상 문제가 되었다. 따라서 이에 대한 법식도 강화되어, 세종 12년(1430)에는 백성을 역사에 동원하는 규식을 만들어 10월 공사를 시작하여 20일간으로 정하되 풍년에는 10일을 연장하고 흉년에는 10일을 단축하도록 했다.[304] 또한 세종 13년(1431) 10월에는 좌사간 김중곤金中坤 등의 상소에 따라 매년 한 도에 한 성만을 축성하되 주장관主掌官이 풍흉을 보아 축성할 곳을 보고하고, 각 고을의 민호와 정수의 다과를 헤아려 징발해 쌓되 부역 일수를 준수하고 끝내지 못하면 다음해를 기다려 쌓는 것을 규정으로 삼도록 했다.[305]

그리고 축성 사업과 관리라고 하는 측면에서 이 시기의 또 하나의 특징은 최윤덕 등의 대신들에게 도순무사·도순문사 등의 직책을 주어[306] 성곽 수축의 임무를 맡아

303 『세종실록』 권78, 세종 19년 8월 정축.
304 『세종실록』 권50, 세종 12년 12월 신미.
305 『세종실록』 권54, 세종 13년 10월 갑진.

처리하도록 하여 축성 사업이 지속적으로 이루어 질 수 있었다는 점이다. 대신들이 직접 축성 사업을 책임짐으로써 그 어느 때보다 강력히 추진될 수 있었다.[307] 또한 세종 16년에는 각 도의 군용성자순심사軍容城子巡審使를 병조의 당상관과 도진무로 선임하고, 매년 춘추에 각도로 보내 방어에 관한 일까지도 아울러 점검하게 하는 것을 규칙으로 삼게 하되, 그 파견 시기를 평안도는 매년 10월부터 이듬해 2월까지로 한정하고, 나머지 도는 10월로 하며, 병조의 당상과 도진무가 모두 유고할 시는, 2품 이상의 다른 관원으로 대신하게 하는 조치를 시행하여 성곽에 대한 관리를 한층 강화하게 되었다.[308]

그리고 축성 역사 감독은 예전에는 조관朝官을 보내거나 혹은 감사나 절제사·수령과 같은 외관직 관리가 맡기도 했으나, 세종 17년에 와서는 절제사가 있는 도는 절제사가 축성감독을 맡고 감사가 규찰하며, 황해도는 감사가, 강원도는 수령을 선발하여 감독하게 하고 감사가 규찰하도록 했다. 한 도에 여러 성을 쌓을 때에는 상호간 거리가 멀면 도순무사를 보내 감독하도록 했다.[309] 그러나 이듬해에는 사수색司水色을 수성전선색修城典船色으로 개편하면서 별감을 두어 축성사를 맡아보도록 하고, 각 도에 나누어 보내 축성역을 감독하는 것을 규칙으로 삼도록 했다.[310] 이와 같은 것은 축성 역사와 같이 많은 인원이 동원되는 국가의 중대 사업의 감독을 지방 관리에게 일임할 경우, 축성의 부실과 뇌물을 받고 역군을 방군放軍하여 사욕을 채우거나 혹은 규정된 역사 기한을 지키지 않아 민폐를 유발하는 것 등을 방지하기 위한 것이었다. 이러한 체계적인 축성 사업 관리가 다른 한편으로는 성제城制의 규식화와 여러 측면에서의 제도적 개선과 관련하여 중요한 상관 관계를 가지고 있었다.

세종대의 적극적인 축성 사업과 성제에 대한 개선을 바탕으로 문종대에는 한 단계 더 나아가 전국적인 점검과 아울러 규식의 적용이 보다 철저하게 시행되었다. 이러한

---

306 『세종실록』 권43, 세종 11년 2월 경진. 『세종실록』 권50, 세종 12년 12월 을미.
307 세종 16년 7월에는 충청·전라·경상 세 도의 성곽은 형조판서 정흠지)가 맡게 하고, 함길도의 성곽은 호조참판 심도원, 평안도의 성곽은 호조참의 朴坤으로 하여금 담당하게 했다.
308 『세종실록』 권63, 세종 16년 3월 기해.
309 『세종실록』 권69, 세종 17년 8월 갑자.
310 『세종실록』 권72, 세종 18년 5월 갑오.

사업과 관련하여 충청전라경상도도 체찰사를 맡은 정분鄭苯은 큰 역할을 한 인물이다. 그는 1451년(문종 1) 전라도, 경상도, 충청도 지역의 읍성과 병영성 시설물과 성터에 대한 조사를 통해 그대로 둘 곳과 퇴축할 곳, 개축할 곳 등 3개 부류로 나누어 보고하고 이를 정비했다.[311]

정분 묘(경남 진주)
진주정씨 3대 묘가 있는 진주 상대동고분군.

이러한 성곽 점검과 시설물 개선 사업은 세종대에 이루어진 성제의 규식화에 대한 이행의 성격을 가지고 있다.

한편 이 시기의 축성 변화의 특징 가운데 하나는 고려말 임시 방편으로 축조된 토성을 석성으로 개축하는 사례가 많았다는 것이다. 이는 석성의 방어력이 보다 우수하기 때문에 국가적인 안정과 더불어 점차 계획적인 축성이 가능해 졌기 때문이다. 이러한 석성 축조가 주류를 이루면서 성고城高와 감축관리監築官吏에 대한 명확한 규정을 강조하게 되었다. 『성종실록』에 보면,

> 축성도체찰사가 아뢰기를, "하삼도 여러 포浦의 쌓은 성城의 높낮이를 정한 제도가 없으므로 대체大體에 적당하지 못하니, 이 뒤로는 여러 포와 여러 고을의 성은 포백척布帛尺을 써서 15척을 표준으로 삼고, 성을 쌓은 뒤에 5년이 차지 아니해서 무너지는 것은 감축관리監築官吏를 파출罷黜하는 것이 이미 정해진 법이 있으나 무너진 곳이 많고 적음을 물론하고 파출하는 것은 적당하지 못하니, 이 뒤로는 5년 안에 길이 15척 이상이 무너진 것은 사유赦宥 전을 가리지 말고 파출하며, 10척 이하는 율에 의하여 죄를 주는 것이 어떠하겠습니까?" 하니, 그대로 따랐다.[312]

라고 하여 이미 축성에 있어서 성의 높이를 포백척 15척으로 규정하고 있음을 알 수

---

311 『문종실록』 권9, 문종 원년 8월 병술.
312 『성종실록』 권225, 성종 20년 2월 임진.

있다. 감축관리들에 대해서도 무너지는 척수의 한계를 정하여 그에 따라 처벌하도록
했다.

조선 전기의 경우 축성술의 개선은 체성體城에 대한 일정 규식화과 더불어 특별히
각종 부수 시설물 설비에 많은 발전이 이루어졌다. 옹성이나 적대를 비롯하여 지호池濠, 궁가弓家, 치성雉城, 성상옥우城上屋宇, 수성袖城, 망적대望敵臺 등 다양한 시설에 대한 개선이 점진적으로 이루어져 갔다.

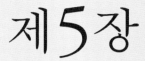

조선 후기의 축성

제1절

조선-일본전쟁(임진왜란)기의 축성

1. 전쟁 중의 산성유익론

조선전기의 산성수축은 태종대부터 세종 연간 초반기까지 비교적 활발히 이루어졌으나 그 후 읍성 중심의 축성책이 추진되면서 점차 퇴조하였다. 간혹 전통적인 산성유익론이 제기되어 일부 산성이 수축되기도 하였으나 특기할 만한 것은 없었다.[1]

그러나 1592년 조선-일본전쟁이 발발하고 조선은 개전초기에 패전을 거듭하면서 방비체제의 문제점이 낱낱이 드러났다. 조선의 패전 원인은 여러 가지가 있겠지만 몇 가지 군사적인 측면에서 요인을 들어보면 다음과 같다.

첫째는 정규군의 부실을 들 수 있다. 이는 군역을 지고 있는 장정들에 대한 관리와 훈련이 제대로 이루어지지 않았기 때문이다. 조선-일본전쟁시 소집된 군사들은 그야말로 오합지졸을 면치 못하였을 뿐만 아니라 징집 자체도 대부분 여의치 못하였다. 징집되는 병졸이 대부분 평시에는 농사를 짓는 농부인 데다가 수포방군이 일반화되면서 전혀 훈련이 되지 않았고, 무기마저 제대로 갖추지 못한 형편이었다. 이는 주지하는 바와 같이 조선이 양반 중심의 문치주의를 지향하면서 사회 전반적으로 무예(무인) 경시풍조가 근저에 자리잡은 결과였다. 선조가 "경상도의 풍속은 누구라도 아들

---

[1] 이하의 산성유익론과 조선-일본전쟁 중의 산성 수축에 대한 서술 내용은 유재춘, 『韓國中世築城史 研究』, 경인문화사, 2003에 실린 내용을 부분적으로 수정한 것임.

형제를 두었을 경우 한 아들이 글을 잘하면 마루에 앉히고 한 아들이 무예를 익히면 마당에 앉혀 마치 노예처럼 여긴다니, 국가에 오늘날과 같은 일이 있게 된 것은 경상도가 오도한 소치이다. 옛적에 육상산陸象山은 자제들에게 무예를 익히게 했고 왕양명王陽明은 말타기와 활쏘기를 잘했다 한다. 우리나라는 책자만 가지고 자제들을 교육하므로 문무를 나누어 두 갈래로 만들어 놓았으니 참으로 할 말이 없다"[2]라고 한데서도 그러한 실상을 적나라하게 볼 수 있다.

둘째는 방비체제의 허점을 들 수 있다. 조선전기 방비체제의 골격은 대체로 남북의 연변지역을 중심으로 짜여 있었다. 남방 연해지역의 경우는 읍성을 비롯한 요해지에 설치된 진보성鎭堡城, 북방에서는 변지邊地의 읍성과 진보성, 그리고 이를 잇는 행성이 주축을 이루고 있었다. 당시 내지에 대한 성곽시설 완비를 도모하였지만 이는 실현되지 못하였다. 부산·동래 등 연해지역의 성을 함락하고 내지로 들어온 일본군에 대해 전혀 속수무책이었던 것도 이러한 방비체제의 문제점이 주요한 원인 가운데 하나이다.

셋째는 방비시설의 부실을 들 수 있다. 특히 주요 방비시설이었던 읍성은 조선전기 동안 성벽구조나 부가시설물 면에서 발전을 이루었으나 기본적으로 왜구 집단에 대응하는 것을 주목적으로 축조된 것이기 때문에 대군의 공격에는 여지없이 취약성을 드러냈던 것이다. 조총과 같은 새로운 개인 화기를 주축으로 하는 일본군 전술에 대부분의 읍성은 그 효능을 발휘하지 못하였다.

선조 26년(1593) 12월 비변사에서 선조에게 보고한 내용 가운데 "대저 적이 믿고서 승승장구하는 것은 오직 총환銃丸이 있기 때문입니다. 우리나라의 평지에 있는 성은 대부분 낮기 때문에 적이 비루飛樓를 타고 성안을 넘겨다보면서 조총을 난사하여 지키는 군사로 하여금 머리를 내놓지 못하게 한 다음, 용력있는 적이 긴 사다리와 예리한 칼을 가지고 성벽을 타고 곧바로 올라와 대초大鍬로 성을 파괴하여 성을 지킬 수가 없는데 진주에서의 경우도 그러했습니다."[3]라고 하는 데서 그러한 실상을 알 수 있다. 또한 유성룡도 조선-일본전쟁 때 조선관군이 일본군에게 연패한 것은 궁시보

2 『선조실록』 권43, 선조 26년 10월 임인.
3 『선조실록』 권46, 선조 26년 12월 임자.

진주성 북장대

다 성능이 좋은 조총을 소지한 적을 우리가 산성을 버리고 평지성에서 맞아 싸운데 그 원인이 있다고 하였다.[4]

이렇게 개전초기에 조선의 방비상의 허점이 명백히 드러나면서 종래의 방어체제에 대한 비판이 일어나게 되었다. 그 결과 전통적인 산성중시론이 다시 설득력을 갖게 되고, 전국 각지에 산성 수축이 이루어졌다. 조선으로서는 군사력이나 전술적인 측면에서 열세를 면치 못하는 상황이었기 때문에 개방된 곳에서의 전투는 사실상 거의 승산이 없었다.[5] 이에 조선은 군사적인 맞대결보다는 지구전과 기습, 그리고 보급로의 차단 등의 전략을 구사하는 것이 필요하였다. 그러기 위해서는 아군의 식량과 무기, 병력을 보존할 수 있는 거점이 확보되어야 하였기 때문에 공격하기 용이하지 않은 산성에 의지한 대응이 가장 이상적인 방법이었던 것이다.

조선은 조선-일본전쟁 개전 초기에는 실상 응전에 급급하였을 뿐 방어체제를 재정

4 『西厓集』 권14, 雜著, 戰守機宜十條 甲午冬.
5 이는 선조 27년 선조가 왜적과 평야에서 대치하면 절대로 이길 수가 없으니 반드시 지형을 살펴 험준한 곳을 점거하여 산성을 쌓아야 한다는 것에서 잘 알 수 있다(『선조실록』 권54, 선조 27년 8월 경신).

금성산성(전남 담영)

따라 산성을 수축하고, 적세가 멀어지면 백성들로 하여금 성에서 나와 농사를 짓게
하고 적이 오면 산성으로 들어가 굳게 지키도록 하였다.[21]

특히, 삼가·의령·단성·고령 및 낙동강 일대 지역에 적극 이를 조치하도록 하였는
데,[22] 이는 일본군이 군량미 조달을 수로를 통하여 하게 됨으로써 주로 낙동강 인근
지역을 공략하였기 때문이었다. 그외에도 다음의 〈표 5-1〉에서 알 수 있는 바와 같
이 해주의 수양산 산성을 비롯하여 경상도 대구·인동·삼가·고령·합천·안음 등지에
많은 성곽이 수축되었다. 1593년 12월 경상도의 삼가·의령·단성·고령 및 낙동강 일
대의 산성을 수축하도록 한 조치는 주목할 만하다. 이는 일본군이 낙동강을 따라 배
로 이동하면서 내지를 공격하는 것을 염두에 둔 것이며, 또 강을 따라 군수물자를 수
송하는 것을 차단하면서 전선을 가급적 낙동강 이남지역으로 국한시키기 위한 전략
이라고 하겠다.[23]

---

21 『선조실록』 권46, 선조 26년 12월 경오.
22 『선조실록』 권46, 선조 26년 12월 경오.
23 유재춘, 「조선전기 경상도의 지역거점 산성 연구」 『지역과 역사』, 부경역사연구소, 2010, 112쪽.

〈표 5-1〉 조선-일본전쟁 중의 산성 수축

연	월	일	간지	내용
선조 26	2	26	신해	정철(鄭澈)이 양호(兩湖: 충청도·전라도)의 지도를 입계하고 산성 수축 등의 일을 아룀.
	7	18	경오	해주의 산성을 수리하도록 함.
	9	11	임술	해주의 수양산 산성을 수리하고 곡식을 저장하도록 함.
	10	16	병신	대구·인동·삼가·고령·합천 가야산·안음의 산성을 수축하게 함.
	11	7	정사	경상우도의 삼가산성, 고령산성, 합천의 야로산성, 가야산의 금산성, 안음의 산성 등 요해지의 성을 수축하도록 함.
	12	3	임자	남원의 교룡산성, 담양의 금성산성, 순천 건달산성, 강진의 수인산성, 정읍의 입암산성을 수축하여 지키게 하고 기타 동복산성(同福山城)·옹성산성(瓮城山城) 등도 또한 순차적으로 수축하도록 함.
	12	19	무진	유성룡이 의령의 조흘산성과 삼가의 산성을 지키게 할 것을 건의함.
	12	21	경오	경상도 삼가·의령·단성·고령 및 낙동강 일대의 산성을 수축하고 적세에 따라 입보하고 출성(出城)할 것을 지시.
27	2	27	병자	가야산의 용기산성, 지리산의 귀성산성은 유정(惟政)에게 맡겨 수축하도록 하고, 거의 수축을 마친 장성의 입암산성은 법견(法堅)에게 맡기도록 함.
	6	21	무진	산성 입보와 청야책을 적극 독려하도록 함.
	7	19	을미	남원산성의 수축 상태를 살펴 조속히 완축하도록 함.
	9	19	갑오	경기관찰사가 수원의 독성산성 수축을 14일에 마쳤다고 함.
	11	5	기묘	울진의 산성을 수비하고, 요로를 방수하도록 함.
	11	17	신묘	영해의 우여산을 평해로 이속시키고 산성을 수축하여 둔전병을 두는 방안을 살펴 조치하도록 함.
	11	19	계사	경기 금천 부근의 둔전민을 산성에 들어가 살도록 하고, 무인으로 소모장(召募將)을 삼도록 함.
28	2	13	병진	해주의 산성을 다시 견고히 수축하고 백성을 모집해 들이고, 곡식과 기계를 준비하도록 함.
	3	1	갑술	비변사가 승려 의엄(義嚴)을 도총섭(都摠攝)으로 삼아 파사산성을 수축할 것을 계청함.
	6	2	계묘	해주의 산성 수축을 특별히 주의를 기울일 것을 지시.
	6	12	계축	월계산성을 총섭승(摠攝僧) 견우(見牛)와 둔전관 이정길(李貞吉)로 하여금 함께 농사를 지으며 점차 수축하도록 함.
	8	5	을사	이미 수축한 성주의 용기산성(龍起山城)과 삼가(三嘉)의 악견산성(岳堅山城)과 단성(丹城)의 동성산성(東城山城)에는 창고를 설치하여 관곡(官穀)을 저장하도록 하고, 대구의 달성산성(達城山城)과 선산의 금오산성, 인동의 천생산성도 점차 편의에 따라 수축하도록 함.

28	8	6	병오	산성을 수축하는데 법도대로 하지 않으니, 의엄(義嚴)이 축성하는 파사성에 낭청(郞廳)을 보내 기초설계도를 그려온 후 수축을 지시하도록 함.
	8	22	임술	축성때에 대포공격에 대비하도록 하고, 파사산성은 의엄으로 하여금 시간에 구애받지 말고 견고하게 수축하도록 함.
	8	23	계해	유성룡이 형세가 좋은 안성(安城)의 무한산성과 죽산(竹山)의 취봉에 축성하여 관방을 삼을 것을 청함.
	9	1	경오	수원 독산성에 기구를 갖추고, 죽산산성을 수축하기 위해 방어사를 차임도록 함.
	10	7	병오	관서(關西)의 군사들을 산성을 가려 들어가도록 함.
	10	10	기유	관서(關西)의 곽산산성 인근의 침입이 우려되는 지역 창고의 곡식을 산성으로 들이도록 함.
29	1	12	기묘	구례(求禮)의 석주산(石柱山), 운봉(雲峯)의 팔량산(八良山), 금산(錦山)의 동거산(冬巨山)을 수비할 계책을 세우도록 감사에게 이문하도록 함.
	1	17	갑신	각도 감사로 하여금 가솔을 거느리고 지형이 좋은 곳을 택하여 영(營)을 설치하여 입거하도록 하는 방안을 조치하도록 함.
	1	28	을미	삼각산 아래 중흥동(中興洞)의 형세를 살펴 산성을 수축하는 문제를 검토하도록 함.
	1	30	정유	오랑캐 형세가 심상치 않아 산성 수축과, 진보(鎭堡)의 정비를 지시함.
	2	9	병오	연전(年前)에 완성된 공주 산성에 포루 설치를 지시.
	2	16	계축	이조판서 김우옹(金宇顒)이 방백(方伯)과 수령(守令)은 각각 처자를 거느리고 산성에 들어가 수비하도록 하는 조치를 재삼 엄히 신칙할 것을 건의.
	3	6	계유	서울의 중흥동 산성 공사를 뒤로 미룸.
	3	8	을해	신잡(申磼)이 서북지역의 방비를 시급히 조치해야 함을 건의.
	4	2	무술	유성룡이 노모를 만나고 돌아와 충주의 고모산성과 성주의 천생산성을 수축하고 있음을 보고.
	4	12	무신	의엄이 역군(役軍) 부족과 중국 사신 왕래로 파사산성 역사가 지연되고 있으니 조치하여 줄 것을 상소함.
	4	17	계축	용인·양지 사이에 있는 옛 석성을 수리하여 수원 독성, 남한산성과 서로 형세를 이루도록 함.
	5	2	무진	비변사가 독성 산성은 대강 수축되었고, 파사성은 가을에 완료토록 하였음을 보고함.
	11	16	무신	창녕의 화왕산성을 수리하도록 함.
	11	20	임자	강원도 울진의 산성을 원주의 산성과 같이 조치하도록 함.
	11	21	계축	송악산에 목책을 설치하고 양식을 축적하도록 함.
	12	6	무진	섭유격(葉遊擊)이 대구·초계 등에 방어시설을 갖출 것을 요청.

	12	8	경오	파사산성에 수성장을 배치하여 의엄과 파수하게 하고, 유정은 남한산성에 머무르게 하여 명년 봄의 산성수축에 대비하게 함.
	12	16	무인	황해도 연안성 밖의 산에 산성을 수축하도록 함.
30	1	27	무오	유성룡이 수백리 지경에 산성 하나로는 불가하니, 각 고을에 산성을 만들어 농사를 지으면서 지킬 수 있도록 할 것을 건의.
	1	29	경신	유성룡이 죽령과 조령사이에 덕주산성(德周山城)이 있는데 이시발(李時發)이 영(營)으로 삼았다고 아룀.
	2	25	병술	남한산성의 수리와 안성(서운산성)·죽산의 산성 수축 문제를 논의함.
	3	9	기해	경기 3로(三路)에 있는 산성을 수축하여 서울의 방어를 도모하도록 하고, 궁벽한 곳에 위치한 산성으로서 적을 제압하기에 적합하지 않은 곳은 수축하지 말도록 함.
	3	15	을사	충청감사 김시헌(金時獻)이 오례산성 수축에 역군을 보내는 것과 군량을 충당하는 것이 매우 어렵다고 서장을 올림.
	4	21	신사	남원읍성을 수축하여 산성과 기각지세(掎角之勢)를 이루는 것에 대하여 논의함.
	6	5	갑자	양계(兩界) 이외의 감사로 하여금 가솔을 거느리고 산성에 입거하도록 한 조치를 철회함.
	7	9	무술	양총병(楊總兵)의 사처(私處)에 거둥하니 양총병이 남원 인근의 백성과 산성에 있는 양식과 말먹이 풀을 읍성으로 옮기게 할 것을 청함.
	8	14	임신	사헌부가 담양에 새로 쌓은 산성을 감사 유영으로 삼았으니 신속히 방수대책을 세워야 한다고 아룀.
31	1	19	을사	중국군이 둔전을 개간하면서 산성을 지키는 것에 대해 논의.

　그러나 이러한 산성수축이 순조롭게 된 것은 아니었다. 전쟁으로 인하여 인명피해가 많았을 뿐만 아니라 많은 사람이 이미 군사로 징발되었고, 유리도산遊離逃散한 사람도 많아 산성 수축을 위한 역군의 동원이 쉽지 않았다. 축성에 승군을 많이 동원하였던 것은 그러한 사정 때문이다.

　또한 축성에 소요되는 양식마저 부족하여 큰 어려움을 겪게 되었다. 비변사에서,

> 다만 오늘날은 백성들의 생활이 궁핍하고 인심이 흩어졌으므로 산성을 축조하는 역사役事를 갑자기 거행하기는 어렵습니다. 그러나 그 형세가 어렵다고 하여 하지 않는다면 할 수 있는 때가 없을 것입니다.[24]

---

24 『선조실록』 권66, 선조 28년 8월 을사.

라고 하는 데서 그러한 사정을 잘 알 수 있다.

또한 관리의 기율이 전혀 서지 않아 조정의 의도를 시행하는 데도 큰 문제가 있었다. 뿐만 아니라 승군을 동원하고, 승장僧將에게 그 책임을 맡김으로써 축조방식을 잘 알지 못하여 성곽의 부대시설 공사를 소홀히 하거나 부실공사가 되어 쉽게 붕괴되는 일마저 발생하였다.[25]

산성수축은 전쟁으로 피폐해진 영남지역에서 특히 어려운 문제였다. 이원익李元翼이 영남에 내려가 임무를 수행하고 있었는데, 일각에서 그가 급선무인 성곽 수축과 진영 설치에 힘쓰지 않는다고 비난한데 대해 이정형李廷馨이 그가 힘쓰지 않은 것이 아니라 일의 형세가 그러하다고 한 것처럼 당시 상황이 매우 열악하였던 것이다.[26] 이는 다른 지역에서도 비슷한 처지였다. 파사산성婆娑山城은 이미 공사를 시작한지 오래되었으나 완성되지 못하자,[27] 그 축성 책임을 맡고 있던 도총섭都摠攝 의엄義嚴은 이에 대한 조치를 촉구하는 상소를 올리기도 하였다.[28]

이렇게 급박한 가운데서도 산성수축이 적극 시행되지 못한 것은 조정의 의논이 분분하여 일관성 있는 정책을 추진하지 못한데도 큰 요인이 있었다. 선조 28년(1595) 사헌부에서,

> 그리고 여러 읍의 산성도 모두 수비해야 하는데 세력이 분산되면 힘이 약하고 큰 환란
> 이 닥치면 지탱하기 어려우니, 반드시 여러 진영 중에서 산과 물로 둘러싸인 지형을 취
> 하고 천연적으로 이루어진 험준한 요해처를 선택해야 합니다. 그리고 군사를 모집하고
> 군량을 저축하여 3개의 큰 진영을 만든 다음 이름난 장수로 하여금 지키게 하면서 모
> 든 군무를 정비하여, 차츰 난공불락難攻不落의 기지를 이루어 나간다면 적이 산 아래
> 에서 공격해 올 때 우리는 백이百二의 이로운 형세를 갖게 되는 셈이니 저들이 격파하
> 지 못할 것입니다. 그러면 안과 밖의 지역에 모두 순망치한脣亡齒寒의 걱정이 없게 되

25 『선조실록』 권66, 선조 28년 8월 병오.
26 『선조실록』 권73, 선조 29년 3월 무진.
27 『선조실록』 권74, 선조 29년 4월 무술.
28 『선조실록』 권74, 선조 29년 4월 무신.

어 적을 방어하고 근본을 견고하게 하는 방법에 내실을 기할 수 있을 것입니다.[29]

라고 한데 대해 사신이 논한 내용에 "비변사에서 일단 차자를 내려 보내자 모든 사람들의 의견이 각기 다르므로 아름답고 훌륭한 계책이 마침내 수포로 돌아가 만 가지 중에 한 가지도 도움되는 바가 없었으니, 참으로 탄식할 일"[30]이라고 하여 산성 포치에 대한 구도가 결정되지 못하였음을 알 수 있다.

이러한 가운데 선조 29년(1596) 1월에는 각도 감사로 하여금 가솔을 거느리고 산성으로 입거하게 하고, 각 고을의 수령도 모두는 아니라고 할지라도 산성에 입거하도록 하는 획기적 조치가 내려졌다. 이는 각도의 산성 수축과 설비가 지지부진한 상황에서 나온 조치인 것으로 보아 신속히 산성을 중심으로 한 거점화를 시도한 것으로 생각된다. 그러나 열흘이 지나 사헌부에서 비변사가 이를 잘 조치하고 있지 않다고 논박하고, 또 한달 가량 되어서는 이조판서 김우옹金宇顒이 차자를 올려 방백方伯과 수령은 각각 처자를 거느리고 산성에 들어가 수비하도록 하였는데 비변사가 즉시 거행하지 않으니 다시 엄히 신칙할 것을 건의하고 있는 것으로 보아 선조의 이 명령은 즉각 시행되지 못하였음을 알 수 있다. 이 문제는 그 후로도 여러 차례 지시가 있었지만 시행되지 못하였다.

선조 29년 11월 비변사에서,

'각 도의 감사가 산성에 들어가 지키는 일은 전에 공사公事가 있었으나, 그 뒤에 불편하다는 의논이 있고, 우상右相의 말을 들으니, 반드시 들어가 있으려 하지 않을 것이라 한다. 우리나라는 번번이 논의가 많기 때문에 도리어 일을 그르치거니와 감사는 산성을 영營으로 삼지 않으면 안 된다. 그 곡절로 말하면 조치한 속에 들어 있는 조목인데 뭐 논의할 것이 있겠는가. 비변사가 다시 신칙申飭해야 할 듯하니, 비변사에 이르라.' 고 전교하셨습니다. 각도의 감사가 산성에 들어가는 것으로 굳게 지킬 계책을 삼는 것은 참으로 오늘날의 급히 힘쓸 일입니다마는, 평시에 미리 들어가 있을 경우 사세상 불

---

29 『선조실록』 권65, 선조 28년 7월 계유.
30 『선조실록』 권65, 선조 28년 7월 계유.

편한 점이 있으므로, 물의는 기계器械를 경영하고 양식을 조치하였다가 그때에 임하여 들어가 지키기를 바라고 있습니다. 그러므로 전에 이 때문에 각도에 편리한지를 물었을 뿐이고, 산성에 들어가 지키는 것을 행할 수 없다고 한 것은 아닙니다. 이제 적세賊勢가 움직이려 하니, 각도의 산성은 미진한 것을 다시 더 조치하여 반드시 굳게 지킴으로써 쳐들어오는 적을 막으라는 뜻을 도체찰사·도원수와 각 도의 감사에게 내리는 것이 어떠하겠습니까?[31]

라고 하는 것에서 각 도에서는 평상시 미리 감사가 산성에 들어가 거주할 경우 행정적인 처리나 기타 업무를 관장하는데 불편이 있어 시행되지 못하였음을 알 수 있다. 그 후에도 이 조치가 시행되면서 감사들은 가솔을 거느리고 가기만 하고 산성에 입거시키지 않고 단지 첩과 여종만 데리고 산성에 들어가 책임만 면하려는 행태를 보이자 선조는 이는 감사가 가솔을 거느리고 가지 못하도록 한 일반적인 규칙에 어긋나니 시정하도록 하고 있으며,[32] 곧 가솔을 거느리고 가는 조치는 철회되었다.[33]

한편, 백성들의 산성에 대한 불신이 점차 확산된 것도 산성 수축에 큰 어려움이 되었다. 선조 25년(1592) 10월 김시민金時敏이 진주에서 승전하고, 다음해 2월 권율權慄이 행주산성에서 승리한 후로는 산성이 믿을 만한 곳이라 여겨졌으나 그해 6월에 진주성이 함락되자 산성에 대한 신뢰가 크게 저하되었던 것이다.

선조 27년(1594) 전라도에 내려가 도내의 산성을 살피고 돌아온 이항복李恒福이,

진주성이 함락되지 않았을 때는 민정民情이 다 산성에 들어가 보전하고자 하였으나 그 산성이 함락되었다는 소식을 듣고는 백성들이 다 말하기를 "진주성은 지세가 험하고 병력도 많았는데 또한 보전할 수 없었다."고 하면서 이로부터는 산성을 보기를 반드시 죽음의 함정이라 하였다.[34]

---

31 『선조실록』 권82, 선조 29년 11월 신해.
32 『선조실록』 권88, 선조 30년 5월 기미.
33 『선조실록』 권89, 선조 30년 6월 갑자.
34 『白沙集』 권2, 全羅道山城圖後叙, 갑오 4월.

이항복 집터 필운대(서울 배화여고 뒷편, ⓒ 유수)

라고 한 데서 그러한 실상을 잘 알 수 있다. 이와 같은 것은 선조 29년(1596) 4월 행호군 최립崔岦이 상소한 내용에도 백성들이, 근본이 되는 수도도 지킬 계책이 없는데다가 여러 도의 급무는 산성에 불과하니 노인과 아이를 이끌고 돌아갈 곳이 못됨을 보고서 "하루아침에 급변이 있으면 차례로 무너져 종전과 다름이 없을 것인데, 무엇 때문에 물력을 허비하며 적을 일소하지 못한 속에서 거듭 우리를 괴롭히는가"라고 생각한다는 것에서 그러한 점을 잘 알 수 있다.[35]

이러한 가운데 선조 29년 8월에 이르러서는 종전의 시급한 축성보다는 점차 완급을 헤아리고, 형세를 살펴 추진하는 쪽으로 정책이 변화하게 되었다. 비변사에서,

산성을 쌓는 일은 진실로 오늘날 그만둘 수 없는 역사이긴 하나 다만 각 도의 물력物力이 몹시 심하게 고갈되었는데도 성 쌓는 역사를 하지 않고 넘어가는 날이 없으니, 모든 백성의 시름과 고통이 반드시 이 때문이라고 아니할 수 없습니다. 마땅히 형편을 살

---

35 『선조실록』 권74, 선조 29년 4월 신축.

피고 완급을 헤아려 선후를 정하는 동시에 백성의 힘을 참작해서 점차로 수축해 나가
야만 일도 이루어지게 되고 백성의 힘도 조금 펴지게 될 것이니, 결코 일시에 일을 시
작하여 민폐를 끼치게 해서는 안될 것입니다. 그런데 외방外方의 산성들에 대해 형세
가 긴요한지 그렇지 않은지를 지금 멀리 떨어진 여기에서 헤아리기는 어렵습니다. 대
신 두 사람이 이미 도체찰사로서 각 도를 나누어 맡고 있으니, 참작하고 상량하여 시행
하도록 함이 어떻겠습니까?[36]

라고 건의하니 선조는 이를 그대로 시행할 것을 재가하고 있다. 이는 산성은 계속 수
축되고 있었으나 민심이반은 뚜렷하여 산성이 있다하더라도 지키기 어렵다는 현실적
인 판단과, 또 시급히 추진됨으로써 적당하지 못한 곳에 성을 쌓아 민력만 허비하는
일을 방지하고자 한 것이다.

여하튼 산성수축은 실제 선조 29년(1596)이 되어서도 큰 진전은 보지를 못하였
다.[37] 비변사에서 "병란이 일어난 이래로 조정이 강구하고 사방이 계책을 올린 것이
이 한 가지 산성과 요해지를 설치하는 계책뿐이었는 데도 아직 성취한 것이 없다"라
고 한 것은 그런 사정을 여실히 보여주고 있다. 당시 비변사에서 보고한 것을 보면 경
상도의 경우 금오산성金烏山城과 천생산성天生山城, 부산산성富山山城(경주), 악견산성
岳堅山城(삼가三嘉), 공산산성公山山城, 용기산성龍起山城만이 거론되고 있으며, 창녕의
화왕산성火王山城은 수축할 필요성이 건의되고 있다.[38]

특히, 식량 비축과 장수들의 수성의지 부족은 산성 수축을 추진하는데, 큰 걸림돌
이 되고 있었다. 경상도 영천과 안강 사이에 있는 부산산성富山山城의 경우, 군량 수
급문제로 인하여 추진이 지연되고 있으며,[39] 경기도의 독성산성禿城山城의 경우는 장
수들이 들어가 지키기를 꺼려 양식이 없다고 하자 비변사로 하여금 척간擲奸하도록
지시하고 있다.[40]

36 『선조실록』 권78, 선조 29년 8월 무술.
37 『선조실록』 권81, 선조 29년 10월 무진.
38 『선조실록』 권82, 선조 29년 11월 무신.
39 『선조실록』 권82, 선조 29년 11월 무오.
40 『선조실록』 권82, 선조 29년 11월 무오.

화왕산(경남 창녕)

또한 일을 직접 주관하는 도원수나 도체찰사를 비롯한 대신들간의 전략 구상도 일치하지 않아 갈등이 빚어짐으로써 방비체제의 구축에 장애가 되고 있었다. 방비조치에 대한 의견이 합치되지 않아 체찰사와 원수가 각기 다른 명령을 시달함으로써 장관將官과 수령들은 어느 쪽의 명령을 따라야 할지 혼선을 빚고 있었다.[41] 특히, 문제가되었던 것은 도원수는 4~5만의 군사를 조발하여 군대를 편성하고자 하였고, 체찰사는 산성을 수축하고 청야淸野하는 전략을 구사하고자 하였던 것이다.[42] 이는 인적 자원이 한정된 상황에서 많은 병력을 군사로 조발하게 되면 결국 산성을 수축하고 방어장비를 구비하는데 쓸 역군이 부족하게 되기 때문에 서로 배치되는 조치였던 것이다.

이러한 인정人丁의 부족으로 인한 문제는 선조 30년(1597) 충청감사 김시헌金時獻이 올린 서장書狀에서도 잘 나타나고 있다. 이 서장에 보면, 전란이 발생한 이후 백성수가 희소한 것은 전국이 다 마찬가지인데 지방관들이 상부의 지시에 따라 정해진 수의 인력을 내다보니, 수가 모자라 미곡을 거두어 이를 가지고 사람을 고용하여 보내는

---

41 『선조실록』 권84, 선조 30년 1월 무오.
42 『선조실록』 권84, 선조 30년 1월 무오.

일까지 있다고 하고 있으며, 또한 고용된 사람이 도피하게 됨으로써 다시 해당 고을에 공문을 보내 독촉하게 되니 백성들이 모두 피란 때와 다름없이 산으로 도산하여 농사마저 포기상태가 되어 심각한 사회문제가 되고 있었다는 것을 알 수 있다.[43]

그런데 선조 30년(1597) 적의 재침 우려가 높아지고 전라도 지역의 방어의 중요성이 새삼 인식되면서 수성방식에 대한 변화가 나타났다. 즉 산성 중심의 수성책이 이제 지역에 따라 읍성도 함께 방어해야 한다는 쪽으로 기울어지게 되었다. 이는 읍성과 기각지세掎角之勢[44]를 이루겠다는 의도에서 추진되기도 하였지만[45] 그 보다 중요한 문제는 적이 와서 읍성을 차지하였을 경우 장기전이 되면 산성에 있는 쪽이 불리하다는 것 때문이었다. 이에 대해 유성룡은 "산성만을 지키고서 적들이 오랫동안 본성(읍성)에 머물게 하는 것은, 비유하면 호랑이는 평지에 있고 사람은 산에 올라가 있는 것과 같아 지탱할 수가 없다"라고[46] 하고 있다.

그러나 한 지역에서 두 개의 성을 지키는 것은 매우 어려운 문제였기 때문에 조정에서는 이에 대한 확고한 방침을 추진하지 못하였다. 남원의 경우처럼 제2차 조선-일본전쟁 시에 명군은 읍성을 지키고자 하고, 조선군은 산성을 지키고자 하였으나 명군의 주장에 따라 읍성을 지켰다가 함락되고 말았던 것은 그 하나의 사례이다. 당시 명의 양총병楊總兵은 한 지역 내에 두개의 성을 지키겠다고 하면 인심이 갈라지고, 적이 읍성을 점거하고 지구전을 펴면 산성에 들어가 있는 측은 스스로 무너지게 되며, 병마를 출전시켰다가 불리하면 들어와 지키고자 하기 때문에 읍성을 지켜야 한다는 것이었다.[47] 이에 대해 당시 접반사로 있던 정기원鄭期遠은 만약 읍성 고수 정책을 세웠다가 상황이 변하여 읍성을 지키지 못하게 되면 성을 쌓아 적에게 주는 것은 물론이고, 군량을 모두 대주는 것이 되므로 불가하다고 읍성고수책을 반대하였다.[48]

---

43 『선조실록』 권86, 선조 30년 3월 을사.
44 '掎角'이란 앞과 뒤에서 서로 응하며 적을 견제하는 것을 말하며, 여기에서는 한 지역에 읍성과 산성을 모두 유지하며 적이 읍성을 칠 때에는 산성의 군사로 견제하고, 산성을 공격할 때는 읍성의 군사를 내어 견제하여 적이 어느 한쪽을 집중적으로 공략할 수 없도록 하는 것을 말한다.
45 『선조실록』 권88, 선조 30년 5월 무술.
46 『선조실록』 권88, 선조 30년 5월 정사.
47 『선조실록』 권89, 선조 30년 6월 정축.
48 『선조실록』 권89, 선조 30년 6월 정축.

이와 같은 것은 제주에서도 마찬가지였다. 제주는 당초에 목사의 건의에 따라 성산산성城山山城을 지키도록 하였으나 비변사에서 본지를 버려두고 산성을 지키게 되어 왜적이 본지에 와서 읍성에 웅거한다면 주인이 도리어 객이 되는 형세라고 하여 다시 이경록을 보내 읍성을 지키게 하였다.[49]

이러한 산성을 중심으로 한 방어책과 산성유익론도 제2차 조선-일본전쟁이 일어나면서 여러 산성이 함락되자 점차 수그러들게 되었던 것으로 보인다. 선조는,

한동안 산성에 대한 의논이 일어나 모두들 산성이 좋다고 하면서 시비하는 자가 없기에 형세를 가리지 않고 곳곳마다 산성을 수축하였었다. 그런데 하나의 산성이 함락당하자 인심이 놀라 선성도 지킬 수 없다고 하여, 이 때문에 더욱 무너지게 되었던 것이다. 우리나라의 일 처리가 아이들 장난과 같을 뿐이니 참으로 마음이 아프다. 서울은 이구동성으로 모두들 지킬 수 있다고 하는데, 지난번에 성을 순행할 때 처음으로 그 제도를 보고 나도 모르게 실소하였다. 그렇게 하고서야 무슨 일을 이룰 수 있겠는가?[50]

라고 하는 것에서 그러한 실상을 알 수 있다. 뿐만 아니라 선조 31년(1598) 1월 홍문관에서 유성룡의 삭탈관직을 청하였던 바, 그에 대하여 산성과 포루를 설치하는 것은 마땅히 해야 할 일이었지만 지형의 편부便否를 분간하지 않고 사세의 난이도 헤아리지 않고서 일시에 독촉하기를 성화같이 하였으므로 공사가 부실하여 사방에 수축해 놓은 것이 위급한 때를 당하여 지킬 만한 곳이 없었다고 비판하고 있다.[51]

조선-일본전쟁 기간 중 수축된 여러 산성 가운데 경기지역에서는 특히 남한산성을 거론하지 않을 수 없을 것이다. 도성방어론이 점차 중시되면서 인접한 보장처로서 남한산성이 주목받게 되었던 것이다.

남한산성의 중요성에 대해서는 선조 26년(1593) 10월 유성룡이 선조와 방어책을 논의하는 가운데 광주의 남한산성, 수원 독성禿城, 금천衿川 금지산衿之山이 매우 중

49 『선조실록』 권97, 선조 31년 2월 을해.
50 『선조실록』 권92, 선조 30년 9월 경자.
51 『선조실록』 권106, 선조 31년 11월 신축.

요한 요새지로 거론되고 있다.[52] 또한 용인과 양지 사이에 있는 옛 성을 수리하여 수원 독성, 남한산성이 상호간 삼각 요새지를 구축함으로써 상호 보완적인 기능을 하도록 하기도 하였다.[53]

선조 30년(1597) 1월 경기등사도도체찰사京畿等四道都體察使 유성룡은 경기 일대의 성곽 등 방비시설에 대한 순찰하기 위하여 떠날 때 유성룡이 "남한산성에 경기의 백성이 들어가고자 하므로 방비도 하면서 농사도 짓고 성도 지키게 하려 합니다"라고 보고 하니,[54] 선조는 남한산성을 누가 지킬만한 지를 묻고 남한산성에 가서 보고 그 형세를 그림으로 그려 보낼 것을 지시하였다.[55]

그해 2월 유성룡을 따라 부사로 갔던 노직盧稷이 남한산성을 돌아보고 와서 선조에게 보고하였는데, 당시의 기록을 보면 다음과 같다.

> 상이 이르기를, "경기의 각 고을 및 산성의 제반 사정은 어떠한가?" 하니, 노직이 아뢰기를, "광주의 남한산성은 주위가 포백척布帛尺으로 17,400여 척인데 외부는 험난하고 안은 깊숙하며 능선이 매우 길어 갑자기 포위할 수 없습니다. 남쪽은 약간 평지이고 다른 곳은 모두 암석이어서 기어오르기가 불가능합니다. 이곳이 바로 온조溫祚의 옛 도읍지로서 다른 성에 비하여 더욱 크고 일찍부터 거주민도 있었습니다." 하였다. 상이 이르기를, "성터가 있는가? 그 안에는 우물이 있는가?" 하니, 노직이 아뢰기를, "돌을 다듬어 만들었으나 퇴락한 것이 3분의 2는 되며 남쪽은 험하지 않은데 또 곡성曲城을 쌓았습니다. 가운데는 큰 개울이 있으며, 우물은 모두 6개소이고, 수답水畓이 거의 십여석지기나 되며, 좋은 밭은 얼마나 되는지 알 수 없습니다." 하였다. 상이 이르기를, "문이 있던 자리도 있는가? 성의 공사는 이미 시작했는가?" 하니, 노직이 아뢰기를, "동문·남문·수구문水口門 세 문이 있는데 모두 이미 수리했으나 성은 공사가 매우 거창합니다. 체찰사가 당초 광주에서 군사 훈련을 하고 그 군사들을 모아 돌을 운반

52 『선조실록』 권43, 선조 26년 10월 임인.
53 『선조실록』 권80, 선조 29년 4월 계축.
54 『선조실록』 권84, 선조 30년 1월 경신.
55 『선조실록』 권84, 선조 30년 1월 경신.

해 터를 닦으려고 하였으나 보리 파종기가 되어 농사를 폐할 염려가 많았기 때문에 실시하지 못했습니다."하였다.[56]

이 보고에서 17세기초 남한산성의 상황을 비교적 소상히 알 수 있다. 특히 전체 체성이 2/3는 퇴락한 상태였지만 우선 동문·남문·수구문을 수리하였음을 알 수 있다. 그러나 인력과 식량이 부족한 데다가 다른 지역의 성곽시설 정비도 시급하였고, 또 남한산성은 축성공역이 매우 많이 소요되는 곳이어서 쉽게 공사를 착수하지 못하였다.

남한산성 수축문제가 본격 논의된 것은 선조 36년(1603) 2월이다. 선조는 비망기를 내려 이르기를,

> 일찍이 남한산성의 형세가 우리나라에서 으뜸이라고 들었다. 광주는 기전畿甸의 큰 진으로 남도를 왕래함에 있어 요충이 되는 곳이다. 만약 이곳에다 산성을 수축한 다음 한결같이 독성禿城에서처럼 군사를 조련하고 수령을 택하여 지키게 한다면 안으로는 수도의 보장保障이 되고 밖으로는 제진諸陣을 공제控制할 수 있을 것이다.[57]

라고 하였다. 여기에서 남한산성이 이제는 단순히 여러 주요 산성 가운데 하나라는 인식이 아니라 "수도의 보장"이라고 하여 수도 한양을 방어하는데 매우 중요한 거점지로 인식되고 있음을 알 수 있다. 이에 선조는 사람을 보내 지형을 잘 살펴 본 다음 도형을 그려 오도록 하명하고 비변사로 하여금 의논하여 아뢰도록 하였다.

이에 대해 비변사에서는 당일로 이 사안에 대하여 의논한 바를 보고하였다. 즉 형세는 매우 좋으나 인력이 미치지 못할 것으로 우려되며, 만약 이를 추진한다면 먼저 승도를 모집하거나 창고를 지어 곡식을 저장해 두고 인호를 모집하여 부역을 면제하여 정착시켜 점차 터전을 이루게 한 다음 시기를 헤아려 성지城池를 수리하고 한 거진巨鎭으로 삼는 것이 좋겠다고 하였다. 이에 이기빈李箕賓으로 하여금 화수畵手를 대동하고 남한산성을 살피도록 하였다.

---

56 『선조실록』 권85, 선조 30년 2월 병술.
57 『선조실록』 권159, 선조 36년 2월 을사.

행부호군 이기빈이 돌아와 보고하기를,

신이 남한산성에 가서 형세를 살펴보니 진세陣勢가 곧아 천험의 요새였습니다. 서북쪽에 봉우리가 있고 동남쪽은 확 트였는데 시내와 우물이 있고 또 논도 있었습니다. 성 안에는 산기슭이 서로 가로막고 있었으며 성 바깥쪽에는 한두 봉우리가 서로 마주하고 있었으나 굽어보거나 엿볼 수가 없었습니다. 북문에서 동쪽으로 수구水口에 이르기까지와 서쪽으로 남문에 이르기까지의 지세가 성 가운데에서 가장 험하였는데, 그 사이에는 포루를 설치할 만한 곳도 있었습니다. 수구와 남문부터는 산세가 낮고 약해 반드시 적을 받는 곳이 될 것이므로 성을 높이 쌓고 해자를 깊이 파고 많은 화기火器를 설치하는 것이 좋을 듯하였습니다. 대개 형세를 논한다면 도문都門의 보장으로는 제일이라고 할 수 있으나 그 공사에 대해 말한다면 주위가 몹시 넓고 산길이 가파라서 얼마나 많은 인력으로 몇 년이나 수선해야 되는지 모르겠습니다. 신의 우견으로는 반드시 많은 사람의 공력을 들인 후에야 완전히 수리할 수 있을 듯합니다.[58]

라고 하여 그 형세는 매우 좋으나 역시 성 둘레가 몹시 길어서 공역功役이 많이 소요될 것이므로 수축에 어려움이 있다고 지적하고 있다. 이러한 보고가 있자 선조는 이를 결단하지 못하고 다시 비변사로 하여금 산세를 그림으로 정확히 그려오도록 명하고 있다.[59]

그해 4월 비변사에서는 남한산성은 둘레가 28리나 되어 수선에 많은 인력이 들고, 또 수리를 마친다고 하더라도 수성인력이 수만 명 필요하기 때문에 지키기 어렵다고 하면서 차라리 죽산의 죽주산성을 수축하는 것이 나을 것이라고 하며 전에 남한산성을 살펴보고 왔던 이기빈을 보내 살펴보고 오도록 할 것을 건의하여 윤허받고 있다.[60] 이후 더 이상 선조대에 남한산성에 대한 언급이 없는 것으로 보아 당시 남한산성 수축 문제는 더 이상을 진전을 보지 못한 것으로 생각된다.

---

58 『선조실록』 권159, 선조 36년 2월 갑인.
59 『선조실록』 권159, 선조 36년 2월 갑인.
60 『선조실록』 권161, 선조 36년 4월 정유.

남한산성 성벽, 북문 근처

그 후 광해군 10년(1618) 남한산성에 군병을 주둔하도록 한 일이 있으나[61] 이는 산성을 수축하지 않은 채 사용한 것이어서 광해군 13년(1621) 9월에는 남한산성 수축을 추진하기 위하여 비변사의 천거에 따라 원탁元鐸을 광주목사廣州牧使에 임명하는 등의 조치를 취하였다.[62] 이후 진전 상황은 알 수 없으나 인조반정 직후 곧바로 남한산성 수축 문제가 거론되는 것으로 보아 광해군 당시 남한산성 수축이 추진되어 일부 공사가 이루어졌으나 완축하지는 못하였던 것으로 생각된다.[63]

한편, 1593년(선조 26) 전쟁 중에 경상도에서 충청도 지역으로 진입하는 관문이 되는 조령과 죽령 등 고갯길 요충지점을 방어하는 논의가 제기되었다.[64] 이듬해 10월에는 조령 파절장把截將 신충원辛忠元이 백성을 모집하여 성을 쌓아 관문을 만들었다.[65]

61 『광해군일기』 권129, 광해군 10년 6월 계유·병자.
62 『광해군일기』 권169, 광해군 13년 9월 임자.
63 홍경모의 『남한지』에 의하면 정조 3년(1779) 산성을 수축할 때 성의 서쪽에서 바위를 2개 발견하였는데, 그 위에 '천계월일'이 새겨져 있었다고 하며, 광해군 신유는 즉 천계 7년이니 이 당시에 기록한 것이라고 하고 있다. 이로 보아 광해군 당시에도 산성 수축공사를 하였던 것은 분명하다.
64 『선조실록』 권39, 선조 26년 6월 병신.
65 『선조실록』 권56, 선조 27년 10월 계축.

조령 삼관문(경북 문경)

이후 문경에서 조령을 통하는 길에는 조령성을 포함하여 3중 관문성을 축조하여 영남지역에서 충청지역으로 쉽게 진입하는 것을 막고자 하였다.[66]

조선-일본전쟁시 전국적으로 몇 개의 산성이 수축되었는지는 알 수 없다. 앞서 『조선왕조실록』에서 초록한 기사는 중요한 것들만 거론되었고, 전국 개개의 산성 명칭을 모두 기록하지는 않았기 때문이다. 조선-일본전쟁시의 산성 수축은 일본군에 대항하기 위한 것이었기 때문에 주로 경상도와 충청도·전라도·경기도 등 서울 이남지역에 집중되었다. 경기도는 하삼도 지역과는 달리 조선-일본전쟁 이전에는 거의 성곽이 설치되지 않았던 지역으로, 조선-일본전쟁을 겪으면서 수도방위가 절실하다는 것이 인식되었기 때문에 산성 수축이 많았다.

이어 하삼도의 성곽 배치에도 변화가 나타났다. 조선-일본전쟁시 대부분의 성곽이 제구실을 하지 못하게 되자, 대규모 거점성 중심으로 방어전략을 바꾸고, 수도에 이르기까지 2중 3중으로 방어선을 구축하였으며, 일본군의 공격 가능성이 높은 낙동강 연변 지역에 특별히 많은 산성을 수축하였다. 특히 병력과 전술면에서 조선보다 우세

---

66 차용걸, 「鳥嶺關防施設에 대한 研究[1] - 交通路로서의 鳥嶺과 關防施設로서의 鳥嶺關에 대한 基礎的 整理」 『사학연구』 32호, 1981 참조.

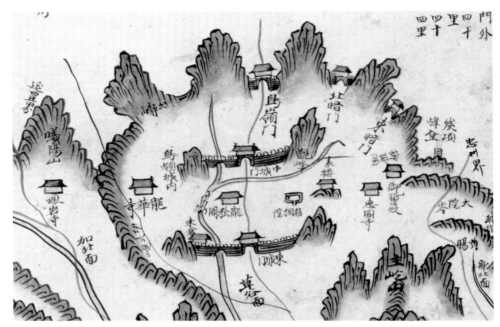

〈그림 5-1〉『해동지도』 문경현 지도에 그려진 조령 관문성(규장각한국학연구원)

한 일본군에 대적하기 위해서는 반드시 지형적인 유리함을 살릴 수 있는 곳을 지켜야
한다는 논의에 따라 요충이 되는 인근 지역에 산성을 수축하여 지키게 하였고, 또 일
본군이 양식을 얻지 못하도록 청야입보한다는 전략에 따라 곳곳에 산성을 수축하도
록 하였다.

3. 조선-일본전쟁기 축성법의 변화

조선-일본전쟁 당시 일부를 제외하고는 대부분의 우리나라 성이 성공적으로 성을
지키지 못하였기 때문에 이에 대한 반성과 아울러 중국, 일본의 성제城制가 반영되어
갔다. 중국의 성제는 주로 『기효신서』가 도입되어 널리 참고되었으며, 일본의 성제는
왜성과 설진設陣에 대한 관찰 사항이 반영되었을 것으로 생각된다. 서애 유성룡이 저
술한 「산성설」에 나타나 있는 일본군의 성곽 공격방법을 보면,

대개 옛날부터 우리를 침범한 자는 북쪽의 오랑캐와 남쪽의 왜적에 불과하다. 오랑캐의 장기는 말 타는데 있고, 왜적의 장기는 단병短兵에 있으니, 우리는 성 위에서 화살로 제지하여도 여유가 있었다. 그런데 지금은 왜적이 조총을 사용하여, 먼 곳까지 미치는 힘이 화살보다 10배나 된다. 성을 포위하고는 반드시 먼저 성첩의 높고 낮음과 해자의 얕고 깊음을 둘러보고 들어갈 만한 곳을 찾는다. 이에 성을 향해 수천의 조총을 난사하여 탄환을 성첩에 비 오듯 집중하면, 성안에서 지키는 병졸들은 바야흐로 쥐처럼 숨고 무릎으로 기면서 감히 머리를 내놓지 못하니, 더구나 방어를 감당하겠는가. 다른 적들이 이 틈을 타고 곧장 진격하여 목석木石과 풀단을 마구 던져 해자를 메워 높이가 성과 같게 되면 잠깐 사이에 성은 함락된다. 왜란의 처음에 적이 김해를 함락하고, 정유재란에 남원을 함락한 것은 다 이 방법을 썼다.[67]

라고 하고 있다.

또한 유성룡의 「전수기의戰守機宜」에서는,

이제 왜적은 오로지 조총을 사용해서 성을 공격할 때에 수백 보 밖까지 미칠 수가 있는데, 우리나라의 활과 화살은 이미 서로 미치지 못한다. 게다가 성곽 앞이 조금이라도 평평한 곳만 있으면 적의 무리는 흙으로 보루를 만들고 높은 비루飛樓를 만들어서 성 안쪽을 내려다보고 총을 쏘기 때문에 성안의 사람들은 몸을 숨길 수가 없어서 마침내 패해서 함락되니, 그 형세는 족히 괴이할 게 없다. 대개 우리나라 사람들은 병사를 잘 훈련시키지 못하였고, 성을 쌓는 한 가지 일에도 의사가 전혀 없었다.[68]

라고 하여 당시 일본군의 공성전술에 대해 기록하고 있다. 이러한 일본군의 전술은 조선의 성제 변천에 큰 영향을 주었다. 즉, 기본적으로 이러한 공성전술을 극복하기 위한 고안에서 성곽이 조성되었다.

또한, 조선-일본전쟁 당시 일본군의 설진設陣에 대해 다음과 같이 설명하고 있다.

---

67 『서애집』 권15, 잡저, 山城說.
68 『서애집』 권14, 잡저, 戰守機宜.

왜적은 지형을 아주 잘 알고, 또한 목책을 잘 설치해서 진을 칠 때에는 반드시 요새지에 한다. 그들이 목책을 설치하는 법을 보면 우리나라가 활과 화살만을 사용한다는 것을 알기 때문에 흙을 발라서 보루堡壘를 만들어 겨우 화살을 막을 만하게 하되, 빙 돌려 이리 구불 저리 구불 휘어서 서로가 보호하고 가리게 하며, 구멍을 만들어서 탄환을 편리하게 쏠 수 있게 하니, 참으로 열 걸음에 아홉 번 돌아보는 치밀함이 있다. 그렇게 하기 때문에 외로운 군사가 깊숙이 천 리까지 들어와 영을 연결시키고 있는데도 아군은 3년간을 서로 바라보며 하나의 둔영도 공격하여 부수지 못하였으니, 그 계획이 정밀하다.[69]

일본군이 축조한 목책성의 구조와 장점을 말한 것으로 이러한 인식은 그의 성제 개선 제의에 영향을 주었다. 이는 유성룡이 「전수기의戰守機宜」에서 "옛 사람들은 성을 쌓는 데 오로지 흙만 사용하였고, 우리나라는 돌을 사용하였다. 두 가지는 다 사람의 공력을 사용하니, 성을 쉽사리 이룰 수 없다. 이제 간편하고 쉽게 성을 만드는 제일 좋은 한 가지 방법은 대개 고금의 영벽營壁 및 왜진倭陣의 제도에서 좋은 점을 더하고 나쁜 점을 빼서 만드는 것이다."라고 하는 것에서 분명히 알 수 있다.

유성룡이 제시한 성곽축조방식을 보면 다음과 같다.

- 성곽의 크기 문제 : 크면 지키기 어려움
- 여장 높이 문제 : 여장이 낮아서 몸을 숙이고 활동해야하므로 불가함
- 여장(타堞)의 사이 간격 문제 : 활을 쏘고 후망할 수 있을 정도면 되는데, 우리의 여장 사이의 타구堞口가 너무 넓어 사람이 넘어들어 올 정도임
- 옹성이나 치성 시설이 미비함
- 성 밑에 밀착한 적을 관찰하고 공격하기 위한 현안懸眼 필요 : 현안 축조에는 벽돌이 많이 필요하여 쉽게 축조하기 어려움
- 양마장羊馬墻 : 성 밖의 참호 안에 높이가 1장쯤 되는 담을 쌓고 아랫면에 큰 구멍

69 『서애집』 권14, 잡저, 戰守機宜.

을 뚫어 대포를 쏘게 하고, 가운데에 작은 구멍을 뚫어 소포小砲를 쏘게 하며, 별도
로 용맹하고 힘이 센 사람으로 하여금 지키게 해서 성 위의 사람들과 더불어 서로
보좌하는 형세가 되도록 한 것. 그러나 이는 공을 많이 들이고도 반드시 사람으로 지
키게 해야 되니, 우리나라의 오늘날 힘으로는 쉽게 말할 바가 아님.

· 포루 : 포루를 만들면 허다한 성곽의 다른 시설을 만들 필요가 없을 정도로 유익함.
  옹성·현안·양마장의 제도를 겸해서 하나로 만들 것

· 목책으로 성을 만들 경우 반드시 외벽에 흙을 두텁게 바를 것

· 중호重壕의 설치 : 성 밖과 영책營柵 밖에는 마땅히 설치해야 함. 바깥 참호는 평상
  시의 호에 의하여 깊고 넓게 만들되 그중에 목각木角을 많이 설치하고, 안쪽 참호는
  그 너비를 바깥 참호의 절반으로 줄이고 그 깊이는 1장 정도로 깊게 함.

이러한 유성룡의 성곽축조방식 개선에 대한 인식은 이후 성곽의 수리나 축조사업

에 큰 영향을 주었다. 특히 유성룡은 포루를 강조하였다. 포루를 만들면 허다한 성곽의 다른 시설을 만들 필요가 없을 정도로 유익하다고 하였으며, 옹성·현안·양마장의 제도를 겸해서 하나로 만든 것이 바로 포루라고 하는 생각을 가지고 있었다. 이는 사격하는데 사각死角이 없도록 포루를 설치하고 이를 잘 활용하면 적은 군사로 쉽게 성을 지킬 수 있다는 생각에서 였다. 조선-일본전쟁 중 개축 또는 축조된 성곽에 포루를 반드시 설치하라고 한 것도 바로 이러한 이유 때문이다.

여주 파사산성의 경우는 조선-일본전쟁 기간 중 기존의 고대의 산성을 다시 수축한 사례인데, 성벽 위에 포루를 만들기 어렵자 성벽에 붙여 성 밖으로 돌출되게 포루를 설치하였다. 별도의 통로없이 성벽 아래에 붙여 포루를 만든 것은 시급히 설치해야 했던 당시의 상황을 보여주는 것이다.

제2절

조선후기 축성의 변화와 특징

1. 조선후기 축성의 주요 변화

　조선후기에 와서는 기존의 방어체제에 대한 반성과 비판 속에서 변방지역의 성곽시설 정비와 함께 수도방어체제에 대한 논의가 활발하게 진전되었다. 특히 조선-일본전쟁을 거치면서 도성을 방어하기 위한 경기지역 일대에 대한 조치가 매우 중요한 문제로 논의되었다. 특히 한강을 중심으로 하는 경기지역 일대에 대한 방어의 필요성이 대단히 강조되었다. 그 구체적인 방법은 취약한 얕은 여울 일대에 집중적으로 목책이나 토성을 쌓아 방어선을 구축하는 것이었다.[70] 또한 용진(현 양평), 광주, 여주 등지에 산성을 수축하게 된 것도 그러한 상황에 기인하는 것이었다. 이렇게 수도를 중심으로 하는 경기 일대의 방어시설 정비에 특별히 관심을 기울인 것은 말할 것도 없이 조선-일본전쟁 개전 초기에 국왕이 쉽게 수도를 버림으로써 일어난 심각한 민심이반을 분명하게 보았기 때문이었다. 일본군이 이르기 전에 국가시설이 파괴되고 모군募軍을 나간 왕자를 체포하여 일본군에게 바치는 사건은 국왕을 비롯한 관료들에게 큰 충격을 주게 되었던 것이다.

　그러나 수도권을 비롯한 주요 요지에 설치된 산성들은 전쟁이 종결되고 시간이 지

---

70 『선조실록』 권83, 선조 29년 12월 정묘 ; 『선조실록』 권83, 선조 29년 12월 경오.

나면서 곧 유지가 어렵게 되었다. 광해군 즉위년(1608) 비변사에서 보고한 다음과 같은 내용에 그러한 실상이 잘 나타나 있다.

> 비변사가 아뢰기를, "국가에서 실시한 모든 일이 공력을 잘못 허비하여 헛된 것이 되고 말았습니다. 전일 산성을 쌓은 일은 성세聲勢가 서로 연접되게 하려고 여러 곳에 널리 설치하였는데, 세금이 많고 노역이 무거웠던 백성들이 성지城池를 원수처럼 보아서 들어가 지키려는 뜻이 없습니다. …… 전에 계하한 각처의 산성을 일시에 모두 거행할 수 없는 형편이니, 응당 지켜야 할 몇 군데의 산성은 군사와 양식과 기계를 각각 그 도의 감사가 전적으로 힘껏 조치하게 하여야 됩니다. …… 윤허한다고 답하였다.[71]

각 성이 상호 지원할 수 있도록 널리 배치하였는데 이로 인한 민폐로 주민들이 지키려는 의지가 없어 지키기 어려우므로 반드시 방어해야 할 곳만 가려서 군량저장이나 성곽의 각종 시설을 수리 혹은 구비하도록 하고 있는 것이다. 이러한 조치가 4도 감사(경상도, 전라도, 충청도, 경기도)에게 지시되고 있는 것으로 보아 이러한 산성의 정비가 주로 일본군의 재침에 대한 대비였다는 것을 알 수 있지만, 또 한편으로는 이미 여진의 세력이 흥기하여 조선에 위협이 되고 있었기 때문에 이에 대한 대비의 성격도 있었다.[72]

당시 조선에서는 여진에 대비하여 의주·정주·안주·영변·평양·삭주·창성·강계·만포·곽산 등 압록강 방면에서 평양을 거쳐 도성으로 이르는 서북지역의 주요 지역에 대한 방어태세 정비에 큰 관심을 가지고 있었지만 이에 대한 조치에는 큰 어려움을 겪고 있었다.[73] 이에 서북지역의 방어시설 정비는 점진적으로 추진하도록 하였고, 양남兩南의 감사에게 도내의 산성이나 읍성을 막론하고 지킬 만한 곳을 가려서 하나의 큰 진을 만들어 성곽과 기계를 수선하고, 군량을 비축하여 군사를 훈련시켜 후일 반드시 지킬 수 있도록 조치할 것을 지시하고 있다.[74] 이러한 조치는 조선-일본전쟁

===========

71 『광해군일기』 권17, 광해군 즉위년 10월 경오.
72 『광해군일기』 권17, 광해군 1년 6월 임신.
73 『광해군일기』 권19, 광해군 1년 8월 갑인.

였다. 안주는 비록 후금군이 공격한지 하루만에 함락되었지만 영변을 통한 내륙직로와 의주대로가 만나는 전략적 요충지이고 후금군 침입시에도 이곳을 거쳐간다는 것이 확인되었으므로 우선적으로 안주성에 대한 수축과 증축이 이루어졌고,[89] 군사력 보충을 위해 해서(황해도) 혹은 평안도 다른지역의 군사를 추가적으로 배치하는 등의 조치가 취해졌다.[90] 아울러 후금군이 통과한 황주성에 대한 증축사업도 신속하게 추진되었다.[91]

군사력 배치의 수준을 고려할 때 청천강 이북지역에서 실질적인 방어대책 수립이 어렵고, 또 이남 지역의 경우도 직로상의 평지성에서 성공적인 방어를 하기 어렵다고 판단하였다. 이러한 상황에서 제시된 것이 각 군현 인근의 산성을 중심으로 방어태세를 갖추는 것이었다. 이에 자산군에 소재하는 자모산성에 순안·은산·성천·맹산·순천 등 5개 고을의 백성들이 집결하여 수비하는 방안이 강구되었고,[92] 대동강 하류에 있는 섬인 보산保山에 산성을 축조하여 평양 주민들의 피난처로 삼도록 하였다. 이외에도 선천의 검산산성劍山山城의 자성과 외성을 축조하여 방어력을 높였고, 용천의 용골산성에는 둔전을 설치하여 유민을 모아 방어군을 조직하였으며, 곽산의 능한산성凌漢山城, 철산의 운암산성雲暗山城, 운산의 용각산성龍角山城 등도 수축되었다.[93]

이러한 방어시설의 정비에도 불구하고 조선-청전쟁 당시 참패한 것은 조선-후금전쟁 후 조선의 방어시설 정비가 산성 위주로 이루어짐으로써 청군의 신속한 남하를 저지하지 못한 것이 중요한 원인이었지만,[94] 당시 조선으로서는 적을 배후에 두고 적진 깊숙이 침투한다는 것은 도저히 예상하기 어려운 전략이었다.

조선-청전쟁이 끝난 후 조선은 청나라와 맺은 정축화약에 따라 성지城池를 새로 수리하거나 신축하지 못하였고, 청나라가 자주 사신을 파견해 감시하는 등 강력한 견제

---

89 『인조실록』 권17, 인조 5년 8월 신유 ; 『인조실록』 권19, 인조 6년 8월 병오.
90 『인조실록』 권16, 인조 5년 11월 무진 ; 『인조실록』 권19, 인조 6년 8월 병오.
91 『인조실록』 권17, 인조 5년 10월 기해.
92 『인조실록』 권17, 인조 5년 10월 기해. 후금과의 군사적 긴장이 한층 높아가는 1633년 1월에는 자산군의 廳舍를 아예 산성안으로 옮겨 산성의 유지·관리는 물론 물자 축적 등에 더욱 만전을 기하고자 하였다(『인조실록』 권28, 인조 11년 1월 신유).
93 노영구, 앞의 논문, 2004, 242쪽.
94 노영구, 앞의 논문, 2004, 242쪽.

홍지문과 탕춘대성(서울 종로)

를 받았기 때문에 국가적인 방어시설 정비는 매우 어려운 상황이었다. 때문에 북벌을 주창한 효종대의 군비의 강화도 매우 제한적인 상황 하에서만 이루어졌다.

그러나 숙종대에 들어서 중국에서 삼번三藩의 난亂이 일어나 영고탑寧古塔과 심양 등지에 주둔하고 있던 청군이 모두 출동하는 긴박한 상황이 전개되고, 또 난이 진압된 후에도 상당기간 북방의 정세가 불안정하여 조선에서는 이에 대한 대비책으로 서북로상의 여러 전략적 요충지에 대한 방어체제 정비와 함께 수도방위에 대한 여러 가지 논의가 진전되게 되었다.

18세기의 주목할 만한 성곽 축조공사는 도성을 재수축한 것과 북한산성·탕춘대성·수원 화성의 축조이다. 조선-일본전쟁 당시 도성을 쉽게 포기하게 됨으로써 각종 중요 문서의 소각, 민심 이반 등 여러 가지 심각한 문제점이 발생하게 되자 조선후기에는 도성 수호에 대한 중요성이 새삼 인식되어 도성방어에 대한 논의가 꾸준히 전개되었고, 조선-청전쟁을 겪고나서는 전시체제하에서의 수도 방위에 대한 논의가 본격 거론되면서 도성과 북한산성 수축문제가 제기되었다. 그러나 수도방위의 주방위시설인 도성을 먼저 정비할 것인지, 대피시설인 북한산성을 먼저 수축할 것인지에 대한 논쟁이 거듭되었다. 결국 1704년(숙종 30) 도성모성론都城母城論에 따라 도성을 먼저 수축하고 북한산성을 후에 수축하기로 결정되었다.[95] 이에 훈련도감을 비롯한 총융청, 수어청, 금위영, 어영청 등 5군문에 공사를 전적으로 분담시켰다.

이 당시의 주요 공사 내용은 허술한 부분에 대한 보강공사와 함께 석축이 완비되지 못하였던 곳을 완전한 석성으로 개축하는 것과 여장을 대대적으로 손보는 것이었다. 특히 전과는 달리 매우 정교하게 다듬은 성돌을 사용하여 조선초기에 나타나는 것과 같은 성돌틈에 잔돌을 메우는 방식을 탈피하였으며, 여장 공사에 벽돌을 사용하였다. 성곽 개축은 청나라에 대한 외교적인 문제를 야기시킬 가능성이 있었기 때문에 전국적인 인력동원을 피하고 군문을 통하여 서서히 진행시켰다. 이 시기의 도성수축 공사는 무려 6년 동안에 걸쳐 시행하여 숙종 36년(1710)에 가서 성첩城堞 공사까지 완료하였다. 이때 수축된 도성의 총길이는 9,975보였으며 성첩은 7,081보였다.[96] 숙종 때 수축한 성벽은 기록을 통해서 뿐만 아니라 동대문 부근과 광희문 부근 등지의 성벽에 새겨진 글자를 통해서도 확인된다.[97]

북한산성을 수축하여 수도권에 또 다른 보장처保障處를 조성하고자 한 것은 도성 수축을 통하여 도성고수에 대한 의지를 보이면서도 만일의 사태에 대비하여야 한다는 논의에 따른 것이다. 조선-청전쟁 당시 이미 명백히 드러났듯이 비록 강화도가 고려시대 이후 외침시 국왕의 피난처로 주목되었지만 뛰어난 기동력을 가진 청군淸軍이 침입하게 되면 국왕이 신속하게 이동하기 어려운 결점을 가지고 있었다. 남한산성 또한 한강 이남지역에 위치하고 있어서 위급한 시기에 도성의 사람과 물자를 신속하게 옮기는데 결정적인 문제점을 가지고 있었다. 더구나 조선은 18세기를 전후하여 양란兩亂에 의한 피해가 어느 정도 복구되고 한양은 상공업의 중심지로 크게 번창하고 있었기 때문에 이러한 국가적인 자원을 전시에 쉽게 포기해 버리고 강화도로 들어가는 것은 보통의 문제가 아니었다.

---

95 『숙종실록』 권39, 숙종 30년 3월 갑자.
96 『숙종실록』 권49, 숙종 36년 11월 갑인.
97 민덕식, 「서울城郭의 築城關聯 金石文」 『鄕土서울』 제71호, 서울특별시사편찬위원회, 2008, 223~ 226쪽.

이에 도성으로부터 가까운 곳에 위치한 산성을 수축하여 그 문제를 해결하고자 하였던 것이다. 북한산성은 남한산성처럼 한강이 막고 있어 한꺼번에 많은 사람이 배를 이용하여 이동하는데 따르는 문제점이 없을 뿐만 아니라 도성 가까이에 위치하여 관리하는 문제라든지 유사시 물자를 운송하는 것 등에서 큰 이점이 있었다.

북한산성이란 이름은 『삼국사기』에 이미 나타나고 있고, 신라는 이곳의 비봉에 진흥왕이 순수비를 세우기도 하였다. 603년(신라 진평왕 25)에는 고구려 장군 고승高勝이 북한산성을 포위 공격하자 왕이 10,000명의 군사로 구원한 기록이 있고, 661년에는 고구려의 장군 뇌음신惱音信이 말갈군과 함께 북한산성을 20여 일간 포위 공격하자 성주이던 동타천冬陀川이 성안의 주민 2,800명으로 필사의 결전으로 물리친 기록이 있다.

11세기 초 거란의 침입이 있자 고려 현종은 고려 태조의 재궁梓宮을 옮겨오고 증축하였다. 1232년(고종 19)에는 이곳에서 몽고군과의 격전이 있었고, 1387년(우왕 13)에도 개축하였다. 조선시대에는 조선-일본전쟁과 조선-청전쟁 등의 외침을 자주 당하자 비상시에 국왕이 안전하게 이어할 수 있는 보장처를 만들어야 한다는 논의에 따라 수축을 추진하게 되었다. 1659년(효종 10) 송시열宋時烈에게 명하여 수축하게 하

북한산 비봉

였고, 1711년(숙종 37) 왕명으로 대대적인 축성 공사를 하여 둘레 7,620보의 석성이 완성되었다.

산성은 원효봉·영취봉·용혈봉·미륵봉·의상봉 등 험준한 봉우리를 이어 구축한 포곡식 산성이다. 체성의 둘레는 8.4km이며, 전체 성벽 길이는 9.73km이다. 성벽은 비교적 낮은 지대부터 해발 700m 이상 되는 지점까지 축조되었다. 성벽은 성돌을 장방형, 또는 정방형, 부정형으로 치석하여 가로줄을 정연히 맞추는 것을 기본으로 하였으되 성돌의 모양에 따라 아귀를 맞추어 나가는 공법을 사용하였으며, 동일한 높이로 쌓지 않고 지대가 낮은 곳은 높이 쌓고 지대가 험준하여 성벽 구축이 필요치 않은 곳에는 여장만 구축하는 등 자연지형을 이용하여 구축하였다. 성벽은 대개 편축식으로 축조되었으나 성문 주변과 일부 구간은 협축을 하였다. 『비변사등록』에 의하면 이 산성에 2,807첩의 여장을 축조한 것으로 되어 있는데, 현재 일부 구간에 남아 있으며, 치성이 여러 곳에 남아 있다.

성의 규모는 대서문·동북문·북문 등 3개의 성문과 10개의 암문, 그리고 시단봉 위의 동장대·나한봉 동북에 남장대, 중성문 서북에 북장대가 있었다. 성은 다시 중성中城을 만들었으며, 처음엔 경리청을 두었다가 1747년(영조 23)에는 총융청에 속하여 관리되었다. 또한 이듬해에는 상원봉 아래에 130칸 규모의 행궁과 140칸의 군창軍倉

북한산성 성벽과 대남문
(서울시사편찬위원회)
북한산성은 숙종 때 축성되었으며
적의 침입으로부터 도성을
지키겠다는 수도 방위 의지를
내외에 보여주었다.

을 건축하였다. 성내에는 승군을 위한 136칸의 중흥사重興寺를 두었고, 이 밖에도 11개의 사찰과 2개의 암자가 있었다. 성 안에는 8개소의 창고가 있었으며, 99개소의 우물과 26개소의 저수지가 있었다.

현재의 북한산성에는 삼국시대의 토성이 약간 남아 있기는 하나 대개 조선 숙종 때쌓은 것이다. 성곽의 여장은 허물어 졌으나, 현재 대서문이 남아 있고 장대지·우물터·건물터로 추정되는 방어 시설의 일부가 있다. 성벽은 아직도 잘 남아 있는 부분이많다. 최근 대성, 대남, 대동문 등도 복원하였다.

탕춘대성은 북한산성이 완성된 지 7년만인 1718년(숙종 44)에 완성한 것으로, 도성과 북한산성의 사이에 생기는 공간 서쪽에 성을 축조하여 그 내부 공간을 이용하고유사시 물자나 사람이 여유를 갖고 안전하게 산성으로 이동하게 하려는데 주목적이있었다.

이러한 가운데 영조 4년(1728) 이른바 무신란 발생을 계기로 국가의 지방거점지에대한 방어시설의 중요성을 새삼 일깨우게 되어 동래읍성(1731), 평양성 중성(1733), 전주읍성(1734), 대구읍성(1736) 등이 잇달아 대대적으로 개축되었다.

한편 1742년(영조 18) 강화성 축성문제가 제기되면서 도성수비에 대한 논의가 재차 일어났는데, 영조는 강화성을 수축하도록 하는 한편 수성절목守城節目을 반포하여도성 수비에 대한 보다 체계적인 대책 마련을 시도하였다. 영조 21년(1745)에 도성을훈련도감·금위영·어영청의 삼군문에 분담시켜 훼손된 성곽을 수축하고 또 수비하도록 하였다. 훈련도감은 숙정문 동변무사석東邊無沙石에서 돈의문 북변까지, 금위영은돈의문에서 광희문 남쪽까지, 어영청은 광희문에서 숙정문까지 담당하여 파괴된 도성을 보수하고 또 그것을 수비하도록 하였다.[98]

도성에 대한 체계적인 수비에 가장 큰 관심을 기울인 왕은 영조였다. 영조는 27년(1751)에 『수성책자守城冊子』를 간행해 반포하였다. 이 『수성책자』는 「어제수성윤음御製守城綸音」「도성삼군문분계지도都城三軍門分界之圖」「도성삼군문분계총록都城三軍門分界總錄」「수성절목守城節目」을 합한 책으로, 국가가 위급할 때 군·관·민이 합심

---

98 『영조실록』 권62, 영조 21년 7월 병자.

단결하여 도성을 효과적으로 수비하기 위한 가장 기본적인 사항을 정리한 것이다. 한성 오부의 모든 부민들을 모두 도성을 수비하는 삼군문에 분속시키고 평시에 잘 훈련시켰다가 위급한 일이 발생하였을 때는 조총이나 활 기타 무기가 있는 사람은 무기를 가지고 등성할 것이며 무기가 없는 사람은 누구를 막론하고 돌을 가지고 등성하여 도성을 수비하도록 하였다.[99] 또한 9개 항목으로 된 「수성절목」은 위급시기에 일사분란하게 수성태세를 갖추기 위한 기본 지침을 적어 널리 알리도록 한 것이다.[100]

조선후기 축성사업 가운데 가장 주목할 것은 수원 화성의 축조이다. 수원 화성 축조는 숙종대 이후 논의가 본격화된 도성방어책의 일환이라는 측면과 내적 소요사태에 대비한 새로운 거점성의 구축과 친위군의 강화라고 하는 측면에서 이해할 수 있다. 수원은 영남과 호남지역에서 서울로 진입하는 길목이 되기 때문에 남쪽에서 한양으로 진입하려는 적을 효과적으로 방어할 수 있는 위치이다. 또한 행궁의 건설에서도 알 수 있듯이 유사시 국왕이 도성이나 북한산성에 머무를 수 없을 경우를 대비한 또

---

99 御製府城册字, 御製水性綸音, 都城三軍門分界之圖, 都城三軍門分界總錄, 守成節目.
100 守城册子, 『萬機要覽』軍政編.

수원 화성(화서문과 공심돈)

하나의 피난처라 할 수 있다. 물론 수원 화성은 정조의 친아버지인 장 헌세자를 양주 배봉산에서 수원 화산(현재는 화성군)으로 옮기면서 읍치를 번영시키기 위한 것이기도 하다. 또한 왕권강화를 위한 새로운 부대창설(장용영)과 그 부대 외영外營의 군사적, 경제적 기반을 확고히 하여 강력한 군사기반을 삼고자 하였다.

화성은 많은 인력과 물자를 동원해 1794년(정조 18) 2월 채제공의 주관 하에 축성 작업에 착수하여 1796년(정조 20) 9월 완공되었다. 이 성은 우리나라 읍성 가운데 가장 특별한 노력을 기울여 축조한 성이다. 유형원, 정약용 등의 성곽에 대한 과학적 지식과 토목기술을 활용하였으며, 특별히 조선-일본전쟁을 비롯한 기존의 성곽 전투에서 발생한 문제점을 반영하고, 화약무기에 대응하는 방어시설이 두드러진다. 아울러 공심돈空心墩 시설과 같은 중국 성제城制의 장점을 도입하기도 하였다.

화성 축조 이후 19세기 중엽에 이르기까지 전국 각지에서 크고 작은 성곽의 수축이나 보수가 있었으나 특기할 만한 것은 없다. 다만 19세기 중엽에 이르러 이양선 출몰과 함께 긴장이 고조되면서 한강을 통하여 도성으로 진입하는 입구가 되는 강화도 일대에 대한 대대적인 방비시설 정비가 이루어졌다. 강화도 일대 해변의 많은 진鎭, 보堡

의 성곽 정비와 함께 산성이 정비되었고 이곳에서는 실제 전투가 벌어지기도 하였다.

군사방어시설물 정비가 국내외의 정세와 밀접한 관련을 가지고 이루어지는 것은 당연한 일이다. 조선후기에 들어서 조선-일본전쟁 후 일본군 재침 가능성에 대한 고려, 여진의 성장과 군사적 충돌, 17세기 후반 중국에서의 소요, 18세기 영조 초기의 무신란 발생 등 국내외 여러 정세 변화는 조선의 성곽 정비에 큰 영향을 미쳤다. 특히 조선-일본전쟁, 조선-후금 전쟁, 조선-청 전쟁(병자호란)에서의 실전 경험은 방어시설 정비의 방향에 여러 가지 변화를 초래하였고, 전술의 변화나 공격 무기의 변화 등도 성곽시설의 입지나 시설물 설치 등에 새로운 변화를 가져오게 되었다. 따라서 조선후기 동안의 성곽시설 유지상황이나 특성을 하나로 정리해 말하기에는 여러 가지 어려움 점이 있다.

그러나 조선후기에 수축 경영된 산성은 기능을 중심으로 유형을 나누어 보면 몇 가지로 정리될 수 있을 것이다. 첫째는 피란내지 피병避兵을 위한 전통적인 산성 발전의 연속선상에 있는 것으로, 이 유형의 산성은 교통로의 간선이나 직로에서는 물론 도회지에서 멀리 떨어져 있는 산성이다. 이러한 유형의 산성은 요충지에 자리잡은 것이

부산 금정산성(동문 일대)

청주 상당산성(남문 일대)

아니라 인근의 주민들이 병란이 있을 때 수령이나 별장 등의 지휘에 따라 들어가 생명과 재산을 보전하기 위한 그런 곳이다.[101] 둘째는 관방의 중요한 요충이 되는 곳을 요새화한 산성으로, 교통상 대로를 막는 관성關城이나 방장防墻과 같은 것이다. 대표적인 산성이 조령산성이며, 이외에도 전주 남고산성, 황주 정방산성, 평산 태백산성, 파주 덕진산성, 선천 동림산성, 철산 서림산성, 창성 당아산성, 영변 철옹산성 등이 이에 해당한다. 세 번째 유형은 읍성과 함께 배후에 위치한 입보용 산성이 하나의 조를 이루는 것이다. 평양성 내성·중성과 북성, 강화부성과 정족산성, 한양 도성과 북한산성, 개성부성과 대흥산성, 수원 화성과 독성산성이 대표적인 사례이다. 또 동래읍성과 금정산성, 김해읍성과 분산성, 남원읍성과 교룡산성, 강진 병영성과 수인산성, 청주읍성과 상당산성 등도 그 전형적인 사례에 해당한다. 네번째 유형은 높지 않은 강안지대에 위치한 산성이 운영된 도시의 산성으로, 대표적인 사례가 진주 촉석산성과 공주의 쌍수산성으로 읍성형 산성이다. 다섯째 유형은 고을 자체가 평시임에도 불구하고 산성내에 치소를 두어 산성을 경영한 곳으로, 광주 남한산성, 칠곡 가산산성, 영변 약산성(철옹산성) 등이 이에 해당한다. 이 유형도 산성형 읍성이라 할 수 있는데, 산성 자체가 대개 중곽重郭 구조이고 방어시설도 읍성과 산성이 갖추어야 할 많은 시설이 성내에 있으며, 특히 평시에 많은 인구가 성내에 거주하고 있다는 공통점이 있다.

시기적으로 치폐置廢를 일률적으로 말하기는 어렵지만 조선후기에 새로이 축조되거나 또는 전대로부터 있어온 성곽의 수·개축을 통해 경영된 사항을 살펴보면 다음과 같다.[102]

경기도(6산성)

한성부 : 북한산성北漢山城-총융청-숙종 37년(1711)수축

광주부 : 남한산성南漢山城-수어청-광해 13년(1621) 보장保障으로 삼음. 인조 4년

(1626) 개축/ 천주사 국청사 옥정사 망월사 장경사 동림사 한흥사 남단사 개

---

101 이하 산성의 기능상 유형 분류와 내용에 대해서는 차용걸의 「조선후기 축성기술의 변화와 산성의 운영」『韓國城郭研究의 새로운 觀點』, 한국성곽학회, 2010을 참조.

102 이하 내용은 차용걸, 앞의 논문, 2010 참조.

원사 영원사

개성부 : 대흥산성大興山城-관리영-숙종 2년(1676) 석축, 별장을 증군(종3품)으로 함/ 금천 평산 풍덕 장단 파주 적성을 속읍으로 하다 금천 장단만 속읍이 됨/ 대흥사 용천사 관음사 운흥사 개성암 정광암 문수암

수원부 : 독성산성禿城山城-총리영-선조 26년(1593) 수축

강화부 : 정족산성鼎足山城-진무영-광해 13년(1621) 보장, 영조 14(1738)년 개축/ 사각史閣/ 전등사

통진부 : 문수산성文殊山城-숙종 20년(1694) 석축/ 별장(종9품)/ 문수사 수영소속

교동부 : 화개산성華蓋山城-숙종 3년(1677)수축. 수영의 배후 산성/ 봉수 시설 있음.[103]

충청도(2산성)

공주목 : 쌍수산성雙樹山城-감영 소속 중군(3품)/ 영은사

청주목 : 상당산성上黨山城-병영 소속 우후(종3품)/ 구룡사 남악사 장대사

경상도(7산성)

●감영소속

칠곡부 : 가산산성架山山城-인조 18년(1640) 내성 1701 외성 1741 중성/ 칠곡부 입보/ 별장(종9품)/ 보국사(내성), 천주사(외성)

●병영소속

진주목 : 촉석산성矗石山城-성내 경상우병영(종2품 병사, 3품 우후)

선산부 : 금오산성金烏山城-인조 16년(1638) 축조/ 별장(3품)/ 진남사

성주목 : 독용산성禿用山城-숙종 원년(1675) 개축/ 별장(종9품)/ 안국사

문경현 : 조령산성鳥嶺山城-숙종 34년(1708) 축조. 별장(4품)/ 전국사 안적암 은선암 용화암

---

103 차용걸, 앞의 논문, 2010, 448~451쪽.

동래부 : 금정산성金井山城-1703년 축조 1707 중성 축조 1808 개축/ 별장(종9품)/
　　　　국청사 범어사(성외)

인동부 : 천생산성天生山城-1601년(선조34) 외성축조/ 별장/ 군창軍倉만 운영.

전라도(7산성)

● 감영소속

전주부 : 위봉산성威鳳山城-현종 15년(1674) 수축/ 별장(종5품)/ 위봉사

전주부 : 남국산성南固山城-순조 13년(1813) 축조/ 별장(종5품)/ 국고사

남원부 : 교룡산성蛟龍山城-別將(종9품), 왜란 때 중수, 승려 및 거민 있음.

● 병영소속

장성부 : 입암산성笠巖山城-1593년 수축, 1653, 1676 증축- 별장(종3품)/ 안국사 장
　　　　경사 흥경사 인경사 옥정사 고경사

담양부 : 금성산성金城山城-별장(종9품)/ 금성사(성내) 구암사(서문 밖)

무주부 : 적상산성赤裳山城-1614년 사각史閣 건립/ 참봉/ 부사府使 겸수성장兼守城
　　　　將/ 호국사

강진군 : 수인산성修因山城-병영 배후의 산성

황해도(6산성)

● 감영소속

해주목 : 수양산성首陽山城(지성산성池城山城)-숙종 2년(1676) 수축/ 별장/ 은적사

은율현 : 구월산성九月山城-숙종 11년(1685)/ 별장/ 제중암(=망해암)

서흥부 : 대현산성大峴山城-1597년 수축/ 별장/ 자연사

재령군 : 장수산성長壽山城-재령 신천 배천/ 별장/ 묘음사 현암 백운사

● 병영소속

황주목 : 정방산성正方山城-조선-후금전쟁 후 축조/ 소모별장召募別將/ 성불사 관불

사 도증암 상원암 일출사

평산부 : 태백산성太白山城-부사 겸수성장/ 태백사

평안도(15산성)

●감영소속

평양부 : 북성北城-영명사

평양부 : 보산산성保山山城-인조5년(1627)축조/ 별장/ 진으로 운영.

용강군 : 황룡산성黃龍山城-별장/ 안국사 내원암 황룡사

자산군 : 자모산성慈母山城-인조 11년(1633) 부입성내府入城內 4년, 숙종 29년
(1703) 부입성내 15년/ 부사 겸 자성관성장慈城管城將/ 별장/ 자은사 담담
사 송양사 망월사 진국사 청계사 천왕사 보민사 황학사 천주사 만전사

자산군 : 우마성牛馬城-보국사

●병영소속

선천군 : 검산산성劍山山城-인조 9(1631)년 증축/ 별장/ 보덕암 은적암

선천군 : 동림산성東林山城-영조 29년(1753) 수축/ 선천 구읍성/ 성장城倉 운영/ 도
훈도都訓導 1, 입방군入防軍 300

창성군 : 당아산성當峨山城-영조 22년(1746) 개축/ 용문사

의주목 : 백마산성白馬山城-별장/ 원통사 나한사(서문 밖)

영변부 : 철옹산성鐵甕山城-인조 11년(1633) 축조 1760 개축/ 부사 겸수성장/ 서운
사·천주사·수국사

용천군 : 용골산성龍骨山城-인조 2년(1624) 축조, 1692 증축, 1704 증축/ 대흥사

철산부 : 운암산성雲暗山城-숙종 10년(1684) 개축/ 국청사

철산부 : 서림산성西林山城-영조 23년(1747) 석축/ 첨사진僉使鎭이었다가 산성으로,
중군中軍/ 서청암

곽산군 : 능한산성凌漢山城/ 만경암

구성부 : 청룡산성靑龍山城-산창山倉 운영.

이러한 조선후기의 산성들은 앞서 서술한 바와 같이 모두 동일시기에 경영된 것이 아니며 일시적으로 수축되어 유지되다가 곧 폐기된 곳도 있다. 전체적으로 보면 한성부와 경기지역 6개소, 충청도 2개소, 경상도 7개소, 전라도 7개소, 황해도 6개소, 평안도 15개소 등 총 43개소이다. 이는 16세기초반에 편찬된『신증동국여지승람』에 기록되어 있는 전국의 산성수(41개소)와 대략 비슷한 수치이다.[104]

그러나 당시는 경기도 1개소, 충청도 9개소, 경상도 11개소, 전라도 5개소, 황해도 3개소, 강원도 2개소, 함경도 3개소, 평안도 7개소로 대체로 절반 이상이 하삼도 지역에 분포하였고, 조선후기에 와서는 황해도 6개소, 평안도 15개소로 거의 절반가량이 서북지역에 분포하고 있다는 특징이 있다. 이는 조선후기 산성의 운영이 대체로 북방에서의 정세와 밀접한 연관성을 가지고 정비되었다는 사실을 반영하고 있다.

한편, 1770년(영조 46)년 편찬을 시작한 이래 여러 차례 보완·수정되면서 1908년(융희 2) 최종적으로 간행된『증보문헌비고』의 여지고興地考 관방에 실려 있는 전국의 성곽 운영 현황을 보면 다음 표와 같다.

〈표 5-2〉 조선후기(18세기 후반 이후) 강원도지역 성곽 현황

순번	지역	읍성	산성	영진보성 (營鎭堡城)	기타	비고
1	강릉	읍성				
2	삼척	읍성			옥원성	
3	평해	읍성		월송진성		
4	울진	읍성				
		4개소	-	1개소	1개소	

※ 출처 :『증보문헌비고』에 의함.

※ 양양, 간성, 고성, 통천, 흡곡, 원주, 춘천, 정선, 영월, 평창, 횡성, 홍천, 인제, 회양, 철원, 양구, 낭천, 금성, 김화, 이천, 안협, 평강 등 22개 군현에는 성곽이 없음.

---

104 유재춘,「조선전기 성곽 연구 -『신증동국여지승람』의 기록을 중심으로-」『軍史』33, 국방군사연구소, 1996, 97쪽.

〈표 5-3〉 조선후기(18세기 후반 이후) 경기도지역 성곽 현황

순번	지역	읍성	산성	영진보성	기타	비고
1	개성		대흥산성	여현진성 (礪峴鎭城)		
2	강도 (江都)	부성 (府城)	정족산성 (鼎足山城)			읍성: 내성(內城), 외성(外城), 창성(倉城)
3	광주		남한산성			연주봉성, 봉암성, 한봉성, 장경사성, 신남성
4	양주		북한산성			1711년 수축
5	파주			장산진성 (長山鎭城)		1755년 설치
6	교동	읍성	화개산성 (華蓋山城)			산성 1737년 개축
7	수원	부성	독성산성 (禿城山城)			
8	통진		문수산성 (文殊山城)			1694년 축조
		3개소	7개소	2개소		

※ 출처 : 『증보문헌비고』에 의함.

※ 교하, 풍덕, 장단, 양근, 영평, 포천, 음죽, 적성, 여주, 죽산, 이천, 안성, 고양, 연천, 김포, 부평, 남양, 인천, 안산, 용인, 양성, 양천, 금천 등 23개 군현에는 성곽 없음.

〈표 5-4〉 조선후기(18세기 후반 이후) 경상도지역 성곽 현황

순번	지역	읍성	산성	영진보성	기타	비고
1	경주	읍성				
2	울산			병마절도사영성		
3	양산	읍성		성황산성		
4	흥해	읍성				
5	청하	읍성				
6	연일	읍성				
7	장기	읍성				
8	언양	읍성				

〈표 5-7〉 조선후기(18세기 후반 이후) 평안도지역 성곽 현황

순번	지역	읍성	산성	영진보성	기타	비고
1	평양	읍성		보산진성 (保山鎭城)		북성(北城, 1714년), 중성(中城), 외성(外城, 1712년)이 있음
2	용강		황룡산성			1676년 수축(실록)
3	삼화			광량성(廣梁城)		
4	안주	읍성				남당성(南唐城, 1769년), 신성(新城), 외성 있음
5	정주	읍성				1714년 수축
6	의주	읍성	백마산성	구룡연성(九龍淵城), 방산진성(方山鎭城), 인산진성(麟山鎭城), 수구보(水口堡), 청수보(靑水堡), 소관보(所串堡), 광평보(廣坪堡), 송산보(松山堡), 성고개보성 (城古介堡城)		
7	철산		서림산성 운암산성			운암산성은 1631년 부원 수 정충신(鄭忠信)이 축조
8	용천	읍성	용골산성			산성은 내성과 외성이 있 으며, 1624년 축조, 1704 년 내성 축조
9	창성	읍성	당아성 (當峨城)			당아성은 당아산성을 말함. 746년 석성으로 개축.
10	삭주	읍성		구령보(仇寧堡)		
11	귀성	읍성				
12	선천	읍성	검산성		동림성 (東林城)	검산성 1627년 쌓고 1631 년 증축, 내성과 외성 있 음. 동림성은 1753년 기존 터에 축조
13	곽산		능한산성			

14	**영변**	읍성	약산성		읍성 1685년 개축. 약산성은 1633년 쌓고 1760년 개축, 신성(新城)·북성이 딸려 있는데 북성은 1675년 축조.
15	**성천**		흘골산성		
16	**자산**		자모산성	우마성(牛馬城)	
17	**은산**	읍성			
18	**강계**	읍성	마마해보, 추파진성, 종포진성, 상토진성, 외괴진성, 만포진성, 벌등진성, 고산리진성	압록강행성	
19	**위원**	읍성		압록강행성	
20	**초산**	읍성	아이진성(阿耳鎭城), 산양회보(山羊會堡)	압록강행성	취사동폐성(吹砂洞廢城)은 1729년 축조하다가 중도에 철거함
21	**벽동**	읍성	대파아보, 소파아보, 추구비보, 광평보, 소길호리보, 벽단진성	압록강행성	
		15개소	11개소	28개소	6개소

※ 출처 : 『증보문헌비고』에 의함.

※ 중화, 함종, 숙천, 가산, 영유, 운산, 희천, 박천, 태천, 덕천, 개천, 순천, 삼등, 양덕, 맹산, 강동, 영원, 상원 등 18개 군현에는 성곽 없음.

〈표 5-8〉 조선후기(18세기 후반 이후) 함경도지역 성곽 현황

순번	지역	읍성	산성	영진보성	기타	비고
1	함흥	읍성				선조대 관찰사 장만(張晩)이 동남쪽을 줄여서 개축
2	영흥		성력산성		산창동성 (山倉洞城)	
3	정평	읍성				연못이 3곳인데 북쪽으로 옛 장성(長城)에 의지하고 있음
4	고원			산곡사애수진성 (山谷社隘守鎭城)		
5	문천			운림진성(雲林鎭城)		
6	북청			병마절도사영성		
7	단천	읍성		쌍청보(雙靑堡), 황토기보(黃土岐堡)	마운령장성 (磨雲嶺長城)	읍성 1733년 개축
8	이원	읍성				
9	홍원	읍성				
10	갑산	읍성		혜산진성(惠山鎭城), 진동보(鎭東堡), 운총보(雲寵堡), 동인보(同仁堡),	허천강구행성 (虛川江口行城)	
11	삼수	읍성		인차외보(仁遮外堡), 羅暖堡(나난보), 소농보(小農堡), 茄乙波知堡 (가을파지보), 구가을파지보 (舊茄乙波知堡), 자작보(自作堡), 어면보(魚面堡), 신방보(神方堡), 묘파보(廟波堡), 별해진(別害鎭)		
12	경성	읍성		보로지보(甫老知堡), 어유간보(魚游間堡), 주을온보(朱乙溫堡), 삼삼파보(森森坡堡), 오촌보(吾村堡), 보화보(甫化堡)		

13	길주	읍성		서북진성(西北鎭城), 성진진성(城津鎭城)		서북진성은 보래 서북보였는데 1673년 장군파보, 사하북보, 덕만동보를 합쳐 첨사진(僉使鎭)으로 개편
14	명천	읍성		재덕보(在德堡), 사마동성(斜亇洞城)		재덕보, 사마동성은 만호진(萬戶鎭)이었는데 모두 영평산성으로 이전함
15	회령	읍성		고풍산보(古豊山堡), 풍산보		
16	종성	읍성	동건성	동관진성(潼關鎭城), 방원보(防垣堡)	두만강행성	동건성은 동관진 근처의 산성이며, 북도절도사행영성은 1634년 개축하였다가 폐성함
17	온성	읍성		유원진성(柔遠鎭城), 미전진성(美錢鎭城), 영달보(永達堡), 황자파보(黃柏坡堡)	두만강행성	
18	경원	읍성		훈융진성(訓戎鎭城), 아산보(阿山堡), 안원보(安原堡),		
19	경흥	읍성		아오지성(阿吾地城), 조산포성(造山浦城), 서수라보(西修羅堡), 무이보(撫夷堡)		
20	부령	읍성		폐무산보(廢茂山堡)		
21	무산	읍성		풍산성(豊山城), 양영만동보(梁永萬洞堡)		읍성은 1694년 축조, 1757년 수리, 1780년 여첩(女堞)을 축조. 풍산성 1730년 축조.
		17개소	2개소	47개소	5개소	

※ 출처 :『증보문헌비고』에 의함.

※ 안변, 덕원은 성곽 없음.

또한 조현명은 계문에서 감영이 소재하는 성은 함부로 버릴 수 없는 곳이며, 특히 전주부성은 경기전慶基殿이 있는 곳이기 때문에 더욱 특별한 지역이며, 더구나 조선-일본전쟁 당시에도 이정란이 이곳을 지킨 바 있으니 성이 가지고 있는 지세도 좋은 곳이라고 역설하고 있다.[114] 전주부성을 비롯한 이 시기의 남도지역 읍성 수·개축은 이러한 인식하에 이루어진 것이다.

전주부성 성역은 1734년(영조 10) 1월 10일(양 2월 13일) 벌석 공사를 시작하여 3월말까지 돌을 날랐으며, 본격적인 축성 공사는 4월 1일(양 5월 3일)부터 시작하여 6월 20일(양 7월 20일)경 체성, 치성, 여장 공사까지를 완료하였다.[115] 문루 공사는 그 후에도 계속되어 9월까지 이루어졌다.[116] 그러나 축성사업이 계속 순조롭게 진행된 것은 아니었다. 축성사업을 주도하던 당시 전라도 관찰사 조현명은 축성사업이 진행되고 있던 1734년 2월 파직되었다가 취소되는 곡절을 겪었으며,[117] 사간원에서는 호남이 제일 기근이 극심하니 성역을 정지해야 한다고 주장하여 논란이 일기도 하였다.[118]

그러나 조현명이 축성사업을 계속할 수 있는 조건임을 상세히 상소하여 사업이 중지되지 않았다.[119] 전주부성 축성은 좌1소, 좌2소, 우1소, 우2소 등 4개 구역으로 나누어 실시되었으며, 각 소所에는 도감都監과 감관監官, 패장牌將, 색리色吏, 차사差使 등이 배치되어 성역을 감독하였다. 이 4구역 2,616보를 축성하는데 석수石手 143명, 사역군使役軍 25,971명, 요미料米 1,054석 8두 6승 8홉, 포布 27동 22필 1척, 전錢 3,493냥 9전 4분, 탄炭 2,579석 2두, 소목燒木 10,316속이 소요되었다.

한편, 여장은 미석眉石이 체성體城 위로부터 8촌 정도 나오게 시공하도록 하였으며, 높이는 6척, 두께는 2척 5촌으로 하였다. 또 두 타구垜口사이의 간격은 1척이 되도록 하였으며, 포혈은 변이 8촌 정도 되도록 하되 안쪽은 넓고 바깥쪽은 좁게 하여, 고저좌우高低左右 어느 방향으로도 사격이 편리하도록 하였다. 또 여장에 개설하는 포혈

---

114 「축성계초」, 계축 11월 20일.
115 「축성계초」, 甲寅六月日啓草 ; 『영조실록』 권38, 영조 10년 6월 계유.
116 「축성계초」, 樓門節次.
117 『영조실록』 권37, 영조 10년 2월 신해 ; 『영조실록』 권37, 영조 10년 2월 계축.
118 『영조실록』 권37, 영조 10년 2월 병인.
119 『영조실록』 권37, 영조 10년 3월 계미.

경기전 정전(전북 전주)

의 방식에 대해서도 상세히 기록하고 있다. 전주부성 여장은 총 1,236첩으로, 이 공사에는 석회 2,418석 5승, 미석 11,074장, 개석 28,330장이 소요되었고, 역군役軍 16,302명이 동원되었다.[120]

그리고 누문樓門 공사는 5월 27일(양 6월 28일)부터 9월 14일(양 10월 10일) 사이에 시행되었는데, 공사에는 공장료미工匠料米 116석 3두 3승 7홉, 전錢 386냥 1전 8푼이 소요되었으며, 사역군 24,926명(예석군曳石軍 포함)이 동원되었다. 1734년(영조 10) 당시 전주부성 4문 공사내용을 보면 동문과 북문은 대개 같은 형태로 건축하고, 남문과 서문은 다른 형태라는 것을 알 수 있다. 우선 남문만이 2층루로 건축되었고, 나머지는 모두 단층루로 건축하였으며, 하부의 통로도 남문과 서문만 홍예문을 만들고 나머지 동문과 북문은 평거식 성문을 만들었다. 또 남문은 동·서·북문에 비해 규모를 크게 만들어서 남문은 문품門品이 12척, 나머지 문은 문품을 9척으로 하였으나 문판門板에는 모두 동일하게 박철縛鐵하였다.[121]

그리고 4문 공사에는 막대한 재목이 소요되었는데, 이 재목은 변산 풍락송을 베어

---

120 「축성계초」, 女堞節次.
121 「축성계초」, 樓門節次.

사용하였다. 장청狀請 후에 631토막을 부근 각 진 병선과 사선私船에 격량格糧을 지급하고 전주부 동일도면 대상촌 포구로 운반한 후 수변水邊 각 면의 백성으로 하여금 차차 운반하도록 하였다.[122] 한편 성문 좌우에 쌓을 성돌이 부족하여 흑석동에서 성석城石 3,067괴를 추가로 채석해 운반하였던 것을 보면, 당시 4문 공사에 소요되는 성돌은 당초 설계한 것보다 많이 소요되었던 것으로 보인다. 추가적인 이 성석 운반작업에만 군 14,885명이 동원되었다.[123]

이러한 지방 거점읍성에 대한 정비사업이 추진된 이후 국내외 여러 정치·군사적인 상황에서 역점적으로 추진된 축성사업이 수원 화성 축조이다. 수원 화성의 축성은 흔히 정조가 비명에 죽은 아버지 사도세자에 대한 효심의 발로에서 이루어졌다고 한다. 즉, 정조는 효심에서 당시 양주의 배봉산(현재의 서울시립대 부근)에 있던 부친의 묘를 조선 제일의 명당이라고 하는 화산으로 이장하였다. 화산은 수원읍의 주산이었기 때문에 이로 말미암아 읍을 다른 곳으로 옮겨야 하였으며, 결국 지금의 자리로 읍을 옮기고 관청, 향교 등 기본 시설을 한 후 도시 주변을 둘러싸는 읍성을 축조하게 되었다는 것이다.[124]

그러나 한 읍을 이전하고, 거기에 국력을 기울여 신축 성곽을 축조한 대역사의 동기를 단순히 부친에 대한 효심에만 두는 것은 상식적으로 설득력이 부족하다. 거기에는 새로운 도시의 건설이라는 문제에 얽힌 당시의 정치적, 군사적인 배경이 작용하였다고 보아야 할 것이다.

당시 조정은 노론계의 이른바 시파와 벽파가 오랜 정치적 갈등을 겪고 있었다. 정조는 즉위 후 탕평책을 써서 이러한 갈등을 어느 정도 무마하기는 했으나 오랫동안 정치권력을 장악하고 있던 벽파의 세력을 간단히 약화시킬 수 없었다. 더구나 이 벽

---

122 「축성계초」, 樓門節次.
123 「축성계초」, 樓門節次.
124 이하 화성에 관한 내용은 『화성성역의궤』와 유봉학, 『꿈의 문화유산, 화성』, 신구문화사, 1996 ; 김동욱, 『수원 화성(빛깔있는 책들 24)』, 대원사, 2010 ; 김동욱, 『18세기 건축사상과 실천-수원성-』, 발언, 1996 ; 田龜憲, 「수원성곽 축성술에 관한 연구」), 단국대 석사학위논문, 1977 ; 정연식, 「화성 공심돈의 유래와 기능」 『역사학보』 169, 2001 ; 노영구, 「조선후기 城制 변화와 화성의 성곽사적 의미」 『진단학보』 88, 1999 참조.

전주성 풍남문(전북 전주)

파 세력은 영조 때 사도세자를 죽이는 데 앞장섰던 장본인들이었다. 정조는 즉위 후 규장각을 설치하는 등 일련의 개혁을 추진하면서 기독교와 연관되어 세력을 잃고 있던 시파의 사람들을 대거 관료로 기용하고 이들을 왕의 측근에 두어 중용하였다.

특히, 정조 13년(1789) 이후에 계획 추진된 사도세자 무덤의 이전, 그에 따른 수원읍의 이전과 유수부 승격 그리고 성곽 축조 등은 철저하게 시파의 관리나 학자들에게 맡겼다. 이것은 왕이 수원을 단순히 선친의 무덤 가까이에 있는 고을로만 생각하지 않았음을 말해준다. 아마도 정조는 이곳에 새로운 도읍을 만들어 구세력이 뿌리를 내리고 있는 한양과는 별도의 터전에서 신진세력들을 중심으로 개혁적인 정치를 펴려고 하였던 것이 아닌가 하는 추측도 해보게 된다.

축성 역사는 성곽을 축조하여 백성들을 안주케 해야 한다는 강선姜溰의 상소가 직접적인 계기가 되었지만 실제로는 왕권강화를 위한 새로운 부대창설(즉 장용영)과 그 부대의 외영外營의 군사적, 경제적 기반을 확고히 함으로써 강력한 군사기반을 삼고자 하는 측면도 있었다고 할 것이다. 이는 수원읍을 이전한 후 화성華城이라 명명하고 읍을 유수부로 승격시켜 초대 유수에 10년간 3정승을 지낸 채제공을 임명한 것을 보아도 짐작할 수 있는 것이다.

또한 수원 화성의 축조는 조선후기에 들어 본격 논의되어 온 도성방어책의 일환이라는 측면에서도 고려되어야 할 것이다. 즉, 조선-일본전쟁을 겪으면서 도성을 너무 쉽게 버린 것이 한강 이남 지역이 쉽게 무너진 주요인으로 지적되었으며 이 때문에 조선-일본전쟁 기간 중에도 한강 남쪽의 경기 지역의 파사산성, 독산성 등 여러 성곽이 수축되기도 하였다. 이후 남한산성의 대대적인 보수나 북한산성의 수축은 모두 도성방어책과 매우 밀접한 관련이 있다. 이러한 방어책의 요점은 결국 도성의 포기 상황이 오지 않게 하는 것이 1차 목표이며, 2차 목표는 도성을 포기하는 상황에서 국왕의 행선지 문제에 대한 완전한 보장책을 강구하는 것이었다.

숙종대를 전후하여 이루어진 강화성의 중수나 증축도 실상은 그러한 차선책의 강구를 위한 것이었다. 수원지역은 영·호남에서 서울로 진입하는 가장 요충이 되는 지역이며 군사적으로 볼 때도 매우 중요한 곳이다. 이곳에 새로운 견고한 성곽을 구축하고 정책적으로 인구와 물자가 풍부한 대읍으로 성장시켜 거점화한 것은 국가 전체의 방어책에서 보아야 할 점이다. 특히 이곳에 행궁이 설치되었다는 것은 국왕이 한가하게 와서 묵기 위한 것이 아니라 비상시 상황에 따라서는 이곳으로 이어할 수 있도록 한 조처인 것이다.

화성은 1794년(정조 18) 1월 7일(양 2월 6일) 채제공의 주관 하에 석재를 채취하는 작업을 시작으로 축성작업에 착수하여 1796년 9월 여장과 내포사 공사를 끝으로 축성공사를 모두 마쳤다.[125] 주요 시설로는 장안문, 팔달문, 창룡문, 화서문 등 4대문을 비롯하여 옹성甕城, 포루砲樓, 적대敵臺, 공심돈空心墩, 각루角樓, 포사舖舍, 치성雉城, 노대弩臺, 장대將臺, 암문暗門 등이 있다.

축조방식은 평지와 산지를 복합적으로 이용하여 성곽을 구축하였는데, 이는 우리나라 읍성의 가장 전통적이고 일반적인 형태이다. 성곽의 전체 길이는 5.74km이며, 지형에 따라 차이가 있으나 높이 4~6m이다. 평지의 경우 기반을 돌과 모래로 다진 후 규형圭形(혹은 홀형)의 성벽을 축조하였고, 산지의 경우는 경사면을 절개해 낸 후

---

125 경기문화재단, 『국역증보판(상) 화성성역의궤』, 2005, 12~15쪽.

기단을 놓고 그 위에 석축하는 내탁식으로 축조하였다. 산지와 구릉지대를 제외한 평지에는 호壕를 만들었으며, 축성재료는 석재뿐만 아니라 벽돌도 함께 사용하였다.

수원화성은 서쪽에 팔달산이 있고 그 반대쪽인 동편에도 낮은 구릉이 있으며, 이 동서 경사지 사이를 북에서 남으로 개천이 흐르고 그 주위에 약간의 평지가 펼쳐진 곳이다. 이 동서의 구릉사이 평지에 수원의 시가지가 전개되고 있으며 시가지를 둘러싸면서 성벽이 팔달산의 정상으로부터 반대쪽 구릉의 정상으로 이어지고 있다. 따라서 성벽의 대부분은 경사지의 지형에 따라 불규칙하게 굽어지고 성벽의 높이도 일정하지 않다.

이러한 수원화성의 형태는 앞서 언급한 바와 같이 우리나라의 독특한 축조방식인데, 이에 대하여 『화성성역의궤』에는 다음과 같이 설명되어 있다.

> 중국의 성 만드는 제도는 반드시 내외 협축夾築을 하는데, 이것은 들판에 성을 쌓는 경우가 많기 때문이다. 우리나라의 성터는 대체로 산등성이와 산기슭을 타고 편리한 지점을 따르기 때문에 인공으로 쌓는 비용을 들이지 않고서도 자연히 내탁內托으로 축조되어 군이 협축夾築을 할 필요가 없다. 이렇게 성 쌓는 제도가 다른 것은 지세가 다르니 당연한 것이다. 또 성은 있는데 해자가 없는 것을 군사적으로 단점이라고 하나 성 자체가 이미 산을 의지하고 있는데 어찌 해자를 사방에 팔 수 있겠는가.[126]

이에서 보면 화성의 축조방식상의 특징을 잘 드러내고 있다. 특히 지세가 다르므로 해서 중국의 성제와 다르다는 것을 분명하게 서술하고 있다. 이는 우리나라 읍성이 평지에 축조되더라도 중국에서 처럼 완전 평지에 방형성方形城을 쌓는 경우는 매우 드물고, 대부분 야산의 능선이나 구릉을 끼고 축조되는 경우가 많은 것을 말하고 있다.

축성 공사에는 석수, 목수 등 기술자가 11,820명 동원되었으며, 경비로 873,520냥을 사용하였다. 재원이 부족하여 당시 금위영·어영청의 정번전停番錢 10년치를 앞당겨 쓰고 경상도·평안도 감영의 예비비적인 보조재원을 사용하였다.

---

126 『華城城役儀軌』卷首, 圖說.

　수원화성은 조선후기 성제에 대한 여러 논의와 조선–일본전쟁과 조선–청 전쟁(호란)을 겪으면서 드러났던 문제점들, 그리고 중국, 일본 성제의 우수한 점이 고려되면서 이루어졌다. 중국과 일본 성제의 장점을 연구하여 조선의 성을 보다 견고히 할 것을 제안한 사람으로 조중봉, 강항, 유형원 등을 들 수 있다. 강항은 오랫동안 일본에 체류한 경험을 살려서 일본의 성제가 전투시 효과적임을 강조하였다.

　조선후기 실학의 선구자의 한 사람인 반계 유형원은 그의 저서 『반계수록』에서 성곽은 주민이 거주하기에 충분히 커야 하며 전쟁이 나면 살던 곳을 떠나서 주변의 산성으로 떠나서 피난하던 종래의 방법을 버리고 평시의 거주하는 읍성에서 방어를 할 것, 그러기 위해서는 읍성의 포루 등을 많이 설치하여 방어력을 높일 것 등을 주장하였다. 그는 성내에 사람들이 많이 거주하도록 하고 상공업을 장려하면 시장이 번성하고 주민이 부유해져서 성은 자연히 견실해진다고 생각하여 상공업의 활성화를 주장하기도 하였다.

　이러한 속에서 18세기경에는 몇몇 지방에서 제대로 방어시설을 갖춘 읍성들이 생겨났다. 예를 들어 전주성은 1734년(영조 10년)에 개축하면서 치성, 옹성, 포루를 설치하였고, 황주성, 청주성 등도 18세기에 개축하면서 옹성과 치성 등을 설치하였다.

이보다 앞서 17세기 후반에는 남한산성을 개축하였고, 강화성을 보수하면서 이전에 없었던 돈대를 설치하였다. 돈대란 일종의 망루인데 강화에는 섬 주위 51개소에 돈대를 새로 설치하였다. 조선 후기의 이러한 일련의 성곽 보완 노력은 나중에 수원성을 축조할 때 많은 영향을 주게 되었다. 특히 실학자들의 벽돌을 활용하는 건축 구조 개선책은 일상생활에서는 반영되지 않았으나 강화성 수축에 실험적으로 벽돌사용이 시행되었다. 당시 강화 유수로 있던 김시혁은 자신이 중국 수도인 북경에 다녀온 체험을 살려 1774년(영조 50) 강화의 외성을 벽돌로 축조한 것이다. 그 후 수원성을 쌓으면서 벽돌을 대대적으로 활용하였다.

또한 수원화성이 축조되면서 당시 규장각에 근무하고 있던 다산 정약용은 축성을 위하여 「성설」, 「옹성도설」, 「포루도설」, 「현안도설」 등 모두 7편의 글을 지어 바쳤다. 이 글들은 수원화성의 기본적인 형태와 규모, 각종 방어 시설, 그리고 축성 공사와 관련된 공사 방법 등을 적은 것이다. 그 중에는 재래의 축성술을 계승한 것도 있지만 상당 부분은 이제까지 조선의 성곽에서 설치하지 못하였던 새로운 시설들이 많이 있었고, 공사 시공을 위한 새로운 기구들이 여러 가지 고안되었다.

3. 주요 축성법의 변화와 특징

축성 기술이라는 측면에서 조선후기의 성제는 중국에서 들어온 『기효신서』와 『무비지』와 같은 병서와 조선-일본전쟁(왜란) 당시 일본군이 축조한 왜성에 대한 견문이 일정한 영향을 주었다.[127] 특히 조선-일본전쟁과 두 차례의 조선-청 전쟁(호란)을 겪으면서 실전에서의 경험은 성곽설비의 개선에 반영되었다. 성제에 대한 개선 문제와 관련하여 조선-일본전쟁 당시 대신으로 많은 활동을 한 유성룡을 비롯하여 명군 진영과 일본군 진영을 두루 다니며 정세를 관찰한 바 있는 이시발이 남긴 기록은 조선-일본전쟁 이후 우리나라의 성곽 시설 발전과 관련하여 중요한 자료이다.

---

127 차용걸, 앞의 논문, 2010, 417쪽.

유성룡은 「산성설」을 비롯하여 「진시무차」·「전수기戰守機宜」 등의 저술에서 우리나라 성곽의 단점과 일본군 설진, 설책, 축성, 전술의 장점을 지적하고 있다. 또한 이시발은 조선-일본전쟁 당시 도체찰사 유성룡의 종사관으로 활동하며 많은 군사 실무를 처리하였고, 명군과 일본군의 사정을 널리 정탐하여 인식한 인물이다. 종전 후 성주목사, 경상도·함경도 관찰사를 등을 지냈고, 이괄의 난 때에는 부체찰사로 난의 진압을 지휘하였으며 남한산성 정비에도 참여하는 등 군사 실무에 밝았다.

그가 함경감사로 있을 당시 쓴 「수성조약守城條約」에는 여러 가지 성곽 축조와 부대시설 정비에 대한 상세한 사항이 들어 있다.

· 성곽이 크면 지키기 어려우므로 적절한 규모여야 한다는 것
· 성벽이 낮으면 쉽게 성에 오르기 때문에 불가하다는 것
· 성벽은 대성人城은 아래 넓이가 5장, 위쪽은 그것의 반으로 하며, 소성은 아래 넓이가 3장 위쪽 넓이는 그것의 반으로 축조함
· 성벽 높이는 3~5장으로 하되 낮아도 3장 이하는 불가
· 타垜의 높이는 6척, 폭은 7척으로 하며, 타의 간격은 포백척 1척 2촌

광성보 손돌목 돈대(인천 강화)

- 타구垜의 안에는 현안혈懸眼穴을 설치
- 성랑城廊은 매 70보마다 연이어 3칸을 성위에 세우되, 성 밖으로 2척 반이 돌출하도록 설치
- 봉안縫眼 : 적을 관찰하기 위해 성랑의 포혈砲穴 위에 두는 것
- 판창板窓 : 성랑에 설치하는 창으로 아래쪽이 열리도록 만든 것, 성벽 아래 근접한 적에게 활을 쏘는 데 편리하도록 함
- 답판踏板 : 성랑의 바닥판을 들어 올려 열 수 있도록 하여 성랑 아래에 붙은 적을 공격
- 해자의 설치와 설험 : 성 밑에서 1장 거리에 해자를 파되 깊이 3장, 위쪽 넓이 10장, 아래쪽 넓이 3장이 되게 하여 적이 성 밑에 이르러 발 디딜 곳이 없도록 해야 함, 해자의 바닥에는 매 10보마다 우물을 파서 중연重淵을 설치하며 수심이 1장여가 되게 함, 해자 양안에는 뿌리가 넓게 퍼지는 다년생 풀을 심어 붕괴를 방지하고 해자 밖은 높은 언덕을 두지 말아서 해자가 메워지는 것을 방지해야 함. 못의 안팎에 토장土墻이나 목책木柵을 설치하여 겹겹으로 설험設險해야 함. 해자 밖의 1리 내에는 일체 수목이 없어야 함.
- 성문은 동중洞中에 설치해서는 안되며, 전축磚築으로 오성五星 모양의 마조馬槽와 같은 것을 설치하되 깊이가 2척, 폭이 1척으로 하며 오혈五穴의 크기를 '되升' 크기 정도로 함.
- 현호懸戶 : 성 위의 타구垜口에 설치[128]

이시발이 작성한 「수성조약」이 그가 함경감사로 재임할 당시 쓴 것이라고 하는 것으로 보아 그가 감사로 있을 때 함흥부 읍성을 축조하면서 그 전후에 작성한 것이라고 여겨진다. 아마 공사를 하기 전에 일종의 지침조항으로 만들어졌을 가능성이 크다. 이는 1606년(선조 39) 그가 함흥 읍성을 수축하면서 조정에 보고한 내용에 포루, 성랑, 옹성, 현안 등 중요 성곽시설을 언급하고 있는 것에서 짐작할 수 있다. 이 내용을 보면 성곽 축조에 대한 매우 상세한 사항을 규정하고 있는데, 성랑城廊, 오성五星,

---

128 『碧梧先生遺稿』 권6, 雜著, 守城條約.

마조 馬槽, 현호懸戶 등은 새로운 성곽 시설물인 것으로 여겨진다. 이러한 시설물이 어느 시기부터 설치된 것인지는 불분명하지만 대체로 조선-일본전쟁을 거치면서 실전의 경험을 바탕으로 전통적인 수성守城 시설을 개선해 설치하거나 새로 도입, 또는 고안된 성곽시설물로 추정된다. 특히 성랑城廊, 판창板窓, 답판踏板의 경우는 조선후기 기록에 새롭게 등장하는 성곽 수비 시설물이다. 성랑은 수비의 편의성을 위해 성벽위에 설치하는 가설물인데, 고려시대 기록에 처음 등장하지만 이미 삼국시대부터 설치된 것으로 여겨진다.

조선후기에 새삼 이러한 시설물에 대한 논의가 일어나게 된 것은 조선-일본전쟁을 거치면서 실전경험은 물론 왜성의 부대시설물이 가지는 장점을 직접 목격하였기 때문이다. 일본성의 경우는 성벽위에 여장을 만드는 경우도 있지만 대개 성벽을 따라서 담장과 같은 시설물을 만들고 모퉁이나 주요지점 곳곳에 '노櫓'라고 하는 누각樓閣을 만들게 되는데 이러한 시설물에는 일반적으로 판창板窓, 답판踏板을 설치하게 된다. 판창은 상하로 여닫게 된 창문처럼 생긴 방호시설로 상대편의 화살이나 철환이 직사로 날아들지 못하면서 수비자는 성 아래를 내려다보며 대응할 수 있도록 한 것이며, 답판은 성벽 밖으로 돌출되게 설치된 시설물 바닥에 여닫는 판板을 만들어 성벽에 붙어 있거나 기어오르는 적을 공격하기 위한 것이다. 성랑은 조선후기에 와서 여러 성곽에 시설되게 되는데, 그 실효성에 대해서는 논란이 일기도 하였다.[129] 이는 성랑을 목재로 조성하기 때문에 화공火攻에 취약할 수 있다는 것이었는데, 특히 성벽이 낮을 경우는 더욱 그러하였다.[130]

이후 18세기에 이르러 동래읍성, 전주읍성, 수원 화성 등이 축조되면서 남겨진 기록물과『성제고城制考』,『성제도설城制圖說』을 비롯한 여러 실학자들의 성제에 대한 논의 글에는 새로운 성곽 축조술이나 시설물에 대한 다양한 내용이 들어 있다.[131]

조선후기의 성곽은 체성體城 구축 방법은 물론 특히 부대시설의 개선이 많이 이루

---

129 『인조실록』권17 인조 5년 8월 경자.
130 『인조실록』권16 인조 5년 7월 신미.
131 「築城啓草」(춘천 풍양조씨문중 소장 문서),『華城城役儀軌』와 노영구의「'성제고'의 내용과 '성제도설'」『문헌과 해석』8, 문헌과해석사, 1999 참조.

어졌다. 체성은 방어력을 가지기 위한 최소한의 높이를 강조한 면도 있지만 더욱 중요한 것은 성벽선이 'ㅡ'자화하는 것을 최대한 억제하고 'ㅡ'자화할 경우 치성이나 곡성을 설치하여 이를 보완하고자 하였다. 곡성曲城은 혹 치성과 동일시하기도 하나 『증보문헌비고』(여지고輿地考 관방關防)에서 용천 용골산내성, 황주 읍성, 해주 읍성에 대한 기록 사항을 보면 치성과 곡성의 수가 각각 기재되어 있는데 이는 치성과 곡성을 동일하게 보지 않은 증거이다.[132]

『해동지도海東地圖』의 황해도 해주목 지도를 보면 해주읍성의 북쪽면 부분에 바깥쪽으로 길게 뻗어 나간 성벽이 그려져 있고 그 안에 '곡성曲城'이라고 표기해 놓은 것을 볼 수 있다. 현재 실제 유적조사 자료가 없기 때문에 이 지도상의 내용만 보고 판단하기는 어렵지만 일반 치성과 구분해서 보았던 것은 분명하다. 또 한성부 도성 그림중 서편 필운대 옆에 역시 길게 밖으로 뻗어 나간 성벽이 있고 이를 '곡성'으로 표기하고 있다.

우리나라 곡성의 시원에 대해서는 알 수 없으나 『조선왕조실록』을 보면 명종대에 이미 이러한 용어가 등장하는 것으로 보아 조선전기 이전부터 있어 온 성곽 시설물이라고 할 수 있다.[133] 그러나 곡성 시설이 강조된 것은 조선후기의 일이다. 특히 양란의 실전 경험에서 성벽 시설의 단점이 크게 개선되어갔고, 적절한 체성벽의 굴곡을 통하여 적의 전면 공격시 사각이 없도록 하는데 특별한 관심을 갖게 되었다. 이 과정에서 단계적으로 체성벽을 90도로 꺾어 반치半雉가 연속으로 이어지는 형태의 축조방식도 등장하게 되었다. 아마도 이런 체성축조 방식은 실전에서의 경험을 바탕으로 고안된 것도 있지만 왜성에 대한 관찰에서 영향을 받은 점도 있을 것이다. 왜성에서는 이른바 '횡시괘橫矢掛' 석축이라는 것이 있는데 이것이 바로 성벽을 일자로 하지 않고 단계적으로 90도로 꺾어 구축하여 성벽에 도달한 적을 측면에서 공격할 수 있도록 한 것이다.

조선–일본전쟁 이후 여러 기록물에 나타나는 새로운 축성기술에 대한 사항을 보면

---

132 『증보문헌비고』, 여지고, 관방.
133 선조대의 논의를 보면 '동대문 曲城'이라고 하는 말이 나오고, '곡성이 甕城을 말하는 것인가 '라는 선조의 질문에 특진관 이헌국은 '그렇다'고 답하고 있다(『선조실록』 권88, 선조 30년 5월 정사).

다음과 같다.

<표 5-11> 조선-일본전쟁 이후의 새로운 축성기술 비교

구분	왜란-호란시기	『성제고(城制考)』	『화성성역의궤』
평륙축성 (平陸築城)	(수(守))대성(大城)고(高) 5장(丈), 후(厚)5장, 정활(頂 闊)2.5장, 소성(小城)은 각기 3장, 3장, 1.5장	고5장, 하활(下闊)2.5장 상활(上闊)1.25장	고2장, 하후(下厚) 5장, 상후(上厚) 3장
양마성 (羊馬城)	지내지외토장목책 (池內池外土墻木柵)	고8척-1장, 옹성문상배(甕城門相背)	–
호교(壕橋)	–	양마성문의 보호시설	–
옹성(甕城)	옹성	옹성	문(門), 옹성
노대(弩臺)	–	노대	노대
조교(釣橋)	거교(擧橋)	조교	–
기교(機橋)	기교	기교	–
치제(雉制)	성신(城身) 밖으로 많이 나가 는 것이 좋음	직출(直出) 3장 횡장(橫長) 5장 등의 비율	장활(長闊) 약 3장
현안제 (懸眼制)	현안혈(懸眼穴), 천정(天井)	현안제	현안
타구(垛口)	타고(垛高) 6 척활(尺闊) 7척 중간상거(中間相距) 1척 2촌	타하신고(垛下身高) 3척, 구상고(口上高) 3척	여호고(女壕高) 6척 이하
중문대루 (重門大樓)	–	중문대루	장안문(長安門), 팔달문(八達門)
옹성권문 (甕城券門)	–	옹성권문	누조(漏槽), 오성지(五星池)
기성포 (騎城舖)	–	기성포	내포(內舖), 중포(中舖)
우마장 (牛馬墻)	–	우마장	–
돈후(墩堠)	–	돈후	봉돈(烽墩)
적대제 (敵臺制)	성랑(城廊)	실적대(實敵臺), 허적대(虛敵臺)	포루(砲樓)
공심돈제 (空心墩制)		공심돈제	공심돈
보론(堡論)		보론	–

단루(團樓)	단루	-
적루(敵樓)	적루	각루(角樓), 포사(舖舍), 적대
기타	현호(懸戶, 타간격구방어 (垜間隔口防禦)), 안혈(安穴), 오성지	토약(土約), 용도(甬道), 벽력온(霹靂蘊)[134]
인용서목	『기효신서』·『조약방호수성방 략(條約防胡守城方略)』	『기효신서』·『실정록(實政錄)』· 『삼재도회(三才圖會)』·『징비록』 『반계수록』·강항(姜沆), 『간양 록(看羊錄)』·조헌(趙憲), 『동환 봉사(東還封事)』	『성서(城書)』·『실정 기(實政記)』·『무비지 (武備志)』·『징비록』· 『반계수록보유』

※ 출처 : 차용걸, 앞의 논문, 2010, 428·429쪽에서 전재.

　　조선후기 축성법에 있어서 여러 가지 수성 설비의 발전과 함께 석축 방식에 있어
서도 큰 변화가 나타났다. 조선후기에 이르러서는 화기火器의 발달로 공성攻城 전투
에서 매우 강력한 화포가 사용되었고, 수성하는 입장에서는 이에 대한 대비가 반드시
필요하였다. 조선-일본전쟁을 거치면서 모든 성곽에 가능한 한 포루砲樓를 반드시 설
치하도록 한 것은 전면 공격시 적이 성벽에 도달하기 전에 최대한 타격을 주려고 한
목적도 있지만 또 하나의 중요한 목적은 적의 화포를 화포로 제압하기 위한 것이었
다. 고정적인 시설인 성곽은 적의 화포 공격시 손쉬운 표적이 되기 때문에 적이 쉽게
포격을 하도록 두는 것은 수성자의 입장에서는 매우 치명적인 타격을 입을 수 있었
다. 따라서 주요 공격예상지점이 잘 포착되는 곳에 포루를 설치하여 대응 포격내지는
사정거리 내 진입하는 적에 대해 우선적으로 포격을 통해 저지하는 것이 필요하였다.

　　그러한 반면 성벽의 석축도 포격에 대응하여 변화하였다. 조선후기 축성의 기본 원
칙중 가장 중요한 점은 성이 화포에 얼마나 견딜수 있는가 하는 것이었다.[135] 조선후
기 실학자 정상기鄭尙驥가 토성 혹은 석회를 이용한 축성을 주장한 것도 바로 화포 충

---

134 정연식의 「화성의 방어시설과 총포」『震檀學報』91, 2001, 146~147쪽에서는 화성의 西將臺圖
　　에 보이는 霹靂溫의 시설을 지적하고 있다.
135 노영구, 「조선후기 城制 변화와 華城의 城郭史的 의미」『진단학보』88, 진단학회, 1999, 298~
　　301쪽.

격에 취약한 석성의 단점을 보완하자는 뜻에서였다.[136]

통상 성석城石을 치석治石하여 사용할 경우 장방형 석축을 주로 사용하였고, 성벽 하중에 의한 붕괴를 최대한 방지하는데 주력하였다. 물론 고대로부터 투석 등에 의한 공격에 성벽이 충분히 견딜 수 있도록 견고성을 높이려고 하였는데 당시는 면석의 추형 가공과 뒷채움석의 견실한 아귀물림에 의해 대체로 견고성 보장이 달성되었다. 그러나 화포의 발달로 인한 파괴력의 증가로 기존의 석축 방식만으로는 불충분하였다. 특히 가로줄을 맞추어 축조하는 장방형 쌓기는 화포 충격의 좌우 흔들림에 취약하여 이를 보강하기 위한 석축 방식이 개발되었다.

조선후기에 새로 축조된 석축성의 경우는 성돌을 비교적 육중한 것을 사용하고 대부분 면석 가공을 불규칙하게 함으로써 석축시 가로줄이 평행으로 맞지 않도록 하였다. 또한 성돌의 좌우 또는 상하로 걸림턱을 만들어 성돌간의 물림을 강화함으로써 화포 충격에 의한 흔들림에 최대한 견고성을 발휘할 수 있도록 하였다.

조선후기에는 축성재료라고 하는 면에서도 여러 가지 변화가 있었다. 특히 벽돌 사용이 늘어난 것은 큰 변화이다. 『증보문헌비고』에 보면 평안도에 소재하는 송산보松山堡를 벽돌로 축조한 것으로 기록되어 있으며, 이외에도 제한적이나마 축성에 벽돌이 사용된 사례가 있으며, 특히 여장 공사의 경우는 많은 곳에서 벽돌을 사용하였다. 그리고 체성 공사에서 포격에 대비하여, 포격에 의해 파괴될 위험성이 큰 석축보다 토성을 축조할 것이 주창되기도 하였다. 토성 구축 자체가 성곽사상 발전이라고 보기는 어렵지만 공성무기에 대응하려고 하는 방안 중 하나였다는 점에서는 주목할 필요가 있다.

한편 성곽 주변시설 보강도 이루어졌는데, 그 대표적인 것이 돈대이다. 돈대는 이미 조선전기부터 시설되어 온 것인데, 17세기 후반기에 들어서 기존의 성곽 방어 방식이 변화하면서 성곽 주변의 중요 지점에 돈대가 설치되기 시작하였다. 이 돈대는 본래 『기효신서』에서 '돈후墩堠'라고 하여 적이 나타나는 것을 사전에 경고하기 위해 해변 등지에 10리를 기준으로 설치하도록 한 것이었다. 숙종대에 들어서 강화도의 방어체제를 강화하면서 이러한 돈후가 확대된 형태의 시설로 돈대를 강화도 해안을 따

---

136 정해은, 『조선후기 국토방위전략』, 국방부 군사편찬연구소, 2002, 142~149쪽.

북한산성의 석축 모습

라 46개 처에 설치하였다. 이러한 돈대는 『기효신서』에서 말하는 것처럼 단순한 경보 시설이 아니라 성곽의 외곽 수비를 강화하기 위한 것이었다. 성을 공격하는 데에 화포가 점차 중요한 무기가 됨에 따라 성을 공격하는 적군이 점령할 경우 성을 화포로 공격할 거리가 되는 장소인 성밖의 주요 산봉우리 등을 적군이 점령하지 못하도록 하려는 목적이었다.[137]

한편 수원 화성의 축조는 성제 면에서 매우 획기적인 것이며, 18세기 조선시대 축성기술의 거의 모든 것이 적용된 성곽이었다.

수원 화성은 축성사적인 측면에서 다음과 같은 중요한 특성을 지적할 수 있을 것이다. 첫째는 우리나라 읍성 가운데 가장 특별한 노력을 기울여 축조한 성이라는 점이다. 이는 중국, 일본의 장점을 부분적으로 수용하였을 뿐만 아니라 비용, 설계, 기술적 적용 등 여러 가지 측면에서 가장 심혈을 기울인 성곽이라는 점이다. 이는 정조가 "멀리는 중국의 법을 본받고 가까이는 옛 재상들의 논의를 채택하되 경卿들도 모름지기 널리 고증하고 자세히 연구하여 후대 사람들로 하여금 오늘날 조정에 인재가 있었음을 알게하는 것이 가하다"[138]라고 한 것에서도 알 수 있다.

---

137 이상의 墩臺에 대한 내용은 노영구의 「조선후기 城制 변화와 華城의 城郭史的 의미」『진단학보』 88, 진단학회, 1999, 295쪽 참조.
138 『華城城役儀軌』 권1, 啓辭 癸丑十二月初六日.

原道·江陵市·江陵大 博物館, 1995.

강릉대 박물관,『高城郡의 歷史와 文化遺蹟』,
　　　江原道·高城郡·江陵大 博物館, 1995.

강릉대 박물관,『束草市의 歷史와 文化遺蹟』,
　　　江原道·束草市·江陵大 博物館, 1997.

강릉대 박물관,『東海 於達山 烽燧臺』, 2001.

강원대 박물관,『한계산성지표조사보고서』,
　　　1987.

강원대학교 강원문화연구소,『洪川郡의 歷史와
　　　文化遺蹟』, 江原道·洪川郡·江原文化
　　　研究所, 1996.

강원대학교 강원문화연구소,『完譯 陟州集』, 三
　　　陟市, 1997.

강원향토문화연구회,『原州郡의 歷史와 文化遺
　　　蹟』, 江原道·原州郡·江原鄕土文化研
　　　究會, 1994.

강원향토문화연구회,『橫城郡의 歷史와 文化遺
　　　蹟』, 江原道·橫城郡·江原鄕土文化研
　　　究會, 1995.

강원향토문화연구회,『原州의 歷史와 文化遺
　　　蹟』, 江原道·原州市·江原鄕土文化研
　　　究會, 1997.

겨레문화유산연구원,「인천 계양산성 4차 발굴
　　　조사 지도위원회의 자료」, 2009.

경기도박물관,『파주 육계토성』, 2006.

경기문화재단,『京畿道의 城郭』, 2003.

경남고고학연구소,『봉황토성』, 2005.

관동대 박물관,『三陟의 歷史와 文化遺蹟』, 江
　　　原道·三陟市·關東大博物館, 1995.

관동대 박물관,『東海 頭陀山城』―地表調査 報
　　　告書, 關東大博物館·東海文化院,
　　　1997.

관동대 박물관,『溟州郡의 歷史와 文化遺蹟』,

江原道·溟州郡·關東大博物館, 1997.

국립가야문화재연구소,『慶南의 城郭』, 2008.

국립가야문화재연구소,『함안 성산산성Ⅱ』,
　　　2004.

국립문화재연구소,『순흥 비봉산성 발굴조사
　　　보고서』, 1998.

국립문화재연구소,『風納土城Ⅱ-동벽 발굴조
　　　사 보고서-』, 2002.

국립문화재연구소,『풍납토성』Ⅲ, 2003.

국립중앙박물관,『송국리Ⅴ』, 1993.

국립창원문화재연구소,『함안 성산산성』, 1998.

국방군사연구소,『韓民族戰爭通史』Ⅱ, 1993.

국방부 전사편찬위원회,『對蒙抗爭史 : 民族戰
　　　亂史』5, 戰史編纂委員會, 1988.

국사편찬위원회,『한국사 9』, 탐구당, 1981.

김운태,『朝鮮王朝行政史』, 博英社, 1970.

김재근,『朝鮮王朝軍船研究』, 一潮閣, 1977.

김동욱,『18세기 건축사상과 실천-수원성』, 도
　　　서출판 발언, 1996.

김동욱·손재식,『수원성』, 대원사, 1993.

김일성종합대학 고고학 및 민속학 강좌,『대성
　　　산성의 고구려 유적』, 김일성종합대학
　　　출판사, 1973.

김흥술,『江陵地域의 城郭研究』, 관동대 대학원
　　　석사학위논문, 1999.

남도영,『韓國馬政史』, 한국마사회 마사박물관,
　　　1996.

남일룡,『중세 우리나라 서북지방의 성 방어체
　　　제』, 김일성종합대학출판사, 1995.

노계현,『高麗領土史』, 甲寅出版社, 1993.

단국대학교 매장문화재연구소,『이천 설봉산성
　　　1차 발굴조사보고서』, 1999.

단국대학교 매장문화재연구소,『이천 설봉산성

2차 발굴조사보고서』, 2001.

단국대학교 매장문화재연구소, 『파주 칠중성 지표조사보고서』, 2001.

단국대학교 매장문화재연구소, 『포천 고모리산성 지표조사보고서』, 2001.

단국대학교 매장문화재연구소, 『연천 은대리성 시굴조사보고서』, 2002.

단국대학교 매장문화재연구소, 『이천 설성산성 1차 발굴조사보고서』, 2002.

단국대학교 매장문화재연구소, 『이천 설성산성 2차 발굴조사보고서』, 2002.

단국대학교 매장문화재연구소, 『이천 설봉산성 3차 발굴조사보고서』, 2004.

단국대학교 매장문화재연구소, 『평택 서부 관방산성 시·발굴조사보고서』, 2004.

단국대학교 매장문화재연구소, 『포천 반월산성 동벽 정비구간 발굴조사 보고서』, 2004.

단국대학교 매장문화재연구소, 『포천반월산성-종합보고서-』, 2004.

단국대학교 매장문화재연구소, 『안성 망이산성 3차 발굴조사 보고서』, 2006.

단국대학교 매장문화재연구소, 『안성 죽주산성 남벽정비구간 발굴조사보고서』, 2006.

단국대학교 매장문화재연구소, 『이천 설봉산성 4·5·6차 발굴조사보고서』, 2006.

대전직할시, 『대전의 성곽』, 1993.

동서문물연구원, 「합천 성산리 성지 문화재 발굴조사 약보고서」, 2009.

동아대학교박물관, 『양산 순지리토성』, 1983.

력사과학연구소, 『고구려문화』, 사회과학출판사, 1975(논장 복각판, 1988).

리지린·강인숙, 『고구려력사연구』, 사회과학

출판사, 1976.

목포대 박물관, 『務安郡의 文化遺蹟』, 務安郡, 1986.

목포대 박물관, 『海南郡의 文化遺蹟』, 海南郡, 1986.

몽촌토성발굴조사단, 『整備·復元을 위한 夢村土城發掘調査報告書』, 1984.

몽촌토성발굴조사단, 『夢村土城發掘調査報告』, 1985.

문화재연구소, 『文化遺蹟總攬』 上·中·下, 1977.

민현구, 『朝鮮初期의 軍事制度와 政治』, 한국연구원, 1983.

박순발, 『백제의 도성』, 충남대학교출판부, 2010.

박종익, 『삼국시대 산성에 대한 일고찰-신라 산성의 기단보축을 중심으로-』, 동의대학교 석사학위 논문, 1993.

반영환, 『한국의 성곽』, 세종대왕기념사업회, 1978.

방동인, 『韓國의 國境劃定研究』, 一潮閣, 1997.

방상현, 『朝鮮初期 水軍制度』, 民族文化社, 1991.

백제문화개발연구원, 『직산 사산성』, 1994.

백제문화개발연구원, 『회진토성 I』, 1995.

백종오, 『고구려 남진정책 연구』, 서경, 2006.

보은군, 『三年山城』, 報恩郡, 1980.

보은군, 『三年山城(城壁構造 및 西北雉 調査概報)』, 報恩郡, 1987.

부산대 한일문화연구소, 『慶南의 倭城趾』, 1961.

부여군문화재보존센터, 『부여 성흥산성 정비공사-성벽 단면 토층조사-보고서』, 2009.

부여나성발굴조사단, 『부여나성발굴조사개

보』, 1991.

서영일, 『신라 육상 교통로 연구』 학연문화사, 1999.

서울대학교 奎章閣, 『海東地圖』, 經世院, 1995.

서울대학교 박물관, 『아차산성 – 시굴조사보고서–』, 2000.

서울市史編纂委員會, 『서울六百年史』上, 1977.

서울市史編纂委員會, 『서울六百年史』文化史蹟篇, 1987.

서정석, 『百濟의 城郭 – 熊津·泗沘時代를 中心으로–』, 학연문화사, 2002.

세종대학교 박물관, 『의왕 모락산성』, 2006.

손영식, 『韓國城郭의 研究』, 文化公報部 文化財管理局, 1987.

손영종, 『고구려사(2)』, 과학백과사전종합출판사, 1996

순천대학교박물관, 『여수 고락산성 I』, 2003.

승주군, 『낙안성 민속보존마을 조사연구 보고서』, 昇州郡, 1979.

심광주 외, 『연천 호로고루 III–제2차 발굴조사보고서』, 한국토지공사 토지박물관 등, 2007.

심봉근, 『蔚山倭城·兵營城址』, 동아대박물관, 1986.

심봉근, 『韓國南海沿岸城址의 考古學的 研究』, 학연문화사, 1995.

심정보, 『韓國邑城의 研究』, 學研文化社, 1995.

심정보, 『백제산성의 이해』, 주류성, 2004.

심정보, 『백제 산성의 이해』(개정증보판), 주류성, 2009.

안승주, 『공산성』, 공주사범대학 백제문화연구소, 1982.

여호규, 『高句麗 城 I(鴨綠江 中上流篇)』, 國防

軍史研究所, 1998.

여호규, 『高句麗 城 II(요하 유역편)』, 國防軍史研究所, 1999.

영남문화재연구원, 『경산임당동유적 I –F, H지구 및 토성–』, 1999.

예맥문화재연구원, 「화천 원천리유적 현장설명회 자료」, 2010.

원영환, 『朝鮮時代 漢城府 研究』, 江原大學校出版部, 1990.

원영환, 『北漢誌』, 서울市史編纂委員會, 1996.

유재춘, 『朝鮮前期 江原地域의 城郭 研究』, 강원대 대학원 박사학위논문, 1998.

유재춘, 『近世 韓日城郭의 比較研究』, 국학자료원, 1999.

유재춘, 『韓國中世築城史 研究』, 경인문화사, 2003.

육군사관학교 국방유적연구실, 『旌善 愛山里山城 地表調査報告書』, 2003.

육군사관학교 육군박물관, 『江原道 鐵原郡 軍事遺蹟 地表調査報告書』, 1996.

육군사관학교 육군박물관, 『抱川 雲岳山城 地表調査報告書』, 2001.

육사한국군사연구실, 『韓國軍制史』近世朝鮮前期篇, 陸軍本部, 1968.

윤무병, 『목천토성』, 1984.

윤무병, 『海美邑城內建物址 發掘調査報告書』, 忠南大博物館, 1981.

윤용혁, 『高麗對蒙抗爭史研究』, 일지사, 1991.

윤장섭, 『韓國建築史』, 東明社, 1977.

윤훈표, 『麗末鮮初 軍制改革研究』, 혜안, 2000.

이기백, 『高麗兵制史研究』, 一潮閣, 1968.

이도학 외, 『부소산성을 다시 본다』, 주류성, 2006.

이상구, 『朝鮮中期의 邑城에 관한 研究』, 서울

대 석론, 1984.

이상협, 『朝鮮前期 北方徙民에 관한 硏究』, 성균관대 박사논문, 1995.

이수건, 『朝鮮時代 地方行政史』, 民音社, 1989.

이인영, 『韓國滿洲關係史의 硏究』, 乙酉文化社, 1954.

李殿福, 차용걸 외 역, 『중국내의 고구려유적』, 학연문화사, 1994,

이태진, 『朝鮮後期 政治와 軍營制 變遷』, 한국연구원, 1985.

이현종, 『朝鮮前期對日交涉史硏究』, 韓國硏究院, 1973.

이형구, 『백제의 도성』, 주류성, 2004.

이형석, 『壬辰戰亂史』 上·中·下, 壬辰戰亂史刊行委員會, 1974.

이희준, 『신라고고학연구』, 사회평론, 2007.

임효재 외, 『아차산제4보루 발굴조사종합보고서』, 서울대 박물관 등, 2000.

장동익, 『高麗後期外交史硏究』, 일조각, 1994.

장명수, 『城郭發達과 都市計劃 硏究-全州府城을 중심으로-』, 學硏文化社, 1994.

장학근, 『朝鮮時代海洋防衛史硏究』, 海軍士官學校, 1987.

전북문화재연구원, 『정읍 고부 구읍성 I』, 2007.

정구복 외, 『譯註 三國史記 4 주석편(하)』, 한국정신문화연구원, 1997.

정중환, 『東萊邑城西將台·望月山頂建物址發掘調査報告書, 東亞大 博物館, 1979.

정해은, 『조선후기 국토방위전략』, 국방부 군사편찬연구소, 2002.

주보돈, 『新羅 地方統治體制의 整備過程과 村落』, 신서원, 1998.

중원문화재연구원, 『문경 고모산성-2』, 2009.

차문섭, 『朝鮮時代軍事關係硏究』, 檀國大出版部, 1996.

차용걸 외, 『청원 남성곡 고구려유적』, 충북대학교 박물관, 2004.

차용걸, 『高麗末·朝鮮前期 對倭 關防史 硏究』, 忠南大學校 博士學位論文, 1988.

차용걸, 심정보 編, 『壬辰倭亂 前後 關防史硏究』, 文化財硏究所, 1989.

차용걸, 『한국의 성곽』, 눈빛, 2002.

차용걸, 『백제 지역의 고대산성』, 주류성, 2005.

채희국, 『고구려력사연구』, 김일성종합대학 출판사, 1985.

최병현, 『신라고분연구』, 일지사, 1992.

최복규 外, 『홍천 석화산성 지표조사 보고서』, 강원고고학연구소·홍천문화원, 1996.

최복규 外, 『홍천 대미산성 지표조사 보고서』, 강원고고학연구소·홍천문화원, 1997.

최종택 외, 『홍련봉 제1보루 발굴조사종합보고서』, 고려대 고고환경연구소 등, 2007.

최희림, 『고구려 평양성』, 과학백과사전출판사, 1978.

춘천시, 『春川鳳儀山城地表調査報告書』, 1993.

충남대학교 백제연구소, 『부여 동나성·서나성 발굴조사고서』, 2000.

충남대학교박물관, 『신금성종합발굴보고』, 1994.

충남대학교박물관, 『정비·복원을 위한 당진 합덕제 시굴조사보고서』, 1997.

충남대학교박물관, 『대전 월평동유적』, 1999.

충남발전연구원, 『금산백령산성』, 2003.

충남발전연구원, 『예산 임존성』, 2000.

충북대학교 중원문화연구소, 『永同邑城地表調査報告書』, 1997.

충북대학교 중원문화연구소,『春川 三岳山城』, 2000.

충북대학교 중원문화연구소,『장미산성』, 2003.

충북대학교 호서문화연구소,『旌善 古城里 山城과 松溪里 山城 및 古墳群』, 1997.

충주박물관,『丹陽 下坊里古墳群 發掘調査 報告書』, 1997.

충청남도역사문화연구원,『百濟의 建築과 土木』, 2007.

충청남도역사문화원,『금산 백령산성 - 1·2차 발굴조사 보고서-』, 2007.

충청문화재연구원,『대전 월평동산성』, 2003.

한국문화재보호재단,『상당산성 성벽 보수구간 내 시발굴조사보고서』, 2004.

한국성곽학회,『삼년산성』, 2008.

한국토지공사 토지박물관,『연천 호로고루』, 1999.

한림대학교박물관,『양부대모산성발굴보고서』, 1990.

한림대박물관,『麟蹄郡의 歷史와 文化遺蹟』, 江原道·麟蹄郡·翰林大博物館, 1996.

한림대박물관,『寧越郡의 歷史와 文化遺蹟』, 江原道·寧越郡·翰林大博物館, 1997.

한백문화재연구원,『포천 반월산성 북벽 보수구간 발굴조사 지도위원 회의자료』, 2007.

한신대학교 박물관,『吉城里土城』, 2003.

한양대학교 박물관,『南漢山城 地表調査 報告書』, 京畿道, 1986.

한양대학교 박물관,『二聖山城-三次發掘調査 報告書-』, 1991.

한양대학교박물관,『이성산성 8차발굴조사보고서』, 2000.

한양대학교박물관,『이성산성 9차발굴조사보고서』, 2002.

한양대학교박물관,『이성산성 10차발굴조사보고서』, 2003.

호암미술관,『이천 효양산유적 발굴조사 보고서』, 1995.

洪元基,『高麗前期軍制研究』, 혜안, 2001.

(2) 국외

吉林省文物考古研究所 集安市博物館,『丸都山城—2001~2003年集安丸都山城調査試掘報告』, 文物出版社, 2004.

吉林省文物考古研究所·集安市博物館,『國內城』, 文物出版社, 2004.

東潮·田中俊明,『高句麗の歷史と遺跡』, 中央公論社, 1996.

杜榮坤·白翠琴,『西蒙古史研究』, 新疆人民出版社, 1986.

三上次男,『高句麗と渤海』, 吉川弘文館, 1990.

三宅英利,『近世日朝關係史の研究』, 文獻出版, 1986.

王禹浪·王宏北,『高句麗·渤海古城址研究匯編』(上) 哈爾濱出版社, 1994.

王禹浪·王宏北,『高句麗·渤海古城址研究匯編』(上) 哈爾濱出版社, 1994.

遼寧省文物考古研究所 編,『五女山城, 1996-1999, 2003年 桓仁五女山城調査發掘報告』, 文物出版社, 2004.

李殿福, 西川宏 譯,『高句麗·渤海の考古と歷史』, 學生社, 1991.

李殿福,『東北考古研究(二)』中州古籍出版社, 1994.

財團法人 愛知縣埋藏文化財セソクー,『室遺

跡』, 1994.

池內宏 ·梅原末治, 『通溝(上)』, 日滿文化協會, 1938.

狹山池調査事務所, 『狹山池』, 1998.

3. 논문

(1) 국내

강성문, 「朝鮮時代 女眞征伐에 관한 연구」 『軍史』 第18號, 국방부 전사편찬위원회, 1989.

강영철, 「朝鮮初期의 軍事道路─北方 兩地帶의 境遇에 대한 試考」 『韓國史論』 7, 國史編纂委員會, 1980.

강창언, 「濟州道의 環海長城 研究」 『탐라문화』 11집, 제주대학교 탐라문화연구소, 1991.

고고학 및 민속학 연구소, 「평안남도 순천군 룡봉리 요동성총조사보고」 『고고학자료집 1』, 1958.

고석원, 「麗末鮮初 對明外交」 『白山學報』 22, 白山學會, 1977.

고용규, 「한국 남부지역 판축토성의 연구」 『고문화』 58, 2001.

공석구, 「高句麗 城郭의 類型에 대한 研究」 『韓國上古史學報』 29, 1998

권영국, 「고려말 중앙군제의 변화」 『史學研究』 47호, 1994.

권영국, 「고려말 지방군제의 변화」 『한국중세사연구』 1, 1994.

권영국, 「원 간섭기 고려 군제의 변화」 『14세기 고려의 정치와 사회』, 1994.

권오영, 「방어취락의 발전과 토성의 출현」 『강좌 한국고대사 7-촌락과 도시-』, 가락국사적개발연구원, 2002.

金九眞, 「朝鮮前期 對女眞關係와 女眞社會의 實態」 『東洋學』 14, 檀國大學校 東洋學研究所, 1984.

김 영, 「백제초축설이 있는 경기지역 일부 산성의 재검토」 『영남고고학』 58, 영남고고학회, 2011.

김갑동, 「고려의 建國과 淸州勢力」, 고려대 대학원 사학과 석사학위논문, 1984.

김경찬, 「황해남도 지방의 해안방어성에 대하여」 『조선고고연구』 1992-4, 1992.

김경찬, 「구월산 일대의 지역성 방어체계」 『김일성종합대학학보』 1993-4, 1993.

김경찬, 「황해남북도 지방의 종심성 방어체계」 『김일성종합대학학보』 1996-2, 1996.

김구진, 「麗末鮮初 豆滿江 流域의 女眞 分布」 『白山學報』 15, 白山學會, 1973.

김낙중, 「新羅 月城의 性格과 變遷에 관한 研究」, 서울대학교 고고미술사학과 석사학위논문, 1998.

김례환 외, 「롱오리 산성에서 발견된 고구려 석각문」 『문화유산』 1958-6, 1958.

김석희, 「世祖朝의 徙民에 관한 考察─下三道 徙民의 時代的 背景을 中心하여─」 『釜大史學』 2, 釜山大 史學會, 1971.

김성균, 「朝鮮中期의 對滿關係」, 『白山學報』 第24號, 白山學會, 1978.

김영심, 「百濟 地方統治體制 研究」, 서울대학교 국사학과 박사학위논문, 1997.

김용곤, 「朝鮮前期 軍糧米의 確保와 運送」, 『史學研究』 第32號, 韓國史學會, 1981.

김용민, 「扶蘇山城의 城壁築造技法 및 變遷에 대한 考察」『한국상고사학보』26, 한국상고사학회, 1997.

김진봉·차용걸·양기석, 「朝鮮時代 軍役資源의 變動에 관한 硏究」『湖西文化硏究』3, 忠北大學校 湖西文化硏究所, 1983.

김창현, 「고려 서경의 성곽과 궁궐」『역사와 현실』제41호, 한국역사연구회, 2000.

김호일, 「梁誠之의 關防論」『韓國史論』7, 國史編纂委員會, 1981.

남도영, 「麗末鮮初 馬政上으로 본 對明關係」, 『東國史學』6집, 東國大史學會, 1960.

노영구, 「'성제고'의 내용과 '성제도설'」『문헌과 해석』8, 문헌과해석사, 1999.

노영구, 「조선후기 城制 변화와 華城의 城郭史的 의미」, 『진단학보』88, 진단학회, 1999.

노영구, 「조선후기 평안도지역 內地 거점 방어체계」, 『韓國文化』34, 서울대 한국문화연구소, 2004.

노영구, 「조선후기 함경남도 幹線 방어체계」『韓國文化』36, 서울대 규장각한국학연구원, 2005.

노태돈, 「5~7세기 고구려 지방제도」『한국고대사논총』8, 1996

량익룡, 「동해안 일대의 신라 산봉우리성에 관한 연구」『고고 민속』1964-2.

민덕식, 「高句麗의 後期都城」『韓國史論』19, 국사편찬위원회, 1989.

민덕식, 「삼국시대 축성법에 관한 몇가지 시고」『백산학보 38, 백산학회, 1991.

민덕식, 「丁酉再亂時 川上久國이 그린 南原城圖에 대하여」, 『송갑호교수정년퇴임기념논문집』, 기념논문집간행위원회, 1993.

민덕식, 「朝鮮 肅宗代의 都城 修築工事에 관한 考察-성곽사적 측면을 중심으로-」『白山學報』44, 白山學會, 1994.

민덕식, 「北漢山城을 쌓게 된 경위에 관한 고찰-성곽사적 측면을 중심으로-」『白山學報』第45號, 白山學會, 1995.

민덕식, 「鹿角施設에 대한 分析」, 『아시아문화』제14호, 한림대 아시아문화연구소, 1999.

민덕식, 「朝鮮時代의 木柵」『忠北史學』11·12합집, 충북대 사학회, 2000.

민덕식, 「韓國의 長城─조선시대의 例를 중심으로─」『白山學報』제57호, 2000.

민덕식, 「특수한 유형의 성곽」『아시아문화』18호, 한림대 아시아문화연구소, 2002.

민덕식, 「서울城郭의 築城關聯 金石文」, 『鄕土서울』제71호, 서울특별시사편찬위원회, 2008.

박방룡, 「新羅 都城 硏究」, 동아대학교 사학과 박사학위논문, 1998.

박방용, 「신라 도성 연구」, 동아대학교 박사학위논문, 1998.

박성식, 「癸巳 晉州城戰鬪 小考」『慶北史學』4집, 경북대 사학과, 1982.

박성현, 「4세기 전후 신라의 토성 축조와 그 목적 -영남 지역 초기 토성의 성격-」『한국사연구』139, 한국사연구회, 2007.

박성현, 「6세기 초 고구려·신라의 화약과 정계 -중원고구려비」와 양국 경계의 재검토-」『역사와 현실』76, 한국역사연구회, 2010.

박순발, 「湖西地域 平地·野山城에 대하여 - 築造時點 및 性格을 中心으로-」『호서

고고학』10, 호서고고학회, 2004.

박원호, 「明初 朝鮮의 遼東征伐計劃과 表箋問題」『白山學報』8호, 白山學會, 1975.

박원호, 「永樂年間 明과 朝鮮間의 女眞問題」『亞細亞研究』85, 高麗大 亞細亞問題研究所, 1991.

박원호, 「宣德年間(1425~1435) 明과 朝鮮間의 建州女眞」『亞細亞研究』88, 高麗大 亞細亞問題研究所, 1992.

박종익, 「성곽유적을 통해 본 신라의 한강유역 진출」『기전고고』5, 2005.

박종진, 「개성의 문화재」『역사비평』통권54호, 역사문제연구소, 2001.

박종진, 「고려시기 개경사 연구동향」『역사와 현실』34, 한국역사연구회. 1999.

박중균, 「장미산성의 축성주체에 대한 일고찰」『한국성곽연구회 정기학술대회』, 한국성곽연구회, 2003.

박창수, 「고구려 서북방 성방어체계의 위력」『조선고고연구』1988-3, 1988.

박창수, 「고구려의 성분포와 서북방어체계」『력사과학론문집』15, 1990.

방상현, 「朝鮮前期 城郭機能考」『史學志』16, 檀國大學校 史學會, 1982.

방상현, 「조선初期 浦鎭研究」『朴性鳳教授回甲記念論叢』, 경희대 사학회, 1987.

배성수, 「江華島 墩臺의 築造와 役夫—雞龍墩臺 築城記名의 분석—」『仁荷史學』9, 仁荷歷史學會, 2002.

백종오, 「경기북부지역 고구려 성곽의 분포와 성격」『경기도박물관 연보』3, 2000.

백종오, 「京畿地域 高麗城郭 研究」『史學志』35, 檀國史學會, 2002.

백종오, 「남한지역의 고구려 성곽」『한국고대의 Global Pride 고구려』, 고려대 박물관, 2005.

백종오, 「신라 북진기 할미산성의 고고학적 검토」『신라사학보』6, 신라사학회, 2006.

서길수, 「고구려 축성법(3)-치, 각대, 적대-」『고구려 유적 발굴과 유물』, 2001.

서영일, 「경기북부지역 고구려보루 고찰」, 『문화사학』17, 문화사학회, 2002.

서영일, 「漢城 百濟時代 山城과 地方統治」『문화사학』24, 한국문화사학회, 2005.

서영일, 「漢城百濟時代 石築山城의 築造 背景 研究」『문화사학』23, 한국문화사학회, 2005.

서영일, 「고대 산성 축조 공법 비교연구」『고대의 목간, 그리고 산성』, 국립가야문화재연구소 · 국립부여박물관, 2009.

서영일, 「고대 석축 산성의 토축부 고찰」『동양학』46, 단국대학교 동양학연구소, 2009.

서일범, 「북한 경내의 고구려 성의 분포와 연구현황」『高句麗研究』8, 1999.

서일범, 「徐熙가 築城한 城郭과 淸川江 以北 防禦體系」『徐熙와 高麗의 高句麗 繼承意識』, 高句麗研究會, 1999.

서정석, 「泰安 安興鎭城에 대한 一考察」『역사와 역사교육』3 · 4, 熊津史學會, 1999.

성주탁, 「사비도성의 구조」『사비도성과 백제의 성곽』, 서경문화사, 2000.

소산전굉(小山田宏), 「백제의 토목기술」『고대 동아세아와 백제』, 충남대학교 백제연구소, 2003.

손수호, 「평남 성천 흘골산성에 대하여」『조선

차용걸, 「小白山脈 北麓式 石築山城 水口形式 試論」『용암차문섭교수화갑기념 사학논총』, 화갑기념논총간행위원회, 1989.

차용걸, 「竹嶺路와 그 부근 嶺路沿邊의 古城址 調査硏究」『國史館論叢』48輯, 國史編纂委員會, 1990.

차용걸, 「한국의 산성연구 동향과 과제」『남한산성의 현대적 재조명』(남한산성 축성 370주년 기념 제1회 국제학술회의 발표논문 요록집), 성남시, 1996.

차용걸, 「高麗末 1290年의 淸州山城에 대한 豫備的 考察」『金顯吉教授停年紀念鄕土史學論叢』, 紀念論叢刊行委員會, 1997.

차용걸, 「漢城時期 百濟山城의 諸問題」『호서고고학』 10, 호서고고학회, 2004.

차용걸, 「임진왜란 이후 한국 축성기술의 변화과정」『충북사학』 16, 충북대사학회, 2006.

차용걸, 「중부내륙지역 산성군의 성격과 특징 검토-한국산성의 일반적 성격·특징의 변화와 관련하여-」『한반도 중부내륙 옛 산성군 UNESCO 세계문화유산 등대대상 산성 학술회의 발표집』, 2007.

차용걸, 「신라 석축 산성의 성립과 특징」『석당논총』 41, 동아대학교 석당학술원, 2008.

차용걸, 「조선후기 축성기술의 변화와 산성의 운영」『韓國城郭研究의 새로운 觀點』, 한국성곽학회, 2010.

차용걸·양기석, 「鎭川의 都堂山城과 吉祥祠」『邊太燮博士華甲紀念 史學論叢』, 삼영사, 1985.

채연석, 「朝鮮初期 火器의 硏究」『韓國史論』 7, 國史編纂委員會, 1981.

채희국, 「고구려의 성곽」『고구려력사연구』 김일성종합대학 출판사, 1985.

채희국·전제헌, 「대현산성 답사기」, 『고고민속』, 사회과학원 고고학 및 민속학연구소, 1966년 2호.

천관우, 「五衛와 朝鮮初期의 國防體制」『李相伯博士回甲記念論叢』, 1964.

최근영, 「忠州 薔薇山城考」『史學研究』 第55·56合集號, 韓國史學會, 1998.

최근영, 「忠州 大林山城考 ―忠州山城과의 관련성을 중심으로―」『中原文化論叢』第4輯, 忠北大學校 中原文化研究所, 2000.

최병현, 「중원의 신라고분」『중원의 고분』, 국립중원문화재연구소, 2009.

최인선, 「全南 東部地域의 百濟山城 研究」『문화사학』 18, 한국문화사학회, 2002.

최종택, 「경기 북부지역의 고구려의 방어체계」『高句麗研究』 8, 1999.

최창빈, 「4세기 말~5세기초 고구려의 국남7성과 국동6성에 대하여」『력사과학』 1990-3, 1990.

최희림, 「평양성을 쌓은 연대와 규모」『고고민속』 1967-2, 1967.

하문식·백종오·김병희, 「百濟 漢城期 慕洛山城에 관한 研究」『선사와 고대』 18, 한국고대학회, 2003.

한석정, 「함경남도의 유래 미상의 산성들과 고분들에 대하여」『문화유산』 1962-2.

한인호·리호, 「평양성 외성안의 고구려 도시리방과 관련한 몇 가지 문제」『조선고고연구』 1993-1, 1993.

허선도, 「近世朝鮮前期의 烽燧」(上)·(下), 『한
　　　국학논총』7·8, 1985.

홍영의, 「고려수도 개경의 위상」『역사비평』가
　　　을호, 1988.

홍영호, 「『삼국사기』 소재 니하의 위치 비정」『한
　　　국사연구』150, 한국사연구회, 2010.

황의천, 「藍浦縣 治所의 移動에 관하여」『역사
　　　와 역사교육』3·4―愚齋安承周博士追
　　　慕 歷史學論叢―, 熊津史學會, 1999.

(2) 국외

關野貞, 「高句麗의 平壤城及び長安城에 就い
　　　て」『史學雜誌』39 - 1, 1928.

吉林省文物考古研究所·集安市博物館, 『國內
　　　城, 2000-2003年集安國內城與民主遺
　　　址試掘報告』, 文物出版社, 2004.

撫順博物館·新賓縣文化局, 「遼寧省新賓縣黑溝
　　　高句麗早期山城」『文物』1985-2, 1985.

撫順市文物工作隊, 「遼寧撫順高爾山古城址調
　　　査簡報」『考古』1964-12, 1964.

撫順市博物館·新賓縣文化局, 「遼寧新賓縣轉
　　　水湖山城」『北方文物』1991-1, 1991.

富品瑩·吳洪寬, 「海城英城子高句麗山城調査
　　　記」『遼海文物學刊』1994-2, 1994.

三上次男, 「塔山の山城」『學海』4-5, 1947

徐家國·孫力, 「遼寧撫順高爾山城發掘簡報」
　　　『遼海文物學刊』1987-2, 1987.

細野徒, 「高麗時代の開城―羅城城門の比定を
　　　中心とする復元試案―」『朝鮮學報』
　　　166, 朝鮮學會, 1998.

小泉顯夫, 「平壤の遺跡調査」『朝鮮古代遺跡の
　　　遍歷』, 六興出版, 1986.

楊永芳·楊光, 「岫岩境內五座高句麗山城調査
　　　簡報」『遼海文物學刊』1994-2, 1994.

梁志龍, 「桓仁地區高句麗城址概述」『博物館研
　　　究』1992-1, 1992.

溫秀榮·張波, 「關于撫順地區的高句麗山城」
　　　『博物館研究』1996-1, 1996.

遼寧省文物考古研究所·瀋陽市文物考古工作
　　　隊, 「遼寧瀋陽市石臺子高句麗山城第一
　　　次發掘簡報」『考古』1998-10, 1998.

遼源市文物管理所, 「吉林遼源市龍首山城內考
　　　古調查簡報」『考古』1994-3, 1994.

柳嵐·邵春華, 「吉林通化市漢代自安山城調查
　　　與考證」『博物館研究』1991-3, 1991.

李殿福, 「高句麗考古的回顧與展望」『遼海文物
　　　學刊』1992-2, 1992.

李曉鍾·劉長江·伫俊岩, 「瀋陽石臺子高句麗山
　　　城試掘報告」『遼海文物學刊』1993-1,
　　　1993.

田中俊明, 「高句麗の平壤遷都」『朝鮮學報』190,
　　　2004.

井上秀雄, 「慶尙道續撰地理志の城郭觀」『朝鮮
　　　學報』99·100, 朝鮮學會, 1981.

井上秀雄, 「十五世期の朝鮮の城郭觀」『東北大
　　　學文學部日本文化研究所研究報告書』
　　　17, 1981.

井上秀雄, 「朝鮮城郭一覽」『朝鮮學報』103~
　　　107, 朝鮮學會, 1982~1983.

井上秀雄, 「現存遺蹟からみた朝鮮城郭小史」
　　　『村上四男博士 退官記念論文集』, 1982.

鄭 辰, 「撫順市高爾山山城在調查發掘中」『遼寧
　　　文物』1984-3, 1984.

周向永·趙守利·邢杰, 「西豊城子山山城」『遼
　　　海文物學刊』1993-2, 1993.

中西豪, 「朝鮮側史料に見る倭城―その觀察と

理解の實相─」『朝鮮學報』125, 朝鮮
學會, 1987.

遲 勇, 「高句麗都城的戰略防御系統」『高句麗硏
究文集』, 연변대학출판사, 1993.

陳大爲, 「遼寧境內的高句麗遺迹」『遼海文物學
刊』1989-1, 1989.

陳大爲, 「遼陽岩州城山城」『遼海文物學刊』
1995-1, 1995.

集安縣文物管理所, 「吉林集安高句麗南道和北
道上的關隘和城堡」『考古』1964-2,
1964.

集安縣文物保管所, 「集安高句麗國內城址的調査
與試掘」『文物』1984-1, 1984.

千田剛道, 「淸岩里廢寺と安鶴宮」『文化財論
叢』, 同朋社出版, 1983.

太田秀春, 「文祿·慶長の役における日本軍の
築城觀の變遷について─朝鮮邑城の利
用から倭城築城への過程を中心に─」
『朝鮮學報』181, 朝鮮學會, 2001.

太田秀春, 「韓國における倭城硏究の現狀と課
題」『倭城の硏究』4, 城郭談話會, 2000.

佟 達, 「撫順後金界藩城和薩爾滸城調査」『遼
海文物學刊』1988-1, 1988.

『한국군사사』권별 집필진

구분	집필진		구분	집필진	
고대 Ⅰ	이 태 진	국사편찬위원장	조선 후기 Ⅱ	송 양 섭	충남대 교수
	송 호 정	한국교원대 교수		남 상 호	경기대 교수
	임 기 환	서울교대 교수		이 민 웅	해군사관학교 교수
	서 영 교	중원대 박물관장		이 왕 무	한국학중앙연구원 연구원
	김 태 식	홍익대 교수	근현대 Ⅰ	이 헌 주	국사편찬위원회 편사연구사
	이 문 기	경북대 교수		조 재 곤	동국대 연구교수
고대 Ⅱ	임 기 환	서울교대 교수	근현대 Ⅱ	윤 대 원	서울대 규장각 HK교수
	서 영 교	중원대 박물관장	강역	박 영 길	한국해양수산개발원 책임연구원
	이 문 기	경북대 교수		송 호 정	한국교원대 교수
	임 상 선	동북아역사재단 연구위원		임 상 선	동북아역사재단 연구위원
	강 성 봉	한국미래문제연구원 연구원		신 안 식	숙명여대 연구교수
고려 Ⅰ	최 종 석	동덕여대 교수		이 왕 무	한국학중앙연구원 연구원
	김 인 호	광운대 교수		김 병 렬	국방대 교수
	임 용 한	충북대 연구교수	군사 사상	임 기 환	서울교대 교수
고려 Ⅱ	김 인 호	광운대 교수		정 해 은	한국학중앙연구원 선임연구원
	홍 영 의	숙명여대 연구교수		윤 대 원	서울대 규장각 HK교수
조선 전기 Ⅰ	윤 훈 표	연세대 연구교수	군사 통신·무기	조 병 로	경기대 교수
	김 순 남	고려대 초빙교수		남 상 호	경기대 교수
	이 민 웅	해군사관학교 교수		박 재 광	전쟁기념관 학예연구관
	임 용 한	충북대 연구교수	성곽	서 영 일	단국대 교수
조선 전기 Ⅱ	윤 훈 표	연세대 연구교수		여 호 규	한국외국어대 교수
	임 용 한	충북대 연구교수		박 성 현	연세대 국학연구원
	김 순 남	고려대 초빙교수		최 종 석	동덕여대 교수
	김 일 환	순천향대 연구교수		유 재 춘	강원대 교수
조선 후기 Ⅰ	노 영 구	국방대 교수	연표		한국미래문제연구원
	이 민 웅	해군사관학교 교수	개설	이 태 진	국사편찬위원장
	이 근 호	국민대 강사		이 현 수	육군사관학교 명예교수
	이 왕 무	한국학중앙연구원 연구원		이 영 화	한국학중앙연구원 연구원

『한국군사사』간행위원

1. 주간
준장 오상택 (현 육군 군사연구소장)
준장 이필헌 (62대 육군 군사연구소장)
준장 정대현 (61대 육군 군사연구소장)
준장 신석현 (60대 육군 군사연구소장)
준장 이웅희 (59대 육군 군사연구소장)

2. 사업관리
대령 하보철 (현 한국전쟁연구과장)
대령 신기철 (전 한국전쟁연구과장)
대령 김규빈 (전 군사관리과장)
대령 이동욱 (전 군사관리과장)
대령 임방순 (전 군사관리과장)
대령 유인운 (전 군사관리과장)
대령 김상원 (전 세계전쟁연구과장)
중령 김재종 (전 군사기획장교)
소령 조상현 (전 세계현대전사연구장교)
연구원 조진열 (현 한국고대전사연구사)
연구원 박재용 (현 역사편찬사)
연구원 이재훈 (전 한국고대전사연구사)
연구원 김자현 (전 한국고대전사연구사)

3. 연구용역기관
사단법인 한국미래문제연구 (원장 안주섭)
편찬위원장 이태진 (국사편찬위원장)
교열 감수위원 채웅석 (가톨릭대 교수)
책임연구원 임용한 (충북대 연구교수)
연구원 오정섭, 이창섭, 심철기, 강성봉

4. 평가위원

김태준 (국방대 교수)

김 홍 (3사관학교 교수)

민현구 (고려대 교수)

백기인 (국방부 군사편찬연구소 선임연구원)

서인한 (국방부 군사편찬연구소 부장)

석영준 (육군대학 교수)

안병우 (한신대 교수)

오수창 (서울대 교수)

이기동 (동국대 교수)

임재찬 (위덕대 교수)

한명기 (명지대 교수)

허남성 (국방대 교수)

5. 자문위원

강석화 (경인교대 교수)

권영국 (숭실대 교수)

김우철 (한중대 교수)

노중국 (계명대 교수)

박경철 (강남대 교수)

배우성 (서울시립대 교수)

배항섭 (성균관대 교수)

서태원 (목원대 교수)

오종록 (성신여대 교수)

이민원 (동아역사연구소 소장)

이진한 (고려대 교수)

장득진 (국사편찬위원회 편사연구관)

한희숙 (숙명여대 교수)

집 필 자

- 서영일(단국대 교수) 제1장, 제2장 제1절
- 여호규(한국외국어대 교수) 제2장 제2절
- 박성현(연세대 국학연구원) 제2장 제3절
- 최종석(동덕여대 교수) 제3장
- 유재춘(강원대 교수) 제4·5장

한국군사사 14 **성곽**

초판 인쇄 2012년 10월 15일
초판 발행 2012년 10월 31일

발 행 처 육군본부(군사연구소)
주   소 충청남도 계룡시 신도안면 부남리 계룡대로 663 사서함 501-22호
전   화 042) 550 - 3630~4
홈페이지 http://www.army.mil.kr

출   판 경인문화사
등록번호 제10-18호(1973년 11월 8일)
주   소 서울시 마포구 마포대로4다길 8 경인빌딩(마포동 324-3)
대표전화 02-718-4831~2 팩스 02-703-9711
홈페이지 http://www.kyunginp.co.kr
이 메 일 kyunginp@chol.com

ISBN 978-89-499-0874-8 94910 세트
     978-89-499-0889-2 94910
육군발간등록번호 36-1580001-008412-01
값 47,000원